王希恩　李海红　都永浩◎主编

民族理论探新集
中国民族理论学会
学术年会论文选

2015

社会科学文献出版社
SOCIAL SCIENCES ACADEMIC PRESS (CHINA)

合影

会议现场

陈改户

郝时远

朱晓明

李海红

马立群

王希恩

青觉

都永浩

金炳镐

李红杰

尹虎彬 朴永日

孙懿 周竞红

乌小花

编委会名单

主　编　王希恩　李海红　都永浩
编　委　青　觉　周竞红　孙　懿　乌小花
　　　　　　肖国栋　程淑华　刘　洋　徐凤江
　　　　　　庄龙玉　崔建伟　梁贵春　吴　丹
　　　　　　吴丽华　李慧军

前 言

王希恩

2015年7月23~25日，中国民族理论学会2015年学术年会在齐齐哈尔大学举行，近百位来自各地的民族理论工作者齐聚鹤城，围绕"中央民族工作会议与民族理论研究的新课题"进行研讨。本书即是大会论文的选编。

改革开放以来，中国共产党形成了以"中央民族工作会议"的形式来全面部署、指导民族工作的惯例。自1992年开始，这样的会议已召开了四次，分别是1992年、1999年、2005年和2014年。中央民族工作会议不但要对前一阶段的民族工作做出总结、确立新阶段的大政方针，而且会对中国共产党民族理论政策做出重申和阐发。所以，中央民族工作会议的每次召开总是伴随着党的民族理论政策的进一步发展。然而相比以往，2014年9月召开的第四次中央民族工作会议相隔的时间最长、面临的问题最多，民族理论政策的进步也最为明显。它呈现出的民族政策大框架和理论内容之丰富、应对问题之明确、话语特色之鲜明、对现实民族工作指导之积极都是前所未有的。正因为如此，会议之后不到一年的时间内，民族理论工作者便对会议精神做出了积极的响应，对会议提出的诸多论点和问题做了多方面的研究。中国民族理论学会将本次年会的议题确定为"中央民族工作会议与民族理论研究的新课题"反映了民族理论界的普遍要求，而会议的讨论和提交的论文实际上也是民族理论学界对中央民族工作会议研究的一次大检验、大交流。

根据参会者提交论文的情况，大会在主旨报告之后曾安排了五个专题的讨论，即："共有精神家园培育和制度建设""促进各民族交往交流交融""互嵌式社会结构和社会环境""族际人口流迁和城市民族工作""创新民族团结的载体和方式"。由于第一个专题实际包含了"共有精神家园培育"和包括"道路"在内的"制度建设"两个大的内容，所以本书按此一分为二，加上原有的题目做了六个专题的分解。毫无疑问，这六个专题都是来自中央民族工作会议精神，属于研究中央民族工作会议所要集中讨论的新课题。

就民族工作领域而言，我们的"道路"和"制度"问题应该说早已得到解决，这就是走中国特色解决民族问题的道路，实行民族区域自治。之所以还被新的中央民族工作会议所强调，是因为近年来人们在此问题上的认识出现了分歧，以致不少人或明或暗地在质疑、否定，力图学习别的国家走另外的路子。走什么道路、实行什么制度是带有根本性的问题，中央民族工作会议不但坚定地回答了这个问题，而且对中国特色解决民族问题正确道路的内涵和民族区域自治的性质和主要任务等做了明确阐释。这一点，学习中央民族工作会议精神，无论如何都是应放在重要地位的。

"建设中华民族共有精神家园"原是十七大提出的我国社会主义文化建设的战略任务，这次中央民族工作会议把它引入民族工作领域是顺理成章的题中之义。因为加强中华民族大团结，长远的和根本的是增强文化认同，建设各民族共有精神家园，培育中华民族共同体意识。近年来，中央不断强调四个认同[①]，其中文化认同是最深层次的认同。推动民族工作依靠物质力量，也要依靠精神力量，两个方面的问题都要解决好。鉴于当今全球化背景下各种"认同"问题的发生、各种分化力量的滋生，强调文化认同，强调中华民族的共有精神家园和共同体意识，是两个方面问题都要解决好的必然要求。

"促进各民族交往交流交融"自中央2010年提出以后，学术界有不同的看法，关键是对"交融"的理解不同。中央民族工作会议再次明确肯定了这个提法，将其视为社会发展的必然趋势，我国社会主义民族关系的发展方向，并就如何理解"交融"做了深入阐述。其中特别提到，要尊重规律，把握好民族交往交流交融的历史方向，不能无视民族共性放弃引导，也不能超越历史阶段，忽视民族差异用行政手段强行推进。所以，对这样一个方向性、趋势性问题，中央反复做出强调，理论界也给予充分重视，对于加强理解、正确推进，是极为必要的。

构建"互嵌式社会结构和社会环境"是中央第二次新疆工作座谈会上

[①] "四个认同"为：对伟大祖国的认同、对中华民族的认同、对中华文化的认同、对中国特色社会主义道路的认同，最近又增加了对中国共产党的认同，成为"五个认同"。

提出的命题，这次中央民族工作会议予以确认，有了指导全国民族工作的更广泛意义。构建互嵌式社会结构和社会环境是促进各民族交往交流交融的具体途径，自中央提出以来，各地在民族工作中已有了自觉的实践，学术界也就各自的理解做了多方面的研究。但目前来看，有成功的经验，也有负面的教训，由此，如何认识和正确推进，也自然成为学术界十分关注的问题。

族际人口流迁是全球化和现代化带给民族领域最突出的现象，民族关系由此而发生急剧变化、民族发展过程也由此得到急速推进。人口流迁的永恒规律就是由相对贫困地区流向发达地区，现阶段的中国就是由中西部流向东部、由农村流向城市；城市民族工作由此变得重要、突出，并成为一个方向性趋势。中央民族工作会议准确地把握了这一趋势，并将其纳入中国民族工作的"阶段性特征"之一予以重视，而研究者们也当然地看到了这一趋势并做出了持续性的研究。

民族团结是我国民族政策的核心，这次中央民族工作会议更把加强民族团结提高到"战略性、基础性和长远性"的地位，同时提出要创新民族团结的载体和方式。实际上，促进民族团结进步的各种活动年年在搞，但成效不显著。为什么？一方面用心不够，另一方面载体和方式不科学。所以，习近平总书记一再讲，做民族团结重在交心，要将心比心、以心换心；同时要适应形势，推进民族团结理念、手段和方式的创新。显然，比提高对民族团结认识更重要的，是具备做民族团结工作的诚心，提高民族团结教育宣传的效应。这方面，学术界的认识仍然是清楚的。

现阶段中国共产党民族理论政策也即中国特色民族理论政策，虽然集中表达于党和国家的相关文献和会议精神，但其形成、发展和完善始终离不开民族工作的实践，也始终离不开学术界的理论支撑。民族理论工作者为中央民族工作会议的召开做出了很大贡献，也为正确阐释会议精神和深化民族问题的认识做着不懈的努力，中国特色民族理论政策的每一项进步都凝聚了他们的心血和智慧。这本书的文章是从提交会议的60多篇论文中选出来的，作者们的视角、观点、叙述风格都各有差异，但都是对中国特色民族理论政策进步的贡献。当然，包括上述六个专题在内的新课题毕竟提出的时间尚短，学者们的现有研究尚属于"探新"的阶段，其中的不足、缺陷也期望能在相互的交流和碰撞中得到补充与消解。

目 录

第一篇 道路、制度和法治

挑战与对策：城镇化背景下民族区域自治制度发展探析 …… 刘　玲 / 003

新形势下推进民族事务治理法治化的思考 …………… 董　强 / 020

中国经济社会转型中的民族问题与民族事务治理

　　——以国家治理能力为视角 ………………………… 朱　军 / 029

世界少数人群体特殊政策：进程、实践与效果 ………… 程春华 / 048

云南边疆民族地区群体性事件治理模式探析

　　——基于多中心治理的视角 ……………… 肖　斌　黄张平 / 063

第二篇 构筑各民族共有精神家园

对"民族国家"和"国族"问题的理论思考 …………… 陈玉屏 / 075

中华民族共同体意识的培养路径 ……………………… 崔成男 / 091

论抗战精神蕴涵的中华民族认同 ……………………… 吴秀兰 / 097

构筑中华民族共有精神家园的四个维度 ……………… 王换芳 / 108

全球化背景下的国家认同问题与边疆治理 …………… 刘永刚 / 117

西方学界关于中国共产党中华民族观的研究

　　——兼评詹姆斯·雷博德的《重构中国民族主义：

　　　从清朝的边疆和民族到中华民族》 ……………… 李　臻 / 133

第三篇 各民族交往交流交融

各民族交往交流交融的格局思考

　　——从格局的视角理解中华民族的内在有机性 …… 严　庆 / 145

刍议民族间交往交流交融 ………………………… 李晓婉　彭　谦 / 154
民族交往交流交融的概念分异和现实误区 ……………………… 陈丽明 / 160
民族走廊对当今各民族交往交流交融的启示 …………………… 王冬丽 / 166
族际流动中的族性认知与表达 …………………………………… 王云芳 / 172
交往行动理论与促进中国各民族的"三交"
　　——基于对哈贝马斯交往行动理论的研究 ………………… 王　伟 / 180

第四篇　互嵌式社会结构和社区环境建设

城市民族互嵌式社区建设研究 …………………………………… 来　仪 / 193
宁夏城镇化进程中嵌入式社区回汉民族关系研究
　　——以吴忠市利通区为例 ……………………………………… 高　梅 / 206
多重身份视角下各民族相互嵌入式社会的建构 ………………… 李京桦 / 213
关于城市"民族互嵌式"社区的内涵思考 ……………………… 马晓玲 / 230
武陵山片区民族社区互嵌式建设研究
　　——以湖南省靖州苗族侗族自治县为例 ……… 裴圣愚　唐胡浩 / 240
巩固和发展和谐民族关系的实践尺度分析 ……… 孙振玉　冯杰文 / 249

第五篇　族际人口流动和城市民族工作创新

中、东部地区城市穆斯林流动人口社会关系融入状况
　　——基于武汉、广州、杭州、宁波的调查 ………………… 李吉和 / 257
城市融入中新生代农民工文化自觉的引领和培育 ……………… 张　静 / 268
郑州管城回族区民族关系状况调查 ……… 王明龙　刘淑慧　马惠兰 / 277
多民族国家建构视角下清代流人与东北文化变迁 ……………… 李德新 / 288

第六篇　民族团结教育的载体创新和社会稳定

实效之求：民族团结创建活动与载体 …………………………… 周竞红 / 301
发展民族教育与构建社会主义和谐社会 ………………………… 程淑华 / 313
民族团结宣传教育形式的现状分析及反思 ……………………… 魏俊雄 / 318

恐怖主义与民族、宗教问题关系研究 ………………… 都永浩　左岫仙 / 326
对当前边疆民族问题的几点思考 …………………… 孙　懿　杨　璐 / 342

附　录
——2015年中国民族理论学会学术年会综述 …… 张三南　魏俊雄 / 352

第一篇

道路、制度和法治

挑战与对策：城镇化背景下民族区域自治制度发展探析

刘 玲[*]

[**摘 要**] 民族区域自治是中国的基本政治制度，是保障各民族平等参与国家治理和民族自治地方社会治理的制度框架和法律规范体系，为少数民族和民族地区发展提供广阔制度空间。随着城镇化进程的日益加速，以民族聚居为基础的民族区域自治制度面临新的现实挑战。城镇化使民族人口分布散居化程度不断提高，对民族区域自治制度供给和民族区域自治权实现形式产生了新的要求，将民族区域自治制度的适应性调整提上议事日程。在新形势下坚持和完善民族区域自治制度，需要顶层设计和制度实践的有机统一。

[**关键词**] 城镇化 民族区域自治 挑战与对策

随着改革开放的持续深化，中国社会进入了城镇化飞速发展阶段。党的第十六次代表大会确定了我国全面建设小康社会的发展战略和奋斗目标，明确指出全面繁荣农村经济、加快城镇化进程是全面建设小康社会的一项主要任务，强调积极推进西部大开发、促进区域经济协调发展关系全国发展的大局。2011年，我国城镇人口首次超过农村人口，城镇化率达到51.5%[①]，这标志着我国开始由乡村中国向城市中国转变，我国城镇化进程进入新的发展阶段。党的十八大明确提出中国要走新型城镇化发展道路，强调要不失时机深化主要领域改革，坚决破除一切妨碍科学发展的思

---

[*] 刘玲（1981~），山西定襄人，中国社会科学院民族学与人类学研究所助理研究员、博士，研究方向为民族政策与民族法学。

[①] 温家宝：《2011年国务院政府工作报告》，中国政府网，http://www.gov.cn/test/2011 - 03/15/content_1825270.htm。

想观念和体制机制弊端，构建系统完备、科学规范、运行有效的制度体系，使各方面制度更加成熟、更加定型。随后进行的中央经济工作会议和中央城镇化工作会议都对新型城镇化发展进行了战略部署，城镇化作为扩大内需的最大潜力所在和经济增长的巨大引擎将为我国未来经济发展提供中长期动力。

民族地区城镇化是国家城镇化发展战略的重要组成部分，是加快少数民族和民族地区发展的不可逾越的历史阶段，是民族地区与全国同步建成小康社会的有效途径。随着民族地区城镇化步伐的加快，城市中的少数民族人口不断增加，城市对少数民族和民族地区的发展所产生的影响日益显著，不同民族成员间交往交流深度和广度逐渐提升，社会关系总体格局和民族关系格局更加复杂。民族地区城镇化深刻地影响着中国社会政策的投入方式，对政府社会治理提出了全新的诉求。特别是城市结构和形式的变化导致各民族利益关系格局发生了新的变化，使民族区域自治制度的运行与实施面临着新的问题与挑战。深入研究和有效解决城镇化进程中民族区域自治制度和民族政策遇到的新情况新问题，使得民族自治地方发展权与自治权在制度和法律框架内得以统筹兼顾，是一个从理论到实践都亟须解决的问题。

一 民族区域自治为少数民族和民族地区发展提供广阔制度空间

民族区域自治是国家为保障少数民族平等的发展权而赋予少数民族在聚居范围内自主管理本民族内部事务的权利，是保障国家统一和民族团结的一整套政治体制和政治制度的总和，是以宪法、民族区域自治法以及相关法律法规为主体的保障各民族平等参与国家治理和民族自治地方社会治理的制度框架和法律规范体系。实行民族区域自治制度是要"为各民族在平等基础上的团结合作提供一个恰当的政治形式"，而实行民族区域自治的根本目的之一就是要实现各民族共同繁荣。[1] 民族区域自治制度为满足少数民族群体差异性的利益诉求提供基本制度和法律框架，为少数民族和民族地区的未来发展提供了广阔的制度空间。

---

[1] 王戈柳、陈建樾主编《民族区域自治制度的发展》，民族出版社，2001，第28~29页。

面对辽阔的国土面积和经济文化及发展差异的众多民族群体，统一的多民族现代中国的建构只有在国家政治体制中顾及差异性群体的特性并合理处置，才可能实现国家统一和民族团结。在中国共产党早期政治实践中，关于现代中国的国家结构形式选择经历了从联邦制到民族区域自治的转变。在深刻认识和准确把握人类社会民族现象、中国民族问题历史和现实多民族国情的基础上，我国最终确立了在统一的中华人民共和国内实行民族区域自治的国家体制。这一具有中国特色的基本政策和制度体系的确立，是几代中国共产党人在推动国家现代政治建设、发展社会主义政治文明过程中积极探索民族问题演变规律的结果。民族区域自治制度功能丰富而强大，在新中国国家政治整合中发挥着重要作用，在多民族国家政治发展中以制度化和法制化的方式保障各民族的平等权益，在制度设计和社会生活各个层面逐步清除不利于国家统一和民族团结的负面因素，营造了各民族权益保障、和谐相处和共同繁荣的良好社会氛围。

新中国成立60多年来，民族区域自治制度不仅成为解决民族问题的基本制度，也成为我国的一项基本政治制度，这表征着它在整个国家政治结构中具有的基础性作用。民族区域自治制度是实现各民族共同团结奋斗、共同繁荣发展的规范综合体，其基本目标在于通过一系列特别措施和优惠政策来保障少数民族的政治、经济、社会、文化权利，从而实现民族之间事实上的平等。在政治层面，通过赋予少数民族平等的政治参与权利和管理本民族内部事务的权利来实现少数民族真正的当家做主；在经济社会层面，国家通过实施一系列的投资、财政、税收、金融、产业等方面的优惠政策来发展民族地区经济社会事业，使民族地区尽快改变贫穷落后局面；在文化层面，通过赋予少数民族发展和使用自己语言文字的权利、保持或改革风俗习惯的自由以及宗教信仰自由来保护少数民族的文化发展权利。总之，"政治文化领域的特别措施和经济社会领域的优惠政策"构成了我国民族区域自治制度的基本内容。[①]

加快少数民族和民族地区的发展，是我国社会主义事业的本质要求在民族工作上的体现，也是党的民族政策的基本出发点和归宿。实行民族区域自治，必须与促进各民族共同繁荣发展相结合，在当前及今后相当长的

---

① 参见潘弘祥《民族自治地方行政区划变更的动因、问题与对策》，《中国民族报》2013年9月13日。

时间内,必须将经济建设作为民族自治地方的中心任务。中国进行民族识别,实行民族区域自治,解决了少数民族在社会政治领域享有的平等地位和自治权利问题。但民族自治地方大都属于经济社会欠发达地区,处于全国经济社会发展的末端。这使得少数民族在形式上享有法律规定的平等地位,但却由于自身政治或经济能力的不足而不能充分享有社会赋予的权益,导致事实上不平等或者实质上不平等。因此,扶持和支援少数民族聚居地区的经济社会发展和不断改善民族自治地方各民族人民的生活水平,不断增强民族地区和少数民族的自我发展能力,是新中国成立以来始终坚持的基本政策。国家在制定国民经济和社会发展计划时,充分尊重和照顾民族自治地方的特点和需要,根据全国发展的整体布局和总体要求,将加快民族自治地方的发展摆到突出的战略位置。① 国家通过改革开放、西部大开发、全面建设小康社会等战略举措,通过财政转移支付、基础设施建设、资源开发补偿、生态建设和环境保护补偿、开发扶贫、对口支援、发展民族教育、发展民族卫生医疗、弘扬民族文化、保障民族地区就业和社保、培养民族干部和专业技术人才等系列措施,积极贯彻落实民族区域自治制度,保障民族地区经济社会发展与各民族群众生活水平不断提高。习近平总书记在2014年全国两会上指出:"增强民族团结的核心问题,就是要积极创造条件,千方百计加快少数民族和民族地区经济社会发展,促进各民族共同繁荣发展。"② 这一重要论断,是对我国长期坚持的实践证明行之有效的对少数民族和民族地区扶持和支援政策的重申,为少数民族和民族地区加快发展指明了方向。

二 城镇化进程中民族区域自治制度面临的挑战

民族区域自治制度是为实现民族聚居区经济社会全面发展和推动现代中国国家整合的一项基本政治制度,这一制度的前提和基础是民族人口聚居,其根本目的是借助制度来保障民族平等和各民族共同繁荣发展。城镇化使自治地方民族人口散居化程度不断提高,对民族区域自治制度供给提

---

① 《中国的民族区域自治》,中国政府网,http://www.gov.cn/zwgk/2005 - 05/27/content_ 1585.htm。
② 《筑就民族团结进步的中国梦——十八大以来以习近平同志为总书记的党中央关心少数民族和民族地区纪实》,《人民日报》2014年9月28日。

出了新的要求,并影响着民族区域自治权的实现形式,从而将民族区域自治制度的适应性调整提上了议事日程。

(一)民族自治地方人口分布结构变化带来的挑战

城镇化是"以农村人口比重下降和城镇人口比重上升为表征,以产业结构从农业经济向现代经济、社会结构从农村社会构成向城镇社会构成、人类聚居场所从农村空间形态向城镇空间形态的转化为本质的多元演进过程"[①]。城镇化进程对人口分布格局产生了直接影响,并形成偏移式迁移特征:农村人口向城市的迁移、西部人口向中东部的迁移,这也是财富、人才流向的基本态势。民族自治地方少数民族聚居分布的减少,民族精英人士向发达地区的迁移,对民族自治地方社会治理能力和内在发展能力事实上会形成较大影响,对民族自治地方权益保障形式和政治目标演变也可能产生重大影响。

朝鲜族是城镇人口较多、现代化进程较快的民族,其城镇化水平高于全国城镇化平均水平。据 2010 年第六次全国人口普查结果显示,朝鲜族人口为 1830929 人,是我国人口过百万的少数民族之一。长期以来,我国朝鲜族主要分布在东北三省,20 世纪 90 年代末以后,随着改革开放和城镇化进程的加速,越来越多的朝鲜族人口由传统居住地东北三省流迁至山东半岛、京津地区、长江三角洲、珠江三角洲等沿海经济开放区,东北地区的朝鲜族人口比重呈下降趋势。据 2010 年人口普查数据,朝鲜族在全国 31 个省、自治区、直辖市中均有分布,虽然仍集中于东北三省,但其人口比重由 1990 年的 97.1% 下降至 87.8%[②]。在过去 20 年内,朝鲜族的城市人口比例从 34.59% 上升到 65% 左右,城镇化率从 50.2% 提高到 80% 左右,朝鲜族经历了"压缩型城市化"的过程。在"压缩型城市化"背景下朝鲜族人口走向"散居化",这直接导致了传统聚居地区的"空巢化",民族人口的急剧减少严重影响了以聚居为依托建立起来的民族区域自治制度的发展[③]。

吉林省的朝鲜族人口占全国朝鲜族人口的 60% 左右,是中国朝鲜族最

[①] 国务院发展研究中心课题组:《我国城镇化体制机制问题及若干政策建议》,《改革》2007 年第 11 期。
[②] 郑信哲:《朝鲜族》,中国人口出版社,2012,第 38~41 页。
[③] 参见朴光星《"压缩型城市化"下的民族共同体"离散危机"与"重构运动"——基于对朝鲜族城市化进程的考察》,《中央民族大学学报》2014 年第 3 期。

集中的省份，全国唯一的朝鲜族自治州和自治县均位于吉林省。延边朝鲜族自治州是我国最大的朝鲜族聚居区，近十几年来延边州朝鲜族人口一直保持了负增长的态势。第六次全国人口普查数据显示，2010年延边州朝鲜族人口为736991人，与1996年的朝鲜族人口854510人相比，年平均下降0.98%，而且延边州朝鲜族人口占延边朝鲜族自治州总人口的比重也由1952年自治州成立时的62%下降到32.45%。[1] 长白朝鲜族自治县是我国唯一的朝鲜族自治县，朝鲜族人口占全县总人口比例的下降趋势也较为明显，由1958年自治县成立时的24.96%下降到2014年的6月末的13.71%。[2] 部分偏远村屯群众生产生活水平低，发展前景不乐观，造成人口大量外流，空心村现象较为严重。2000~2009年间，长白县农村常住朝鲜族人口由7585人减少到6597人，10年间减少988人，下降幅度为13%，平均每年减少99人。农村35岁以下较高学历青年大多数外出打工，导致乡村干部队伍结构失衡，个别村甚至找不到35岁以下适龄青年，后备干部配备、年轻党员培养和征兵工作都成为难点问题。长白县是边境县和自治县，其边境线长260.5公里，是吉林省边境线最长的县份。长期以来，长白县人口自然增长率偏低，2003~2009年，全县符合生育二胎条件的朝鲜族家庭624户，办证生育的只有35户，二胎生育率仅占5.6%。如此发展，在下一个生育周期内，朝鲜族人口负增长的境况会进一步加剧，自治县的朝鲜族人口基础将会发生动摇，严重影响着自治县民族干部队伍建设的可持续发展，更会给长白县的边境安全和社会稳定带来严重隐患。[3]

在急速城镇化的影响下，首先，民族自治地方自治主体民族人口的大量外迁，导致民族人口在总人口中比例下降，民族人口聚居性下降不利于民族干部培养使用和民族文化传承保护，直接影响民族区域自治制度的运行基础。其次，人口的外向流动也意味着人才的流失，代表先进技术水平和先进治理理念的少数民族精英分子的大量外迁，影响着民族自治地方的社会治理能力和治理水平的现代化程度。最后，少数民族人口向发达地区的流动，也为流入地城市的公共服务、社会治理和民族工作增加了复杂性，民族区域自治如何适应民族人口日益分散分布的现实已经成为提到城

---

[1] 刘伟江、丁一、杨雪、王晓峰：《延边朝鲜族劳动力外流及其影响研究》，《人口学刊》2014年第1期。
[2] 数据由长白朝鲜族自治县人口和计划生育局提供。
[3] 数据由长白朝鲜族自治县民族宗教局提供。

市社会治理和社会秩序重建的重要议程。

（二）民族自治地方的行政区划调整带来的挑战

改革开放以来，经济体制的迅速转变、行政管理体制的改革以及快速的工业化、市场化和城镇化影响下地域经济结构的变化，使得原有的空间经济不断发生改变，从而要求对行政区划进行调整。民族自治地方行政区划是国家在少数民族人口集中分布区域设置的行政管理空间，是我国整个行政区划体制的重要组成部分，也是民族区域自治制度赖以实施的前提和保证。民族区域自治为民族自治地方行政区划建制提供制度与法律依据，民族自治地方行政建制的优劣直接影响着民族区域自治制度的实施效果。

自20世纪80年代起，我国地方行政区划先后经历了"县改市""县改区""地市合并""撤地设市"等类型的调整。在这一过程中，一些民族自治地方的行政区划或主动变更，或被动调整，积极探索行政区划调整的创新形式。其中，共有7个自治县改市（区），即：辽宁省凤城满族自治县改为凤城市、北镇满族自治县改为北宁市①，内蒙古额尔古纳左旗改为根河市、额尔古纳右旗改为额尔古纳市，海南省东方黎族自治县改为东方市，广西壮族自治区防城各族自治县改为防城港市防城区，重庆市黔江土家族苗族自治县改为黔江区。此外，1987年国家在筹建海南省时，撤销海南黎族苗族自治州，同时在少数民族聚居的地方成立民族自治县或民族乡。1988年国家批准湖南省设立大庸市（1994年改名为张家界市），将原属湘西土家族苗族自治州的大庸县和桑植县划归大庸市管理。2002年撤销丽江纳西族自治县，将其部分区域设为丽江市古城区，其余部分改设为玉龙纳西族自治县。

审视我国民族自治地方行政区划调整的过程，其存在以下主要问题。

1. 行政区划变动过程中协商机制的缺位导致民族区域自治效力弱化

民族区域自治法对民族自治地方的建立、撤销、合并或变动规定了严格的程序。这是吸取十年"文革"及"左"的指导思想支配下随意改变民族自治地方行政建制，影响民族关系的历史教训而进行的规定。根据《民族区域自治法》第十二条，少数民族聚居的地方，根据当地民族关系、经济发展等条件，并参酌历史情况，可以建立以一个或者几个少数民族聚居

---

① 2006年2月8日，经国务院批准，北宁市更名为北镇市。

区为基础的自治地方。民族自治地方的建立以少数民族人口占一定比例的少数民族聚居区为基础，这是我国民族区域自治法规定的建立民族自治地方的必要条件。民族自治地方的建立过程参照了当地民族的历史和现实状况，如少数民族在本区域历史上的聚居状况、民族关系状况、区域划分状况、经济联系状况等，考虑到特定的政治关系以及生产、生活上的利益分配格局，既要照顾当地民族的政治经济文化特点，又要考虑整个国家的经济管理和经济布局；既要有利于主体民族实行自治，又要有利于各民族团结，是具有综合目标效应的基本设置。

从法制建设本身的角度来说，民族区域自治法规定了民族自治地方的建立、区域界线的划分、名称的组成等法定程序和协商机制。其中，法定程序主要是指批准程序，即依照1982年宪法规定，自治区、自治州、自治县的区域界线划分及其变动由国务院批准。协商机制指的是民族自治地方建立、行政界线划分和名称的组成以及撤销、合并或变动等涉及行政区划调整的事宜均应由上级国家机关会同有关地方的国家机关，与有关民族的代表和自治地方的自治机关充分协商。[①] 协商机制的确立是对自治地方和自治主体民族自治权利的重要保障。此外，民族区域自治法还规定行政区划的调整要遵循"确实需要"的原则，即民族自治地方行政区划调整要有利于国家建设和少数民族的繁荣发展，有利于民族区域自治制度的坚持和完善。然而，民族自治地方在撤县（州）建市及区划调整过程中，经济因素的驱动是主要原因，具有广泛内容的民族自治权落实却被忽视。海南黎族苗族自治州被撤销是服从国家创办海南经济特区的需要，黔江土家族苗族自治县被撤销是服从国家建设重庆直辖市的需要。受经济利益驱使，在20世纪90年代的撤县设市热潮中，尽管当时有些民族自治县的经济及社会指标与撤县设市的相关标准相差较大，但后来还是通过多次汇报、"创造条件"设立了市。[②] 人们观察到，自治县改市还掺杂着在位官员追求自身利益的现象，撤县建市后在位官员可获得行政级别和待遇的提升。与强烈的经济利益追逐和官员政治利益等明显"改革红利"相比较，民族区域自治法在政区变更中规定的"法定程序""充分协商""确实需要"等条款由于过于原则性，缺少明确操作措施及具体的配套立法而流于形式。民

---

① 参见《民族区域自治法》第十四条。
② 金炳镐、田烨:《新世纪中国民族区域自治制度创新的一个亮点——"民族自治市"》，《西南民族大学学报》2007年第5期。

族区域自治制度是我国三大基本政治制度之一，但在自治县改市（区）和区划调整过程中，民族区域自治作为最根本的内容却没有保留下来[①]，"民族区域自治制度在民族地区的治理中有弱化甚至缺位的趋势"[②]。

2. 撤自治县（州）改市（区）导致自治权实际流失

自治权是民族区域自治的核心，为少数民族自主管理本民族、本地区内部事务提供了制度空间。前文提到的将自治州辖区的县划归一般行政区域管辖或将自治县一分为二的例子，是对自治州和自治县自治权的严重损害。在自治县改市过程中，民族自治地方一旦撤销，则意味着失去了民族区域自治这一重要的利益表达和利益实现的制度平台。随着自治立法权和法定变通权的丧失，政府行政首长不再有族别要求，民族干部的配备不再受民族比例的限制，使得这些少数民族聚居市实际上失去了自治权的内核。

自治县改市造成了原有自治单位的非自治化趋势，虽然在行政区划调整过程中，往往会对利益受损的地区予以政策补偿，除城市建设权限实行统一管理外，在规定的过渡期内，会对被撤销的县（市）给予特殊的政策，使其保留县级行政单位的各项权限，并享受地级市经济社会发展的各项待遇。对于民族地区来说，省（自治区）级政府往往承诺被撤销或调整的自治县比照民族自治地方享受各类扶持政策，而这些只是省级政府的认定，符合政策精神但缺乏法律依据。因为从权力渊源来看，民族自治地方自治权来源于民族区域自治制度本身，来源于宪法和民族区域自治法的规定，而不是上级国家机关授予。这种优惠政策的实际获得更多地受制于省级政府的统筹，成为一种"地方粮票"，而中央一级的民族优惠政策则普遍落空。即便如此，随着时间的流逝，这些依靠政策执行的优惠政策也会逐渐失去意义。如2008年颁布的《辽宁省实施〈中华人民共和国民族区域自治法〉办法》，各项优惠政策和资金支持的对象都不包括已撤自治县建市的少数民族聚居市。此外，由于撤自治县建市后已经退出了民族自治地方行政区划系列，在民族工作的操作层面也会遭遇尴尬，其经济社会发展数据不再被统计为民族自治地方，甚至在自治县开会时也不会通知这些地方，从而使其发展自外于民族自治地方

---

① 张殿军：《城市化进程中自治权的流失、偏离与调适——以自治（州）县改市及行政区划调整为视角》，《广西大学学报》（哲学社会科学版）2012年第1期。

② 陈建樾：《民族区域自治：处理民族问题的制度供给与制度约束》，《北方民族大学学报》2014年第6期。

的整体规划,导致自治权的实际流失。

尽管行政区划调整是适应城镇化发展的行政举措,但行政区划调整并不能从根本上推动城镇化快速发展,反而由于其自身无法克服的制度困境而产生了一系列新的问题。推动城镇化发展的最终有效手段还是要依托整体的制度创新,需要探索解决城市民族区域自治问题的制度形式或行政建制形式,妥善解决自治州、自治县城镇化发展过程中出现的问题。

(三) 民族区域自治权实现形式变化带来的挑战

民族自治地方建立后运行的过程也就是民族区域自治展开的过程,它表现为民族区域自治权和少数民族权益的实现过程。民族区域自治是"在少数民族聚居区,基于少数民族的特殊性,维护少数民族权益的一种自治"[1],它以少数民族一定程度的聚居为基础,主要是为了实现聚居民族人口的平等发展权。我国宪法和民族区域自治法明确规定了民族区域自治的基本内涵,即在国家统一领导下,"各少数民族聚居的地方实行区域自治,设立自治机关,行使自治权"。在民族区域自治制度的实施过程中,中国共产党在坚持其基本涵义的前提下,根据我国民族分布"大杂居、小聚居、各民族交错居住"的特点,在其制度运行中强调民族因素与区域因素、政治因素与经济因素、历史因素与现实因素、制度因素与法律因素的统一,不断丰富和完善民族区域自治的内涵。新中国成立以来,民族区域自治运行场域从涵盖乡(村)、区、县、专区或专区以上等五个行政层级的"民族自治区"[2],发展到在全国范围内以"自治区、自治州和自治县"为基本框架,辅之以民族乡,并在实践中创造性地发展了民族镇和城市民族区,较为充分地"实现了民族自治与区域自治、政治因素与经济因素的有机结合,以及民族区域自治实现形式在行政建制上的灵活性与多样性,奠定了当代中国民族区域自治制度的体制和机制的基础与核心"[3]。截至2003年底,我国共建立了155个民族自治地方,包括5个自治区、30个自

---

[1] 王希恩:《民族区域自治利"合"不利"分"》,《人民论坛》2009年第17期。
[2] 1949年9月制定的《中国人民政治协商会议共同纲领》第一次提到"民族自治区",1952年《中华人民共和国民族区域自治实施纲要》则设专章对"自治区"进行具体化,其中第七条规定:"各民族自治区的行政地位,即相当于乡(村)、区、县、专区或专区以上的行政地位,依其人口多少及区域大小等条件区分之。"
[3] 宋月红:《新中国成立初期民族自治地方行政建制研究》,《中共党史研究》2012年第11期。

治州、120个自治县（旗）。根据2000年第五次全国人口普查，在55个少数民族中，有44个建立了自治地方，实行区域自治的少数民族人口占少数民族总人口的71%，民族自治地方的面积占全国国土总面积的64%左右。中国在相当于乡的少数民族聚居的地方共建立了1173个民族乡。11个因人口较少且聚居区域较小而没有实行区域自治的少数民族中，有9个建有民族乡。① 在我国，各少数民族无论人口多少、聚居程度如何，几乎都有了相当的自治单位，充分享受了民族自治权利，民族区域自治"不仅使聚居的民族能够享受到自治权利，而且使散居的民族也能够享受到自治权利"②。

城镇化进程促使少数民族从农村走向城市，相应的，民族关系、民族工作和民族区域自治政策也必然要"进城"，民族区域自治制度与城市管理体制共同决定着城市中民族区域自治权的实现形式。这些变化也对民族区域自治制度供给提出了新的要求。

1. 城市社会民族平等保障机制的缺失造成民族区域自治依赖症

城镇化进程有诸多核心因素，首先，城市需要聚人，人口的流动成为普遍现象。作为一个统一多民族国家，各民族成员有平等的流动迁移权，不论是在已经成熟的发达城市，还是正在形成的民族地区的中小城市，不同民族人口的杂居和流动的程度都有了前所未有的提高。但是，受传统管制行政的影响，我们的城市管理或治理刚刚起步，城市的服务能力还不高，在城市服务体系的各层级规范中，还缺少稳定和预期良好的保障各民族成员不受歧视的制度规范。其次，城市需要聚业，城市业态的支撑要有稳定、公平、公正的市场机制。而由于相应法律机制不健全，本地与外地、强者与弱者在业态竞争中缺少完善、透明的法律和程序，不公平成为人们面对的常态。城镇化进程中民族平等保障机制的缺失强化了民族区域自治依赖症，或者说民族区域自治的权利保障机制为城市社会的权利保障缺失提供了必要的补充，使人们将民族区域自治模式视为一个固态，试图在民族区域自治制度框架内寻找城市社会民族治理的解决之道。但是，从长远角度来看，城市中民族权益的保障还是要以适应城市管理和社会管理

---

① 《中国的民族区域自治》，中国政府网，http：//www.gov.cn/zwgk/2005 - 05/27/content_1585.htm。
② 闵言平：《坚持和完善民族区域自治制度要做到"两个结合"》，《中国民族报》2014年12月12日。

的现代化治理体系和治理理念为主，寻求民族区域自治制度与城市治理的最佳契合点。

2. 对民族人口聚居的基层政区单元的政策保障缺乏稳定预期

民族镇和民族区是在1954年《中华人民共和国宪法》明确民族自治地方的行政层级之后，对以往在城市中设立的"相当于区或乡的民族自治区"进行更改的产物。根据国务院于1956年10月6日下发的《关于更改相当于区和相当于乡的民族自治区的补充指示》："过去在城市内建立的相当于区的民族自治区，可以改为民族区。凡适合将所在镇改为民族镇的，可以将所在镇改为民族镇。……除上述改建的情况外，城镇内的少数民族聚居地方，凡是适合建立民族区或者民族镇的，都可以建立民族区或民族镇。"① 1992年7月17日国务院发布《关于停止审批民族镇的通知》，对民族镇的设立拉闸，指出："设置'民族镇'是不符合《中华人民共和国宪法》规定的，必须予以制止，否则将损害《中华人民共和国宪法》作为国家根本大法的尊严，并将造成行政区划体系的混乱，影响国家的行政管理"，因此要求各省、自治区、直辖市人民政府"立即停止审批'民族镇'，已经设立的将另行研究处理办法"。然而，20多年过去了，对实际存在的民族镇如何处理，有关部门依然没有一个明确的说法。根据1998年国家民委《关于对民族镇问题的答复》，撤销后的民族镇仍应视为少数民族聚居镇，同样适用《民族乡行政工作条例》和对民族乡的其他有关规定。这应该是工作层面处理民族镇问题的基本思路，但其并未获得法律的明确认可。

城市民族区是针对城市民族工作的特点和城市聚居少数民族的要求，保障城市聚居少数民族平等权利的一种特殊的制度安排。城市民族区不是民族自治地方，它的性质、地位、享受优惠政策的幅度和范围以及未来走向，都存在不确定性。城市民族区至今仍是法律的盲点，国家一直没有以中央立法的形式明确城市民族区的法律地位，也没有像民族乡那样将城市民族区作为一个专门主体给予一定的民族优惠政策，只是部分省市根据本地方城市民族工作的实际情况，出台了一些保障城市少数民族的平等权利的地方性法规。

民族镇、城市民族区的建立与城市民族人口一定程度的聚居相关，是

---

① 全国人大常委会秘书处秘书组、国家民委政法司编《中国民族区域自治法律法规通典》，中央民族大学出版社，2002，第115~116页。

为落实民族区域自治而产生的基层政区单元。法律和规范的缺位致使这些行政单元的权利缺少民族区域自治支撑,国家发布的针对民族自治地方的政策不能惠及这些区域的民族人口,又没有相应的补偿或救济机制,从而使一些普惠性政策变成排他性政策,不利于社会整体公平公正水平的提升。

三 城镇化背景下民族区域自治制度发展对策

"理论在一个国家实现的程度,总是取决于理论满足这个国家的需要的程度。"[①] 民族自治地方社会发展的现实以及民族区域自治制度成长的逻辑,决定了民族区域自治制度建设是民族自治地方政治、经济和社会发展的重要内容和推动力量。在城镇化背景下坚持和完善民族区域自治制度,必须面对不断变化的少数民族地区实际,不断创新发展,使民族区域自治制度在新的历史条件下焕发出更加蓬勃的生命力。

第一,继续加大对民族地区的扶持力度,引导民族人口有序流动。

民族地区是我国的资源富集区、水系源头区、生态屏障区、文化特色区,但也是边疆地区、贫困地区,这是民族地区的独特优势和特色,也是我国民族工作的"家底",充分说明了加快民族地区发展的复杂性和艰巨性。[②] 为保障输出资源的民族地区和当地少数民族的合法权益,宪法、民族区域自治法和国务院实施的《中华人民共和国民族区域自治法》若干规定明确了民族自治地方优先开发利用本地方自然资源、资源就地加工、资源开发应带动相关产业发展和促进当地少数民族就业以及对资源地进行生态补偿等方面的政策。同时,国家还提倡发达地区与民族自治地方的经济技术协作和对口支援工作,帮助和促进民族自治地方经济、教育、科学技术、文化、卫生、体育事业的发展。应当说,现行制度框架已经为少数民族在当地实现城镇化提供可能性和巨大空间。但是,由于缺乏有力的实施机制,这些政策落实并不充分。于是出现了民族自治地方各项建设事业需要大量人才,而大量当地少数民族却不能实现本地就业的悖论。

---

① 《黑格尔法哲学批判》"导言",《马克思恩格斯文集》(第1卷),人民出版社,2009,第12页。
② 人民日报评论员文章:《加快民族地区奔向全面小康的步伐——三论学习贯彻习近平中央民族工作会议重要讲话精神》,《人民日报》2014年10月11日。

城镇化意味着地理空间的重塑，但是从人口空间分布的趋势看，人口在地理空间上的集中趋势并非一成不变，而是呈现出明显的"动态演进"趋势。① 由于国家持续加大对民族地区资源开发、基础设施建设、对外开发开放等方面的政策和资金投入，民族地区将迎来新的发展机遇，这将会吸引越来越多的人才投身于民族地区和边疆地区建设。同时，在民族自治地方范围内也会存在从农村到中小城镇、从郊区向城市的流动。也就是说民族地区本身也是城镇化的实际参与者和潜在接纳者，制度空间的扩展和创新必须容纳这些发展的可能性。

实践证明，越是经济社会发展较为平稳的民族自治地方，人口的外向流动越有秩序且能够形成一种较为良性的社会互动。制度创新不仅要使民族自治地方的农民走出去，也要使外来人才引进来，更重要的是要实现民族地区农民就地城镇化。城镇化的核心是人的城镇化，要提高城镇化质量就要改变以往的土地城镇化和过度依赖劳动力转移而实现的城镇化，更加注重绿色城镇化和协调城镇化的发展，强化生态保护与产业支撑。人的城镇化，不仅是让农民拥有一份体面的职业、稳定的收入，"在获得经济上主体地位的同时，更要保留精神文化层面的主体性"。因此要结合民族地区实际，统筹城乡一体化，充分调动政府、市场两个方面的积极性，通过推进培训、就业等方面城镇要素的平等交换和公共资源均衡配置、力争"让农民不离土、不离乡就地城镇化"，促进生产方式转变。② 因此，加大对民族地区的投入，除了资金和项目支持外，更多的应是政策的投入和政策实施的保障。这需要加强民族区域自治顶层设计，在修改民族区域自治法和完善民族政策时，增强政策的可操作性，使民族区域自治真正走向实施。

第二，加强制度创新，使民族区域自治形式适应城镇化发展的需要。

在计划经济时代，人口流动缓慢，民族区域自治制度和政策的着力点集中于民族自治地方，政策效果在民族地区发展权和少数民族权益保障方面实现了"人地合一"。城镇化的发展使得少数民族离开了聚居地，民族自治地方的权利保护和少数民族权益保障也出现了空间上的分离，这就使得城市中的民族区域自治面临着更加复杂的情况。

---

① 巴曙松：《城镇化：一个充满矛盾冲突的历程》，《社会科学报》2013年10月10日。
② 参见阿什老轨《推进民族地区新型城镇化发展的思考与建议》，《广西社会科学》2014年第6期。

实质上，城市形态、规模的改变与民族区域自治并不矛盾，城市升级改制与民族区域自治也不冲突。只要民族自治地方成立时的民族基础和社会条件未改变，民族自治地方就不应该撤销。否则，只要民族自治地方城市升级改制，自治权就随之消失的做法必然会动摇民族区域自治作为国家基本政治制度之一的政治合法性基础，不利于民族区域自治制度的完善、创新与发展。① 宪法和法律规定了自治地方的形式为自治区、自治州、自治县，各种行政级别的"市"都不是民族自治地方的法定形式。从实际情况来看，从民族自治县升格为"市"的，都属于县级市，其规模、人口、少数民族聚居状况及民族成分都未发生实质改变。因而，以城市形态作为唯一标准来区分一般地方与民族自治地方的做法有失简单化、随意化、表面化。在现行的城市制度下，自治县面临着是要进一步城镇化还是要区域自治的两难选择。各自治县面临的发展困境，实际上是建有这些自治县的少数民族的困境，因为小聚居的民族及人口较少民族多数仅建有自治县，没有建立自治区、自治州，这"涉及到这些少数民族有无进行城市区域自治的权利问题"。由于自治县是多数，自治区、自治州是少数，所以民族区域自治制度既要与自治区、自治州地区的城镇化相协调，更应与大量的自治县的城镇化相适应，如果缺乏民族城市自治的规定，中小民族、小聚居民族就不能像建有自治区、自治州的民族那样在城市范围内行使自治权，无法追随全国城镇化的步伐。② 由于城市民族区域自治形式的不完善，随着城镇化的加速发展，会有更多的自治州、自治县面临到底是继续维持自治地方现状不变，还是撤销州、县，设立市的艰难抉择。民族自治地方撤（州）县改市的问题曾引起学界一些学者的关注，但是迄今尚未引起有关部门的高度重视。城市发展的潮流与趋势不可阻挡，在民族自治地方城镇化过程中坚持和完善民族区域自治制度，需要更完备的制度创新与整合，实现民族区域自治与城市社会治理的有效契合。

第三，加强顶层设计，将解决城市民族问题现行有效举措纳入法律框架体系。

当前，城镇化已经成为民族地区发展的必然选择。在城镇化进程中，民族乡建制升级为镇，可以在"基础设施建设、小城镇建设专项建设资

---

① 参见潘弘祥《民族自治地方行政区划变更的动因、问题与对策》，《中国民族报》2013年9月13日。
② 鲍明：《中国民族区域自治的城市制度安排与制度创新》，《民族研究》2003年第1期。

金、城镇建设资金筹集渠道和招商引资"等方面获得更大的政策支持，有利于民族乡小城镇建设工作的顺利开展。① 但是，由于宪法和法律法规没有明确规定民族镇的法律地位，无论撤乡建镇还是合并建镇，都会将民族乡置于两难境地，如果建制为普通镇，则享受不到民族乡原来所享受的优惠待遇；如果不建制为镇，又与城镇化趋势相悖逆，不利于经济社会的全面发展。这种情形使民族乡的小城镇建设工作受到制约，严重影响了杂散居少数民族农村地区的发展。为实现民族乡的经济社会发展和民族群众特殊权益保障的双赢，最佳的办法就是把"民族乡建制为民族镇"②。如此，在现代化建设中，散杂居少数民族农村地区才会跟上我国城镇化建设的步伐。

城市民族区和民族镇建立的目的在于保障城镇民族自治区更改后，其聚居规模达不到自治的少数民族的平等权利。它们是党和国家在规范民族区域自治制度过程中产生和建立的，是结合城市发展规律与城市少数民族呼声与愿望，积极探索一种保障城镇聚居少数民族平等权利的新形式，对于在聚居地区、散杂居地区和城镇聚居的少数民族分别采取了相应的民族区域自治、民族乡和城市民族区、民族镇等形式。城市民族区、民族镇之所以历经曲折而顽强地存在着，并为今天城市民族区、民族镇少数民族群众所接受，"关键是它符合中国城市民族问题实际，比较成功地协调了城市的有机统一发展与城市聚居到一定规模少数民族追求当家做主、自我管理愿望的矛盾"③。城市民族区的建制既可以满足城市结构转型、空间优化和功能重塑等综合效应的需要，又能充分保障城市少数民族自我管理本民族事务、当家做主的权利。针对城市民族区建制的法律缺位问题，为保证城市中聚居少数民族的合法权益，应通过制定《城市民族区工作条例》或修订《城市民族工作条例》，增加有关城市民族区条款，明确城市民族区的性质、法律地位，将城市民族区管理纳入法制化轨道。

明确城市民族区和民族镇法律地位具有重要的现实意义。在撤县建市和区划调整中新设的重庆市黔江区、丽江市古城区原本就是民族自治地方，设区后仍是少数民族聚居区，但在行政体制改革中不仅失去了自治权利，而且也不能享受城市民族区的相应权利。自治县撤销调整为市辖区，

---

① 胡桑民：《民族乡与建制镇的比较调查》，《民族论坛》1998年第4期。
② 朱玉福：《民族镇法律地位刍议》，《内蒙古社会科学》（汉文版）2005年第1期。
③ 张勇、黄红梅：《"城市民族区"现象的启示意义》，《中国民族报》2010年7月2日。

若按城市民族区对待，能够保留或实际享有原属自治地方的部分权利，自治权不至于流失殆尽。民族镇是自治县的下辖单位，也是自治县行政管理体制的重要组成部分。对于民族镇法律地位的确认和保护，有助于在壮大县域经济的宏观背景下进一步保障少数民族和民族地区发展权利。从制度和法律上明确城市民族区和民族镇的地位，可以为少数民族的经济社会发展提供恰当的组织形式，为城镇型民族区域建制的探索提供参照。

新形势下推进民族事务治理法治化的思考

董　强[*]

[摘　要]　中国已经进入全面深化改革的深水区和攻坚期，民族事务治理面临更加复杂的形势。巩固平等、团结、互助、和谐的民族关系，更好地开展民族工作，是现阶段亟待解决的民族问题。本文从增强各族人民群众的法律意识、依法打击三股势力、全面贯彻落实民族区域自治的角度，对新时期推进民族事务治理的法治化意义进行了探讨。

[关键词]　民族事务　治理　法治化

中国共产党的民族政策在解决中国民族问题上取得的卓越成效，给世界多民族国家提供了借鉴的经验。新世纪新阶段，面对更加错综复杂的国际国内形势，中国共产党提出了国家治理能力和治理体系现代化的目标，这势必涉及民族事务治理的法治化问题。十八届四中全会的核心议程就是研究全面推进依法治国问题。民族区域自治的坚持和完善是全国各族人民的共同任务，各民族团结进步、共同繁荣发展是民族工作的两大主题，推进民族事务治理法治化具有十分重要的意义。

一　推进民族事务治理法治化的背景

21世纪是一个全球化的时代，随着我国改革的全面深化和对外开放的扩大，各民族间的交往日益频繁密切，具体表现为民族间经济往来不断增加、文化交流空前活跃。习近平指出："发展中国特色社会主义是一项长

---

[*]　董强，汉族，法学博士，中国社会科学院、贵州省社会科学院民族学博士后，副教授，硕士研究生导师，贵州民族大学马克思主义学院副院长，主要研究方向为民族理论、民族政策。

期的艰巨的历史任务，必须准备进行具有许多新的历史特点的伟大斗争。"[1] 中国特色社会主义建设要考虑我国各民族的社会脱胎母体不同，各民族、民族地区的经济社会发展的基础和程度不同，民族间存在着发展差距。加上各民族的民族特征、民族心理的不同、民族文化和风俗习惯的差异，各民族对于法律的认知各有不同。一些民族的法律意识淡薄，势必会造成民族交往交流中缺乏相互尊重，影响"平等、团结、互助、和谐"的民族关系的发展，影响中华民族的大团结。

宪法规定："中华人民共和国是全国各族人民共同缔造的统一的多民族国家。平等、团结、互助的社会主义民族关系已经确立，并将继续加强。"[2] 在全国各族人民全面建成小康社会的道路上，民族团结作为社会主义民族关系的基本特征和核心内容之一，是各族人民的生命线。新世纪新阶段，中国共产党提出了国家治理能力和治理体系现代化的目标。面临新的世情、新的国情，我国民族事务也有治理能力和治理体系现代化的问题。党的十八届三中全会指出，面对新形势新任务，全面建成小康社会，进而建成富强民主文明和谐的社会主义现代化国家、实现中华民族伟大复兴的中国梦，必须在新的历史起点上全面深化改革。全面深化改革的总目标是完善和发展中国特色社会主义制度，推进国家治理体系和治理能力现代化。在社会主义市场经济浪潮的冲击下，随着民族地区与东部沿海地区发展差距的拉大，人们的思想观念也发生变化；随着少数民族人口跨地域流动，各地区特别是城市民族结构发生变化。因而，我国的民族事务治理的主体多元、治理对象的范围扩大，民族事务治理面临新的复杂情况。

党的十八届四中全会提出，全面推进依法治国，总目标是建设中国特色社会主义法治体系，建设社会主义法治国家。在建设社会主义法治国家的大背景下民族事务治理也面临着法治化的重要任务。

推进民族事务治理法治化是一项长期的系统工程，增强各族群众的法律意识是首要条件。民族事务治理法治化强调法律作为一种社会治理工具在民族社会生活中的至上地位，通过民族事务治理法治化实现各民族群众的民主、人权、自由等价值目标。人民群众是历史的创造者，民族事务治

---

[1] 习近平：《紧紧围绕坚持和发展中国特色社会主义学习宣传贯彻党的十八大精神——在十八届中共中央政治局第一次集体学习时的讲话》（2012年11月17日），人民出版社，2012，第13页。
[2] 《中华人民共和国宪法》，中国法制出版社，2014，第4页。

理的主体（之一）是各族人民群众，民族团结的主体也是各族人民群众，就主体而言，治理民族事务和加强民族团结是一致的。美国学者罗斯科·庞德讲道："民众对权利和审判的漠不关心的态度对法律来说，是一个坏兆头。"增强各族群众的法律意识，对于推进民族事务治理法治化，用法律来保障民族团结是依法治国基本方略下的必然选择。

党的十八大报告指出："全面推进依法治国。法治是治国理政的基本方式。要推进科学立法、严格执法、公正司法、全民守法，坚持法律面前人人平等，保证有法必依、执法必严、违法必究。"[①] 健全完备的法律体系是前提，但并不意味着是法治，有法必依，让法律得到全社会的一致遵行，法律能够有效运转，才能算是真正意义上的法治，那就必须增强各族人民的法律意识。法律意识是人们对于法（特别是现行法）和有关法律现象的观点、知识和心理态度的总称。法律意识存在于人心，法律意识是一种观念的法律文化，对法的制定实施是非常重要的。但我们必须清醒地认识到因法律意识不强而导致的在民族事务治理中不遵循法律的现象时有发生，其根本原因就在于不懂法、不知法、不守法、有法也不依。要真正推进民族事务治理法治化，就要加强各族群众的法律意识，如康德所讲："世界上唯有两样东西能让我们的内心受到深深的震撼，一是我们头顶上灿烂的星空，一是我们内心崇高的道德法则。"

二　新时期民族事务治理法治化的主要内容

新世纪新阶段，中国共产党提出了国家治理能力和治理体系现代化的目标。面对错综复杂的国际国内形势，我国民族事务治理也面临新的世情、新的国情。党的十八届四中全会《决定》指出："我们党高度重视法治建设。长期以来，特别是党的十一届三中全会以来，我们党深刻总结我国社会主义法治建设的成功经验和深刻教训，提出为了保障人民民主，必须加强法治，必须使民主制度化、法律化，把依法治国确定为党领导人民治理国家的基本方略，把依法执政确定为党治国理政的基本方式，积极建设社会主义法治，取得历史性成就。目前，中国特色社会主义法律体系已

---

① 胡锦涛：《坚定不移沿着中国特色社会主义道路前进，为全面建成小康社会而奋斗——在中国共产党第十八次全国代表大会上的报告》（2012 年 11 月 8 日），2012，第 27 页。

经形成,法治政府建设稳步推进,司法体制不断完善,全社会法治观念明显增强。"这一论断是完全符合我国社会主义法治建设实际的,是经得起历史和人民检验的。推进民族事务治理法治化是一个长期的系统工程,增强各族群众的法律意识是首要的条件之一。民族事务治理法治化强调法律作为一种社会治理工具在民族社会生活中的至上地位,通过民族事务治理实现各民族群众的民主、人权、自由等价值目标。美国学者罗斯科·庞德讲道:"民众对权利和审判的漠不关心的态度对法律来说,是一个坏兆头。"推进民族事务治理法治化,用法律来保障民族团结是依法治国基本方略下的必然选择,因此,新时期推进民族事务治理法治化路径选择问题是摆在我们面前的一项重要课题。

党的十五大就已经郑重地将"依法治国,建设社会主义法治国家",作为党和国家的治国方略和奋斗目标确定下来。社会主义法治国家的建设是一个长期的过程,民族法治建设是全面推进依法治国的重要内容。社会主义法治的基本要求是有法可依、有法必依、执法必严和违法必究,其中最重要的前提就是有法可依。从依法治国基本方略和社会主义法治的基本要求来看,新时期民族事务治理法治化的内容不仅涵盖民族法律、法规的制定和修订,还包括严格执法问题,以及执法监督问题。民族立法是民族法治建设的重要内容。审议通过的有关民族工作的决议、地方性法规、自治条例、单行条例及变通规定等为我们全面推进依法治国提供了前提条件。通过民族立法,明确了我们的行为规范的准则,为我们保障少数民族的合法权益提供了法律依据。

在国家治理法治化理念下,任何一项政策措施都是国家治理价值取向的体现,都必须符合国家的法律和整体利益。民族事务治理是一项体系工程,也是一个长期的过程。坚持和完善民族区域自治的一个重要方面就是加强民族区域自治的法治建设,特别是贯彻落实好民族区域自治法,完善监督机制。我国现行的民族区域自治法律体系,主要由三大部分组成。一是包括《中华人民共和国宪法》和《中华人民共和国民族区域自治法》等在内的基本法律规范;二是国务院及其所属部门制定的关于实施民族区域自治法的行政法规和行政规章规范;三是各民族自治地方制定的自治条例、单行条例、变通规定及补充规定等。国家一贯重视民族地区的法制建设,20世纪50年代即开始了区域自治法的起草工作,20世纪80年代,在总结过去经验的基础上,进一步加强了民族法制建设工作。1984年《中国人民共和国民族区域自治法》的颁布施行，标志着我国民族区域自治制度进入了法治化的新阶段。2001年，九届全国人大常务委员会第20次会议通过了《中华人民共和国民族区域自治法》修正案，既是民族法治建设的重大成果，是我国民族区域自治法治建设的一个新的里程碑，同时也是我国民族法治建设的里程碑。加强民族法治建设既是坚持和完善民族区域自治制度的重要举措，是依法行政的必然要求，也是加快少数民族和民族地区人民群众实现跨越式发展，与全国人民一道建成小康社会的必然要求。

三　推进民族事务治理法治化对于维护民族大团结的保障

（一）依法打击"三股势力"，维护民族大团结

党的十八届四中全会提出，全面推进依法治国，总目标是建设中国特色社会主义法治体系，建设社会主义法治国家。"依法治国，是坚持和发展中国特色社会主义的本质要求和重要保障，是实现国家治理体系和治理能力现代化的必然要求，事关我们党执政兴国，事关人民幸福安康，事关党和国家长治久安。"[①] 新世纪新阶段，我国已经进入全面深化改革的深水区和攻坚期，民族地区和少数民族面临着更开放的发展机遇，同时在世界多极化浪潮冲击下，西方国家加紧对我国实施"西化""分化"战略，我国面临更为严峻的考验。我们要发展平等、团结、互助、和谐的社会主义民族关系，维护各民族的大团结，就必须旗帜鲜明地依法打击"三股"势力，用法律维护民族团结。

首先，依法打击暴力恐怖势力，用法律武器维护民族团结。

暴力恐怖势力是指通过使用暴力或其他毁灭性手段，制造恐怖，以达到某种政治目的的团体或组织。暴力恐怖势力是反人类的社会毒瘤，是全人类的公害，其暴力行为严重威胁人民的生命安全、生存发展、社会生产和生活秩序。暴力恐怖势力产生于20世纪60年代，80年代后日益猖獗，进入21世纪又呈现出组织更加严密、作案方式更加多样和手段更加残忍的特点。仅盘点2014年上半年的暴恐事件，就有七起之多。因

---

① 《中共中央关于全面推进依法治国若干重大问题的决定》，人民出版社，2014，第1~2页。

此，在新的形势下，挑战越是严峻，我们越要高举法治的旗帜，采取高压态势，对暴力恐怖势力进行打击，就如习总书记在新疆调研时的讲话指出的，"给暴力恐怖势力以毁灭性打击"。坚决打击暴力恐怖势力的嚣张气焰，挤压暴力恐怖势力的活动空间，遏制暴力恐怖势力的蔓延势头，各族人民齐心协力，用法律武器维护民族团结。

其次，依法打击宗教极端势力，用法律武器维护民族团结。

宗教极端主义是当代国际政治生活中的另一大毒瘤。宗教极端主义与宗教有一定的关联，但只是利用与被利用的关系，从本质上说它并不属于宗教范畴而是政治范畴。顾名思义，宗教极端主义合宗教性与极端性为一体，宗教性使其可以打着宗教的旗号极具欺骗性和歪曲性，极端性则决定了其必然具有狂热性和暴力性。同时，因其属于政治范畴的问题，宗教极端主义为实现其政治目的，竭力制造不同信教群体之间的仇视和斗争，撕裂民族与社会的联系，在造成严重破坏的同时，也扭曲了宗教的形象。在和平与发展成为当今世界两大主题的今天，宗教极端主义是全世界爱好和平的各国人民的共同敌人，反对宗教极端主义不仅是各国政府的职责，也是整个人类社会义不容辞的责任。我国实行的是宗教信仰自由政策，法律保护正常的宗教信仰和宗教活动，但对邪教和宗教极端主义则予以最严厉打击，这既是维护国家安全和社会稳定的需要，也是维护各族群众生命安全和民族团结的需要。

最后，依法打击民族分裂势力，用法律武器维护民族团结。

民族分裂势力是作为反对国家建构的历史遗留问题，民族分裂分子坚持狭隘的民族主义，打着民族自决的旗号寻求境外的支持，并通过境外的操控，在边疆地区进行暴力恐怖袭击等社会破坏活动。这些颠覆破坏活动，不论是打着什么旗号，都是与国家的统一、社会的稳定、各族人民生活的幸福安康相抵触的。民族分裂分子赋予了族性邪恶的目的，制造了令人发指的罪恶与悲剧。民族特征的差异、历史遗留问题的存在、现实生活中由于差距产生的不满情绪等都可能被民族分裂分子所利用。这种倒行逆施的破坏活动是与历史发展的潮流背道而驰的，我们必须运用法律武器依法进行严厉打击，才能更好地维护各民族的大团结，这是保证我国各族群众全面建成小康社会、实现中华民族永续发展的保证。李克强总理在政府工作报告中指出："中华民族大家庭的各族儿女和睦相处、和衷共济、和谐发展、心心相印，一定会更加幸福安康、兴旺发达。"①

（二）依法反对两种民族主义，维护民族大团结

首先，依法坚决反对和克服两种民族主义，维护民族团结。

维护民族大团结，需构建平等、团结、互助、和谐的新型社会主义民族关系。新型社会主义民族关系的构建，需要全面推进民族事务治理法治化。这就必然要求依法坚决反对和克服两种民族主义，即坚决反对大汉族主义和地方民族主义。大汉族主义是大民族主义的一种，最初是由列宁提出的。大汉族主义作为一种民族主义的意识形态，其本质是主张汉族的历史、文化等优越于其他民族，是剥削阶级思想在国内民族关系上的一种反映，是一种歧视或变相歧视较小民族的民族主义。《中华人民共和国宪法》明确规定："中华人民共和国是全国各族人民共同缔造的统一的多民族国家。平等、团结、互助的社会主义民族关系已经确立，并将继续加强。在维护民族团结的斗争中，要反对大民族主义，主要是大汉族主义，也要反对地方民族主义。国家尽一切努力，促进全国各民族的共同繁荣。"②《中华人民共和国民族区域自治法》也明确规定："在维护民族团结的斗争中，要反对大民族主义，主要是大汉族主义，也要反对地方民族主义。"③ 这充分表明了维护民族团结，依法反对和克服两种民族主义的法律地位。在民族事务治理中，存在忽略少数民族的民族特点，以"拿来主义"的方式，把汉族地区的经验、办法简单地搬到民族地区，强制执行。不仅脱离了民族实际，还伤害了民族感情，引起少数民族群众的反感。再有就是存在不承认少数民族有管理自己内部事务的权利。在推行民族区域自治和民族事务治理中，有些少数民族没有充分享受到自治的权利。所有这些做法或倾向，都必须纳入法律的框架来规范，通过推进民族事务治理法治化来解决，进而更好地维护民族团结。地方民族主义，通称为狭隘民族主义，以孤立、保守和排外为主要特征。在实际生活中，表现为忽视民族团结和在祖国大家庭中的地位。只看到本民族的暂时的、局部的利益，维护本民族中某些落后消极的东西，阻碍民族的进步和发展，也影响和谐民族关系的

---

① 李克强：《政府工作报告——2014 年 3 月 5 日在第十二届全国人民代表大会第二次会议上》，人民出版社，2014，第 34 页。
② 《中华人民共和国宪法》，中国法制出版社，2014，第 4 页。
③ 《中华人民共和国区域自治法》，法律出版社，2001，第 17 页。

构建，不利于民族团结的维护。因此，民族事务治理过程中要坚定地依法反对两种民族主义，并运用法律武器与打着民族主义旗号破坏民族团结的行为做斗争。

其次，依法坚决纠正和杜绝民族歧视或变相歧视的言行，维护民族团结。

民族平等是民族团结的前提和基石，马克思主义最初提出民族平等原则的基本出发点是反对民族压迫、反对民族歧视。社会主义制度的确立，彻底废除了阶级压迫和阶级剥削制度，各民族间的民族关系是良性的多层次的互动关系。但在建设社会主义市场经济的进程中，由于各民族分布上的交错杂居、经济利益上的分配问题、民族文化上的交流和碰撞，加上历史上汉族中的统治阶级对少数民族剥削和压迫的影响等因素，还在一定层面和范围存在民族歧视或变相歧视的言行，造成民族间的矛盾冲突、猜疑和隔阂，这些因素的存在对于维护民族团结产生深刻的影响，必然要求依法纠正和杜绝民族歧视和变相歧视。在全面建成小康社会的进程中，汉族首先应该尊重少数民族的宗教信仰、语言文字、风俗习惯。习近平总书记在中央民族工作会议暨国务院第六次民族团结表彰大会上强调，要注重保障各民族合法权益，坚决纠正和杜绝歧视或变相歧视少数民族群众、伤害民族感情的言行。我国是统一的多民族国家，多民族是我国的一大特色，各族人民都是国家的主人，各民族之间的关系是一个大家庭里不同成员的关系，处理好民族问题，做好民族工作，各民族之间就不应该存在民族歧视或变相歧视的言行。随着工业化、信息化和城镇化的迅猛发展，涉及民族歧视或变相歧视的言行时有发生。对于这种情况绝对不能听之任之、放任自流，要依法保障各民族的合法权益。对于存在的民族歧视或变相歧视言行，必须依法坚决纠正和杜绝，对造成严重后果的要依法追究法律责任，用法律的武器依法打击民族歧视或变相歧视的言行，来维护各民族的大团结。

（三）全面落实民族区域自治法，是依法维护民族团结的法律保障

民族区域自治法，是实施宪法规定的民族区域自治制度的专门法律，是保障民族地区和少数民族合法权益的基本法律，也是贯彻依法治国基本方略，推进民族事务治理法治化的重要体现。自 1984 年《中华人民共和

国区域自治法》颁布实施以来，标志着我国实施民族区域自治、处理民族问题在法治化轨道上迈出了重要一步。2001年九届全国人大常务委员会第20次会议通过了新修订的《民族区域自治法》，其中最核心的就是正式在法律上把民族区域自治制度确立为国家的一项基本政治制度。2005年国务院颁布了《实施〈中华人民共和国民族区域自治法〉若干规定》，这是实施民族区域自治法的第一部行政法规，这些都有力地推动了民族区域自治制度法治化进程，也在民族事务治理中做到了真正的有法可依。

全面落实民族区域自治法，需要大力加强民族法律法规的学习、宣传、教育，使各族人民群众特别是各级领导干部增强法律观念，认识全面贯彻落实民族区域自治法的重要意义，增强自觉遵守和执行民族区域自治的积极性。民族区域自治是在少数民族聚居的地方实行的区域自治，是国家治理体系的有机组成部分。实行民族区域自治的宗旨在于保障少数民族的平等权利，实质是在统一的多民族的社会主义国家内，聚居区的少数民族依法行使当家做主、管理本民族内部事务的权利。全面落实民族区域自治法，对于调动各民族的积极性，充分发挥自治地方的特点和优势，促进各民族共同团结进步、共同繁荣发展，构建平等、团结、互助、和谐的民族关系意义深远。我国的民族团结是在消灭阶级压迫后各民族根本利益一致的基础上的团结，民族团结是我国民族关系的主流，但我们也不能忽视破坏民族团结现象的存在。对于这些逆时代潮流而动的国内外敌对分子，我们必须运用法律武器依法维护民族团结。

中国经济社会转型中的民族问题与民族事务治理

——以国家治理能力为视角

朱 军[*]

[**摘 要**] 本文以国家治理能力为视角,通过分析经济社会转型与民族事务治理之间的关系,具体考察民族问题的生成过程以及影响民族事务治理的因素。中国面临的许多民族问题是由经济社会转型过程中的社会问题在特定的时空场景与民族社会生态共同作用下生成的,经济社会转型改变了中国的国家社会关系,影响到民族事务治理体系解决民族问题的绩效与水平。本文认为需要以社会主义核心价值观、中华民族共同体意识作为价值导向,从加强基础权力、加强与社会部门协作两个方面,提升政府的文化渗透能力、资源再分配能力与多元治理能力,以此全面推进民族事务治理体系与治理能力的现代化。

[**关键词**] 经济社会转型 民族事务治理体系 国家治理能力

一 研究背景和意义

在多民族国家中,民族事务是诸多公共事务与政治管理的一种,因其较强的政策性、政治敏感性、广泛的社会涉及面,成为国家治理面临的棘手与复杂的公共事务。民族事务治理体系是国家治理体系的重要组成部分,是由相关的体制机制、法律法规安排组成的治理民族问题[①]的一套紧

---

[*] 朱军,大连民族大学东北少数民族研究院讲师,研究方向为民族政治学、民族理论与政策。

[①] 本文中的民族问题是一种广义民族问题概念,在外延上包含了民族自身的发展问题,民族之间,民族与阶级、国家之间的关系等。

密关联、相互协调的制度体系。中国的民族事务治理体系是由《宪法》《民族区域自治法》等法律法规加以规定，由党政各级民族事务管理机构组成的结构体系，并由一系列促进民族地区发展、保障少数民族权益的政策规范组成，其价值目标在于实现平等、团结、互助、和谐的社会主义民族关系。从民族地区经济社会发展的巨大成就来看，在马克思主义民族理论指导下结合中国具体实际而不断发展完善的民族事务治理体系，在增强少数民族的凝聚力与向心力，促进社会稳定和长治久安方面发挥了重要作用。

进入 21 世纪，随着中国经济社会转型的加速，涉及民族因素的社会冲突与群体性事件频繁发生。国内外针对中国民族问题的争论也在增多，诸多观点涉及民族事务治理体系与民族问题之间的关系，其中的一个分歧点在于如何认识中国经济社会转型期民族问题的生成过程及性质，即中国经济社会转型期的民族问题是转型性的还是体制性的？本文以国家治理能力理论为视角，以改革开放以来中国国家社会关系的变化为背景，具体考察经济社会转型民族问题的生成过程以及影响民族事务治理的因素，以期对上述问题做出理论对话与现实解答。在上述认知基础上，笔者认为中国面临的许多民族问题都是由经济社会转型过程中的社会问题在特定的时空场景与民族社会生态共同作用下生成的，同时，经济社会转型也影响到民族事务治理体系解决民族问题的绩效与水平。因此，以经济社会转型期民族问题表现突出而质疑我国解决民族问题的基本理论和制度的观点，在理论上会走入误区，在实践上也具有危害性。下文将结合理论与实践逐步论述，并针对经济社会转型期影响民族事务治理的因素，提出"全面推进民族事务治理体系与治理能力的现代化"的相应路径。[①]

二 国家治理能力理论视角下的中国民族事务治理过程

无论是把国家治理能力视作制度的执行能力，[②] 还是视为运用国家

[①] 参见《国家民委召开学习和贯彻习近平总书记系列重要讲话成果交流会》，国家民委网站，2013 年 12 月 30 日。

[②] 参见俞可平《推进国家治理体系和治理能力现代化》，《前线》2014 年第 1 期。

制度管理社会各方面事务的水平和绩效。① 诸多观点均认识到国家治理不是一种理想的模型或者制度设计的理想,而是一国在治理实践中的实际表现与现实能力,这种制度执行力或者管理社会事务的绩效就是国家治理能力。"国家能力（state capacity）是指国家将自己意志（proferences）、目标（goals）转化为现实的能力。"② 作为国家能力理论的代表人物迈克·曼（Michael Mann）将国家权力区分为"专制权力"（despotic power）与"基础权力"（infrastructural power）,前者指国家执政者不经与市民社会力量进行例行化、制度化协商而执行其意志的范围,后者指的是国家贯穿、渗透社会,在其统治范围内有效贯彻政治决策以协调人们生活的能力。③"专断性的国家权力"（即专制权力——引者注）主要指国家干预社会的范围,而国家的治理能力体现在"基础权力"或者"基础性国家能力"方面。④

国家治理能力的强度主要取决于国家的制度构建与社会经济政策贯彻、渗透、影响人们社会生活的成效,并在此基础上建立起人们国家认同感的能力,这主要是"基础权力"的重要内容。国家治理能力主要表现为国家对社会各阶级的文化渗透能力、社会控制能力与实施社会经济政策的有效程度；而实施社会经济政策有效程度最为关键,影响到国家的合法性基础与社会控制。⑤ 从国家社会关系的角度来看,现代国家治理能力强弱主要取决于两个特征：强化基础权力、与社会部门保持协作关系。⑥ 综合上述观点,现代国家的治理能力体现在文化渗透、实施社会经济政策的有效程度、与社会部门保持协作关系方面,主要包括文化渗透能力（合法化能力）、资源再分配能力、多元治理能力等方面。

"民族事务治理体系和治理能力建设是国家治理体系和治理能力现代化

---

① 参见姜晓萍《国家治理现代化进程中的社会治理体制创新》,《中国行政管理》2014年第2期。
② 王绍光、胡鞍钢：《中国国家能力报告》,辽宁人民出版社,1993,第6页。
③ 参见 Michael Mann, *States, War, and Capitalism: Studies in Political Sociology*, Oxford: Blackwell, 1988, pp. 5 – 9。
④ 参见王绍光《国家治理与基础性国家能力》,《华中科技大学学报》（社会科学版）2014年第3期。
⑤ 参见王绍光《安邦之道：国家转型的目标与途径》,生活·读书·新知三联书店,2007,第5~6页。
⑥ 参见王信贤《当代中国国家能力与社会稳定：兼论"社会管理创新"的意涵》,俞可平主编《中国治理评论》（第2辑）,中央编译出版社,2012,第60~62页。

的有机组成部分,是中国特色解决民族问题正确道路的重要内容。"① 作为民族事务治理的制度框架,民族事务治理体系功能的充分发挥,不仅需要合理的制度设计与有效的组织协调机制,同时还需要形成与输出有效的治理能力。民族事务治理能力是国家治理能力在民族事务管理方面的集中体现,是民族事务治理体系的制度执行力与绩效的具体表现。从国家治理能力的视角来看,中国的民族事务治理能力实质上是为了实现平等、团结、互助、和谐的价值目标,把体现国家意志的制度政策与法律规范贯彻、渗透到多民族社会之中,从而解决国家发展过程中出现的民族问题的绩效与水平。

中国民族事务治理体系奠基于新中国成立初期第一代领导集体的政治设计,初步形成了以民族区域自治制度为核心的政治制度框架,并组成了一系列促进民族平等、团结、互助的政策规范。新中国成立初期的社会主义制度的变革与确立,在一定意义上,也是民族事务治理体系的制度构建过程。当广大民族群众真正成为社会主义国家的主人,社会主义的价值认同便逐渐得以巩固。随着社会主义改造的完成与计划经济的运行,农村建立了人民公社体制,在城市中确立了单位制的管理结构,纵向上建立了中央集权的行政区划结构,最终形成了以党和政府为主导的国家治理格局。这个时期,社会主义意识形态的确立,单位制、人民公社等组织结构的建立以及有效的民族干部队伍的形成,有力保证了民族事务治理的各项制度与政策的贯彻与实施,国家基础权力建设取得显著进步。"文化大革命"期间,受制于社会总问题"以阶级斗争为纲"的思想路线的影响,包括民族区域自治制度在内的各项民族事务治理的制度、政策与工作机制受到不同程度的破坏,国家通过经济社会政策促进少数民族和民族地区发展的职能与能力受到削弱,基础权力的建设出现了重大曲折。

十一届三中全会之后,党的第二代领导集体启动了经济体制改革与对外开放,实现了民族工作重心向经济建设的转移,民族事务治理重新走向强化基础权力的方向。党的第三代领导集体在第一次中央民族工作上,把民族发展纳入民族问题的治理范畴,拓展了民族事务治理的范围;② 在跨世纪之际召开的第二次中央民族工作会议,从区域协调发展的角度,把民

---

① 闵伟轩:《坚定不移走中国特色解决民族问题的正确道路》,《中国民族报》2014年7月22日。
② 江泽民:《加强各民族大团结,为建设有中国特色的社会主义携手前进》,国家民族事务委员会、中共中央文献研究室编《民族工作文献选编》(1990~2002),中央文献出版社,2003,第24~41页。

族地区纳入西部大开发的战略格局之中。① 在全面建设小康社会和构建和谐社会的新时期，以胡锦涛为核心的领导集体在第三次中央民族工作会议上，提出"两个共同"作为新世纪民族工作的主题，通过不断加强和完善财政转移支付、扶贫工作、对口支援、民族发展规划、兴边富民行动等工作机制，不断强化民族事务治理的资源再分配能力，促进少数民族和民族地区经济社会的快速发展。②

总体来看，改革开放以来中国民族事务治理表现出如下特征。第一，党和政府作为国家治理的主体，在民族事务治理过程中发挥主导作用。各项区域发展政策与民族发展政策的制定与实施均得到国家力量的强力推动，而且全局性民族工作的统筹规划往往通过中央民族工作会议这种最高级别的工作机制来实现。第二，国家越来越多依靠民族事务治理体系的体制机制的完善与发展，强化基础权力尤其是充分发挥社会资源再分配能力，不再单纯地依赖专制权力，通过输出治理绩效增强文化渗透能力。第三，中国经济社会转型的变化已经开始促使政府加强与社会部门的协作。近些年，中央提出的一些政策，诸如"和谐社会""科学发展观""加强党的执政能力建设""加强与创新社会管理""推进民族工作的社会化"等反映了这种变化趋势。

本文选择国家治理能力作为理论视角，将经济社会转型作为影响民族事务治理的重要变量，从经济社会转型与民族事务治理之间的作用关系中，考察影响现阶段民族事务治理的因素。在上述分析的基础上，结合2014年9月底召开的中央民族工作会议有关民族工作的重大部署、安排和举措，指出新形势下完善民族事务治理体系、提升民族事务治理能力的理论创新与实践安排，并从国家治理能力的角度提出推动民族事务治理体系和治理能力现代化的建设方向。

三 中国经济社会转型与现阶段民族问题的生成过程

针对中国经济社会转型期民族问题的生成过程的理论认知集中体现为

---

① 江泽民：《在中央民族工作会议暨国务院第三次全国民族团结进步表彰大会上的讲话》，《民族工作文献选编》（1990～2002），第209～218页。
② 《中共中央、国务院关于进一步加强民族工作加快少数民族和民族地区经济社会发展的决定》，国家民族事务委员会、中共中央文献研究室编《民族工作文献选编》（2003～2009），中央文献出版社，2010，第90～108页。

两种观点：一种观点认为中国经济社会转型是民族问题形成的根源，经济社会转型引发经济与社会关系的重大结构性变迁，导致社会经济领域集聚了大量冲突和矛盾，这种经济社会矛盾与冲突在特定的时空场景与民族社会生态共同作用下，具有了民族问题的表现形态；[①] 另一种观点认为中国民族事务治理体系在价值理念、体制机制与政策规范等方面存在缺陷，经济社会转型进一步暴露出该体系的体制性困境，民族事务治理体系由于体制的僵化已无法根据社会形势进行有效的调整，以致无法容纳与解决日益增多的民族问题。[②]

对经济社会转型期民族问题生成过程是转型性抑或体制性的不同理论认知，产生了截然不同的民族事务治理路径。从民族问题生成的转型性特征出发，诸多观点关注民族发展与民族地区经济社会转型中的新形势与新变化，在此过程中产生的大量经济社会矛盾与冲突必须通过巩固、发展与完善中国民族事务治理体系，不断提升民族事务治理能力，从而更好地处理民族问题与控制社会矛盾。[③] 从民族问题生成的体制性特征出发，一些研究者把民族地区发展差距、民族互动交往过程中产生的冲突与矛盾归结为中国民族事务治理体系的体制性困境，质疑或者否定现有民族事务治理体系的积极功能，通过学习世界其他国家民族事务治理的经验（诸如美国、印度、巴西、新加坡等），推动中国民族事务治理体系的反思[④]或转型[⑤]。

[①] 参见杨圣敏《对如何处理好当前民族关系问题的一点看法——多年实地调查后的思考》，《社会科学战线》2013年第7期；李晓霞：《新时期新疆快速的社会变迁及其面临的挑战》，《新疆社会科学》2013年第3期。

[②] 参见郑永年、单伟《疆藏骚乱原因剖析暨新加坡经验的启示》，《东亚论文》2010年第77期。

[③] 参见郝时远《构建社会主义和谐社会与民族关系》，《民族研究》2005年第3期；陈建樾：《多民族国家和谐社会构建与民族问题的解决——评民族问题的"去政治化"与"文化化"》，《世界民族》2005年第5期；陈玉屏：《民族问题能否"去政治化"论争之我见》，《西南民族大学学报》（人文社科版）2008年第7期；王希恩：《也谈在我国民族问题上的"反思"和"实事求是"——与马戎教授的几点商榷》，《西南民族大学学报》（人文社科版）2009年第1期；纳日碧力戈：《以名辅实和以实正名：中国民族问题的"非问题处理"》，《探索与争鸣》2014年第3期；等等。

[④] 参见马戎《理解民族关系的新思路——少数族群问题的"去政治化"》，《北京大学学报》2004年第6期。

[⑤] 参见郑永年、单伟《疆藏骚乱原因剖析暨新加坡经验的启示》，《东亚论文》2010年第77期；胡鞍钢、胡联合：《第二代民族政策：促进民族交融一体和繁荣一体》，《新疆师范大学学报》（哲学社会科学版）2011年第5期；胡鞍钢、胡联合：《中国梦的基石是中华民族的国族一体化》，《清华大学学报》2013年第4期。

马克思主义民族理论认为，对于民族问题的理论考察，需要采取一种唯物主义和辩证主义的方法论态度。世界上只要有民族存在，就有民族问题，民族问题与民族产生、发展与消亡的历史过程相伴随。同时，民族问题是社会总问题的一部分。认识民族问题需要将其放置于一定的历史时空条件之下，具体考察民族问题的演变机理与发展过程，从而掌握民族问题的阶段性特征。理解现阶段中国民族问题的生成过程，离不开对中国经济社会改革过程的考察，离不开对中国全面建设小康社会进程的考察，即需要在推动中国社会结构整体大变迁的经济社会转型中考察民族问题的生成与演化过程。

十一届三中全会开启了中国对外开放与经济改革的序幕，经济体制由计划经济向市场经济转型，同时推动了社会结构的大变迁。"经济社会转型"客观地描述了中国社会结构转型中的重要特征：社会结构转型和经济体制改革紧密联系在一起，社会结构转型的直接动因是经济改革。[1] 1978年开始的市场化导向的经济体制改革经历了市场的出现（1979~1984年）、市场制度的出现（1985~1992年）、市场社会的出现（1993~1999年）以及市场化改革和进程的调整（2000年至今）四个发展阶段。[2] 改革开放以来市场化的快速发展，推动了中国工业化与城市化的发展，"工业化、城市化和市场化，已成为拉动中国巨大社会变迁的三驾马车"。[3] 从1978年到2008年，三大产业在GDP总量中所占比重发生重大变化，中国已经进入工业化的中期阶段。[4] 从1978年到2010年，城市化率由17%提高到49.7%；2011年，中国城镇人口占总人口的比重首次超过50%，中国进入以城市社会为主的新成长阶段。[5] 较快的经济社会转型促使中国进入了矛盾凸显期。2000年以来，中国因人民内部矛盾引发的群体性事件数量多、人数多、规模大，据统计资料显示，从1993年到2003年，群体性事件数量由1万起增加到6万起，参与人数也由约73万人增加到约307万人，2008~2009年更是群体性事件频发时期。[6]

---

[1] 参见李培林《社会转型与中国经验》，中国社会科学出版社，2013，第8页。
[2] 参见徐湘林《转型危机与国家治理：中国的经验》，《经济社会体制比较》2010年第5期；王绍光：《大转型：1980年代以来中国的双向运动》，《中国社会科学》2008年第1期。
[3] 李培林：《社会转型与中国经验》，中国社会科学出版社，2013，第203页。
[4] 参见李培林《社会转型与中国经验》，中国社会科学出版社，2013，第260~261页。
[5] 参见李培林《社会转型与中国经验》，中国社会科学出版社，2013，第203~206页。
[6] 参见谭扬芳《网络媒体在群体性事件中的影响与思考》，中国社会科学网，2011年2月21日。

从国家社会关系来看，经济社会转型对民族问题演变的影响主要沿着两个方向展开。一个是我国经济体制由计划经济向市场经济过渡，逐步确立市场经济主导中国经济发展的格局，市场逐渐成为国家、社会之外重要的资源配置主体。市场快速发展，鼓励个体之间进行自由竞争，要求减少国家干预的范围，产生权力非集中化的趋势与需求。"市场机制开始主导资源的分配，通过国家扶持的缩减、去管制化、去中心化，以及诸如商业化、公司化和私有化等组织结构的重塑来实现。"[1] 各种社会组织较快发育，在各种公共事务管理中扮演越来越重要的角色。"且就全球角度观之，过去20多年来，各种私有化、分权化、去垄断化、去管制化以及各种'外包'制度的盛行，在各种治理发展议题中，市场、非政府组织与社会网络成为与国家并立的力量"。[2] 国家与社会关系的变化，对政府管理体制变革提出要求，从而推动政府由大包大揽的"全能型政府"向"有限政府""有效政府"过渡。简言之，经济社会转型推动了政府、市场与社会多元资源配置主体的形成，压缩了政府权力干预的范围，限制了政府可资利用的资源，却对政府贯彻自身意志、规范权力运行与维持公共秩序的治理能力提出了更高的要求。

二是由市场化改革直接推动的社会结构转型，在中国显著性地表现为社会结构发展的不平衡。经济社会转型过程中的发展不平衡，主要表现为结构的不平衡，地域、城乡、产业结构以及经济发展与社会发展等方面。[3] 以收入差距为例，中国整体收入差距的很大一部分源自于地区之间的差距和城乡之间的差距。[4] 许多发生在中国社会的民族问题更深层次根源是经济社会转型过程中的结构不平衡问题。以新疆为例，2009年，南疆三地州（喀什地区、和田地区和克孜勒苏柯尔克孜自治州，少数民族人口占94%）人均GDP仅为全疆平均水平的31%，低收入贫困人口占到全疆低收入贫困人口的84%以上。[5] 可见，该地区的民族问题突出表现为民生保

---

[1] Yuchao Zhu, Dongyan Blachford, "Economic Expansion, Marketization, and Their Social Impact on China's Ethnic Minorities in Xinjiang and Tibet," *Asian Survey* 52（2012）：716.
[2] 王信贤：《当代中国国家能力与社会稳定：兼论"社会管理创新"的意涵》，《中国治理评论》（第2辑），中央编译出版社，2012，第63页。
[3] 参见李培林《社会转型与中国经验》，中国社会科学出版社，2013，第14~15页。
[4] 参见王绍光《大转型：1980年代以来中国的双向运动》，《中国社会科学》2008年第1期。
[5] 参见李晓霞《新疆民族关系走向及其影响因素分析》，《北方民族大学学报》2012年第1期。

障与贫困问题。

同时，市场本身以竞争与效率为根本原则，缺乏有效约束的市场经济会加重社会的阶层分化、加剧生态环境的恶化，这是单一市场治理机制失效的表现。2000年之后，国家在发展战略层面提出"经济和社会平衡发展"的指导路线，在强调继续深化经济体制改革的同时，开始重视对社会发展的政策制定和投入。① 但是，政府治理能力的有限性并没有有效抵制非经济领域市场化原则的侵入，这已经成为影响中国社会稳定的重要根源。发生在内地的农民失地、暴力拆迁与抗法，城市化、工业化发展导致的环境污染与生态环境破坏，以及大量城市流动人口遭遇的社会保障与就业机会不均等诸多社会问题，本身都生成于中国经济社会转型过程，肇始于市场化原则无限制、无节制地侵入各种非经济领域，对中国政府的治理能力提出了严峻的挑战。这些社会问题如果发生在民族地区，与民族地区群众特殊的民族情感与较为浓厚的宗教氛围相结合，在民族意识与宗教意识的作用下，一般性的社会问题便转化为民族问题或者宗教问题。

综上所述，一方面中国的市场化改革改变了传统政府管理的社会环境，限制了政府可资利用的资源，压缩政府权力干预的范围，提高了政府治理的难度；另一方面经济社会转型中结构发展的不平衡现象，与市场化机制共同作用，拉大了地区、城乡、群体之间的发展差距，成为民族问题产生的社会根源。这种转型性民族问题向民族事务治理提出了严峻挑战，影响到民族事务治理体系的适应性与治理能力。

由上观之，一些研究者在认识中国民族事务治理体系与民族问题关系上出现的理论偏差与现实误判，很大程度上源于其理论观点陷入了机械的"制度决定论"的窠臼，混淆了现阶段中国民族问题演变过程的转型性与体制性特征。"制度决定论"的局限之处在于，只看到了制度选择与设计对规则、信念和行为的决定性影响，而忽略了制度本身的"内生性"特征——制度是内生的，它们的形式与功能依赖于它们产生和发展的环境。② 不仅每种制度的选择与设计受到特定环境的影响，而且制度运行与功效的发挥也依赖于其所存在的环境。受"制度决定论"的影响，这些观点过分

---

① 参见徐湘林《转型危机与国家治理：中国的经验》，《经济社会体制比较》2010年第5期。
② 〔美〕亚当·普热沃斯基：《制度起作用吗？》，晓健编译，《经济社会体制比较》2005年第3期。

重视理想型制度的选择与设计，迷信民族事务治理照搬其他国家制度的移植功效，忽视了特定环境之中体制机制完善、政策与策略的选择，对提升民族事务治理能力的重要作用。同时，还把中国经济社会转型期演变生成的民族问题归因于制度选择与设计的问题，忽视中国经济社会转型作为重要的环境因素对民族事务治理的重大影响。

四 中国经济社会转型期影响民族事务治理的因素

中国经济社会转型期生成的民族问题需要通过完善民族事务治理体系、提升民族事务的治理能力予以应对与缓解。但是，现实中经济社会转型的急剧性往往会导致民族事务治理的工作实践具有一定的滞后性，导致民族事务治理体系容纳与解决民族问题的能力受到限制，在一定程度上影响政府的执政水平与合法性认同。具体来看，经济社会转型过程中多元文化价值观念并立、市场竞争效应、一元化治理格局成为影响民族事务治理的重要因素。

（一）多元价值观念消解文化渗透能力

国家通过主导与控制意识形态建设，通过学校、大众媒体等媒介进行广泛的文化渗透，促使社会各个阶层形成对现行政治系统运行机制与政治权威自觉认同的观念，即构建国家治理的合法性基础。美国政治社会学家西摩·马丁·李普塞特（Seymour Martin Lipset）指出："合法性是指政治系统使人们产生和坚持现存政治制度是社会的最适宜制度之信仰的能力。"[①] 在多民族国家中，文化渗透能力还有重要的民族整合维度，即在多元的民族群体中形成超越地域、民族、宗教等狭隘局限的国家认同意识。

中国的经济社会转型是一个全方位、多维度的转型过程，不仅涉及经济体制、社会结构、政治体制等方面，而且触及人们思想意识与价值观念的变化过程。"它不仅是一场经济领域的变革，而且是一场全社会、全民族思想、文化、政治、心理等方面的'革命'。"[②] 经济社会转型是价值观

---

① 〔美〕西摩·马丁·李普塞特：《政治人——政治的社会基础》，张绍宗译，上海人民出版社，1997，第55页。
② 宋林飞：《中国社会转型的趋势、代价及其度量》，《江苏社会科学》2002年第6期。

念多元化的直接动因，同时也是经济社会转型步入深层次结构的体现。在经济社会转型过程中，市场要素的引入导致体制要素与规范要素的变化，原有利益格局与利益关系发生深刻变化，新的利益主体不断出现，价值观念随之出现多元化的态势。具体来说，越来越多的个体由"单位人"变成了"自由人"，计划经济体制下以国家与集体利益至上、阶级归属作为认同导向的价值观念日渐式微与淡化。中国的经济社会转型必然产生多种价值观念之间的矛盾、对立和冲突，表现为新旧价值观念交织并存、各种价值追求相互冲突、社会理想信念发生危机等多重困境。① 当然，价值观的多元化并不一定产生价值冲突，而缺乏统领性与核心性价值观念的规约与引导，缺少统一的价值选择标准与规范模式，才是价值观念混乱与冲突的根源。

民族事务治理体系作为国家治理体系的有机组成部分承载着输出核心价值观的功能，同时因其关涉民族事务的专业性领域，更关系到国家认同意识的建立。"现代民族国家是在超越以文化、民族、宗教等原生性纽带联结局限性基础之上，通过地域领土、中央权威和政治法律规范的统一等次生性政治联系纽带，实现了包容众多族类共同体的历史建构。"② 因此，国家认同是一种超越了各种民族、文化、宗教、地域等狭隘性认同的，领土与主权意义上的政治共同体的认同情感与归属意识。对于多民族国家而言，凝聚各种族类共同体不仅仅依靠历史文化纽带，而且需要在权利保障和利益公平分配条件下，实现其对国家的政治认同。在经济社会转型中，以民族主义为代表的西方价值观念的引入与渗透，不断解构民族与国家之间既有的历史文化纽带，国家社会关系的变化也弱化了国家作为民族利益与权利强有力捍卫者的角色。

总之，计划经济时代确立的国家、集体主义至上以及阶级归属作为认同导向的价值体系开始解体，各种民族性、宗教性、地域性等价值观念或认同意识竞相复兴，争夺人们思想意识领域的主导地位，国家面临构建核心价值观与实现国家认同的双重挑战。

（二）市场竞争效应弱化资源再分配能力

在中国民族事务治理体系中，为了实现民族之间事实上的平等，缩小民

---

① 参见崔秋锁《社会转型中的社会价值选择问题》，《马克思主义哲学研究》，湖北人民出版社，2003，第80~83页。
② 高永久、朱军：《论多民族国家中的民族认同与国家认同》，《民族研究》2010年第2期。

族地区与民族之间经济社会领域的发展差距,国家采取了多种形式的少数民族优惠政策,涉及计划生育、就业招聘、高考招录、政府机关少数民族干部配置、税收与财政转移等多个领域。少数民族优惠政策实质上是政府通过社会稀缺资源的再分配,缩小民族间在教育、就业、收入等经济社会方面事实上的差距。这是中国为实现社会公平与民族平等的重要手段与举措,体现了社会主义社会实现"共同富裕"、推动民族"共同繁荣发展"的巨大优越性。

中国以市场化为导向的经济社会转型改变了"全能型政府"的面貌,限制了政府通过再分配手段调节民族之间发展差距的能力,在一定领域与部门弱化了民族优惠政策的有效性。在中央计划经济时代,政府通过"单元分格式"的治理模式实现了对社会控制和塑造的目的,在城市的典型表现是单位制,在农村则是人民公社体制。[①] 在单位制统一建制之下,履行各种社会功能的单位结构都被纳入政府治理体系之下,政府权力与影响力渗透到社会的每一个角落。单位依据其履行功能的不同可以分为党政单位、事业单位和企业单位。在计划经济时代,政府正是通过对治理体系中大量单位机构的行政控制力与影响力,执行基于民族身份与针对民族地区的优惠政策。例如,20世纪五六十年代乌鲁木齐工业化建设时期,大型国营工厂录用员工有民族配额,直到90年代,国有部门维吾尔族职工的比例维持在10%~20%。[②]

改革开放之后,随着市场化改革的逐步深入,中国统一的单位建制逐渐解体,国家开始从社会与市场领域退出,国家通过不同类型的单位执行与贯彻民族优惠政策的能力也在下降。中国的市场化与经济体制改革促使各种私营部门大量增长,私营部门在国民经济中所占比重及其对就业人口的吸纳发挥的作用也在增大。国有部门一些行业与领域也开始了市场化改革,90年代中期开始了以市场化为导向的国企改革,大量中小型国有企业破产,一些事业单位也开始与主管行政单位脱离,成为市场化的经营主体。20世纪90年代到2005年,私营部门在中国GDP增长的比重由4.1%上升到20.3%,在私营部门就业的城市劳动力从18.5%上升到73.3%。[③]

---

① 参见彭勃《国家权力与城市空间:当代中国城市基层社会治理变革》,《社会科学》2006年第9期。
② Xiaowei Zang, "Affirmative Action, Economic Reforms, and Han‐Uyghur Variation in Job Attainment in the State Sector in Urumchi," *The China Quarterly* 202 (2010): 346.
③ 参见吴晓刚、宋曦《劳动力市场中的民族分层:对新疆维吾尔自治区的实证研究》,《开放时代》2014年第4期。

由于市场化改革以效率为追求目标，国有企业或者私营部门在招募就业人员时，首先考虑的就是人力资本所能带来的效益。"市场化转型提高了人力资本的重要性，而这源于对工作表现与效能的重视。"[①] 在市场化改革过程中，国有企业与私营部门对效率与利润的重视，极大地抵消了民族优惠政策所追求的民族平等与社会正义目标。

由市场化驱动的经济社会转型还带来大量劳动力的跨地域流动，改变了某些民族地区的人口分布格局与市场中的竞争态势，降低了政府调节民族之间经济社会差距的能力。在全面建设小康社会进程中，人口流动包括有组织的规模性移民、城镇化进程中的人口转移与自发的人口流动。[②] 由于市场化改革，私有部门在吸纳劳动力、提高社会成员收入水平中发挥了越来越大的作用。相对而言，某些少数民族群体以及少数民族中的部分人群在语言水平、工作技能等方面存在一定的劣势，与其他群体相比存在竞争力不足的现象。根据2010年人口普查数据，维吾尔族中持城镇户口的中学、大中专毕业生由于汉语能力与当地劳动力市场对汉语交流要求存在差距，出现了就业难的情况，"毕业后无工作"人员占到"未就业人口"的4.17%，是全国水平的近1.5倍。[③] 政府难以通过行政手段规范私营部门招募就业人口中的民族比例，也在教育与职业技能培训等方面存在公共服务供给不足的情况。在缺乏有效政策规制与权益保障的情况下，政府治理难以抵消市场化机制所带来的民族发展差距问题，从而加剧了结构发展的不平衡。

（三）一元化治理格局制约多元治理能力

中国的经济社会转型带来一系列新型的社会问题，城市化过程中流动人口的权益保障、社会治安，工业化发展与生态环境保护、地区发展差距等一系列问题不断涌现与加剧。中国的改革过程也是一个进入现代风险社会的过程，在这个过程中产生出多种新型风险，也对以国家为中心的治理

---

① Victor Nee, "A Theory of Market Transition," *American Sociological Review* 54 (1989): 663 – 681.
② 参见王希恩《中国全面小康社会建设中的少数民族人口流迁及应对原则》，《民族研究》2005年第3期。
③ 参见马戎《我国部分少数民族就业人口的职业结构变迁与跨地域流动——2010年人口普查数据的初步分析》，《中南民族大学学报》（人文社会科学版）2013年第6期。

机制提出了挑战。① 同时，民族事务治理的内涵与外延在扩大，已经超越了单纯政治平等保障与民族团结维系等政治性事务的管理，越来越多地涉及市场条件下民族成员平等权益保障与多元化公共产品供给等社会性公共事务。经济社会转型是一个转向现代化的过程，其中蕴含了诸多的社会风险与不确定性，向一元化的民族事务治理格局提出了挑战。

自新中国成立以来，中国在民族事务治理上逐渐构建了党政各级民族事务管理机构组成的组织体系，形成了以民族区域自治制度为制度框架的治理机制，民族事务治理逐渐走向规范化与法治化。受到中国政治体制格局的影响，民族事务治理体系不可避免地带有国家治理上的结构性特征——治理主体的单一化，即体制上形成以党政为核心的权力中心，对政治事务与社会事务进行统一管理。"治理主体的单一化，即所有的权力集中于唯一的权力机构，是改革开放前中国政治的主要特征之一。"② 民族事务治理上也体现了一元化治理的色彩。首先，民族事务治理的主体是党政各级民族事务管理机构。从行政结构设置上，成立了从中央到地方各个层级的承担民族事务管理的党政机构。其次，民族事务治理在理念与手段上强调行政控制与等级权威，服务意识与责任意识较为薄弱。最后，民族事务治理的内容也较为单一，以强调政府的管控与秩序稳定为核心，较少通过公共服务的供给满足多元的利益诉求。这一点在边疆少数民族流动人口管理上表现较为突出，地方政府往往把这部分群体视为"麻烦""包袱"，当出现涉及民族因素的纠纷或者需要政府提供公共服务时，常常采取"以遣代管"的处理方式。③

由于社会问题的复杂多样性与社会风险的多发性，以政府为单一治理主体的治理体系与机制，已经无法应对日益增多的社会矛盾与冲突，反而引发政府本身的信任与合法性危机。民族事务本来是国家公共事务与政治管理的一项重要内容，但在实际操作中民族事务却更多地由民族事务行政管理部门管理与承担，使得民族事务治理表现出一元化治理特征的同时，还表现出部门化的倾向。比如，人们习惯上认为民族事务是民委的工作，普通民众和政府的其他部门也会绕开民族事务。总之，一种基于政府、市场、社会共同协

---

① 参见杨雪冬《改革路径、风险状态与和谐社会治理》，《马克思主义与现实》2007 年第 1 期。
② 俞可平：《论国家治理现代化》，社会科学文献出版社，2014，第 80 页。
③ 笔者调研中发现，当出现涉及民族因素的纠纷时，一些地方政府为了"息事宁人"，往往采取遣送边疆少数民族流动人口回流出地的方式代替本应履行的管理与服务职责。

作、责任共同承担、以解决日益增多的民族问题、化解社会风险为导向的多元治理能力，在民族事务治理领域尤为欠缺。

五　推进民族事务治理体系与治理能力的现代化

十八届三中全会通过的《中共中央关于全面深化改革若干重大问题的决定》提出将"推进国家治理体系和治理能力现代化"作为全面深化改革的总体目标。这一经济社会改革的总体目标在民族事务治理方面的具体体现与贯彻落实，就是要推进民族事务治理体系与治理能力的现代化。第四次中央民族工作会议正是为了应对中国民族事务治理中面临的新的阶段性特征，全面推进民族事务治理体系与治理能力现代化的重要会议。从国家治理能力的视角考察这次会议的主要精神、重大决策与具体举措，体现了党和国家在坚持民族事务治理的基本制度、原则与理念不动摇的前提下，通过体制机制的有效运行、政策法规的不断完善，加强文化渗透、资源分配的基础权力建设，加强与社会部门的协作以增强多元治理的能力，从而推动国家治理体系的现代化。

（一）科学认识新的阶段性特征，坚定道路自信、理论自信与制度自信

中央民族工作会议科学、清晰、有力地回答了中国经济社会转型背景下民族事务治理体系与民族问题治理之间的关系问题，坚定了中国特色解决民族问题的道路自信、理论自信与制度自信。首先，中央民族工作会议从统一多民族国家的基本国情、新中国成立以来民族工作的实践、民族事务治理的国际经验比较等方面，充分证明了中国特色解决民族问题道路的正确性，科学诠释了中国特色解决民族问题道路的内涵，强调党的基本民族理论与政策的正确性，指出"民族区域自治是党的民族政策的源头"，坚定了中国民族事务治理体系的制度自信。其次，中央民族工作会议指出民族工作正面临新的阶段性特征。[1] 除暴力恐怖活动和外部因素密切相关

---

[1] 参见《中共中央、国务院印发〈关于加强和改进新形势下民族工作的意见〉》，新华网，2014年12月23日。

之外，改革开放、社会主义市场经济、民族地区经济加快发展势头和发展低水平、基本公共服务能力建设薄弱、民族交往交流交融趋势增强、涉及民族因素的矛盾纷争上升，无不是经济社会转型的具体体现或者与经济社会转型过程密切关联。这些因素相互交织、共同作用，构成了现阶段民族问题的主要表现形式。最后，中央民族工作会议提出"准确把握新形势下民族问题、民族工作的特点和规律，统一思想认识，明确目标任务，坚定信心决心，提高做好民族工作能力和水平"①作为会议的主要任务。这实质上是党和政府通过提升民族事务治理能力，更好地适应经济社会转型过程中民族工作的阶段性特征，全面推进国家治理体系和治理能力现代化的战略目标。

（二）建设各民族共有精神家园，增强文化渗透能力

国家治理体系是在价值观念指导下的制度体制、政策法规与实践路径的具体建构，一个国家的核心价值观规约着国家治理体系建构内容与运行方向，也是实现国家治理的重要保障。党的十八大提出，在全社会"倡导富强、民主、文明、和谐，倡导自由、平等、公正、法治，倡导爱国、敬业、诚信、友善"的社会主义核心价值观。这次中央民族工作会议又特别对民族事务治理的价值目标提出要求："加强中华民族大团结，长远和根本的是增强文化认同，建设各民族共有精神家园，积极培养中华民族共同体意识。"②"三个倡导"的社会主义核心价值观和"中华民族共同体意识"共同构成各民族共有精神家园的价值目标，为民族事务治理体系的完善、发展提供了方向与指导。

社会主义核心价值观作为中华民族共有精神家园的重要支柱，关键要辩证看待中华民族优秀传统文化与社会主义核心价值观之间的关系。提倡和弘扬社会主义核心价值观，必须要从各民族优秀传统文化中汲取丰富营养。一种以各民族文化的优秀文化因子作为血肉的社会主义核心价值观体系，才能引起各民族的心理认同与文化共鸣。在国家认同构建方面，中国虽然完成了民族国家的初步构建，但是在全体国民中确立对中华民族共同体的认同意识还需要漫长的建设过程，这是民族事务治理长期面临的艰巨

---

① 参见丹珠昂奔《沿着中国特色解决民族问题的道路前进——中央民族工作会议精神学习体会》，国家民委网站，2014年11月15日。
② 参见王正伟《做好新时期民族工作的纲领性文献》，《求是》2014年第20期。

任务。国家认同建设一项重要内容，就是要"增强各族群众对伟大祖国的认同、对中华民族的认同、对中华文化的认同、对中国特色社会主义道路的认同"。①"四个认同"在强调核心价值体系认同的同时，还强调对中华民族共同体认同与国家认同。要把"四个认同"作为民族事务治理体系的核心价值追求，渗透到民族事务治理体系的运行过程中。通过爱国主义教育、中华民族共同体教育、国家通用语言文字教育、双语教育等各种民族事务治理实践，发展少数民族文化事业，将"四个认同"真正灌输到各族群众的心中，内化为人们自觉的行为准则与实践标准。

（三）推动政府治理创新，强化资源再分配能力

"民族事务关涉社会生活的各个方面，对于一个常态发展的多民族社会来说，民族事务的行政管理在很大程度上体现着政府对社会事务管理的能力和效力。"② 民族事务治理对于民族事务管理的替代与超越，主要体现在对价值理念与体制机制的更新与发展，而不是追求政府的"去中心化""去职能化"的目标。用"治理"替代"管理"，根本上是为了确立民族事务治理的价值内涵，真正确立民族事务治理过程中权力来源于人民、服务于人民的理念，以建设服务型与责任型政府为政府职能转变的目标。从强化政府的资源再分配能力出发，政府治理创新包括如下内容。

优化政府自身的组织结构，完善政府的工作流程与方式，提高政府管理的科学性、有效性与合法性，提升政府的制度执行能力。第一，按照依法治国的原则，贯彻和落实民族区域自治法，做好有关民族工作的各项政策、法规的制定、执行、监督和检查工作，依法开展民族事务治理。第二，完善政府内部涉及民族事务的相关领导部门、组织机构协调合作的工作机制，坚持和实施好民委委员的工作机制，明确各自的职责与分工，把高层形成的"认知一致、行动一致、协调一致"通过部门系统高效地贯彻到基层。③

明确政府职能定位，转变政府职能，完善差别化支持政策，强化资源

---

① 参见《习近平在第二次中央新疆工作座谈会上发表重要讲话》，新华网，2014年5月30日。
② 周竞红：《论中国民族事务行政管理机制的发展和创新》，《民族研究》2004年第3期。
③ 严庆：《治理与当前中国民族事务管理的治理化转型》，《黑龙江民族丛刊》2014年第5期。

再分配能力。政府作为社会资源的再分配者，在缩小社会结构发展不平衡中发挥着重要作用。这次中央民族工作会议指出发挥好中央、发达地区、民族地区的积极性，对边疆地区、贫困地区、生态保护区实行差别化的区域政策，优化财政转移支付和对口支援机制，以民族地区、基层特别是农牧区为重点实施对象。政府通过在基础设施建设、产业结构调整、市场发育与规范运行、城镇化建设、扶贫攻坚、基本公共服务供给、生态环境保护等领域发挥职能，从而解决地区之间、群体之间、经济与社会和生态之间诸多领域发展不平衡问题。

（四）改进社会治理方式，提升多元治理能力

民族事务除了一部分政治性事务之外，还有很大部分属于社会事务的范畴，涉及社会生活的各个领域。实现对民族事务的治理，需要动员包括政府在内的各种力量，政府需要加强与社会部门的协作，形成多元主体的治理格局。中央民族工作会议提出"党委领导、政府负责、有关部门协同配合、全社会通力合作的民族工作格局"。[1] "党政"作为国家治理的核心力量，是中国政治体制的最大特色与制度性优势。在民族事务社会治理的主体上，充分发挥"党政"已有的社会治理网络，完善党的基层组织与各种群众性的社会团体。同时，通过政府所拥有的资源分配能力，培育和扶持各种社会性与民间性组织的发育与发展，吸纳各种民族性、宗教性组织社团，动员社区力量、非政府组织、社会大众，共同参与民族事务的社会治理。政府推动民族事务治理的社会化，既要通过整合社会资源增大公共服务供给，还需要吸收各种社会力量参与权力网络的构建与政策决策过程。在社会治理的方式上，除了运用权威性的行政与法律手段之外，还要积极创新社会治理的方式与载体，依靠各种非政府组织、公共机构、私人机构之间的协作、协商、互惠，推动民族事务治理的社会化、平等化。在民族事务治理范围上，尤其是城市和散居地区民族工作在民族事务治理的分量日益加重的情况下，转变民族事务治理中的一元化与部门化倾向，将涉及民族平等权益保障与基本公共服务供给的民族事务纳入社会治理的全域范畴，将民族事务治理由部门性事务转变为社会治理的公共议题。总

---

[1] 参见丹珠昂奔《沿着中国特色解决民族问题的道路前进——中央民族工作会议精神学习体会》，国家民委网站，2014年11月15日。

之，改进社会治理方式，提升多元治理能力，需要改变民族事务治理主体一元化的格局，补充民族事务治理中权力单向性运行的不足，实现多主体参与、上下协同、良性互动的多元主体的治理格局。

中国经济社会转型过程中产生的各种民族问题，在某些领域可能会引发治理危机，但是，在认清这些民族问题的转型性特征的前提下，通过完善民族事务治理体系的体制机制、政策法规等内容，提升民族事务治理的文化渗透能力、资源再分配能力、多元治理能力，完全可以将局部性危机纳入体制内解决，在实现社会稳定与经济社会发展的同时，推动民族事务治理体系与治理能力的现代化。

世界少数人群体特殊政策：进程、实践与效果

程春华[*]

[**摘　要**] 世界少数人群体特殊政策可分为"个人人权保护"、"集体人权保护"与"促进社会融入"等三个阶段。西方发达国家在政治、经济、社会、文化等方面的少数人群体特殊政策可分为宽松的多元文化主义政策、一体多元政策、民族区域自治政策等三种模式。发展中国家在政治、经济、社会、文化等领域的少数人群体特殊政策实践取得了不小进步，与发达国家政策的相同点在于都具有平衡性、补偿性与动态性等特点，不同点在于发展阶段与侧重点存在差异。世界少数人群体政策产生改善民族关系，促进少数民族地区经济发展，推动社会文化和谐，增强国家认同、凝聚力与软实力等积极效果，也带来"逆向歧视"，未能遏制分离主义，养懒、投机与特权，政治工具化与路径依赖，族群标签化等负面效应。为弥补政策缺失，欧盟及其他相关主体展开了积极探索。

[**关键词**] 少数人群体权利保护　多元文化主义　集体人权　逆向歧视

在全球化与信息化日新月异的当今世界，少数人群体在参与社会发展和分享发展成果方面，却普遍处于相对弱势的地位。因此，采取"优惠"等特殊政策措施，以保证少数人群体的公平参与和分享，日益成为国际社会普遍的共识。世界银行1997年的《世界发展报告》提出，国家的"第

---

[*] 程春华（1982～），江西景德镇人，法学博士，中央民族大学世界民族学人类学研究中心讲师，硕士研究生导师，主要从事世界民族学、民族政治学、国际关系研究。

一项职责"即"基础性任务",其中就包括"保护承受力差的阶层"。报告指出,"当因民族和社会差异而产生贫困和经济上的不公平时,政策必须慎重地调整以消弭这些差异"。

那么,世界少数人群体特殊政策的概念与目标是什么?经历了哪些历史阶段,受哪些因素影响?发达国家与发展中国家的特殊政策实践有何异同?效果如何,有哪些得失与改进方向?

一 少数人群体特殊政策的内涵与进程

(一)概念、内涵与目标

联合国《2014年人类发展报告》将那些因个人经历或遭受社会不平等待遇,而比其他人更加脆弱的人们列为"结构性脆弱"人群,其中包括穷人、女性、移民、原住民和老年人等脆弱群体,这些群体的无保障状态在长期演变过程中始终存在,从而形成了性别、种族、工作性质和社会地位等方面的差异。这种脆弱性的形成历时漫长,与性别、种族、血缘和地理位置等因素息息相关,例如经济拮据的少数民族人群在生活中会面临多重障碍。①

少数人群体特殊政策是指为了改变少数人群体在共同领域的不利地位,而对其群体及成员实施的差别性反歧视待遇的公共政策或法律措施,其资格是民族身份。在国际法上又被称为"基于族裔的优惠政策"(race-based preferential policies)、"积极差别待遇"(positive discrimination,更多用于欧洲)、"反歧视行动"(affirmative action,更多用于美国)、"优惠性差别待遇"(preferential treatment),等等。

少数人群体特殊政策的主体一般是政府,其对象可分为原住民、移民、少数民族及其他弱势群体,其领域涵盖政治、经济、社会、文化等方面。少数人群体特殊政策(如平权法案)大多包括教育和就业、职业晋升、商业产权、土地权益等。② 有配额制、绩效权重加分、族裔背景同比

---

① 联合国:《2014年人类发展报告》,http://www.un.org/zh/development/hdr/2014/pdf/hdr2014.pdf,第Ⅳ页。
② 关凯:《民族优惠政策》,"第四章国家政策与族际关系"中央民族大学出版社,2007,第112页。

优先、竞争力强化、足额代表和公共职位保留、资源优先调配、财税信贷优惠、专项公共经费补贴等多项内容。①

少数人群体内部不同类型成员的权利维护也有差异。威尔·金里卡（Will Kymlicka）认为，按照原住民（土著）、少数民族与移民群体等三大少数人群体分类，需要维护的原住民权利包括自治权、土地所有权、狩猎权、语言权等，少数民族权利包括地方自治权、特别代表权、公共资助权、语言权等，移民群体权利包括宪法承认权、资金扶持权、多元文化课程权等。②

按照类型，可分为结构型少数人群体特殊政策与分配型少数人群体政策（Horowitz，1985）。前者一般指扶持不发达民族或族群的政治、经济与社会发展以缩小社会的结构性差异以及维护特定族群的利益等，包括基于族群特性的治理制度（如自治）、保留地制度、职业无歧视原则以及社会组织内的少数人群体指定名额制度。而后者即国家在分配制度上给予有利于少数人群体权益的安排。结构型特殊政策是基础，分配型特殊政策是动力，两种政策都服务于实现群体平等、维护少数人群体权利的共同目标。

少数人群体特殊政策的目标主要是反对直接歧视与间接歧视，维护少数人群体的差别权利，实现民族实质平等，保障少数人群体语言、宗教、文化等特征延续和发展③，协调民族关系，减少民族冲突爆发的可能性，促进社会文化多元发展④，保持民族政治、经济、社会与文化生态平衡。

少数人群体权利保护政策与机制是政治制度创新的成果，其途径是在少数服从多数的票决制等传统机制之外，设立补偿性的特殊制度法律与政策，如非均衡性民族联邦制、民族区域自治制、协商民主制、特殊代表制、非比例代表制、平等参与制、双向制衡机制等，以保障少数人群体权利的落实。这种不以数量论权利的游戏规则，是对少数服从多数等代议制民主制度、票决制程序规则的周到性补充，对传统民主理论与机制缺陷的

---

① 杜社会：《平权视域下的少数民族优惠政策：原理、措施与合理性控制》，《湖北社会科学》2014 年第 11 期。
② 参见威尔·金里卡《多元文化主义的兴衰？——多元社会中有关包容与容纳的新辩论》，高景柱译，李丽红校《多元文化主义》，浙江大学出版社，2011，第 321～322 页。
③ 杜社会：《少数民族优惠政策的渊源、法理与特征》，《云南民族大学学报》（哲学社会科学版）2014 年第 5 期。
④ Åsa Bruhagen, "Justifying Preferential Treatment – Preferential Policies in Theory and Reality," April 2006, http://www.diva-portal.org/smash/get/diva2:4076/FULLTEXT01.pdf, p. 8.

创造性弥补，也是对一元民族建构模式弊端的创新性矫正。[1]

（二）历史阶段、影响因素

世界少数人群体特殊政策发展呈现"个人人权保护"、"集体人权保护"与"促进社会融入"三个阶段。[2]"个人人权保护"阶段维护少数人群体个人的公民权利与政治权利，包括言论、信仰、出版、结社、通信、宗教等自由，以及免受非法逮捕、享受公正审判等权利。该政策追求"绝对平等""形式平等"，有时体现为反歧视保护，遵循反歧视制度中的弱势纠偏原则，但忽视少数人群体集体权利，合理性与合法性未获广泛认同，导致政策实施的争议和困境。"集体人权保护"从二战后的民族解放运动中产生并发展而来，包括国家主权、民族自决权、发展权、和平权、环境权等，追求少数人群体与主要群体的相对平等和法理平等，并为实质平等创造条件。有时体现为差别权利保护，其合理性与合法性提高，并演变为所在国的人权义务。[3] 一般而言，多民族国家对民族集体人权的保护往往比直接宣称保护个体人权更加真实有效。[4] 不过"集体人权保护"仍未能解决少数人群体权利保护的问题，因此21世纪初一些国家与地区开始探索"促进社会融入"等新政策。该政策强调在经济社会等"硬件领域"的平等，在文化与群体特性等"软件领域"可"融而不同""和而不同"，更加尊重人性、注重实质平等，具有灵活、直接、迅速、门槛低、易操作等优点。

国情差异使得发达国家与发展中国家少数人群体特殊政策的侧重点与阶段性不同。一般而言，发达国家大多处于"集体人权保护"与"促进社会融入"的过渡阶段，而发展中国家则大多处在"个人人权保护"与"集体人权保护"的过渡阶段，少数较进步的发展中国家开始进入"促进社会

---

[1] 王建娥：《特殊的机制　普遍的权利——少数民族权利保护正当性辨析》，《西北师大学报》（社会科学版）2015年第4期。

[2] 人权总体上可以分为政治权利和公民权利为代表的第一代人权，以经济、社会和文化权利为代表的第二代人权，以及以发展权、和平权、环境权为代表的第三代人权。前两代是个人人权，第三代是集体人权。参见青觉、马东亮《差异与共振：人权观念与民族权利关系解读》，《黑龙江民族丛刊》2014年第2期。

[3] 杜社会：《从平等到差别：少数民族优惠政策的历史发展——以国际少数民族人权保护为视角的考察》，《前沿》2014年第5期。

[4] 青觉、马东亮：《差异与共振：人权观念与民族权利关系解读》，《黑龙江民族丛刊》2014年第2期。

融入"的初级阶段。例如,2000年3月欧盟通过"里斯本战略",将打击社会排斥、促进少数人群体(包括民族)和弱势群体的社会融入作为推动社会公平及充分就业、实现经济增长的重点,标志着欧盟少数人群体政策历经少数宗教与语言保护阶段(从16世纪宗教改革运动至二战)、个人人权保护阶段(冷战时期)、集体人权保护阶段(冷战后至20世纪末),向推动少数人群体社会融入阶段(21世纪初至今)迈进。

影响少数人群体特殊政策决策与执行的主要因素来自"天时""地利""人和"等方面。国家政府能力(国家主权)、少数人群体精英属于"人和"方面。国家政府能力的强弱、文明与否直接影响少数人群体特殊政策的制定实施。少数人群体人权与国家主权有机统一,少数人群体人权离不开国家主权的保障,国家主权的顺利执行也离不开少数人群体人权的维护,少数人群体人权的有效维护可以巩固国家主权,磨砺国家能力。若国家能力下降、国家主权不保,或局势动荡,赋予少数人群体的人权权益自然下降,更毋言陷入局势动荡的失败国家,如乌克兰、索马里、伊拉克、阿富汗、叙利亚等国家。

那些完成了社会流动、上升到更高阶层的少数人群体精英,看待少数人群体特殊政策问题时常囿于狭隘眼光:他们往往强调自身群体的特殊性,为自身群体向国家索取更多特殊政策。实际上,对于少数人群体精英而言,特殊政策的实际意义在于保持自身精英处境的社会基础、社会动员的资源、作为特定利益集团与国家博弈的筹码。若过度自私的少数人群体精英将群体利益绑架,与国家对抗,反而伤害整个国家的利益,例如苏联解体与一些民族加盟共和国精英的分裂行动密切相关。

另外,影响少数人群体特殊政策的原因还包括时间、地域、内外形势等"天时""地利"因素。与历史上血雨腥风的苏格兰统独不同,如今苏格兰公投之所以皆大欢喜,苏格兰地方获得更多权益,与英国进入民主、文明的新时代,以及国内外协商、妥协合作精神日趋普及的形势不无关系。

二 主要国家的政策实践

对单一民族国家而言,少数人群体的特殊待遇主要体现在国家对待原住民、移民及其他弱势群体的态度上。对多民族国家而言,其对象包括原住民（土著）①、移民、少数民族及其他弱势群体。本文拟按照发达国家与发展中国家分类，考察其在政治、经济、社会与文化等领域的少数人群体特殊政策实践。

（一）西方发达国家

西方发达国家在政治、经济、社会、文化等方面对少数人群体实施了一系列特殊政策。

一是政治特殊政策，主要表现为民族分权与民族区域自治政策。一些多民族国家为协调民族之间、民族与国家之间的关系，在权力机关中按照一定比例对有关民族进行权力分配，具体形式包括：在行政系统中分权，即民族区域自治，以及按照民族分配政府职位；在立法与司法系统分权，包括在议会中设民族院，按民族分配民族院议席、立法代表和重要领导职位。其中，跨境自治议会是给跨境少数民族特殊待遇的重要机制，例如挪威、瑞典、芬兰和俄罗斯科拉半岛等北欧的萨米议会，任务是处理影响萨米人的利益表达、土地权益、驯鹿放牧、语言、教育科研等问题。② 另外，丹麦的格陵兰自治也是一种特殊政策。1979 年，丹麦批准了格陵兰地方自治安排。2008 年，格陵兰投票决定丹麦王国政府把更多权力移交给格陵兰地方政府。2009 年 6 月，格陵兰获得司法事务、警务和自然资源方面的自治权。

二是经济特殊政策，体现在土地、税费、资源等方面。在欧洲，20 世纪 90 年代初至 21 世纪初的集体人权理念阶段，欧盟积极采取"反歧视行动"以保护少数人群体的集体权利。法尔计划、欧盟结构基金和团结基金的部分款项都被指定用于少数人群体保护项目。法国自 1999 年开始设立综合发展区，使历史上具有文化或社会一致性的聚居区自愿联合，将少数人

---

① 全世界的土著人口估计约 3.7 亿人，生活在 70 多个国家，由 5000 多个不同的民族组成。虽然土著人民仅占世界人口的 5%，但他们却占世界最贫困人口的 15%。世界 1.01 亿失学儿童中据估计有 50%～70% 是少数群体或土著人民。数据来源于国际农业发展基金，http://www.ohchr.org/ch/Issues/Discrimination/Pages/discrimination_indigenous.aspx；http://www.ohchr.org/CH/NewsEvents/Pages/Minorityrightskeytoaninclusivepost2015developmentagenda.aspx。

② 联合国经社理事会：《研究土著人民与公司问题以审查有关公司和土著人民的现行机制和政策并确定良好做法》，2011 年 5 月 27 日，http://www.refworld.org/cgi-bin/texis/vtx/rwmain/opendocpdf.pdf?reldoc=y&docid=4dbfb2d42。

群体文化保护与地方发展结合起来。丹麦每年提供给格陵兰赠款 32 亿丹麦克朗。1971 年 1 月，澳大利亚联邦政府宣布，居住在北部地区的土著居民根据传统的所有权在保留地内拥有土地权，也可在保留地以外的土著居民契约地区和无人居住的皇室土地上拥有土地权。

三是社会特殊政策，体现在就业、医疗、福利保障等方面。澳大利亚在 1990 年成立"原住民及托雷斯海岛屿人委员会"，给予原住民土地、住宅、兴办事业所需之贷款与补助；给予原住民社会经济或文化发展计划所需的经费补助；协助原住民之保健、休憩活动、体育、司法、社区基层建设、文化保护等服务。在欧盟，对中东欧国家的罗姆人、波罗的海国家的俄罗斯人及西欧国家的穆斯林等少数人群体实行"促进社会融入"的政策。欧盟成员国及候选国制定了"少数人群体融入计划"与"国家行动计划"。以罗姆人为例，欧盟 2003 年和 2004~2006 年两个"法尔计划"援助保加利亚罗姆人的款项达 344.7 万欧元，建立了一些罗姆学校、罗姆医院，培训了一批罗姆医疗教育人才。在欧盟要求下，2005 年中东欧 9 国发起"2005~2015 年罗姆融入十年倡议"，要求促进罗姆人在教育、就业、住房和健康等领域的融入。[1]

四是文化特殊政策，主要表现为多元文化主义政策，包括：通过立法消除少数人群体歧视；允许跨地区民族成员成立联合组织；利用双语教育、媒体、出版及其他手段发展多元文化，如拨专款支持国家人类学博物馆、国家图书馆、公共档案馆等进行多元文化的研究和教育。1993 年 10 月，欧盟要求有意愿入盟的中东欧国家签订双边条约，条约中必须包含互相保护对方少数人群体的语言、文化、政治等权利以促进睦邻友好关系。在修订《种族关系法》之后，英国政府提高少数人群体成就拨款。[2] 1967 年美国国会通过《双语教育法》，使非英语教育迅速遍及美国各地。2001 年，美国国会为双语教育拨款 4.46 亿美元，美国还通过少数民族博物馆、媒体保护和发展少数人群体文化。澳大利亚除实施双语教育外，还注重培育少数人群体新闻人才、保障原住民在新闻媒体的就业权。2008 年，日本国会通过《承认阿伊努民族为原住民的决议》，首次承认阿伊努民族为日本原住民。[3]

---

[1] 杨友孙：《欧盟少数民族保护理念的发展脉络及评价》，《世界民族》2012 年第 5 期。
[2] 孙珂：《基础教育阶段少数民族教育优惠政策的比较研究——以美国、英国和印度为例》，《外国教育研究》2011 年第 9 期。
[3] 黄英兰：《阿伊努民族文化保护与传承研究》，中央民族大学，2013 年博士论文，第 II 页。

总之，当代西方国家的少数人群体特殊政策可分为宽松的多元文化主义政策、一体多元政策、民族区域自治政策等三种模式。当然，从实际情况看，许多国家所实行的政策是综合性的。

（二）发展中国家

相对于发达国家，由于观念与能力的限制，发展中国家在政治、经济、社会、文化等领域对少数人群体的特殊政策不够成熟，但也取得了不少进步。

一是政治特殊政策。在亚洲地区，越南积极培训地方少数民族干部，同时也从其他地方派遣干部到少数民族地区工作。新加坡政府于1988年推出集选区的选举制度，要求三人为一组候选人群，其中必须保证有一名候选人为马来人。在非洲地区，南非民族团结政府奉行和解、稳定、发展的政策，妥善处理种族矛盾，全面推行社会变革，努力提高黑人政治、经济和社会地位，实现由白人政权向多种族联合政权的平稳过渡；并设立"公民保护官""南非人权委员会""促进和保护文化、宗教、语言社群权利委员会""性别平等委员会"等国家组织机构，以维护少数人群体权利；司法机关设立专门法庭，对无能力支付诉讼费用的部族成员提供法律援助等。在拉美地区，《巴西宪法》规定，国家所有的权利和义务同样适用于原住民，保护多元文化和领地原则是其主要原则，原住民有权决定其居住土地的自行保护及管理权。2009年新宪法使玻利维亚印第安土著居民和农民、矿工等低收入阶层的政治和社会地位得到提高。在国家统一的前提下，印第安人将被赋予行政、法律、经济、宗教和文化方面更多的自决权。[①]

二是经济特殊政策。在亚洲地区，越南重视建设少数民族山区经济结构。老挝政府注重发展少数民族、山区与边区经济，拨出专项资金，用于道路、水利、学校和医院及其他基础设施建设；同时，制定了多项少数民族和边区的开发项目。[②] 在非洲地区，南非政府规定：任何私企要想取得政府投资项目的竞标权，其所聘用的各类员工中黑人比例不得低于25%；黑人在贷款、注册创办企业或发展生产时，南非联合银行提供相应支持；

---

① 徐世澄：《玻利维亚的民族关系与民族政策》，《世界民族》2012年第6期。
② 许红艳：《老挝的民族问题与民族政策》，《曲靖师范学院学报》2010年第3期。

颁布《土地归还法案》。尼日利亚巴班吉达政府有计划地向贫困州拨款，以扶持弱小民族聚居的落后地区的经济发展。① 津巴布韦政府对白人实行"宽恕和不咎既往"的政策，宪法在保障白人的权利上有特殊规定，白人农场主享受大笔低息贷款的优待。②

三是社会特殊政策。在亚洲地区，越南对山区少数民族干部实行工资、补贴和社会保险等政策，引导一些游耕游居少数民族定耕定居，提高少数民族地区上学率；发展少数民族地区的经济社会生活。2003年6月修改的土耳其《劳动法》规定，公民就业时不得因其种族、民族、宗教、语言差异而受到区别对待。在拉美地区，《墨西哥宪法》规定，原住民有权决定社会、经济、政治和文化组织的各种内部形式。巴西政府采取了一系列干预政策，以促进就业、普及小学教育和消除性别种族差异。

四是文化特殊政策。在亚洲地区，越南重视维护少数民族文化传统，2004年2月政府批准《至2010年西原地区少数民族文化活动周发展方案》，尊重与改进少数民族语言文字。老挝政府允许少数民族遵守民族传统、信仰宗教。③ 中亚各国保持各大小民族的文化风俗和民族特征，建立民族文化中心，重视各种民族文化团体建设及其协调民族关系的作用，大力向国语和主体民族倾斜。在非洲地区，2009年津巴布韦政府通过《本土语言法案》，以保障土著语言和文化多元性；教育体育文化部和土著语言促进会制定文达语、卡兰加语等6种土著语言课程大纲。在拉美地区，墨西哥语言权利法案承认62种原住民语言的国家语言地位。2009年玻利维亚新宪法承认36个印第安民族及其语言，印第安人可参与国家和地方的政治和经济活动。④ 巴西通过在教育领域采取扶持行动，教育机构一直使用招生目标和招生名额为少数民族等弱势群体预留入读名额，并在中学实现种族和性别多元化，为其入学创造更多机会，以消除巴西国内非洲裔黑人和混血人种之间的种族差异。2012年8月，巴西通过了一项法案，强制规定非洲裔学生和混血学生在全国59个联邦大学和38个联邦技术学校的优惠入学名额，依据该人种占当地人口的比例计算得出，将联邦大学为巴西

---

① 朱和双、李金莲：《尼日利亚独立以后的民族问题与民族政策》，《商丘师范学院学报》2005年第8期。
② 李安山：《新南非与津巴布韦的民族问题及民族政策的比较》，《西亚非洲》2011年第7期。
③ 许红艳：《老挝的民族问题与民族政策》，《曲靖师范学院学报》2010年第3期。
④ 徐世澄：《玻利维亚的民族关系与民族政策》，《世界民族》2012第6期。

贫困人口预留的入学名额提高了两倍，从 3 万个增至 6 万个。①

总之，发达国家与发展中国家少数人群体特殊政策的特征有同有异。其相同点在于，两者都具有平衡性、补偿性与动态性的特点，都追求平等、人权与文明。平衡性在于缩小政治、经济、社会、文化等发展水平上的失衡。补偿性在于对历史上少数人群体歧视等失误的补偿与和解。动态性指随着少数人群体特殊政策的实施，以及少数人群体与其他群体差距的缩小，而逐步对特殊政策进行动态调整，以保持群体力量对比的协调。发达国家与发展中国家少数人群体特殊政策的不同点在于国情不同导致的侧重点与阶段不同。一般而言，发达国家大多处于集体人权与"促进社会融入"的过渡阶段，而发展中国家则大多处于个体人权与集体人权、融合与社会融入徘徊的阶段。

三　政策效果评估

（一）评估标准与体系

少数人群体特殊政策的评估标准与体系是多元化的，针对移民、土著、少数族群等不同的群体适用不同的评估标准与体系。针对土著主要适用多元文化指标体系，针对移民适用国际移民融合政策指标体系，三者都可适用社会心理学指标及综合指标体系。

一是针对土著的多元文化指标体系，主要评估少数人群体的文化地位与状况，共由四部分内容构成。第一，国家在宪法和其他法律中是否承认多元文化主义；第二，国家在国民教育领域是否进行了有关教育；第三，在媒体领域少数人群体是否有展现自己的平等机会；第四，国家在服装或公休日上是否尊重其传统习俗。

欧盟对中东欧国家少数人群体保护方面也有类似的量化指标，如取得公民权的少数人群体人数，申请入籍的人数，通过语言和入籍测验的人数，使用官方语言和少数人群体语言教学的学校或班级数量，培训用官方语言和少数人群体语言进行教学的教师数量以及使用少数人群体语言制作的传媒节目的覆盖范围等。

---

① 联合国：《2014 年人类发展报告》，http://www.un.org/zh/development/hdr/2014/pdf/hdr 2014.pdf，第 103~104 页。

二是针对移民群体的移民融合政策指标（简称 MIPEX）。使用 148 种"政策指标"，从 7 个方面评估欧美各国的新移民融入社会的程度，以及各国政府在此方面的成绩。其测量的前提是一个国家有无关于移民的法律和政策，在教育领域，测量的时候就要看移民者的子女能否享受公共教育，能享受的加分，不能享受的扣分；国民是否普遍接受多元文化主义的教育，接受的加分，不接受的扣分。

如今国际上一般认为影响移民融合测量的因素主要有以下八个方面：第一，移民的人权和平等机会的保护；第二，就业和劳动力市场的问题；第三，区域发展的问题；第四，国家安全的问题；第五，社会凝聚力的问题；第六，公共健康的问题；第七，有关教育的问题；第八，国际与公民权的问题。国际上普遍采用的测量移民融合的体系有四个组成部分：人权保障、就业、是否和当地人享受同样待遇、是否有平等的生活机会。这四个领域再细分为七个指标：在就业市场的流动性、家庭的重新团聚、教育、政治参与、长期居留、国籍的取得、反对歧视。[①]

三是综合指标体系。除了上述硬件硬性量化指标，还应考虑社会心理学等软性指标，比如认同、归宿感等。其目标是衡量少数人群体是否有合适的生活条件、同等的机会、归属感、与国民保持平等良好关系、融合为社会平等成员，等等。

（二）积极效果

特殊政策在政治、经济、社会、文化等方面产生了积极效果。

一是有利于缓和矛盾，维护社会安定。由于采取了反歧视行动等措施，美国的民族（种族）关系一度趋于缓和，出现了黑人（混血）总统、少数族裔高官，少数人群体总体境遇有所改善。加拿大特殊政策维护了国家统一与各民族和睦相处。老挝对少数民族的特殊政策提高了国民认同，在化解民族矛盾，维护统一和民族团结，提高各民族人民的生活和文化水平等方面发挥了重要作用。通信技术的推广增强了相关国家少数人群体的话语权，鼓励他们参与政治和社会治理。玻利维亚、肯尼亚、尼泊尔、秘鲁、吉尔吉斯斯坦、东帝汶以及多哥等国通过可靠的中介机构和"和平基础设施"来建立互信协作，并促进双边对话，取得了积极成效，成功实行了和平投票选举、减

[①] "Key findings," http://www.mipex.eu/key-findings, 16 Nov., 2014.

少了土地和资源引发的争端，缓和了种族之间的紧张局势。①

二是促进弱势少数人群体及落后地区经济社会与文化发展。联合国《千年发展目标：2015年报告》指出，相比15年前，2015年上学的女孩增加，妇女等少数群体的地位明显提升；发展中地区总体已消除小学、中学和高等教育中的两性差距；在南亚的小学教育中，男女比例从1990年的100∶74调整为2015年的100∶103；非农业部门有偿工作者中女性的比例从1990年的35%增加到2015年的41%；1991～2015年，脆弱就业的女性占整个女性就业的比例下降了13个百分点，脆弱就业的男性比例下降了9个百分点；174个国家中近九成国家的女性议会代表增加；到2012年，墨西哥与秘鲁由医护人员接生的原住民妇女比例上升到80%以上。② 另外，新加坡政府通过发展马来人教育，发展经济，改善马来人的生活，收到较好效果。泰国也采取了与新加坡类似的政策，促进了少数人群体经济的发展。津巴布韦新政府对白人相对宽容的政策不仅避免了国家经济的崩溃，也未出现莫桑比克独立时大量白人外逃的局面。

三是有利于改善民族关系、增强民族凝聚力。美国实行的双语教育等多元文化政策有利于移民融合、改善民族关系。英国的少数人群体教育特殊政策对提高少数人群体学生的学业成绩产生了较大帮助。加拿大政府实施多元文化主义政策数十年，基本上兑现了赋予少数人群体相关权利的承诺，使过去失衡的族际关系重新趋衡，强化了民族凝聚力和向心力。在发展中世界，墨西哥对印第安人的文化特殊政策，不仅丰富和发展了民族文化，而且在一定程度上排除了西班牙人入侵时在各族人民中留下的隔阂，有利于民族团结。新南非实行的民族和解等政策改善了种族关系，缓解了劳动力结构失衡问题、提高了少数人群体的入职率，促进了社会经济发展，缓解了不公平现象，增强了国家民族的意识与凝聚力。③

（三）负面效果及改进方向

虽然特殊政策的目标主要是协调族群关系，但其政策效果却往往复

---

① 联合国：《2014年人类发展报告》，http://www.un.org/zh/development/hdr/2014/pdf/hdr 2014.pdf，第108页。
② 联合国：《千年发展目标报告2015年》（摘要），2015年，http://mdgs.un.org/unsd/mdg/ Resources/Static/Products/Progress2015/Chinese2015S.pdf，第3~4、10页。
③ 联合国：《2014年人类发展报告》，http://www.un.org/zh/development/hdr/2014/pdf/hdr 2014.pdf，第104页。

杂，甚至与政策制定的初衷相反。若未能准确拿捏政策的尺度与火候，容易造成"政府承担代价、被优惠者不买账、未受优惠者不满意"的不利后果，甚至引发民族冲突。

一是产生"逆向歧视"等新的不平等。由于族群身份通常是社会成员的"先赋角色"，无法通过个人努力而更改，特殊政策的负面影响是将缩小民族差距的社会代价转移到个体竞争者身上。同时，易引发不被优惠群体的不满与心理失衡，导致民族矛盾与冲突，国家不得不承受经济与政治代价。例如，马来西亚的华族和印度族公民不满政府将 70% 的入学名额留给马来族（或马来西亚原住民），因此他们选择去私立或国际学校上学，有时甚至为了求学而远走他乡。2011 年，马来西亚总人口为 2900 万，约有 100 万马来西亚人选择背井离乡，其中 60% 的人认为社会不平等是其选择技术移民的重要原因之一。① 不少研究表明，美国针对黑人等少数人群体的优惠政策不但对白人形成逆向歧视，而且在不同的少数人群体之间、同一群体内部也易造成不平等。②

二是未能遏制分离主义。进入 21 世纪以后，欧洲形成了反对多元文化主义的风潮，英法德领导人都曾宣布多元文化主义在欧洲的失败。不少人认为，欧洲移民多以穆斯林移民为主，多元文化主义政策未能使穆斯林移民产生对新居住国的责任、义务与认同，其传统文化与主流文化格格不入。而族群身份固化更容易导致族群成为边界清晰的利益群体，为民族分离主义留下隐患。需要强调的是，上述"失败"，仅是指移民政策的失败，并不意味着尊重本土少数人群体多样性政策的失败，更不代表多元文化主义在国际社会走向的"失败"。实际上，承认和尊重本土多元文化的趋势并未发生逆转，例如英国的权力下放、法国设置大综合区，实行语言包容政策都是多元文化主义的具体体现。

三是带来养懒、投机与特权现象。反歧视政策可能压抑被照顾对象的生存、发展与竞争能力，成为妨碍少数人群体成长的"拐杖"。特殊政策作为稀缺资源，成为人们争先恐后投机的目标，造成善于投机者反而受到

---

① 联合国：《2014 年人类发展报告》，http://www.un.org/zh/development/hdr/2014/pdf/hdr 2014.pdf，第 104 页。
② Bruce Wydick, "Do Race–Based Preferences Perpetuate Discrimination against Marginalized Ethnic Groups？ *The Journal of Developing Areas* 42（2008）：165–181.

优惠，增加弱势群体的竞争无能感与负罪感。① 另外，少数人群体特殊政策可能催生某种形式的"特权"。金里卡指出，若无完善的公民平等权利保护机制，少数群体也可能利用其集体权利否认区域内其他民族群体成员的平等权利。②

四是政治工具化与路径依赖。尽管少数人群体特殊政策是临时性的，但一旦开始实施，便会骑虎难下。如 1990 年 11 月俄罗斯联邦议会提出"卢曼切夫计划"，建议取消包括区域自治在内的对少数人群体的特殊政策，结果遭到所有民族共和国和其他民族地区的强烈反对，最终流产。

五是族群标签化。国家需要为社会成员贴上一个族群标签，以区分其有无资格享受特殊民族政策。如南非政府在种族隔离时期将社会成员分为四个族群：欧洲人、印度人、混色人、班图人，后三者为"非白人"，这些人有不同的社会权利。20 世纪 80 年代日本经济势头正猛，南非将来访的日本人称为"尊敬的白人"，而非"亚裔"，后者是对当地中国人的称呼，这显示出当时南非政府族群标签的荒诞性。

反歧视政策产生负面效果的因素包括理念、政策与落实等方面。理念方面，政策产生负面作用与其先天理念的缺陷有关。在人权理念或权利理念下的反歧视政策，容易忽视少数人群体语言、文化等集体权，也容易忽视和掩盖少数人群体问题，过于关注法律上的平等，忽视事实上的不平等。在集体人权理念下的反歧视政策，过于突出少数人群体的特殊性，可能扩大少数人群体与主要群体的差异。在政策方面，与政策设计是否民主、科学、合理有关。在落实层面，若实践与政策不一致，"上有政策下有对策"，或者故意不落实，很可能导致"假优惠"（如苏联的假自治）等现象。在各族群之间差距较大的情况下，政府可以使用带有种族或族群意识的政策进行干预，但是随着差距的缩小，这类政策必须进行调整。③

---

① 靳薇：《世界各国的民族政策及其影响》，《科学社会主义》2008 年第 2 期。
② Kymlicka, Will, He, Baogang（Ed）Print publication date: 2005, Published to Oxford Scholarship Online: Feb., 2006, Print ISBN - 13: 978 - 0 - 19 - 927762 - 9, Introduction, p. 10.
③ 王凡妹：《西方教育领域的种族或族群优惠政策对于我国的借鉴意义——以美国"肯定性行动"为例》，《西北民族研究》2012 年第 2 期。

关于如何弥补反歧视政策的缺失，欧盟等主体展开了积极探索。欧盟积极调整少数人群体保护理念：从以保护"个体人权"为基础到以保护"集体人权"为基础，再到以"促进社会融入"为基础。欧洲未放弃对文化多样性的保护，但更加重视公民的权利和义务，"公民整合""文化多样性"等理念开始与多元文化主义并驾齐驱。尽管"促进社会融入"的理念及由此带来的很多措施、政策和方法远不完善，但作为一种新的思路，对国际上少数人群体的保护以及一些群体问题的解决，有着巨大的启示意义。另外，美国学者认为，要想实现种族平等，需要在消除种族歧视、对抗群体劣势、战胜种族主义、树立弱势族群的自尊与自信等方面努力。[1] 其他国家针对少数人群体反歧视政策的实施效果，也在根据国情对其不断调整。

---

[1] 〔美〕格伦·劳瑞等主编《族裔特性、社会流动与公共政策：美英比较》，施薇薇等译，东方出版社，2013，第 668 页。

云南边疆民族地区群体性事件治理模式探析

——基于多中心治理的视角

肖 斌 黄张平[*]

[摘 要] 云南地处中国西南边疆，是多民族聚居、多宗教汇集、多元文化交融的民族省份。在当前社会转型大背景下，云南边疆民族地区社会结构急剧变迁，利益格局深刻调整，社会矛盾冲突加剧，容易爆发群体性事件。如何实现云南边疆民族地区群体性事件的良性治理，是一个亟待解决的重大理论与现实课题。本文拟以多中心治理理论为视角，在总结以往政府处置群体性事件经验与教训的基础上，试图重构多元主体协作和互动的群体性事件治理模式。

[关键词] 边疆民族地区　群体性事件　多中心治理

云南省地处我国西南边疆，是多民族聚居、多宗教汇集、多元文化交融的民族省份。在当前我国社会转型大背景下，云南边疆民族地区社会结构急剧变迁，利益格局深刻调整，社会矛盾冲突加剧，容易爆发群体性事件。如何实现云南边疆民族地区群体性事件的良性治理，是一个亟待解决的重大理论与现实课题。党的十八届三中全会提出了实现"国家治理体系和治理能力现代化"的新要求，云南边疆民族地区群体性事件治理要摒弃原有"被动维稳—应急处置"模式，运用治理思维，探索建构群体性事件的多中心治理模式，找到一条标本兼治的路径，以促进社会和谐稳定，从而达到"善治"目标。

---

[*] 肖斌，云南财经大学公共管理学院讲师，法学博士；中国社会科学院民族学与人类学研究所博士后。主要从事民族政治学、民族理论与民族政策、边疆民族地区安全治理研究。黄张平，云南财经大学公共管理学院MPA研究生。

一 云南边疆民族地区群体性事件的形势分析

（一）云南边疆民族地区群体性事件类型

经济利益型。在市场经济条件下，云南边疆民族地区因经济利益引发的群体性事件呈增长趋势。如因征地拆迁补偿，交通事故或意外事件的补偿，参战老兵集体上访，山林地、水资源、矿藏等资源争夺等。典型事件如 2013 年、2014 年发生于云南省晋宁县的两起群体性事件。这两起事件的主因是征地补偿问题，是涉群经济利益矛盾累积而致的。

社会民生型。这类群体性事件主要是因社会保障、污染环境、食品安全、就业、工资福利、司法诉讼等问题而引发的。例如，2013 年云南省昆明市发生的抗议中石油炼油项目的群众游行事件，其主因是昆明群众担心生态环境被破坏。

民族宗教型。在云南边疆民族地区，因民族之间产生的摩擦导致民族之间的群体性事件时有发生。造成摩擦的原因包括民族宗教、文化、习俗和历史遗留问题等。如民族之间因为争夺林地草地、民族之间治安冲突、民族文化冲突、民族宗教问题引发的小规模群体性事件。

治理失范型。这类群体性事件主要因政府公共权力失范而导致，往往因为政府不作为、官员在涉群利益事件中站在群众对立面、伤害群众感情，或群众对某个独立事件表现不满，群众针对政府而泄愤，从而引发群体性事件。例如 2008 年"孟连事件"。

（二）云南边疆民族地区群体性事件的特点

带有较强的民族特征。群体行为需要一定的心理认同感和社会网络。云南边疆民族地区群体性事件不同于其他地区的特点就是其民族身份的认同感相对较强。因此，只要涉群矛盾解决不好，一旦动员民族群众中比较有威望的人士，就很容易引发一些小规模的群体性事件。

参与主体复杂。云南边疆民族地区群体性事件的参与主体相对复杂，包括失地农民、国企或者国有农场职工、下岗工人、军转人士、出租车或大巴司机等。从参与的民族分析，既有汉族也有少数民族。从利益相关性分析，既有利益相关方，又有非利益相关方；既有主动参与者，又有被动参与者。群体性事件的被动参与者往往与组织者存在一定的血缘联系，或通过民族、宗教联系。另外一些参与者则完全是受人雇用的农民工或者社会闲散人员。此外，一些民间组织、境外非政府组织也或明或暗参与了个别事件。

行为存在偏激和暴力倾向。云南边疆民族地区群体性事件主要表现形式有集体示威、上访、堵塞交通、围堵政府办公场所等。通过近年来规模较大的群体性事件分析，当累积的矛盾达到一定程度时，很容易造成对抗局面骤然升级，事件往往从相对的和平抗议上访演变为官民冲突、械斗和暴力打砸抢事件。例如"孟连事件"和"晋宁事件"等，这些偏激的行为不仅给人民财产造成损失，也给地方政府带来很大的舆论压力。

（三）云南边疆民族地区群体性事件的原因分析

经济因素。云南地处我国西南边陲，是典型的欠发达地区。云南省2005年才跨入人均GDP1000美元的关口，2014年人均GDP仅4450美元[①]，远低于全国平均水平。云南边疆民族地区经济社会发展滞后，社会发展极不平衡，这是群体性事件多发的主因。同时，因经济社会发展不平衡导致的收入分配不均衡、贫富差距加大等现象，以及不同利益群体之间的博弈和冲突，也成为云南边疆民族地区群体性事件发生的重要原因。如拖欠农民工工资、征地拆迁补偿、下岗职工生活保障等涉群经济利益纠纷矛盾的增多，成为边疆民族地区发生群体性事件的潜在危险。

政治因素。云南省拥有4046公里边境线，与老挝、缅甸和越南接壤，边境地区多为少数民族聚居地区，民情社情复杂。国外敌对势力通过多种手段和方式，利用国内不法分子和非政府组织，对个别基层控制力相对薄弱的地区进行有目的的渗透，给云南边疆民族地区社会稳定带来了较大压力。在地方政府治理的层面，部分边疆民族地区的政府和官员，热衷"政绩工程"，忽视公共服务供给；漠视群众利益，面对群众"冷硬横推"；脱离群众，对群众正当利益诉求置之不理；滥用警力和司法力量干预案件查办等诸多问题，也成为引发群体性事件的导火索。

宗教文化因素。云南边疆民族地区是宗教种类多、形态复杂的地区，信教群众数量众多。云南由于毗邻西藏，达赖喇嘛分裂势力的渗透是云南藏区社会和谐稳定的潜在威胁。云南的宗教种类繁多，佛教、伊斯兰教、

---

① 云南省统计局：《云南统计年鉴》（2014），中国统计出版社，2014，第10页。

基督教、天主教、道教五大宗教均有信徒，形成多元宗教信仰。① 近年来，部分宗教在信徒发展、教派文化等方面矛盾冲突较多，因宗教矛盾冲突引发的群体性事件时有发生。云南边疆民族地区非法宗教活动和境外宗教渗透活动频繁，政府在打击非法宗教上虽保持高压状态，但很难让非法宗教活动和境外宗教渗透绝迹。由于地缘原因，边境地区民族群众在教派认同和语言习俗上都比较容易受到境外宗教活动的影响。近年来，境外宗教在农村地区传教活动频繁，教堂数量增长较快，信教群众又多集中在农村和偏远山区，很难对其依法管理。在多民族聚居地区，由于少数民族在语言、习俗等方面的差异容易引发民族冲突和矛盾，成为民族地区群体性事件的导火索。由于历史原因，少数民族历来尊崇的民族习俗和民族社会稳定结构在当前社会结构下发生变迁，加之个别地区在民族政策执行上有所偏差，民族间冲突的事件时有发生。此外，外部势力和某些组织试图以民族宗教为借口，以帮助维权为幌子插手干预社会活动，普通群众对这些组织和个人没有戒心，容易受其蛊惑，成为这些组织和势力利用的对象。

群体心理因素。"相对剥夺感"在众多群体性事件参与者中都有所体现。造成群体"被剥夺感强烈"，一方面是由于我国社会快速变迁，社会进入转型时期，利益调整深刻；另一方面政府在政策制定执行上的一些问题和官员的不当行为以及腐败堕落，对政府公信力和官员自身形象威望造成负面影响。在一些群体性事件中，群众宁愿相信网络上的传言和谣言，也不愿意相信政府信息。部分少数民族群众甚至认为政府会偏袒他们的激进行为，同时，也存在认为少数民族应该在本地区享有更多权益的心理预期。也有部分少数民族群众认为群体性事件参与的人数越多，就越有可能"法不责众"，而存在侥幸心理。

二 云南边疆民族地区群体性事件的治理问题分析

（一）治理目标脱离现实

近年来，政府虽然很重视预防和化解群体性事件，但在"维稳"思维指导下，群体性事件在政府维护社会稳定工作考核中占重要地位。政府制

---

① 赵沛曦：《多元宗教与社会和谐——云南丽江少数民族宗教文化互动的调查研究》，《云南师范大学学报》（哲学社会科学版）2009 年第 4 期。

定相关标准，严格考核，细化到事件发生数量、参与人数、持续时间等具体指标。在重重考核指标压力下，个别政府通过"压"或者"捂"的手段，实现短期"维稳"目标；还有个别政府存在瞒报和虚报数据的问题，造成群体性矛盾越积越多，苗头性的小事件激化成为大事件。

（二）治理主体单一

边疆民族地区群体性事件的治理主体为基层政府，落实到具体的事件，治理主体是基层政府中以公安机关为主的相关职能部门。在一个完整治理结构中，治理主体应包含政府、社会组织和市场力量，需要将政府治理、市场治理和社会治理有机结合。[1] 而与我国其他地区一样，当前云南边疆民族地区群体性事件治理主体过于单一，按照治理模式的二维划分，属于缺陷型寡头治理。[2] 缺陷型寡头治理是低制度化下的单一主体治理模式，治理过程缺乏民主性，决策过程缺乏科学性，执行过程力量过于单薄。

（三）制度供给不足

一是法律制度亟待完善。当前，我国法治社会还处于建设过程中，民族地区相对落后。相关法制机制还不健全，少数民族习惯法和现有法律法规还存在一些相互冲突的地方，少数民族法官律师等法制资源匮乏，很多社会治理层面需要的制度资源供给严重不足。二是相关机制体制欠缺。在目前群体性事件处置过程中，比较明显的表现是利益表达机制单一，渠道不通畅。在现有大政府小社会的环境下，群体经济利益的表达渠道非常有限，而且绝大多数维权者认为能够帮助协调解决问题的只有政府机关。而在利益表达渠道上，维权者也往往选择较为极端的集体上访、聚众围堵政府机关、集体请愿等方式。

（四）治理能力不足

一是基层政府控制能力弱化。我国目前的政府权力机构基本是自上而下的五级机构，最末端的县级和乡镇两级政府是直接面对群众的基层政府

---

[1] 俞可平：《国家统治和国家治理的区别》，《党建文汇》（下半月）2014年第7期。
[2] 史杰：《多中心视阈下的群体性事件治理模式转型：基于治理模式二维划分的实然分析》，《甘肃行政学院学报》2011年第5期。

组织。从最近20年来看，基层政府的控制能力有弱化的迹象。从现实角度来看，边疆民族地区基层政府的工作职能和工作量都大大增加，既要抓经济生产，又要抓民生服务，工作多而杂，因而针对基层群众的维权上访，很难做到及时妥善处理，这很容易使群众产生"怨恨心理"，转而寻找其他渠道解决问题，甚至走向极端。二是治理资源投入不足。在政府垄断权力的条件下，资源向基层政府的投入比较有限，从而使基层群众利益诉求和矛盾冲突在乡镇一级基本得不到有效的控制和化解。在有些边疆民族地区，基层党组织严重弱化，威信严重不足，无法做到对群体性事件充分预警。三是危机管理能力不足。主要表现为：矛盾纠纷化解能力不足、情报网络建设及研判预警能力不足、妥善化解群体性事件能力不足、公务员危机管理知识储备不足等。

三 云南边疆民族地区群体性事件的多中心治理模式建构

（一）多中心治理理论释义

近年来，治理成为国内外公共管理学界一个流行的字眼。区别于传统的单一政府行使社会管理职权的统治概念，治理很大程度上强调多主体、多中心、网络化的社会公共事务管理。1995年，全球治理委员会对治理做了明确的界定：治理是个人和机构管理其共同事务的诸多方式的总和。它有四个特征：治理不是一整套规则，也不是一种活动，而是一个过程；治理过程的基础不是控制，而是协调；治理既涉及公共部门，也包括私人部门；治理不是一种正式的制度，而是持续的互动。[①] 治理的核心思想在于多主体（公共部门、私人部门、公民社会组织）对公共事务的共同参与，它代表着一种与统治不同的新的公共管理思想。党的十八届三中全会提出实现"国家治理体系和治理能力现代化，创新社会治理体制"，在某种意义上意味着国家管理方式的改变，由单向行政控制向多方参与治理转变。

奥斯特罗姆等人提出的"多中心治理"理论是当前治理理论研究的热点，它是一种公共治理的新思路，在世界范围内产生了较大的影响。所谓多中心治理针对的是传统行政只有一个中心、权力高度集中、利益高度整

---

① 杨光斌：《政治学导论》（第四版），中国人民大学出版社，2011，第214页。

合的问题，它是指在一个特定地区按照地域特点，遵照传统社会文化的惯例，建立多个治理中心，每个中心都成为一定地区的服务枢纽，实现公共治理的协调和整合功能。多中心治理包括政府、市场组织、社区、公民多方的共同协作管理，其中任何一方都不是孤立的，而是能动地发挥着自己的支持作用，帮助其他主体更好地提供服务。在多中心治理中，每一个角色都有着特殊的功能，成为治理的中心之一。提供法律秩序的公共权威机构、创造产品的市场组织、积极参与的公民等都在成为自己范围的中心之后共同构成了新的治理的条件。[1]

在多中心治理模式下，边疆民族地区群体性事件的治理目标应是在正确理解群体性事件治理的长期性和复杂性基础上，充分发挥各种治理主体作用，尽量预防群体性事件的发生，努力将群体性事件化解在萌芽和初始阶段，控制事件发展的方向和规模，争取有利时机平息事件并做好事后有效处置。总之，要通过多中心治理主体共同努力，从治理群体性事件的根源出发，加强外部因素的控制，落实合理科学的具体治理行动，达到标本兼治的目的，最终让不同利益群体不需要通过发动群体性事件来维护合法权益和表达意愿，逐步使制度化维权和法律仲裁成为不同利益群体的选择。

（二）云南边疆民族地区群体性事件的多中心治理模式建构

培育和完善多元治理主体。多元治理主体是治理边疆民族地区群体性事件的关键因素之一。第一，在多中心治理模式下，需要一个开放的政府，在政策制定、执行上允许多方参与，政府主要是起到公共服务提供、管理、监督的作用。[2] 要通过简政放权，推进政府改革和职能转变，防止其越位和失位情况的发生；政府作为公共服务的主要提供者，要保护弱势群体的合法权益；政府要加强与其他治理主体的协作，共同推进社会治理向更高层次转变；政府要消除腐败和自利倾向的影响，以重塑政府公信力。第二，社会组织作为填充政府和公民之间有效沟通的桥梁和政治缓冲力量，在多中心治理体系中发挥着重要作用。要让社会组织参与公共服务提供，政府可以通过向社会组织购买公共服务的方式，增加社会公共服务

---

[1] 杨光斌：《政治学导论》（第四版），中国人民大学出版社，2011，第220页。
[2] 张成福：《开放政府论》，《中国人民大学学报》2014年第3期。

供给。同时，社会组织的活动也必须遵守法律规章制度。第三，在社会治理过程中，市场（企业）已经不可避免要介入其中。在云南边疆民族地区发生的群体性事件中，有部分事件爆发的原因是政府用行政手段干预市场行为、侵害市场（企业）的利益，造成群众不满。因此，市场主体包括企业要积极参与，用市场规则解决问题，用市场手段处理矛盾。同时，企业和政府之间应加强沟通配合，保持纯洁的政商关系。第四，公民是社会组成的最小单位。要培养公民理性维权的意识，引导他们合法表达诉求。同时，在涉及群体利益相关的公共政策的制定执行过程中，政府要更多听取公民代表和民族代表的声音，通过沟通协商达成共识。

提升治理主体能力和素质。民族地区群体性事件治理过程中，多元治理主体亟须培养矛盾纠纷化解能力、群体性事件预警能力和妥善处置群体性事件的能力。第一，政府要积极采取措施，加强基层组织建设，通过鼓励优秀公务员到基层工作、系统的教育培训，有效提升基层公务人员的业务能力和综合素质。同时，要加强公务员队伍管理，加强作风建设，严肃处理贪污腐败问题，让群众始终信任和支持。第二，要加强社会组织专业能力培养。边疆民族地区境外非政府组织活动比较活跃，它们往往打着慈善、旅游、助学、环境保护等旗号进入边疆民族地区活动，有些是合法的行为，有些则是有目的的渗透。因此，基层政府与社会组织在防范境外非政府组织非法渗透方面还需要积累更多经验。

依法治理群体性事件。第一，要强化法治思维，坚持依法治理群体性事件。法治是治理边疆民族地区群体性事件的最根本最有效的方法。法治意味着治理事务不再遵循治理主体的主观意愿，转而依靠更加稳定的制度力量。民族地区群体性事件必须按照法治划定的路线图，将核心的意愿诉求表达和利益冲突申诉纳入法治轨道。一方面，治理主体的权力需要法律赋予，同样被法律约束。依法行政能最大限度地约束政府的行政行为，确保权力被关在制度的笼子里。另一方面，群体性事件参与者的各种活动也必须遵守相关法律，违法行为必须受到法律惩罚。通过法治，逐步消除民族地区群众"大闹大解决，小闹小解决""法不责众"的认识偏差，消除利用群体性事件获得额外利益补偿的行为偏好。同时，也必须消除政府因顾及当地形象和维护社会稳定而采取的"无原则的退让"和"法外开恩"的消极行为。第二，要加强边疆民族地区法治建设。一是要加快制定相关法律法规。当前，除了能在《治安管理处罚法》、《集会游行示威法》和

《刑法》中找到一些条款作为群体性事件治理的法律依据外，没有其他法律可以提供足够的法律支撑，因此，针对群体性事件，立法需要从国家层面推动。二是要充分发挥少数民族习惯法在民族日常生活中的规范和约束作用，要在少数民族习惯法和国家法律体系中找到一种合理平衡。三是要对各地现有处置群体性事件的指导性文件进行规范和完善，让其具有更强的可操作性和指导性。

建立预防群体性事件的长效机制。一是加快构建利益表达机制。要对现有传统渠道进行疏通和加固，对现有热线、求助等专门渠道进行改进。要探索建立社会组织传递渠道，通过社会组织传递群体诉求和意愿。要利用现代社会信息技术，完善利益诉求网络表达渠道。二是加快构建矛盾调处机制。要发挥"大调解"工作机制的作用，使治理关口前移；在涉群矛盾化解中，要打通社会组织发挥作用的机制和空间，以使基层政府可以集中资源进行司法调解和救助。三是完善对话协商机制。要逐步建立边疆民族地区群众与政府的直接对话和协调机制，逐步建立社会组织、企业和公民的对话协调机制。四是严肃监督问责机制。监督的作用是通过法律或法规的形式，避免多元治理主体的不作为或者乱作为，同时确保治理过程中的信息公开，让公民的知情权得到保证。要通过问责制度，对治理主体在治理过程中的违法或者违规行为进行惩罚，进而强化政府服务意识，为民族地区群众性事件的治理发挥积极作用。

加快边疆民族地区经济社会发展。作为一个欠发达地区，云南的首要问题仍然是如何发展的问题，必须坚持用发展来解决云南前进中的难题，只有把"增量"扩大，才能为化解各种经济社会矛盾夯实基础。一是保持经济增速，提高经济运行质量。主动融入和对接国家"一带一路"战略，发挥云南民族地区面向东南亚开放的地理优势，推进改革、扩大开放，有效利用国际国内两个市场，推动区域经济繁荣，让民族地区经济发展提速增效。二是调节分配促进公平。加大分配改革力度，扩大劳动报酬在初次分配中的比重；调节高、中、低各收入层次间的合理比重，形成"橄榄型"结构；探索多种方式的资源入股或参股，让民族地区群众享有更多财产性收入；建立完善自然和生态资源的补偿机制，形成自然资源使用市场化定价；在涉及矿藏、林地、水利等自然资源开发利用的经济补偿中引入市场机制的评价和定价，建立补偿基金。三是加快扶贫开发。云南是全国连片贫困地区最多的省份，要抓住国家继续加大对云南扶贫开发支持力度的有利时机，推进区域开发与精准扶贫"双轮驱动"，努力改善贫困地区基础设施建设和民生建设，加快对特殊困难群体帮扶力度。四是扩大民族群众的就业。政府需要通过政策倾斜，让企业更多雇用少数民族员工。同时，要在职业技能培训方面投入更多的资源，努力提高民族地区群众职业技能水平。五是加快边疆民族地区社会建设。社会建设是边疆民族地区群体性事件治理的最为直接的措施和手段。要总结当前社会问题，消除群体性事件发生的因素，缓和社会矛盾冲突，让边疆民族地区群众充分享受社会进步带来的物质和精神成果，从而自发成为维护社会稳定的积极力量。六是加强民族文化和宗教工作。坚持落实民族政策，保障少数民族在宗教信仰、民族习惯和文化的自由，打击非法宗教的渗透活动，加强民族文化的保护和传承。

结　论

边疆民族地区群体性事件是云南各级政府必须重视的社会问题之一。传统社会管理思维已无法实现对群体性事件的有效处置。多中心治理将原来单一主体治理转变为多元主体协作治理，让权力回归社会，防止权力过度集中带来的负面影响，同时辅以充足的制度资源供给，使二者有效融合，以达到群体性事件治理的"善治"目标。通过多中心治理的实践，注重涉群矛盾排查化解工作，打通利益表达渠道，坚持法治政府、法治社会共同建构，不断提升政府为民执政的政治理念和实践，培育良好的公民精神，引导群众走制度化维权道路，以维护社会和谐稳定，促进国家长治久安。

第二篇

构筑各民族共有精神家园

(5) 每个民族都需要完全的自决和自治；

(6) 全球的和平和正义需要一个各民族自治的世界。

安东尼·史密斯将此六项主张称为民族主义的"核心原则"，但他同时指出："民族主义者常常以否认反映在第一条主张内的'民族的世界'这一基本思想来行动，在追求自己利益或宣称本民族自己的利益时，压制其他民族的自决、自治，甚至否定其他民族的特征等。在如此行事时，他们已经否定和推翻了民族主义的核心原则。"[①] 其实这恰恰反映了民族主义一直奉行而又不愿明说的一条最核心的原则，即"本民族或本民族国家的利益高于一切"。由于"民族国家"的利益体现的就是作为"国族"的民族整体利益，因此上述原则可简称为"国家利益高于一切"。其他这样那样被挂在嘴上称作"核心原则"的原则，在遇到这条真正的"核心原则"时统统都是可以随手抛开的。欧洲那些举起"自由、平等、博爱、人权"的旗帜反封建起家的"民族国家"，后来在大力推行殖民主义时，哪一个对那些后发国家和民族讲求过自由、平等、博爱与人权？

二 中华民族的形成历史与国民党人的"国族"说法

从中华大地上人类历史发展的轨迹中，我们应当注意到一个必须正确解读的民族现象——《尚书·夏书》之《五子之歌》歌颂大禹："明明我祖，万邦之君"。《尚书》中其他多篇，均有"万邦""万国"的提法，客观反映了当时中华大地上邦国林立的状况。用社会发展史的视角看，这就是大大小小的民族集团，有的初具国家的规模，有的还处于氏族部落阶段。这些民族集团中的成员对"我者"认同，对"他者"辨异，这就是汉代何休阐释《春秋公羊传》时所说的"内其国而外诸夏"（这个"诸夏"指的是后世成为诸夏之国的那些邦国）。《后汉书·郡国志》注引《帝王世纪》则说："逮汤受命，其能存者三千余国……至于战国，存者十余。"我们对这个所谓的"国"暂且存而不论，中华大地上人口是大量增加，民族集团的数量有所减少，民族集团的范畴有所扩大，用何休的话说就是到了

---

① 〔英〕安东尼·史密斯：《民族主义——理论、意识形态、历史》，叶江译，上海世纪出版集团，2011，第25页。

"内诸夏而外夷狄"的时代。以后会如何？何休设计了第三个时代即"太平之世"（所见之世），"夷狄进至于爵，天下远近小大若一"。普天之下已无夷夏（民族）之分，天下大同了。这就是有名的"春秋三世说"。可见，我们先贤对民族发展的认识暗合于马克思所谓"民族是一个历史范畴"之道！

民族是一个有生命的、动态的事物，在历史长河中，民族这个人们共同体一直处在分分合合之中，有的民族在历史长河中消亡，与此同时又有新的民族产生。从先秦时期中华大地上民族发展的现象可以看出，由数量众多、单个人数较少的民族群体向数量渐少而单个人数较多的民族群体发展，这是人类社会发展的规律，尽管在这个发展过程中经常伴随着血与火的痛苦和罪恶，但它不以人们的意志为转移。

中华大地上民族发展的现象完全符合这个规律。在几千年的历史发展中，华夏－汉民族和其他众多的兄弟民族既有和睦相处、"合同一家"的交往交流交融的时期，也有"阋于墙"、激烈冲突的时期，但是呈现出的民族现象为世界人类发展历史所罕见，那就是汉民族"滚雪球"。虽然历史上也不乏华夏－汉民族"胡化"和"越化"的现象，但更突出的是各兄弟民族一波又一波融入汉民族，不论是汉民族掌握中原政权还是其他兄弟民族掌握中原政权，其他民族只要进到长城以内，其结局都是如此。值得一提的是，从公元949年到公元1949年这最近的一千年中，在中华大地上，兄弟民族政权统治的地域范围和统治的时间更大、更长，但这一时期兄弟民族人口照样大量融入汉民族。新中国成立之时，汉族人口占到总人口94%之多，足见中华大地上民族发展现象体现的民族发展的上述规律最为典型。

汉民族"滚雪球"的突出现象已有很多学者研究和论述，此处不必赘述。我认为值得提出的是，我们该如何客观地认识因兄弟民族大量融入而不断壮大的汉民族？

儒家思想在中华传统历史文化中的突出地位是毋庸多言的，而儒家民族思想则是儒家思想的重要组成部分。儒家民族思想中有不少与当时世界的其他国家相比较而言十分开明的内容，如不以血统划分民族；以发展眼光看其他民族（春秋三世说），各民族均为天子治下之民，统治者应以"王者无外"的态度一视同仁，等等。但也有居于强势文化地位的居高临下的优越感（是文化优越感而非西方那种种族优越感），最具代表性的是孟子的"用夏变夷"而绝对不能"变于夷"的理论。然而，尽管在儒术独尊的两千多年历史发展中，统治集团和汉族知识精英阶层都一直弹这个调子，但在实际的民族大交融中，汉民族和汉文化就只是单方面地"变夷"而一点也没有"变于夷"？我们常说兄弟民族的不断融入为汉民族增添了新鲜血液、新的生机和活力，但如果汉民族和汉文化不在一定程度上"变于夷"、吸纳兄弟民族的优秀文化，这些新的生机和活力从哪里来？这些一次又一次因兄弟民族大量融入而面貌一新的民族名虽曰"汉"，但它还是原来的那个"汉族"吗？同为汉族的南方人常常用欣慕的态度和赞扬的口吻称道北方人纯朴、爽直、豪放、刚健的民风民俗，这些民风民俗难道不正是传承了众多草原游牧民族的文化基因？同为汉族的不同地区保存了大量的具有"地方特色"的差异较大的民风民俗，其实有不少当属融入汉族的其他兄弟民族的风俗习惯。事实上，汉民族在兄弟民族大量融入而增加新鲜血液的同时，也吸纳了各兄弟民族物质文化、行为文化、制度文化、精神文化的大量内容，使这个新的共同体的文化更加丰富、更加灿烂夺目。这个新的、仍然被称为"汉文化"的东西，难道不是包含了大量兄弟民族文化的内容么？

如何定义"民族"，是个非常困难的事情，我们长期用以定义"民族"的是斯大林提出的"四要素"说。用现在的眼光看，"四要素"说虽不是十分完善，但仍具有相当的科学性。"四要素"中，"共同地域""共同语言""共同经济生活"这三个要素对客观的依赖性较强，而最具主观性和稳定性的、对一个堪称"民族"的人们群体最具本质意义和决定作用的就是"表现于共同文化上的共同心理素质"。什么叫作"共同心理素质"？共同的祖先崇拜，共同的历史记忆，共同的象征，共同的道德俗尚、价值判断和精神追求等，一句话，就是从"文化"的角度认同"我者"、辨异"他者"的主要内容。翻开中国古代社会的民族关系史，我们就会发现，汉民族和众多兄弟民族之间，属于"表现于共同文化上的共同心理素质"范畴的许多关键因素，很早就已经开始发展，这与儒家思想学说在中华大地广泛传播有很大的关系。

儒家持"天下主义"看世界，主张以"溥天之下莫非王土，率土之滨莫非王臣"的"大一统"思想为基本政治原则；以仁、德、忠、孝、信、义等为基本的伦理原则。作为先秦时期的一门显学，加之孔子坚持"有教无类"的主张，儒家学说对民族地区有不小的影响，孔子当时就有到民族地区去传播自己的学说的想法。汉武帝独尊儒术以后，经董仲舒改造过的儒学对专制主义中央集权的封建制度有很强的适应性，故而作为指导统治的思想理论行时了两千多年。历代中原王朝不论是汉族或兄弟民族主政，大都不同程度地崇儒尊孔，儒家文化自身具有相当的强势，又有中原王朝的大力推动，故而得以在中华大地上广泛传播。以往汉族知识分子把儒家思想的传播解释为"化夷"，似乎人家是白纸一张，"不知礼义"，全靠圣贤之书去"教化"。其实，儒家学说中仁、德、忠、孝、信、义等核心内容具有很强的普世性，各兄弟民族自身也有同样的价值判断，这在不少民族的文献、传说和民间谚语中均有反映，只不过儒家学说更精炼且具系统性和理论性。当儒家学说传入民族地区之后，由于有共同的思想基础，容易引起共鸣而迅速传播。只要认真研究一下民族关系史方面的典籍就不难发现，"大一统"（有时表现为争"正统"）、仁、德、忠、孝、信、义等伦理原则在汉代以来逐步成为中华大地各族民众，特别是各个政权及其精英共同认可的游戏规则，成为各民族自身"共同心理素质"的极为重要的组成部分。正因如此，当近代帝国主义列强掀起瓜分中国的狂潮时，中华各民族才会有空前强烈的"亡国灭种"（即顾炎武所说的"亡文化"）的危机感，才会有群起奋战、流血抗争之举。在这种局面下，接触了东渐之西学的中国知识精英，按照西方民族国家整合建构"国族"之例，叫响了"中华民族"这个"国族"的名号。应当指出的是：一个事物的得名，一般来说并不在事物发生之始，而在事物发展已具有自身特质形态之后。"中华民族"称谓虽然是在近代特定的历史背景下才出现的，但"中华民族"这个民族共同体作为一个民族实体早已历经漫长的形成过程而基本定型，这是一个实实在在的客观存在，只不过还需经过艰苦努力，"中华民族"这个民族共同体才能发展成一个十分成熟的现代民族。

近代以来，面对帝国主义列强的瓜分狂潮和"亡文化"的现实威胁，中国的社会精英们逐步认识到除列强的"船坚炮利"之外，中国流传了两千多年的"天下主义"确实不如西方传来的"民族主义"更能发动民众、凝聚人心，更经世致用，于是希望像西方列强那样建构"国族"、建立资产阶级的"民族国家"，把"中华民族"按西方模式打造成"国族"成为社会精英们的努力方向。

"中华民族"这个民族共同体虽然已经是客观存在的民族实体，但如何成为西方"民族国家"的那种"国族"却不是简单地给个名号就能完成的事情。完全没有经历过"资本主义上升时代"的中国，国家远没有实现真正意义上的统一，民族共同体中的各个成员（文化民族）经济、社会发展很不平衡，民族之间的种种矛盾还严重存在，民族压迫和反抗现象还严重存在，如此等等。在这样一个完全不具备"资本主义上升时代"的历史条件的中国如何仿照西方模式整合建构"国族"，实在是个难题。国民党人开出的药方是"将汉族改为中华民族"①，或将中国各个少数民族说成汉族的"宗支"；而民间精英人物如顾颉刚等则宣称："凡是中国人都是中华民族，在中华民族之内我们绝不该再析出什么民族。"② 尽管这些思想和说法都具有对抗帝国主义分裂中国阴谋的动机，但对中华民族共同体中还客观存在的多个兄弟民族（文化民族）采取不承认主义、企图走欧美"民族国家"的老路、用民族同化的手段来建构现代国家的"国族"，其结果只能导致民族压迫和民族间对立对抗的加剧，给国家的统一带来极大的隐患。

三 "民族国家"是人类社会发展必经的历史阶段

马克思主义始终认为自然和社会都有自身发展的规律。真正的规律是不可逾越的，革命导师要求我们正确认识和掌握事物发展的规律。前文言及欧洲近代民族主义理论的产生及在民族主义理论推动下的"民族国家"的形成，以及欧洲资产阶级在整合建构"国族"和其后他们的"民族国家"的殖民侵略的伤天害理行径。我们在深感愤怒之余，还应该冷静地思考这样几个问题。

第一，"民族国家"是不是人类社会现代化进程中不可逾越的必经阶段？社会主义制度条件下是否也必须整合建构"民族国家"？

第二，欧洲在建构"国族"时的丑恶行为和他们"民族国家"的侵略、殖民的罪恶行径，是建构"国族"和"民族国家"建成后不可避免的现象，还是资本主义制度本质属性造成的罪恶？

第三，社会主义国家是否要奉行"国家利益高于一切"这个"民族国

---

① 《孙中山全集》第 6 卷，中华书局，1985，第 245 页。
② 转引自周文玖、张锦鹏《关于"中华民族是一个"学术论辩的考察》，《民族研究》2007 年第 3 期。

家"的"核心原则"?

回顾新中国成立以来我们的民族理论和民族工作发展的历史,我深深感到,上述几个问题值得我们进行认真再思考。

中国共产党人不同于国民党人,是坚持以马克思列宁主义的民族理论为指导,坚决践行马克思列宁主义的民族平等原则、以建立一个统一的、多民族的社会主义国家为奋斗目标的。毛泽东同志在《中国革命和中国共产党》一文中,使用了中国是"一个伟大的民族国家"[①] 这个概念,惜乎未见有人对此做进一步的理论阐述。

马克思、恩格斯在《共产党宣言》中是这样来阐述民族与阶级的关系的:"人对人的剥削一消灭,民族对民族的剥削就会随之消灭。民族内部的阶级对立一消失,民族之间的敌对关系就会随之消失。"[②] 长期以来,我们对经典作家的这段重要论述抛开其前提条件做了错误的片面解读,把阶级对立和阶级间的剥削压迫视为绝对的"因",把民族间的对立和民族间的压迫剥削视作完全由上述的"因"所导致的绝对的"果"。不仅如此,不少人还将这个因果关系的外延扩大到阶级与民族的所有"问题"上,于是才出现后来造成重大政治恶果的错误提法:"民族问题的实质是阶级问题"。对此笔者在《对〈共产党宣言〉中关于"民族"的重要论述的再思考》[③] 一文中做了详细阐述。这种对"阶级"与"民族"关系的片面认识对我们党上上下下的影响是不可低估的。新中国的诞生,是中国共产党人在马克思主义的阶级斗争和无产阶级革命学说指导下,领导中国人民长期开展反对帝国主义、封建主义和官僚资本主义的阶级斗争的成果,这是历史的事实,也是中国共产党人和中国广大人民群众的共识。新中国成立之初所实行的包括实施各项民族政策、实行民主改革在内的各项社会变革措施带来的欣欣向荣的新气象,使党内外对民族问题普遍产生了这样一种十分乐观的感觉:阶级剥削问题解决了,实行社会主义制度了,民族关系问题将不再成为问题,至少不会出大的问题。这几乎成了上上下下的一种思维定式;如果一旦出了比较大的问题,那一定是"阶级"的问题,要从"阶级斗争"角度找原因。特别值得指出的是,仁、德、忠、孝、信、义等社会价值判断标准在几千年的传承中,已成为中华民族共同体传统文化

[①] 《毛泽东选集》合订本,人民出版社,1967,第586页。
[②] 《共产党宣言》,人民出版社,1964,第43页。
[③] 文载《西南民族大学学报》2010年第10期。

对"民族国家"和"国族"问题的理论思考

陈玉屏[*]

[摘 要] 从近代资产阶级"民族国家"的产生和20世纪世界历史发展的实际来看,"民族国家"是人类社会发展不可逾越的历史阶段,后发国家在现代化进程中不论姓"资"还是姓"社",也都必须建构"民族国家"和"国族"。只不过像中国这样的受到"天下主义"历史传统深远影响的社会主义国家,在"国族"建构的方式和途径上与资产阶级"民族国家"有本质的不同。"国族"建构长远和根本的任务是增强文化认同,集56个民族文化之精粹打造中华民族的大文化,是我们面临的一项必须"绵绵用力,久久为功"的伟大战略任务。

[关键词] 民族国家 国族建构 中华民族大文化

一 对近代"民族国家"产生的回顾

1913年斯大林在《马克思主义和民族问题》一文中说:"民族不是普通的历史范畴,而是一定时代即资本主义上升时代的历史范畴。"[①] 这句话曾经让中国的学术界头晕目眩了相当长一阵子,其原因在于长期按"中国、蛮、夷、戎、狄五方之民"建立"民族"概念的中国人,绝大多数并不了解近代欧洲所谓"资本主义上升时代"的那个"民族"和"民族国家"的形成是怎么一回事。

欧洲古代社会的民族状况是一个什么样子?请注意恩格斯在《家庭、

---

[*] 陈玉屏(1946~),重庆铜梁人,西南民族大学西南民族研究院教授、博士生导师,研究方向为民族理论与政策、历史学。
[①] 中国社会科学院民族研究所编《斯大林论民族问题》,民族出版社,1990,第33页。

私有制和国家的起源》一书中的阐述和分析："罗马的世界霸权的刨子，刨削地中海盆地的所有地区已有数百年之久。凡在希腊语没有进行抵抗的地方，一切民族语言不得不让位于被败坏的拉丁语；一切民族差别都消失了，高卢人、伊比利亚人、利古里亚人、诺里克人都不再存在，他们都变成了罗马人了。罗马的行政和罗马法到处都摧毁了古代的血族团体，这样也就摧毁了地方的和民族的自主性的最后残余。"那么这些人是否重新在罗马的旗号下形成了一个新的民族呢？恰恰不是！恩格斯说"新赐予的罗马公民权并未提供任何补偿；它并不表现任何民族性，它只是民族性缺乏的表现"。恩格斯进一步指出："新民族的要素到处都已具备，各行省的拉丁方言日益分歧；一度使意大利、高卢、西班牙、阿非利加成立独立区域的自然疆界依然存在，依然使人感觉得到。但是，任何地方都不具备能够把这些要素结成新民族的力量，任何地方都还没有显示出发展能力或抵抗力的痕迹，更不用说创造力了。"这个时候，"对于广大领土上的广大人群来说，只有一个把他们联结起来的纽带，这就是罗马国家，而这个国家随着时间的推移却成了他们最凶恶的敌人和压迫者"。这就是说，罗马国家把它所征服的众多民族"刨削"为"罗马人"以后，只是把他们作为压迫奴役的对象，而没有赋予其应有的权利、将其整合为罗马民族。而罗马行政和罗马法虽然"摧毁了地方的和民族的自主性的最后残余"，使原来的高卢人、伊比利亚人、利古里亚人、诺里克人等"一切民族差别都消失了"（原有的民族差别）。虽然"新民族的要素到处都已具备"，但任何地方"都不具备把这些要素结成新民族的力量，任何地方都还没有显示出发展能力或抵抗力的痕迹，更不用说创造力了"。罗马人的统治被推翻后的一千多年中，整个欧洲处于封建领主和宗教神权的黑暗统治之下。这个时候对于欧洲广大领土上的广大人群来说，他们只知道自己具有的两个身份：某位领主爵爷封地上的领民和某位主教大人教区的教民。这与罗马人统治时期一样，"并不表现任何民族性"。

随着生产力的发展和科学技术的进步，欧洲资本主义和资产阶级萌芽日渐发展，15～18世纪，文艺复兴、宗教改革、启蒙思想的传播，标志着欧洲"资本主义上升时代"的到来。此时已经世易时移，欧洲已经不是"任何地方都不具备把这些要素结成新民族的力量"了，以新崛起的资产阶级为代表的"发展能力"、"抵抗力"和"创造力"已经显现出来。他们致力于摆脱封建势力的压迫和束缚，需要动员和凝聚反封建的力量，其最简捷最有效的动员方式,就是"唤醒"原先具有文化渊源关系的人们群体的"民族认同意识"。这样做第一可以以此种认同排斥原有封建社会结构中的"领民"意识,第二可以在此种认同中引入启蒙思想中的自由、平等、博爱的观念以反对封建等级制。这样还不够,原来作为人类社会自然形成的社会意识的民族意识在这样的历史背景下不仅仅是被"唤醒"和复苏,而是根据资产阶级的政治需要被升华为一种系统的理论,于是欧洲社会孕育出"一个民族、一个国家"的民族主义理论。这个理论将本来以文化为纽带的人们群体转化为一个政治实体——国家,将这个群体原来的文化边际转化为国家疆界,又利用《威斯特伐利亚和约》签定后形成的国家疆界神圣不可侵犯的原则和国家拥有主权的原则固化了这个"一族一国"的国家,从而建立起近代的资产阶级"民族国家"。

这个"一族一国"的民族主义理论在资产阶级领导的反封建斗争中确实起到了发动和组织群众的作用的,这种理论一度被渲染为可以使民众精神亢奋进而与对立面抗争,但是很快它的弊端就显现出来了。因为,真正按一个单一民族去建立国家即便在欧洲也是很难实际操作的。欧洲根据历史与自然环境诸方面因素能够建国的几乎都不可能建成单一民族的国家,而硬性地按"一个民族、一个国家"去建国,不仅因为矛盾重重根本行不通,即便建成一个个弹丸之国,这些分散的力量又如何去与仍然十分强大的欧洲封建势力做斗争?于是,欧洲资产阶级在建构资产阶级"民族国家"过程中,在"一族一国"理论的"一族"上做文章,将原来的仅仅以传统文化作为认同标准和联系纽带的单个"文化民族"作为"一族"之"族",重新解释为由原有若干"文化民族"整合而成的,以资产阶级国家体制、制度、立国指导思想和核心价值观为首要认同基础和主要联系纽带的"政治民族"——"国族"。[①] 法国大革命时期,资产阶级建构"国族"——法兰西民族的做法十分典型。法国大革命到来时,法国资产阶级主要以"自由""平等""人权"为口号动员和组织民众反对封建主义;在欧洲封建势力进行武装干涉时,又以维护"法兰西民族"的独立为号召,激发全体民众同仇敌忾去保卫法国大革命建立起来的那一套体制和制度。安东尼·史密斯在《民族主义——理论、意识形态、历史》一书第三

---

① 参见陈玉屏《对围绕"第二代民族政策"论争的一些问题的评析》,《烟台大学学报》2014年第3期。

章中,在详细地介绍了法国资产阶级如何建构"法兰西民族"之后,指出:"法国资产阶级真正庆祝的是什么?不仅仅是他们取得了权力以及终结了贵族和教士阶级的特权。真正庆祝的是在法兰西共和国的形式之下,一个新的法兰西民族的诞生……法国大革命不仅开创了新的意识形态,而且开创了新的人类共同体,新的集体认同、新的政治样式,并最终产生新的国际秩序。"① 所谓"资本主义上升时代"的"民族"(国族)与"民族国家"就这样被整合和建构起来了。必须指出的是,资产阶级民族国家的"国族"并非一经整合形成后就一劳永逸地不可撼动了,"国族"之中仍然存在因种种利益冲突所造成的离心倾向,这种离心倾向往往因不同历史时期社会条件的改变时弱时强,甚至有时会闹到重新"分家"的地步。因而资产阶级"民族国家"不断采取政治、经济、法律、教育、宣传等全方位的措施,不断强化"国族"的建构,以增强"民族"的凝聚力。

历史早已证明,人类共同体"同质化"程度越高,这个共同体就越稳定,其凝聚力和对外竞争力就越强。欧美的资产阶级在"国族"的建构过程中,为了尽快提高这个新建构的人类共同体"同质化"的程度,在"自由、平等、博爱"的口号的掩饰下,使用了不少阴暗、血腥的手段。哈贝马斯针对欧、美民族国家的"国族"建构历史指出:"民族国家的形成,大多都是建立在'少数民族'被同化、压迫和边缘化的基础之上的……在19世纪和20世纪的欧洲,民族国家的建立过程就是残酷的流亡和驱逐过程,就是强迫迁徙和剥夺权利的过程,直至种族灭绝。"② 谁能数得清楚"美利坚民族"的脚下,践踏着多少印第安人的冤魂?

而欧洲资产阶级推动建立起来的"民族国家"最根本的价值取向、立身行事的基本准则是什么呢?我们可以从民族主义理论中去寻其踪迹。安东尼·史密斯归纳民族主义的基本主张为:

(1) 世界由不同的民族所组成,每个民族都有自己的特征、历史和认同;

(2) 民族是政治权力的唯一源泉;

(3) 对民族的忠诚超出其他所有的忠诚;

(4) 为赢得自由,每个个人必须从属于某个民族;

---

① 〔英〕安东尼·史密斯:《民族主义——理论、意识形态、历史》,叶江译,上海世纪出版集团,2011,第50~51页。
② 〔德〕尤尔根·哈贝马斯:《包容他者》,曹卫东译,上海人民出版社,2002,第164页。

的核心内容,早已成为中华各兄弟民族共同的文化基础、"共同心理素质"的重要组成部分和一脉相承的价值追求,发挥着维系中华民族共同体文化认同的极为重要的纽带作用。然而在长期"左"的思想路线影响下,这些传统文化的优秀成分被当作封建主义糟粕受到批判和打压。我们对这些中华民族优秀传统遭受的重大损害,以及当前社会风气沉沦所造成的恶劣影响早已有切肤之痛,但是鲜有人认识到,对这种维系中华民族共同体文化纽带的摧残和破坏,在民族关系问题上产生了多么严重的离心作用!由于"八大"关于社会主要矛盾的判断很快因毛泽东的否定被搁置,而"阶级斗争"被人为地愈演愈烈,直到"文化大革命"达到极为荒谬的程度,一个接一个的阶级斗争的"运动"让人们无暇他顾,而真正事关中华民族发展大计的一个重大问题——社会主义制度下的中国是否需要建构"民族国家"和"国族"、怎样去建构"民族国家"和"国族",却长期无人问津,直到20世纪后期出现世界性的民族主义张扬,苏联、南斯拉夫等社会主义国家解体,我们才认识到,民族问题远非我们想象的那么简单。

人类社会发展进入20世纪以来,两次世界大战和国际共产主义运动的潮起潮落,伴随非殖民化浪潮滚滚而来的民族独立和民族解放运动,在世界舞台上呈现出不少令人眼花缭乱的复杂现象。对于20世纪人类历史的发展现象尽可以做种种见仁见智的探讨,但我们以客观事实为依据不难发现这样一个现象:不论西方和东方,几乎所有国家对其行事准则尽管都进行了这样那样的华丽包装(以美国为首的西方阵营的所谓"自由""民主"和以苏联为首的东方阵营的所谓"无产阶级国际主义"),但撩开这些华丽外衣都不难发现其"国家利益至上"的内核。像中国这样实实在在地践行国际主义义务的例子实在是凤毛麟角,而即便是新中国的抗美援朝这样举世瞩目的国际主义大动作,也并非纯属意识形态要求而全无国家利益的考量。中国当年在自身极度艰难的情况下,"勒紧裤带"节衣缩食大力发扬"国际主义"的举动所产生的结果到底如何?是否达到主客观一致的效果?哪些是取得成功的经验,哪些却是应该记取的教训?至今仍然是一个值得认真总结的问题。

20世纪历史发展的事实表明,几乎所有国家所奉行的"核心原则"都是"国家利益高于一切"。如果说像中国这样有着强烈的"天下主义"历史传统影响的国家最初囿于某些意识形态的影响,对"国家利益高于一切"的"核心原则"认识不是十分明晰的话,后来通过实践在大量的正反两个方面的事实和经验面前，对此也有新的认识。党的十七大通过的《中国共产党章程》在论及发展社会主义先进文化时明确提出："弘扬以爱国主义为核心的民族精神和以改革创新为核心的时代精神。"① 民族精神以"爱国主义"为核心，当然是要求国民将国家利益放在最高位置，这无疑是认可了"国家利益高于一切"这个"核心原则"。

将"国家利益高于一切"作为"核心原则"是"民族国家"的特征，事实表明现代国家在发展进程中不论姓"资"姓"社"，都不能逾越"民族国家"这个历史阶段，真正实现"国际主义"或曰"天下主义"、以"天下为公"为高于一切的"核心原则"的时代，是人类社会发展到将来的事情，绝非现阶段（世界上只有少数几个处于初级阶段的社会主义国家的历史时期）能够奢望的事。为什么这样说呢？这里又涉及一个基本理论的问题。按照马克思、恩格斯的设想："共产主义革命将不仅是一个国家的革命，而将在一切文明国家里，即至少在英国、美国、法国、德国同时发生。"② 当英、美、法、德等主要文明国家的无产阶级取得革命胜利、掌握了国家政权之后，全世界社会主义取代资本主义之势则不可逆转，以"解放全人类"为己任的国际无产阶级奉行的"无产阶级国际主义"——将"全人类的利益高于一切"作为"核心原则"（即"天下为公"），不仅是可以实行而且是顺理成章的事。如果世界历史按照马克思、恩格斯期望的那样发展，东方的未经历"资本主义上升时代"的后发国家，在这种世界已由国际无产阶级所主导的大格局中是可以跨越"民族国家"这个历史阶段的。但是，20世纪历史发展却不是这样，社会主义革命率先在东方少数欠发达国家取得成功。国际资产阶级势力仍然强大，总体实力一直保持着对社会主义国家的优势；国际关系的游戏规则基本上仍然由以美国为首的西方发达国家制定，社会主义国家一直承受着以美国为首的西方世界强大的压力，对社会主义国家的封锁、分化、颠覆阴谋一刻也没停止过。在此种国际大格局下，各社会主义国家不得不首先考虑自己的生存发展问题。而具有不同文化传统的各个社会主义国家又面临各自国家的一些历史和现实的具体问题，很难不以自身利益为归依去思考和处理国际事务，因而基本上也是奉行"国家利益高于一切"的"核心原则"，因此，不能不

---

① 《中国共产党章程》，人民出版社，2007，第12页。
② 《马克思恩格斯选集》第1卷，人民出版社，1972，第221页。

承认当今世界上的社会主义国家同样也是一个"民族国家"。

必须指出的是,历史证明现代国家不论姓"资"姓"社"都必须经历"民族国家"这个发展的必经阶段,都奉行"国家利益高于一切"这个"核心原则"是一回事,但姓"资"和姓"社"的"民族国家"毕竟因社会制度不同,对"国家利益高于一切"的具体处置有相当的差别。即便是同为社会主义制度的国家,也会因历史与文化的传统不同,"对国家利益高于一切"原则的具体处置也有很大的不同。西方资产阶级"民族国家"身上带着他们的形成时期即资本主义发展初级阶段那种唯利是图的血腥、肮脏的烙印,为自身利益不惜背信弃义、损人利己、以邻为壑、强食弱肉,这在他们的殖民扩张与互相争夺中表现得极为充分。而像中国这样的崇尚"天下主义"、有讲求"义利之辨""推己及人"历史传统的社会主义国家,在坚持"国家利益高于一切"的"核心原则"时,同时遵循"取之有道""己所不欲,勿施于人"的原则,坚持"协商"、"互利"、"共赢"、与人为善的原则。当前,我们推行"一带一路"国际大战略,倡导建立"利益共同体""命运共同体",就是由中国的社会主义制度和中华传统文化所决定的,也是我国与西方资产阶级民族国家对"国家利益高于一切"这个"核心原则"处置上的根本性区别。

既然是由多个"文化民族"组成的民族国家,就必然有一个"国族"的整合建构问题,即便在社会主义制度下,多民族也不可能自然而然地变成一个有很强凝聚力的民族共同体——"国族"。在这个问题上我们是有深刻教训的。

新中国成立后,我们在实现国家真正的统一、社会变革和经济发展诸方面取得举世瞩目成就的同时,偏离实事求是的思想原则、不切实际地强调阶级斗争也逐渐滋长并发展成一种思维定式,"阶级斗争一抓就灵",似乎只要紧紧抓住阶级斗争这个"纲"不松手,国家建设、社会发展的种种问题就会"纲举目张"、诸事顺利、一通百通。在社会主义制度下,"阶级"的问题顺当了,"民族"的问题不成问题!这几乎成了上上下下的共识。统一的多民族的社会主义中国是不是一个"民族国家"?需不需要做大量的建构工作?无人提及这个问题;由56个兄弟民族组成的中华民族共同体这个国家层面的"政治民族"或曰"国族",需不需要做进一步的整合建构工作而使其更加成熟、更具有凝聚力?无人有此自觉意识,更何况提出整合建构的战略目标、政策策略、具体步骤和实施办法了。由于对社会发展的重大理论问题的认识上出现如此的缺失，这就不能不对我们的民族工作造成重大的影响，我们在多民族之间如何"求同存异"、不断增强中华民族共同体意识这个重要问题的把握上失误颇多、教训深刻。

新中国成立后，我们党根据马克思主义的民族平等原则和中国的具体国情，制定了一系列正确的民族政策，比如民族识别、民族身份在社会生活中的强调、制定民族区域自治制度到实行种种民族优惠政策等，对于体现多元文化的各个"文化民族"的"存异"措施体现相当具体实在。实行这样的政策措施有其历史的必然性和必要性，但同时也有强化各个民族自身的族属意识的效应。推动各民族对新中国的体制、制度和立国指导思想认同的工作，我们努力地做了，取得不小的成效，也有不少教训，但如何在社会主义制度基础上，强化各民族成员的中华民族共同体意识、促进中华民族日益成长为一个成熟的"政治民族"的"求同"措施，要么虚化——"中华民族"只是在口号中十分响亮；要么就搞"左"的一套，如"大跃进"时期在民族地区普遍开展对所谓"特殊论"的批判，仿照汉族地区搞"一般化""一刀切"，甚至有的地方人为地刮"民族融合"风，等等。这种"左"的"求同"措施被纠正后，"求同"问题又回到被虚化的轨道上，始终未能找到一个正确的途径。待到20世纪后期世界性的民族主义张扬现象出现，在其影响下我国出现了十分复杂的民族现象，我们才逐渐认识到整合建构"国族"的重要性和必要性。

四　整合建构大中华文化是我们面临的历史性战略任务

尽管当今世界知名的人类学家对如何准确地定义"民族"都深感头痛，但对于"民族"的实质是"文化"则具有共识，而这个"文化"系包含物质文化、行为文化、制度文化、精神文化在内的广义的而非狭义的"文化"。安东尼·史密斯指出："当集体认同主要建立在文化成分如种姓、族群、宗教教派和民族等基础之上时，认同感最为强烈。而其他类型的集体认同如阶级、地域等只作为利益集团发挥作用，因而在达到各自的目的之后非常易于消融。文化的共同体则要稳定得多，因为建构文化共同体的文化元素如记忆、价值观、象征、神话和传统等，日趋持久和稳固；这些文化元素就是反复出现的集体连续统和集体的差异。"① 中华民族经历了几千年的形成过程，特别是经历了百年屈辱历史的共同磨难，到了现当代，已经形成了一个作为"政治民族"即"国族"的基本格局，已经具备了作为"国族"的资格。但是我们也应该清醒地认识到，由于中国进入现代化进程的时间远远短于欧美那些老牌的"民族国家"，中华民族要成为与现代化进程要求相适应的"国族"，还需要更加成熟、具有更高的"政治民族"的素质、更强的认同意识和民族凝聚力，作为具有多元文化的"文化民族"的各兄弟民族都要经过漫长的历史时期、通过正确的方式和途径整合建构，才能成为一个成熟的现代"政治民族"——"国族"。这个目标并不是只要在社会主义制度下就会自然而然地实现的。就像西方国家采取种种措施整合建构"国族"一样，像中国这样的社会主义国家也需要由国家来推动"国族"的整合建构工作，只不过方式和途径与资产阶级"民族国家"有本质的不同。长期以来，由于多民族的社会主义国家也是"民族国家"，也必须整合建构"国族"成为我们理论认识的盲区，对国家必须推动"国族"整合建构处于一种"无意识"状态，未能进行认真的研究。在客观上国家也不是没有做过这种整合建构工作，比如在政治体制与制度、经济体制与制度方面都采取了大量的整合建构措施，而这些措施中往往还出现整合过头的"一般化""汉族化""一刀切"的倾向。但是，这些整合建构几乎都是从国家政治治理角度出发进行的制度建设，而且往往采用的是"运动"的形式来推动，均未以"国族"建构为出发点去考虑问题。在传承和弘扬少数民族的多元文化方面，政府确实采取了许多实在的措施，但如何打造中华民族大文化（即大中华文化）、努力克服"把汉文化等同于中华文化"或"把本民族文化自外于中华文化、对中华文化缺乏认同"的错误倾向这个十分重要的问题上，确实缺乏明晰的认识，在国家行为方面存在较大的疏误。

　　加强中华民族的大团结，增强中华民族共同体的凝聚力，解决好物质方面的问题固然重要，但长远和根本的是增强文化认同，建设各民族共有的精神家园。由于文化认同是最深层次的认同，促进中华各民族的文化认同从文化上、教育上、宣传上甚至法律上，都有大量的工作要做，而长期以来我们在这方面是缺乏自觉意识的。比如，我们对于各个少数民族的文化瑰宝，

---

① 〔英〕安东尼·史密斯：《民族主义——理论、意识形态、历史》，叶江译，上海世纪出版集团，2011，第21页。

"习惯于"按其族属来定位，如讲《格萨尔》是藏族伟大的英雄史诗，《江格尔》是蒙古族伟大的英雄史诗，《玛纳斯》是柯尔克孜族伟大的英雄史诗，《十二木卡姆》是维吾尔族的音乐艺术瑰宝等，但就是没有明确地、有意识地把它们按整个中华民族的文化瑰宝来定位、加以宣传、形成全民族共识。同样的，若干少数民族的杰出人物，如忽必烈、松赞干布、赛典赤·瞻思丁等，也没有从中华民族杰出人物的角度来定位和宣传、让全民族形成共识。由于我们长期以来在"国家"理论方面陷入误区[1]，因而对中国古代民族关系历史记忆的建构上出现了若干失误[2]，对培养中华民族共同意识、增强中华民族凝聚力产生了诸多负面影响，而这些不断产生负面效应的错误认识还大量存在于我们的学术著作、教科书、小说、传统戏剧和影视作品中。对于这些错误认识在增强中华民族共同体认同意识的进程中会产生什么样的危害，至今未能形成共识，更遑论花大力气去认真清理了。随手举一例：众所周知的《满江红》是否为岳飞之作学术界存有争议，这点暂且不论。但词中"壮志饥餐胡虏肉，笑谈渴饮匈奴血"一句，居长城外的草原兄弟民族同胞听起来就十分反感。我们在原来强化"阶级斗争"环境氛围中，对中国历史上塞外游牧民族与长城内农业民族的碰撞与冲突，用"阶级分析法""战争的正义与非正义性"得出的结论是否科学？建构的历史记忆是否正确？这样的历史记忆对我们的现实政治会产生什么样的效应？是否符合中华民族的核心利益？对于这样的冲突是去歌颂某一方面的"英雄气概""赫赫武功"好呢，还是以"兄弟阋于墙""和则两利、斗则两伤"角度定位和描述好呢？总之，这些问题该如何认识、如何处置，是值得我们高度重视、认真思考的一个事关全局的战略性问题。

集 56 个兄弟民族文化之精粹，整合建构中华民族的大文化，是需要投入大量的人力、物力和财力，持之以恒，"绵绵用力，久久为功"的一个伟大工程，是我们国家和各族民众都应当倾力投入的一项伟大战略任务。只有认真完成好这项伟大任务，才能使中华民族具有强烈的民族认同感和强大的民族凝聚力，成长为一个成熟的"政治民族"——"国族"，实现伟大民族复兴的"中国梦"。

---

[1] 见陈玉屏《关于"国家"理论的若干思考》，《西南民族大学学报》2014 年第 8 期，《新华文摘》2014 年第 22 期。

[2] 见陈玉屏《新中国建立以来民族关系历史记忆建构的反思》，《西南民族大学学报》2007 年第 6 期，《新华文摘》2007 年第 18 期转载。

中华民族共同体意识的培养路径

崔成男[*]

[摘　要] 培养中华民族共同体意识，对增强民族认同，加强民族团结，促进各民族交往交流交融，构建中华民族共有精神家园，都具有重要意义。本文从经济意识、地域意识、语言意识、文化意识等方面阐述了中华民族共同体意识的培养路径。

[关键词] 中华民族　共同体意识　培养路径

在2014年召开的中央民族工作会议上，习近平总书记提出要"积极培养中华民族共同体意识"，开辟了马克思主义民族理论中国化的新境界。面对我国民族事业发展的新情况，积极培养中华民族共同体意识，对增强民族认同，加强民族团结，促进各民族交往交流交融，构建中华民族共有精神家园，都具有重要意义。马克思主义认为："意识在任何时候都只能是被意识到了的存在，而人们的存在就是他们的现实生活过程。"[①] 中华民族共同体意识的存在基础就是中华民族共同体的现实发展过程。"积极培养中华民族共同体意识"，就是立足于中华民族共同体发展现实，着眼于中华民族伟大复兴目标，致力于提升中华民族同质性，培养中华民族的共同经济意识、共同地域意识、共同语言意识和共同文化意识的过程。

一　发展社会主义市场经济，培养中华民族共同经济意识

列宁认为，一切领域、领地和公国在事实上融合为一个整体，"这种

---

[*] 崔成男（1955~），朝鲜族，吉林省民族干部学校研究员，主要从事民族经济研究。
[①] 《马克思恩格斯文集》（第1卷），人民出版社，2009，第525页。

融合并不是由氏族联系引起的,甚至不是由它的延续和综合引起的,而是由各个区域日益频繁的交换,由直接增长的商品流通,由各个不大的地方集中成一个全俄市场引起的"①。由此可见,把比较闭塞地域内的人们联合为大的社会联合体的民族联系,是以在国民经济中的共同性为基础的商品生产和商品交换的经济联系,不再是以氏族利益为基础的血缘联系;共同经济基础在民族形成发展过程中起着决定性作用。

对中华民族而言,社会主义市场经济是共同经济基础。在公有制为主体、多种所有制经济共同发展的基本经济制度基础上建立起来的社会主义市场经济体制,是各民族具体经济形态的超越,是社会体制、文化体制、政治体制等全部体制系统"赖以旋转的轴心",是中华民族共同地域、共同语言、共同文化等诸多要素系统"赖以旋转的轴心",在中华民族发展过程中起着决定性作用。

社会主义市场经济遵循生产要素的流动性、商品交换的等价性、市场竞争的公平性、市场体系的开放性和宏观调控的稳定性原则,通过市场供求机制、价格机制、竞争机制等市场机制和国家宏观调控机制,实现资源的优化配置和国民经济的持续稳定发展。

大力发展社会主义市场经济,加快推进民族地区市场化改革的深度和广度,构建开放型经济新体制,有利于通过内化吸收市场经济共性准则,培养公平竞争意识、自由平等意识和统一开放意识等共同经济意识;有利于民族地区释放发展潜力、增强内生动力;有利于提升经济依存度、扩大利益共享面。由此可见,发展社会主义市场经济,不仅是培养中华民族共同经济意识的有效路径,也是民族地区提升自我发展能力、缩小区域发展差距、实现各民族共同繁荣发展的治本之策。

二 开展爱国主义教育,培养中华民族共同地域意识

共同地域是民族共同体经济联系借以建立的空间领域,列宁认为,民族应当包括"语言和地域,主要的(经济特征),历史性质"②。民族如果

---

① 《列宁全集》第 2 卷,第 177~178 页。
② 《列宁文集》俄文版第 30 卷,第 3053 页。

没有统一的借以居住的地域，也就无所谓有统一的民族市场，更谈不上建立民族共同体的经济联系，因此，没有共同地域而有相同族称的人们不能列为一个统一的民族，"民族区域的联合"是民族聚合的一个重要条件。由此可见，共同地域是民族形成发展必不可少的基本因素之一。随着我国社会主义市场经济的纵深发展，必然打破狭义地方性的行政、民族、宗教信仰界限，不断扩大"民族区域的联合"和民族聚合的规模，尽管这是漫长的历史过程。

我国各民族共同开发了祖国的锦绣河山、广袤疆域，形成了统一的多民族国家，构筑了中华民族的共同地域。共同地域是中华民族借以生存发展的物质基础，是中华民族共同体交往交流交融借以进行的空间领域，在中华民族发展中起着不可替代的重要作用。

开展爱国主义教育的本质内涵在于将爱国主义的核心价值取向内化为精神生活、外化为世俗生活领域的实际行为，力求在思想情感上产生共鸣、在实践行为上达成共识。从国家形成要素来看，首先，国家是以领土、领海、领空为基础的空间实体。爱国不是虚拟口号，爱国就要维护国家统一，爱护祖国大好河山，捍卫祖国领土完整；爱国就要把各族人民拧成一股绳，共同守卫祖国边疆，把民族地区建成祖国边疆安全的屏障。其次，国家是以共同历史为基础的社会群体。各民族共同创造了悠久的中国历史，在历史演进过程中，造就了各民族分布上交错杂居、文化上兼收并蓄、经济上相互依存、情感上相互亲近的历史共同体，形成了"你中有我、我中有你，谁也离不开谁"的中华民族"多元一体"格局，"多民族大一统，各民族多元一体"是我国的重要优势，团结统一是我国民族关系发展的历史总趋势。爱国就要牢固树立各民族都是中华民族不可分离的一员，各民族自治地方都是中华人民共和国不可分割的一部分的命运共同体理念；就要牢固树立民族团结是各族人民生命线的思想，各民族要手足相亲、守望相助，做到"一方有难、八方支援"，自觉维护民族团结和社会稳定。最后，国家是以文化制度为基础的文化实体。各民族共同创造了灿烂的中华文化，中华文化是中华民族深层精神追求。爱国就要牢固树立国家利益高于一切的理念，增强对中国特色社会主义制度的认同，遵守各项法律法规，推进民族事务治理法治化。通过开展爱国主义教育，积极培养国家统一意识、主权神圣意识、领土完整意识和"一荣俱荣、一损俱损"的命运共同体意识等中华民族共同地域意识。

鉴于民族地区既是资源富集区，又是生态屏障区的"家底"，国家要落实好生态补偿机制，民族地区的各族人民要把爱国情怀付诸生态文明建设中，牢固树立"绿水青山就是金山银山"的生态发展理念，把生态文明建设摆在更加突出的位置，全面推进经济建设、政治建设、文化建设、社会建设、生态文明建设，实现民族地区全面协调可持续发展。

三　普及国家通用语言文字，培养中华民族共同语言意识

共同语言是能与共同经济、共同地域相提并论的最重要的交际工具，是民族聚合的必不可少的条件。列宁认为，"经济流通的需要会迫切地推动各民族学习一种最便于它们进行商业往来的语言"，同时清除阻碍这种语言发展的一切障碍。

对中华民族而言，国家通用语言文字是共同语言，是中华民族发展的必不可少的条件，无论是少数民族还是汉族，都要学习国家通用语言文字。"国际上对官方语言的界定、标准化和教学已经成为'民族国家'建构的首要任务之一。"普通话和规范汉字是国家通用语言文字的构成要素，普通话是以北京语音为标准、以北方方言为基础、以白话文为语法规范的现代汉语；规范汉字是指经过国家公布的简化字和没有简化的传承字。我国地域辽阔，地方方言千差万别，很多汉族学习国家通用语言文字的难度不亚于少数民族。改革开放以来，普及通用语言文字工作成效显著，目前能用通用语言文字进行交流的人口比例已经达到70%，同时任何以传承区域文化名义进行的"保护方言"行动得到了有效制止。

2014年召开的中央民族工作会议，深刻阐明了我国各民族跨区域大流动的历史趋势和各民族交往交流交融的必然趋势。《中国流动人口发展报告2014》显示，截止到2013年末，我国流动人口规模达到2.45亿，相当于每5人中就有1人为流动人口，少数民族流动人口规模为2000多万。从跨省流动人口比例来看，东部占比为90.5%，西部为7.1%，中部为2.4%，东部依然是人口流入集中区域；从省际流动结构来看，北京、上海等特大城市流动人口集聚明显趋强，广东、江苏趋弱；劳动年龄流动人口平均年龄和随迁子女比例呈增加态势，分别增加0.6岁和62.5%。这种现象"从历史上讲，前所未有；从国际上看，举世无双；从发展上看，方

兴未艾"。

处在各民族跨区域大流动的活跃期，做好国家通用语言文字普及工作显得越来越重要。首先，对少数民族流动人口，采取尊重差异，尤其是语言文字差异，包容多样的态度，注重保障各民族合法权益，坚决纠正歧视少数民族群众、伤害少数民族感情的言行，引导少数民族流动人口自觉遵守各项法律法规、更好地融入城市。其次，要加大国家通用语言文字的普及力度，有效推进民族地区双语教育，培养规模宏大的民汉双语兼通人才，支持民族地区主流媒体和新媒体建设，推进广播电影电视民族语译制工程，倾力提升国家通用语言文字的普及率。

普及国家通用语言文字，有利于培养"学习普通话走遍全中国"等中华民族共同语言意识，有利于消解因民族语言差异引发的影响民族团结的现象，有利于促进各民族交往交流交融，实现各民族共同繁荣发展。

四 践行社会主义核心价值观，培养中华民族共同文化意识

习近平总书记在2014年中央民族工作会议上指出，"中华文化是各民族文化之集大成"，强调要增强中华文化认同："文化认同是最深层次的认同，是民族团结之根、民族和睦之魂。"文化认同问题解决了，对伟大祖国、对中华民族、对中国特色社会主义道路的认同才能巩固。这一论断，是民族平等理论在文化上的集中体现，是对中华文化认同在"四个认同"体系中重要地位的科学阐述。

"认同是人们意义与经验的来源"，是社会成员从思想观念到行为实践转变的关键因素。中华文化认同立足于多元文化差异的文化生态，植根于"和而不同"的中华文化沃土，潜移默化地在多元文化场域中形成文化自觉。增强文化认同，首先要精准把握中华文化认同与本民族文化认同并"育"不悖的关系。生物多样性和文化多样性构成人类生存发展的物质基础和精神基础，多样性是一体性的前提，差异性是统一性的条件，只有尊重差异、包容多样，才能形成多元一体格局，把某一民族文化等同于中华文化或把某一民族文化游离于中华文化之外的观点是错误的，必须予以纠正。中华文化的形成发展离不开各民族文化的贡献，"各民族要相互欣赏、相互学习"，强化意识形态建设，大力弘扬主流文化，敢于抵制庸俗文化，

努力实现各民族传统文化的创造性转化和创新性发展。

社会主义核心价值观是对社会主义价值体系的高度凝练，是中华文化的价值内核，是中华文化认同的最大公约数。社会主义核心价值观是由多元价值维度构成的综合观念体系，其践行过程要依托于个体价值、社会价值、共同体价值目标等不同层面，爱国、敬业、诚信、友善是公民个体层面的价值准则，自由、平等、公正、法治是社会群体的价值取向，富强、民主、文明、和谐是中华民族共同体的价值目标。

社会主义核心价值观践行过程是集聚社会正能量、增强中华民族向心力的过程，是培养中华民族共同文化意识的过程。要通过舆论引导、生活实践、文化熏陶，构建长效践行机制，积极培养富强意识、民主意识、文明意识、和谐意识等中华民族共同文化意识，促进社会主义核心价值观与中华民族共同意识良性互动，建设各民族共有精神家园。

论抗战精神蕴涵的中华民族认同

吴秀兰[*]

[摘　要] 抗战精神博大精深，她与各族儿女对中华民族的认同密切相关。抗战精神的基本内涵主要包括国共合作、各种社会力量特别是进步力量的团结精神；厚德载物、爱好和平的人道主义精神；自强不息、浴血奋战的牺牲精神；互助互援、通力合作的国际主义精神。在新时期，抗战精神和中华民族认同具有重要的现实意义。

[关键词] 抗战精神　中华民族　民族认同

引　言

抗日战争是中国继鸦片战争以后第一次取得完全胜利的民族解放和反法西斯战争，为中华民族独立于世界做出了重要贡献，成为中华民族伟大复兴的转折点。抗战的胜利使得台湾回归祖国，清政府与诸列强签订的100多个不平等条约绝大部分被废除，中国成为联合国安理会常任理事国，与美、英、法、苏同样享有否决权，中国的国际地位空前提高。

毛泽东对抗日战争期间的中日两国经济、军事力量进行过科学、客观的比对。他认为："（中国）是一个半殖民地半封建的国家。从鸦片战争，太平天国，戊戌维新，辛亥革命，直至北伐战争，一切为解除半殖民地半封建地位的革命的或改良的运动，都遭到了严重的挫折……我们依然是一个弱国，我们在军力、经济力和政治组织力各方面都显得不如敌人。"[①]

---

[*] 吴秀兰（1969～），汉族，江苏丹阳人，青海民族大学副教授，民革省委调研部副部长，民革民大第一支部主委。研究方向为马克思主义民族理论与政策。

[①] 《毛泽东选集》（第2卷），人民出版社，1952，第416～417页。

"日本的军力、经济力和政治组织力是强的"①，积贫积弱的中国凭借什么战胜经济、军事力量比自己强大数倍的日本帝国主义呢？坚持抗日民族统一战线、"战争的伟力之最深厚的根源，存在于民众之中"② 等因素不可或缺，对整个战争过程和结局起决定性作用的是我国无形的国力——中华民族强大的抗战精神力量和各族儿女对中华民族的深切认同。

当中华民族处在日本帝国主义铁蹄之下濒临亡国灭种之际，1937 年 8 月，中共中央在陕北洛川召开政治局扩大会议，通过了《抗日救国十大纲领》，作为领导全国人民争取抗战胜利的根本方针。1937 年 9 月，蒋介石发表关于国共合作的谈话，承认中国共产党的合法地位，标志着以第二次国共合作为基础的抗日民族统一战线正式形成。抗战所体现的伟大的民族精神是战争留给我们最宝贵的精神财富，这一伟大的民族精神及中华各族儿女对中华民族、国家的认同对我们实现中华民族的伟大复兴和"中国梦"具有重要的意义。

一 抗战精神的基本内涵

学界对抗战精神内涵的概括出现了仁者见仁、智者见智的观点。侵华日军南京大屠杀遇难同胞纪念馆馆长朱成山研究员认为，"抗战精神"可以归纳为"拼搏、奉献、团结、自强"。③ 也有学者将抗战精神归结为四个方面：忠贞报国、勇赴国难的爱国精神；万众一心、共御外侮的团结精神；坚忍顽强、不畏艰险的自强精神；休戚与共、互助合作的国际精神。④ 同时，对抗战精神的概括还有"三大主义"即爱国主义、国际主义和人道主义。"四内容说"的抗战精神主要包括天下兴亡、匹夫有责的爱国精神；万众一心、共御外侮的大局意识；百折不挠、越挫越勇的必胜信念；不畏强暴、血战到底的英雄气概。"思想体系说"认为抗战精神是一个内容十分丰富的思想体系，是以实事求是、民族团结、兵民为本、艰苦奋斗、持久必胜的革命精神为主要内容构成的有机整体，核心是实事求是的思想路线。"六方面内容特点说"认为抗战精神包括坚持国家和民族利益至上、

---

① 《毛泽东选集》（第 2 卷），人民出版社，1952，第 417 页。
② 《毛泽东选集》（第 2 卷），人民出版社，1952，第 418 页。
③ 参见顿时春《弘扬抗战精神凝聚民族力量》，《新疆师范大学学报》2005 年第 4 期。
④ 李吉庆：《抗战精神及其当代价值》，《西南师范大学学报》2005 年第 6 期。

誓死不当亡国奴的民族自尊品格；万众一心、共赴国难的民族团结意识；不畏强暴、敢于同敌人血战到底的民族英雄气概；百折不挠、勇于依靠自己力量战胜侵略者的民族自强信念；开拓创新、善于在危难中开辟发展新路的民族创新精神；坚持正义、自觉为人类和平进步事业贡献力量的民族奉献精神。①

笔者认为，抗战精神的基本内涵包括以下几个方面。

第一，国共合作、各种社会力量特别是进步力量的团结精神。在中华民族发展的历史长河中，每当出现外族入侵时，紧密团结起来、众志成城、一致对外、共御外侮就成为中华民族共同的意愿，这种意愿随着外族入侵破坏力量的不断增大而愈加强烈。在抗日战争中，面对武装到牙齿、凶残的日本法西斯，中华民族的凝聚力再次以最为雄壮的场面展现在世人的面前。早在抗日战争全面爆发之前，由于日本帝国主义对华北的侵略危及整个中华民族的生存，中日民族矛盾上升为主要矛盾，中国的国内政治形势和阶级关系发生了深刻变化。在民族危难、政治风云变化多端之际，中国共产党在1935年8月1日发表《为抗日救国告全体同胞书》（《八一宣言》），指出抗日救国已经成为中华儿女的神圣职责，宣言呼吁全国各党派、各界同胞、各军队摒弃前嫌，停止内战，集中一切国力，为抗日救国的神圣事业而奋斗。1935年12月，中共中央在瓦窑堡召开政治局扩大会议并通过了《关于目前政治形势与党的任务决议》，确定了抗日民族统一战线的策略方针。"西安事变"爆发后，中共中央从中华民族的长远利益出发，提出和平解决"西安事变"的基本方针。② 在社会各种政治因素合力作用下，"西安事变"得以和平解决，为抗日民族统一战线的建立准备了必要的前提条件。"七七事变"后，国内各阶级、各派政治势力纷纷发表政治主张，力倡为保卫祖国而战。1937年7月15日，周恩来将《中国共产党为公布国共合作宣言》交给蒋介石，9月23日，蒋介石表示国共两党合作抗日，以第二次国共合作为主体的全国抗日民族统一战线正式形成。

---

① 详见李连中《抗战精神研究综述》，《滨州学院学报》2007年第4期。
② （一）坚决反对新的内战，主张南京和西安之间在团结抗日的基础上和平解决矛盾；（二）用一切方法联合国民党左派，争取中间派，反对和揭露亲日派发动内战的阴谋，推动南京政府走上抗日道路；（三）给张学良、杨虎城以政治上、军事上的积极援助，使之彻底实现共同抗日主张，并切实做好防御准备，随时迎击亲日派和日军的武装进攻。杨先材：《中国革命史》，中国人民大学出版社，1989，第212页。

第二次国共合作的实现，受到全国人民、各民主党派和爱国民主人士的普遍欢迎，中国国家社会党、中国青年党、中华职业教育社和乡村建设派都拥护国共合作抗日并对抗战投入极大的热情。全国工农商学兵、各族人民、社会各阶级阶层、各群众团体和海外侨胞，不分阶级、不分信仰，但凡有爱国之心的都纷纷投入抗战的洪流中，实现了全民族轰轰烈烈的抗战，表现出强烈的民族凝聚力和向心力。

值得重视的是，我国各少数民族群众为抗战胜利做出了重要贡献。如，从1937年9月到次年9月，新疆各地共捐款折合大洋60万元，用此购得国防飞机10架，命名为"新疆号"参加武汉保卫战。1944年10月，西藏僧俗群众捐赠国币500万元，购买飞机25架，组成了近3个空军大队，支援抗战前线。"九一八事变"后，东北各族人民高举抗日救国大旗，朝鲜族人民先后组织了以本民族为主体的延吉、和龙、汪清、珲春等抗日游击队。在八路军、新四军的帮助下，回族同胞组成了数十支回民支队、回民骑兵团等抗日武装，其中马本斋将军率领的冀中回民支队战功最为卓著。

在巩固抗日民族统一战线过程中，中国共产党和社会各进步力量同反动、倒退势力也进行过激烈的斗争，这些都归功于党的政策的正确性，比如，"在国民党统治区，共产党人应当继续执行广泛的抗日民族统一战线政策。不管什么人，那怕昨天还是反对我们的，只要他今天不反对了，就应该同他合作，为共同的目标而奋斗"①。

第二，厚德载物、爱好和平的人道主义精神。《老子》第八章载："上善若水。水善利万物而不争，处众人之所恶，故几于道。居善地，心善渊，与善仁，言善信，正善治，事善能，动善时。夫唯不争，故无尤。"②《易经》云："地势坤，君子以厚德载物。"在这种传统文化的影响下，中国古代就形成了"贵和谐，尚中道"的精神。在中国历史上，就有所谓"和同之辩"。《国语·郑语》载："和实生物，同则不继。以他平他谓之和，故能丰长而物归之。若以同裨同，尽乃弃矣。"不同事物相配合而达到平衡，就称之"和"，"和"才能产生新事物。孔子在《论语·学而》中主张："礼之用，和为贵。"认为礼仪最大的作用在于和谐，他在《论

---

① 《毛泽东选集》（第3卷），人民出版社，1952，第2037页。
② 《老子·庄子》，云南出版集团公司、云南教育出版社，2010，第17页。

语·子路》中认为：" 君子和而不同，小人同而不和"，君子追求仁义这种本质上的和谐，但表现形式却千差万别；小人追求形式的相同，但背离了仁义这种本质上的和谐。中国古代的"贵和"思想和"尚中"紧密联系在一起。《中庸》曰："喜怒哀乐未发谓之中，发而皆中节谓之和。中也者，天下之大本；和也者，天下之达道。致中和，天地位焉，万物育焉。"达到中和状态，宇宙万物和人类社会便各安其位、各得其所。总的来说，由于中国传统文化的熏陶和影响，在中国人的性格中就包含着"协和万邦"、爱好和平、包容万物的精神。

就战争性质而言，抗日战争是中国人民反法西斯的正义自卫战争。日本帝国主义图谋中国由来已久。《田中奏折》论证了日本以"满蒙"为侵略扩张基地的全球战略，并发动"九一八事变"，从1931年10月到次年2月，日本侵略者占领了近百万平方公里的中国东北全境，3000万同胞惨遭日军蹂躏。1932年，日本又发动"一·二八事变"，淞沪抗战爆发。1937年日本发动"七七事变"，中国开始了由局部抗战到全国性抗战的过渡。之后，忻口会战、淞沪会战、徐州会战、武汉保卫战给日军以沉重的打击。在整个抗日战争期间，沦陷区有26省1500余县市，面积600余万平方公里，中国军民伤亡共3500多万人，损失财产及战争消耗5600余亿美元，所有这些均发生在中国领土之上。中国人民为了捍卫民族的尊严和保家卫国在自己国土之上进行的奋起还击和自卫战争具有正义性，因此，得道多助，具有广泛的社会基础，抗日战争的政治目的是驱逐日本帝国主义，建立自由平等的新中国，争取实现和平。

聂荣臻元帅在抗日战场上救助日本孤儿美穗子，亲自悉心照料，并想方设法把她送到亲人身边。1980年，美穗子携家人专程从日本看望老帅，这个真实的故事感动了日本和中国乃至全世界。1937年9月25日，中共中央相继发表《中共中央告日本海陆空军士兵宣言》和《八路军告日本士兵书》表示，中国士兵绝不虐杀一个日本士兵，只要日本士兵解除武装，马上就给日本士兵以优待……中国人能以这样的仁慈之心对待为日本法西斯卖命的士兵，显得宅心仁厚、厚德载物。

第三，自强不息、浴血奋战的牺牲精神。《周易》云："天行健，君子以自强不息"。"天体运行，健动不止，生生不已，人的活动乃是效法天，故应刚健有为，自强不息。从战国以降，自强不息的思想已经深入人心，为中国社会所普遍接受，且对民众产生强烈的激励作用，特别在民族危难之际，自强不息总能成为激励人们起来进行反侵略反压迫斗争的强大精神力量，无数志士仁人，为此鞠躬尽瘁，不息奋争。"① 文天祥的著名诗句"人生自古谁无死，留取丹心照汗青"，体现了要为民族、国家竭尽全力来追求正义。从一定意义上说，自强不息就是坚持独立的人格。子曰："志士仁人，无求生以害仁，有杀身以成仁。"② 孟子认为生存和道义同样可贵，如果二者不可兼得则"舍生而取义"。他认为："富贵不能淫，贫贱不能移，威武不能屈。此之为大丈夫。"③ 孟子认为的大丈夫必须是居仁、由义、依礼的君子，他不怕威胁，不受利诱，不管身居官职还是普通百姓都能对国家有责任感，对人民有关怀心，对理想有坚持的勇气。这样顶天立地的精神始终成为中华民族奋然前行的精神力量。

在"一·二八"淞沪抗战中，国民党第十九路军和第五军将士英勇抵抗，给日军以重创。在枣宜会战中，国民党第33集团军总司令张自忠将军亲临前线率军作战，身负重伤，仍坚持御敌，不肯撤退，在临难之际，仍高呼杀敌报国，周恩来称赞其为"抗战军人之魂"，号召全军学习其舍生取义的进取精神。④ 抗联第五军妇女团冷云等8名女战士和围困的敌人战至弹尽粮绝，手挽着手跳入乌斯浑河的激流中壮烈牺牲。东北抗日联军第一路军总司令、共产党员杨靖宇强忍饥饿与病痛折磨，只身一人战斗到生命的最后一刻，凶残的敌人剖开他的肠胃，看到的只是草根和棉絮。

在抗战过程中，中国人民始终充满着必胜的信心，不畏强暴，浴血奋战，坚持进行艰苦卓绝的斗争。特别在敌后根据地，面对严酷的困难，积极开展大生产运动，"自己动手，丰衣足食"，"下定决心，不怕牺牲，排除万难，去争取胜利"。这些无不是自强不息精神的充分体现。

第四，互助互援、通力合作的国际主义精神。中国的抗日战争是世界反法西斯战争的重要组成部分，中国人民与世界人民一起并肩战斗，共同抗击着法西斯的侵略。在这一过程中，中国人民与世界人民共同发扬互助互援、通力合作的国际主义精神。"九一八事变"后，全国工人、学生掀起抗日救亡运动，马占山将军受张学良之命任黑龙江军队总指挥，率部在

---

① 张岱年等：《中国文化概论》（修订版），北京师范大学出版社，2004，第297页。
② 《线装经典》编委会：《论语·卫灵公》，云南出版集团公司、云南教育出版社，2010，第137页。
③ 《四书·五经》（珍藏版），华文出版社，2009，第157页。
④ 转引自李吉庆《抗战精神及其当代价值》，《西南师范大学学报》2005年第6期。

嫩江江桥奋起抗战，给日军以重创，全国出现援助马将军的热潮。这些抗日军队不仅得到了全国人民的支持和拥护，而且得到了苏联、朝鲜人民的支持和援助。在 14 年的艰苦历程中，中、朝、苏联人民并肩作战并结下深厚的友谊，为共同抗击法西斯做出了重要贡献。

中国远征军入缅甸对日作战，同缅甸人民、英军、美军一起打击日本侵略军，就是这种国际主义精神的表现。在整个抗日战争中，中国得到了众多国际组织和国际友人的支持和帮助，他们在战备、物资、医药和技术等方面给予了中国极大的帮助。

据统计，日本陆军的主要力量直到战争结束都在中国战场上作战，1937 年侵华日军为 21 个师团，1938 年为 32 个师团，1939 年为 34 个师团，1940 年为 39 个师团，1941 年为 40 个师团。即便太平洋战争爆发，日本在中国战场的兵力仍在 100 万人以上。由于中国战场牵制、打击了日本法西斯的主要兵力，致使日本无法调集陆军主力阻止英美盟军的反攻，也使其不能发动大规模的进攻苏联战争，避免了苏联东西两线作战的危险。

二 抗战精神与中华民族的认同

中国的抗战精神博大精深，至为重要的是当中华民族处在亡国灭种之际，"全中国同胞，政府，与军队，团结起来，筑成民族统一战线的坚固长城，抵抗日寇的侵略"。归根结底，是中国各族人民对中华民族的普遍认同，这种认同包含着中华民族意识和中华民族精神。

民族意识属于特殊的社会意识，是对民族这一客观存在的反映。有学者认为，民族意识主要包括两点："第一，它是人们对自己归属于某个民族共同体的意识。第二，在国家生活中，在与不同民族交往的关系中，人们对本民族生存、发展、权利、荣辱、得失、安危、利害等等的认识、关切和维护。"[①] 笔者认为，民族意识是一个民族从自觉到自在状态的客观认知。一般而言，这种认知是在比较的过程中才能够产生的自我归属感和对自身生存、利害关系的认识。

中华民族以及中华民族意识有一个产生、发展的过程。1922 年，梁启超在《历史上中国民族之研究》中指出，中华民族通常是指汉族，但又超

---

① 熊锡元：《民族心理与民族意识》，云南大学出版社，1994，第 113 页。

越了汉族而上升到国家认同："凡遇一他族而立刻有'我中国人'之观念浮于其脑际者，此人即中华民族一员也。"① 辛亥革命后，孙中山先生在重新阐释三民主义内涵时，把民族主义解释为"国族主义"，想将中国各民族"合一炉而冶之"，锻造以汉族为主体的强大的"中华民族"。在抗日战争时期，中国共产党也开始使用"中华民族"一词作为团结国民一致抗日的口号。毛泽东指出，中国有四亿五千万人口，十分之九以上为汉人。此外还有蒙古人、回人、藏人、维吾尔人等，虽然文化发展的程度不同，但是都已有长久的历史。中国是一个由多民族结合而成的拥有广大人口的国家。中华民族不但以刻苦耐劳著称于世，同时又是酷爱自由、富于革命传统的民族。中华民族的各族人民都反对外来民族的压迫，都要用反抗的手段解除这种压迫。中华民族又是一个有光荣的革命传统和优秀的历史遗产的民族。②

在大革命时期，革命的武汉国民政府在广大民众的强烈要求下，收回了汉口和九江租界，这一胜利极大鼓舞了中国人民的民族士气。"九一八事变"后，随着日本帝国主义灭亡中国的野心逐渐暴露，中华民族的现代意识开始初步形成，主要表现在各地民众掀起的抗日救亡运动。这些运动使得中国民众对本民族的生存的关切和维护上升到一个新的高度，也促成了中华民族的进一步觉醒。③"七七事变"后，"中华民族到了最危险的时候"，国共两党再次携手共同抗日，与全国人民一道共赴国难。抗日战争在某种意义上刺激了中国人的国家认同。中华民族利益的杰出代表者——中国共产党经过抗日战争的洗礼和锤炼成为一个政治上成熟、军事上强大、思想上高度统一的政党，其"全心全意为人民服务"的理想信念赢得了全国人民的拥护。

民族精神是民族意识的最高层面，它特指民族成员在长期的社会实践中创造的反映本民族整体利益和基本价值趋势或目标的价值观念和民族意识。④"在五千多年的发展中，中华民族形成了以爱国主义为核心的团结统

---

① 转引自周传斌《概念与范式——中国民族理论一百年》，民族出版社，2008，第171页。
② 《毛泽东选集》（第2卷），人民出版社，1952，第585~586页。
③ 祁家能、韦沐：《论抗日战争与中华民族意识的现代化》，《合肥工业大学学报》2007年第1期。
④ 冯契：《哲学大辞典》，上海辞书出版社，2001，第1005页。

一、爱好和平、勤劳勇敢、自强不息的伟大民族精神。"① 抗战精神在一定程度上讲体现了中华民族的这一伟大精神。

"认同"最初出现在心理学领域,是自我情感上或信念上与他人或其他对象连接为一体的心理过程。心理学家弗洛伊德对"认同"进行过三个层次的分析,即情感上的接受、理性上的赞同、情感和行为上的付出。20世纪60年代后民族国家认同问题在比较现代化与政治发展的研究领域内逐渐显现出来,学者加强对这一问题的研究最主要的原因可能是遇到民族国家的认同危机。笔者认为,国家认同是建立在一定的疆域范围内对民族国家的整体性认同,它"包含着政治认同、地理认同、心理认同、文化认同等多方面的综合,但又超越了阶级认同、政党认同、地方认同等小范围认同的一种整体性认同。这种认同除了情感上的向心力和凝聚力以外,国家政权和一般公民对它都有效忠的义务"②。在哲学视域,国家认同在一定意义上应当是人的主体性认同,"在全部的造物之中,人所欲愿和他能够支配的一切东西只能被用作手段;唯有人,以及与他一起,每一个理性的创造物,才是目的本身。所以,凭借其自由的自律,他就是道德法则的主体"。③ 人类的特性就是被集体的看待,人们在集体中不可脱离地共同和平相处,但同时却不可避免地处在相互对抗之中,这种对抗的力量比认同、团结的力量要小得多。

抗日战争全面爆发前,中国始终缺乏一个全国范围的政治权威,但中华民族的文化认同根基一直非常深厚,这种认同不仅表现在对国内的国民如此,而且还表现在对海外的华人、华侨都有很强的感召力。在相通的文化基础之上,具有不同政治见解、不同阶层、中华民族的各少数民族都有团结起来的可能性。当国难当头,日本全面发动的侵华战争,为中华民族国家认同建设提供了客观的"契机",社会各方力量共同维护一个政治权威。"西安事变"和平解决,既避免了国民党内部的分裂,也为建立抗日民族统一战线准备了必要的前提。

三 新时期抗战精神、中华民族认同的现实意义

中华民族的利益高于国内任何一个政治力量的利益,这是关系中华民

---

① 中共中央文献编辑委员会:《江泽民文选》(第3卷),人民出版社,2006,第559页。
② 宋黎明:《中华民族认同与全民族抗战》,《华中科技大学学报》2005年第5期。
③ 〔德〕康德:《实践理性批判》,韩水法译,商务印书馆,1999,第95页。

族生死存亡和伟大复兴的根本问题，国内的各种政治力量、各民族必须将中华民族的利益放在至关重要的地位。一般而言，当一个国家的民族意识和国家意识觉醒以后，政治势力在选择自身利益时务必要深虑整体性的国家民族利益。

抗战胜利后，国民党政权赢得了很高的声望，共产党也得到国内外进步力量的广泛认可。从一定意义上说，历史在考验国共两党的同时也为他们提供了同样的机遇。中国共产党顺应抗战初期全国人民强烈反对内战、要求和平、迫切盼望中国走和平民主、团结建国的道路的愿望，坚持一贯主张的废除国民党一党专政，成立民主联合政府，建设民主的新中国。而国民党顽固分子公然撕毁政协决议，置中华民族整体利益于不顾，倒行逆施，积极部署全面内战。历史证明，中国共产党始终维护中华民族的整体利益，赢得了国人的认同，成为中华民族利益的忠实代表者。

在当下，实现祖国的统一是海内外中华儿女的共同心愿，也是中华民族的根本利益之所在。中国共产党顺应历史潮流始终把实现祖国的统一作为自身的历史使命，并为此进行了长期不懈的奋斗。香港、澳门的顺利回归既结束了中国近代史上屈辱的一页，也是中国统一大业的巨大进展和"一国两制"卓有成效的实践。

在"一国两制"的框架中，台湾可以保持原有的社会制度不变，高度自治，台湾同胞的生活方式不变，他们的切身利益将得到充分保障。同时，台湾经济将以祖国大陆为腹地获得广阔的发展空间，两岸同胞可以携起手来广泛行使管理国家的权利，共享伟大祖国在国际上的尊严和荣誉。

厚德载物，爱好和平将永远成为中华民族的追求。历史证明，要维护世界与祖国的和平与安宁就必须建设一支强有力的人民军队。历史告诫我们，和平必须用和平的军事力量进行维护。一般而言，相对和平的国际环境同样需要军事上的力量进行制衡。尽管两个超级大国结束了属于"两极"的对抗，减少了世界大战爆发的危险，但战争的威胁仍然存在，我国周边的不稳定因素也并未消除。在这样的国际局势下，我们必须进一步加强国防力量维护亚洲地区的稳定。习近平总书记在《更好统筹国内国际两个大局，夯实走和平发展道路的基础》中指出，中华民族是爱好和平的民族。消除战争，实现和平，是近代以后中国人最迫切、最深厚的愿望。走和平发展道路是中华民族优秀文化传统的传承和发展，也是中国人民从近代以后的苦难遭遇中得出的必然结论。中国人民对战争带来的苦难有着刻骨铭心的记忆，对和平有着孜孜不倦的追求，十分珍惜和平安定的生活。中国人民怕的就是动荡，求的就是稳定，盼的就是天下太平。①

自强不息，浴血奋战的牺牲精神始终激励着中华儿女实现中国梦。实际上，自鸦片战争以后，帝国主义列强逐步在中国确立了半殖民地半封建社会的统治秩序，在帝国主义压迫下，中国人遭受奴役，生活极端困苦，在政治和精神上受帝国主义的凌辱、歧视和压迫，中国人被视为"东亚病夫"。中华民族的仁人志士为了彻底摆脱帝国主义压迫、实现民族独立进行了艰苦卓绝的斗争，他们追求的就是在帝国主义铁蹄下所要实现的中华民族的梦想。

一百多年来，中国人经受了无数血雨腥风，支撑着我们顽强拼搏的精神力量就是中国梦，正是对中华民族伟大复兴的憧憬、对新中国的希望、对子孙后代过上幸福生活的期待与梦想，构成了志士仁人心中的伟大精神力量。这种伟大的精神力量传承了中国几千年传统文化的优良品格和百折不挠、自强不息的民族精神。

中国梦凝聚了几代中国人的夙愿，体现了中华民族和中国人民的整体利益。实现中华民族的伟大复兴是一项光荣而艰巨的事业，需要一代又一代中国人共同为之努力。在这一过程中，我们必须坚持中国特色社会主义道路，凝聚各族人民的力量和智慧，坚持党的领导、人民当家做主、依法治国的有机统一，巩固和发展最广泛的爱国统一战线，推动我国经济社会的全面发展。

---

① 习近平谈治国理政编写组：《习近平谈治国理政》，外文出版社，2014，第247~248页。

构筑中华民族共有精神家园的四个维度

王换芳[*]

[摘　要] 第四次中央民族工作会议提出，增强中华民族凝聚力与向心力，必须增强文化认同，建设各民族共有精神家园，积极培养中华民族共同体意识。中华民族共有精神家园是整个中华民族共同依托、共同传承、共同发扬的文化精神、价值观念和情感态度的总和，是中华民族生生不息、团结奋进的精神动力。构筑中华民族共有精神家园，需要吸取中华民族优秀传统文化精髓，传承与保护少数民族文化，弘扬特定历史节点的民族精神，还要践行社会主义核心价值观，形成历史基点、多样性基础、典范作用、时代性四个维度的构筑模式。

[关键词] 中华民族　共有精神家园　民族精神　社会主义核心价值观

改革开放以来，我国的经济社会发展取得了长足进步，人民物质生活水平大大提高。但不可否认的是，随着我国改革进入深水区，当前社会正处于急剧的转型期，经济社会的高速发展必然会导致一系列社会问题，其中精神信仰缺失及心理归属问题应当引起人们的重视。为增强中华民族的凝聚力与向心力，第四次中央民族工作会议适时提出，"长远和根本的是增强文化认同，建设各民族共有精神家园，积极培养中华民族共同体意识"[①]。精神家园，意即人们精神生活、心灵归属的无形场所，包括精神支柱、精神动力及信仰信念等。中华民族共有精神家园是"整个中华民族共

---

[*] 王换芳（1980~），内蒙古自治区乌兰察布市人，包头师范学院副教授，中国社会科学院在读博士研究生，研究方向为民族理论、民族工作等。

[①] 《中央民族工作会议暨国务院第六次全国民族团结进步表彰大会在北京举行》，《人民日报》2014年9月30日。

同依托、共同传承、共同发扬的文化精神、价值观念和情感态度的总和，是中华民族生生不息、团结奋进的精神动力"①。本文认为，吸取中华民族优秀传统文化精髓，传承与保护少数民族文化，大力弘扬特定历史节点形成的民族精神，践行社会主义核心价值观，形成四维一体的中华民族共有精神家园构筑模式，才能培养中华民族共同体意识，加强中华民族大团结。

一 历史基点：吸取中华民族优秀传统文化精髓

众所周知，国际上认可的四大文明古国是古埃及、古巴比伦、古印度及中国。如今，四大古代文明除中国之外，其他都在社会发展中陨落了。中国文明长盛不衰，不得不归功于中华民族优秀传统文化，因为她是中华民族五千年文明的结晶和精华，其精神核心具有普遍意义和永恒价值。正如梁启超指出的那样，"我同胞能数千年立国于亚洲大陆，必其所具特质，有宏大高尚完美，厘然异于群族者，吾人所当保存之而勿失坠也"②。中华优秀传统文化以儒家文化为代表，吸收了先秦诸子百家的思想，经历了秦汉"天人宇宙一统"的传承，再到隋唐时期儒释道精神的融合，以及宋明理学的发展，其内容相当丰富，涉及忠孝文化、礼仪文化、人道主义、人文主义、和谐思想、自强精神等，对中华民族思维方式和行为方式产生了深远影响，成为中华儿女普遍认可的最基础的价值取向。

（一）天下为公的大同思想

对于人类社会的终极理想，英国空想社会主义的创始人托马斯·莫尔在其代表作《乌托邦》中描绘了一幅景象，即财产共有、人人平等、按需分配。实际上，天下一家的思想在中华民族传统文化中早已提及。孔子在《礼记·礼运》篇中这样描述，"大道之行也，天下为公，选贤与能，讲信修睦。故人不独亲其亲，子其子，使老有所终，壮有所用，幼有所长，鳏寡孤独废疾者皆有所养"，同时他在《论语》中进一步强调："四海之内，皆兄弟也。"墨子主张兼爱、非攻，认为没有种族与国家之界限，反对国

---

① 韩振峰：《中华民族共有精神家园及其构建途径》，《中州学刊》2009年第4期。
② 郑师渠、史革新主编《近代中国民族精神研究读本》，北京师范大学出版社，2006，第2页。

与国之间相互杀伐。这些主张都对构筑中华民族共有精神家园提供了有益的指导作用,因为中华民族是由"五十六朵花"组成的大家庭,中华民族这个"一体"与五十六个民族的"多元"是大家庭与家庭成员之间的关系,只有倡导"不独亲其亲,子其子"的大爱思想,"四海之内,皆兄弟"的兄弟民族守望相助,才能够培养中华民族共同体意识,成为实现中华民族伟大复兴的新载体。

(二) 优良的道德传统

中华民族是一个具有优良道德传统的民族,无论是《礼记》中的"十义",还是《左传》中的"六顺",抑或《管子》中的"四维",以及《孟子》中的"五伦",无不体现这些优良道德传统。中国民主革命的先行者孙中山先生将道德传统概括为"忠孝、仁爱、信义、和平"八德,他认为,忠不仅要忠于国家,还要忠于民族,"为四万万人去效忠";孝,就是要敬畏祖宗,由家族主义、宗族主义扩充为民族主义;仁爱也就是博爱,通过"实行三民主义,以成救国救民";信义就是坚持正义,讲求信用;他还特别强调和平是"我们民族的精神",应当发扬光大。

"忠"是中国传统道德中的重要组成部分,在中国历史的发展进程中,忠勇贞节的事迹不胜枚举,苏武滞留匈奴十九年持节不屈,诸葛亮《出师表》的沉痛耿直,岳飞、文天祥的忠贞赤胆,史可法勇敢殉节,都表现了中华民族的魂之所在,也就不难理解我国自有秦一代,各民族经历战争和王朝更迭,聚散迁徙,统一始终是历史发展的主线,因为国家统一的理念早已渗透于中华民族的血液之中,成为中华儿女普遍的价值取向。"孝"是中华民族数千年来家庭伦理的首要观念,不论是孔融四岁让梨,还是黄香替父温席,都是孝顺与温情的体现。当前,在城市化进程中,农村、城市都出现了不少的"空巢老人"现象,很多人认为给父母提供物质条件就为"孝",殊不知,"犬马皆能有养,不敬何有别乎"(《礼记·为政》)。因此,要从家庭层面提倡孝文化,只有孝顺父母,爱护家庭成员,才能热爱国家、贡献社会。"信"即诚信,也是中国优良道德传统的重要组成部分。孔子说过:"言忠信,行笃敬。"曾子一日三省其身,其中一条就是"与朋友交而不信乎",可谓诚信的典范。当前,快速城市化引发大量少数民族流动到城市,各民族交往的广度及范围扩大,但受市场经济的影响,出现了不讲诚信的现象,严重影响民族感情及民族关系。因此,在构筑中华民族共有精神家园的今天，中华民族优良道德传统仍然值得我们提倡并发扬光大。

（三）勤劳俭朴、自强不息的民族性格

每个民族都有自己独特的民族性格，提到中华民族，人们不禁就会和勤劳俭朴、自强不息等词语联系起来。几千年来，中华民族饱尝磨难、历经艰辛而经久不衰、生生不息，与勤劳俭朴、自强不息的民族性格有着紧密的联系。孔子说，"君子食无求饱，居无求安"（《论语》），他的得意门生颜回则"一箪食，一瓢饮，在陋巷，人不堪其忧"也不改其乐（《论语·雍也》）。孟子曰"故天将降大任于斯人也，必先苦其心志，劳其筋骨，饿其体肤……然后知生于忧患，死于安乐也"（《孟子·告子下》）。《周易》中"天行健，君子以自强不息"更是对自强不息民族性格的高度凝练，成为中华儿女奋斗不息的不竭动力。改革开放以来，我国经济社会取得了长足进步，人民生活水平显著提高，但我们应该清醒地认识到，我国正处于并将长期处于社会主义初级阶段，这个最大的国情不应忘记，勤劳俭朴、自强不息的民族性格仍旧应当成为构筑中华民族共有精神家园的应有之义。

二 多样性基础：传承与保护少数民族文化

如果说前文中吸取中华民族优秀传统文化精髓主要是儒家文化、汉文化、中原文化的话，构筑中华民族共有精神家园，还必须传承与保护少数民族文化。中国是一个多民族国家，费孝通先生在20世纪80年代提出中华民族多元一体格局理论，一体即指中华民族这个整体，她是历史上各民族融合的结果，是一个宏观的整体性概念；多元意为中华民族是由包括汉族在内的56个民族组成的复合概念，她是由微观民族组成的民族共同体。从这个角度出发，我们在理解中华民族共有精神家园时，不可忽视其中的限定词"共有"。"共有"即共同拥有的意思，不仅包括各民族组成了中华民族整体，各民族文化融会而成中华文化，还蕴含着"各民族不仅是中华民族共有精神家园的建设者，而且也理应成为中华民族共有精神家园的拥有者"，因此，构筑中华民族共有精神家园必须"尊重少数民族文化，注重吸收和弘扬少数民族文化中的优良传统，引导少数民族群众及其文化在

中华民族共有精神家园建设中发挥积极作用"①，唯此，中华民族共有精神家园才能得到少数民族的认同，可以说，少数民族文化构成了中华民族共有精神家园的多样性基础。

民族是人类社会发展到一定历史阶段的产物，人们总是归属于某个民族，各民族在发展过程中，创造了独特而丰富的民族文化，包括饮食文化、服饰文化、风俗习惯、宗教文化等，成为维系民族成员感情的纽带与桥梁。随着各民族交往、交流的不断深入，民族文化也不断进行碰撞、交融，形成了"各美其美、美美与共"的繁荣景象，这是民族文化上尊重差异、保护多样的结果。在构筑中华民族共有精神家园的过程中，更要传承与保护少数民族文化，因为"一个民族的传统文化是一个民族历史、社会、政治、经济、生活和地理环境的特点在观念形态上的反映，是该民族智慧的结晶，凝聚着该民族的感情、意志和追求，体现着民族精神，对于一个民族的心理素质、民族性格、思想道德、价值观念以及审美意识的形成起着重要的作用"②。因此，面对全球化、现代化的冲击，国家应加强保护少数民族文化的立法工作，使传承与保护少数民族文化制度化、法律化，特别应该抢救与保护那些濒临灭绝的、口耳相传的文化，使得少数民族文化"百花齐放"。同时，要通过大众传媒加大少数民族文化的宣传力度，营造全社会重视保护少数民族文化的氛围，从而不断提高人们的文化保护意识。

三 典范作用：弘扬特定历史节点的民族精神

民族精神是在民族文化基础上形成的主体意识，是蕴含在民族传统文化之中又代表传统文化优秀特质的文化精髓。③ 中华民族像滚雪球一样发展的同时，不断吸取传统文化的精髓，以及各民族文化中的合理内核，形成了以中华文化为基础的昂扬的民族精神，尤其是特定历史节点的民族精神，因其形成于不同的历史时期，具有不同的时代背景，应当大力弘扬

---

① 郝亚明：《少数民族文化与中华民族共有精神家园建设》，《广西民族研究》2009 年第 1 期。
② 洪英华：《试谈民族文化的继承、创新与发展》，《黑龙江民族丛刊》2003 年第 1 期。
③ 高永久、陈纪：《论中华民族共有精神家园的内涵与价值核心》，《科学社会主义》2008 年第 2 期。

之，在构筑中华民族共有精神家园中起到典范作用。

（一）开拓、和谐、繁荣的西口精神

走西口，是中国历史上重要的一次人口大迁移，从清康熙年间一直持续到民国年间，前后历时三四百年。走西口移民主要来自晋、陕、冀、鲁、豫地区，这些地区都是典型的农业地区，而中国农民的典型特征是安土重迁，"老婆孩子热炕头"，迫使走西口先民背井离乡的主要原因在于当地恶劣的自然条件，以及非常突出的人地矛盾，生存的需要使他们走向了茫茫的内蒙古大草原，农耕文明与游牧文明交流、碰撞，激荡出独具特色的西口文化，形成了独特的西口精神。潘照东将西口精神概括为"不畏艰险、生生不息的开拓精神，团结互助、多元交融的和谐精神，勤劳智慧、共创繁荣的精神"[①]。走西口移民运动促进了蒙汉民族交往，奠定了当前内蒙古自治区经济繁荣、民族团结的基础，同时形成了以西口精神引领下的地域价值观，对构筑中华民族共有精神家园无疑具有借鉴作用。

（二）爱国、进步、民主、科学的五四精神

1919年1月，第一次世界大战的战胜国召开巴黎和会，会议不顾中国也是战胜国的事实，拒绝了中国代表提出的废除外国在中国的势力范围、撤退外国在中国的军队和取消"二十一条"等正当要求，将德国在山东的权益转让给日本，面对这种不合理的行径，北洋政府居然准备签字。中国外交的失败激起了青年学生的极大愤慨，他们的游行示威活动得到了工人、文化界的支持，最后演变成为广大人民群众参加的爱国运动，激发了中华儿女的爱国热忱，形成了"爱国、进步、民主、科学"的五四精神，并作为升华了的爱国精神被后人传承。2015年5月4日，习近平总书记在同优秀青年代表座谈时强调，青年最富有朝气、最富有梦想，青年兴则国家兴，青年强则国家强。在构筑中华民族共有精神家园时，要充分发挥广大青年的主动性和积极性，青年代表着祖国的希望与民族的未来，他们是实现中华民族伟大复兴的中坚力量。弘扬五四精神，锤炼青年品质，可以为构筑中华民族共有精神家园提供青春的气息与力量。

---

① 潘照东：《开拓 和谐 繁荣——论西口文化的核心精神》，马永真主编《论草原文化》（第7辑），内蒙古教育出版社，2010。

(三) 富有革命传统的井冈山精神

大革命失败后，国民党反动派残酷杀害中国共产党人和革命群众，全国处于国民党的白色恐怖之下。幼年的中国共产党痛定思痛，认识到推翻国民党反动派的迫切性，以及建立一支自己独立领导的军队的重要性。于是，以毛泽东为首的中国共产党人决定走农村包围城市的道路，绕到敌人力量最薄弱的地区，开辟了井冈山革命根据地，在长期的革命斗争中，将根据地建设、土地革命、武装斗争三者紧密结合起来，形成了"工农武装割据"的思想，孕育形成了以"坚定信念、艰苦奋斗，实事求是、敢闯新路，依靠群众、勇于胜利"为主要内容的伟大的井冈山精神。① 中国共产党是工人阶级的先锋队，带领中国人民推翻了三座大山，建立了新中国，人民群众翻身做了国家的主人。但随着市场经济体制的建立，部分党员特别是领导干部在市场经济的大潮中迷失了自我，他们或官僚主义盛行，或严重脱离群众，腐败问题更成为制约党发展的蛀虫。构筑中华民族共有精神家园，需要继续弘扬井冈山精神，重新恢复与发展党的群众路线，密切联系群众，保持党的先进性与纯洁性，使人民群众在执政党身上看到中华民族伟大复兴的希望。

(四) 拼搏、奉献、团结、自强的抗战精神

1931 年，日本发动"九一八事变"，在我国东北成立伪满洲国。在国民政府的妥协下，1937 年，日军又悍然发动了"卢沟桥事变"，抗日战争全面爆发。日军杀人放火、劫掠妇女，南京大屠杀使我 30 万同胞成为冤魂，细菌战使他们丧尽天良。在亡国灭种的危急关头，"中华民族到了最危险的时候"，中华儿女在全国掀起了抗日救亡运动，国共两党冰释前嫌，建立了抗日统一战线；广大学生进行游行示威，"一二·九"运动掀起了抗日救亡的新高潮；社会各界积极抗日，不惜牺牲自己的生命。艰苦的八年抗战，给中国人民带来了巨大的生命及财产损失，但中华民族的凝聚力得到空前加强，国家观念也大大增强，更重要的是形成了伟大的抗战精神，那就是不畏强暴的拼搏精神、舍身救国的奉献精神、统一抗战的团结

---

① 中国井冈山干部学院教材编审委员会编《弘扬井冈山精神　坚定理想信念》，党建读物出版社，2010，第 20 页。

精神、坚持到底的自强精神。2015 年是纪念抗日战争胜利 70 周年的特殊之年，全社会应加大勿忘国耻、弘扬抗战精神的宣传，全国人民通过回忆那段悲伤的历史，可以激起我们宏大的爱国热忱，知耻而后勇，做好自己的本职工作，为中华民族伟大复兴、构筑中华民族共有精神家园添上浓重的一笔。

四 时代性：践行社会主义核心价值观

时代性是构筑中华民族共有精神家园的本质要求，既源于经济全球化和政治一体化的国际环境，也是由实现中华民族伟大复兴的中国梦所决定的。当前，我国面临的国际形势依然严峻，外部环境仍旧复杂。近年来，我国经济快速发展，经济总量跃居世界第二位，中国的发展受到世界的瞩目。虽然我国始终倡导和平、发展、合作、共赢，并成为维护世界和平的重要力量，但是，一些西方国家不愿看到一个崛起的中国，不断散布"中国威胁论"，或挑唆一些邻国制造领土争端，或煽动达赖集团分裂势力、极端势力进行各种活动，妄图破坏我们稳定的发展环境。对此我们应该保持清醒的头脑，通过构筑中华民族共有精神家园，提高民族凝聚力与国家自信心，掌握价值话语权，才能坚定不移地走中国特色社会主义道路，早日实现中华民族伟大复兴的中国梦。

党的十八届三中全会提出，"倡导富强、民主、文明、和谐，倡导自由、平等、公正、法治，倡导爱国、敬业、诚信、友善，积极培育社会主义核心价值观"，为构筑中华民族共有精神家园提供了精神支柱与行动向导。首先，从国家层面来看，富强、民主、文明、和谐的价值目标，体现了中国在经济、政治、文化、社会、生态方面的发展方向，可以在全社会形成共同理想，成为构筑中华民族共有精神家园的有力支撑。其次，从社会层面来看，自由、平等、公正、法治的价值目标，反映了中华民族的精神追求和价值诉求。我国受多年封建专制统治的影响，自由、平等、公正、法治无论从观念上还是从行动上都受到阻碍，这与我国经济的快速发展是不相适应的。社会主义核心价值观在社会层面的提出，体现了现代国家的基本要求，也体现了现代民主社会的本质诉求。再次，从个人层面来看，爱国、敬业、诚信、友善的价值目标，既是对公民基本道德规范的要求，又是对中国传统文化的高度凝练，是构筑中华民族共有精神家园的基础价值。新时期构筑中华民族共有精神家园，必须集合国家、社会、个人三方面的价值目标，促进国家、社会、个人的全面发展，使共有精神家园成为实现中华民族伟大复兴的精神力量。

结　语

　　人之所以被称作高级动物，就在于人除了追求物质生活之外，还有一些精神层面的需求。按照美国人本主义心理学的创始人马斯洛的需要层次理论，人的需要是一个不断发展的开放性系统。他将人的需要分为生理、安全、社交、自尊和自我实现五个层次。他指出，"人是一种不断需求的动物，一个欲望满足后，另一个迅速出现并取代它的位置。当这个满足了，又会有一个站到突出位置上来，人几乎总在期望着什么，这是贯穿他整个一生的特点"[①]。人的这种不断需求的本性决定了人与动物最大的不同就在于对内心世界、精神层面的不断追求。我国是多民族国家，民族工作不仅需要物质力量，更要发挥精神力量，实现民族大团结需要精神纽带，需要大家庭成员构筑共同的精神家园。构筑中华民族共有精神家园，需要吸取中华民族优秀传统文化精髓，传承与保护少数民族文化，弘扬特定历史节点的民族精神，还要践行社会主义核心价值观，四个维度共同作用，才能成为实现中华民族伟大复兴的精神力量。

---

① 〔美〕A. H. 马斯洛：《动机与人格》，许金声译，华夏出版社，1987，第87页。

全球化背景下的国家认同问题与边疆治理[*]

刘永刚[**]

［摘　要］ 民族国家的边疆社会成员认同结构中存在的民族认同与国家认同的关系问题，因全球化对民族国家的疆域、主权的挑战而日益复杂。边疆非主体民族与国家民族、边疆非主体民族与主体民族、边疆非主体民族间的族际关系直接关涉着边疆地区的国家认同问题。以超民族认同的公民身份建构实现边疆族际政治整合与国家认同建设是时代之所需，以公民身份链接国家民族利益共同体与民族国家政治共同体也是全球化下多民族国家边疆治理的基本方略与实现途径。

［关键词］ 边疆治理　国家认同　族际政治整合　公民身份　全球化

自 20 世纪中期以来，全球化步伐的日益加速对于民族国家的领土、主权等要素均产生深刻影响。"比起以往的时代，全球时代的个人认同出现了更大的危机。"[①] 虽然民族国家依然是当今世界体系唯一的国家法主体，但全球化带来的民族国家传统力量的削弱及本土身份意识的凸显，使得民族国家呈现出特有的时代属性与问题。因多民族国家的建构是多个民族认

---

[*] 国家社科基金项目"边疆多民族地区的国家认同建设研究"（14BZZ026）；中国博士后科学基金第 57 批面上资助项目（2015M570799）；云南省教育厅 2015 年重点项目"边疆治理中的国家认同机制研究"。

[**] 刘永刚（1977～），甘肃兰州人，云南师范大学历史与行政学院副教授，云南大学政治学博士后流动站研究人员，硕士研究生导师，法学博士，主要从事民族政治学、地方政府与治理的研究。

[①] 〔英〕安东尼·吉登斯：《全球时代的民族国家：吉登斯讲演录》，郭忠华编，江苏人民出版社，2010，第 11 页。

同并融为国家民族归之于民族国家的过程,多民族国家的国家认同问题主要表现为非主体民族是否认同国家的问题。非主体民族主要集中居住于国家边疆地区的事实,使得多民族国家的国家认同问题也主要存在并体现于边疆地区。全球化时代多民族国家的边疆地区普遍面临着日益复杂的国家认同问题,以及与之密切相关的族际政治关系与族际政治整合等现实的边疆治理问题。边疆治理既是民族国家治理体系的有机组成部分,更是国家战略在边疆实现的重要保障。

一 边疆民族的认同结构与国家认同问题

伴随着欧洲地方性知识的民族主义成为全球普遍知识的过程,民族国家也由欧洲经验扩张为世界性的国家体系,领土、主权、人口、政府等国家要素莫不以与之相关国家一致同意划定的疆界为前提。"国家边界的普遍化,是全球范围内形成各种社会特殊性的主要因素"[①]。相应的,现代国际关系因民族国家的出现而出现。对特定疆域暴力合法垄断形成民族国家的过程,实则是国内成员相互承认并结成利益、政治共同体的过程。因民族"为其成员提供了至少包括了独特经济生活的延续、共同文化的传承和对政治权力的分享等三个其他群体难以一并提供的利益前景"[②],现代国家形成过程中"民族对国家的征服"[③]使得民族国家政治共同体更是国家民族(即国族)的利益共同体。各构成部分(民族或族群)对国家的政治认同是现代民族国家的生命所在。

民族国家内存在着国家与民族、公民身份与族群身份、国家认同与民族认同三对基本关系。论及民族国家边疆地区成员的身份及其认同特性,必然面临着文化民族(种族或族群)与政治民族(国家民族或国族)关系的考量。现代意义上的"认同"(identity)是基于"认异"基础之上的。边疆民族的认同是一种稳定的心理状态。"认同是人们意义和经验的来源",也即"在文化特质或相关的整套的文化特质的基础上构建意义的过程"[④]。关于认同,西方学者认为有"合法性认同"(legitimizing identity)、

[①] [西]胡安·诺格:《民族主义与领土》,徐鹤林、朱伦译,中央民族大学出版社,2009,第32页。
[②] 王建娥、陈建樾:《族际政治与现代民族国家》,社会科学文献出版社,2004,第357页。
[③] [日]川崎修:《公共性的复权》,斯日译,河北教育出版社,2002,第39页。
[④] [美]曼纽尔·卡斯特:《认同的力量》,夏铸九译,社会科学文献出版社,2003,第2~3页。

"拒斥性的认同"(resistance identity)与"计划性的认同"(project identity)①三种形式。在边疆民族地区社会成员的认同结构中此三种形式均有体现,必然存在着主体与客体的差异。当谈及"认同"时,必然与主体对于客体的"承认"或"否认"密切相关。民族国家成员的"身份"既是相互认同的基础,也是彼此"认异"的象征。有学者将多民族国家内的社会成员的认同序列归纳为由家庭、社区、地区、族群、国家认同序列的层级结构与有身份、语言、宗教、传统、习俗、道德认同序列的文化结构。②但由于人类最重要的组织形态为民族与国家,所以民族国家成员认同结构中最核心的关系就是民族(nation)认同与国家(nation state)认同的关系。只是因早期民族国家"一族一国"的建构模式,使得民族与国家的边界重合而未呈现出民族认同与国家认同的紧张关系。

随着国家领土的扩张、后发国家模仿性民族国家建构、人口的流动、新文化的传入以及国内族类群体的觉悟等使得现代世界几乎不存在单一民族国家。在多个民族共同构建统一的民族国家时,其国民在族群归属上的差异直接呈现为国家的结构性特征。多民族国家内组成国族的各历史文化共同体间的界限非短期能够消失、全球化背景下这种界限与差异甚至还将扩大并长期存在。同时,全球化背景下边疆社会成员的族性认同"在族际人口流迁中被激发或强化起来"③,族性的张扬、移入群体的族体化均赋予了民族国家全新的时代属性。以这种民族(或族群)文化的差异为基础来建立国家统治合法性时,国家民族建设与族际政治整合成为民族国家认同政治的主要内容。当然,由于国家民族构成的复杂性与整合的长期性,使得国族的整体性与凝聚力直接体现为民族国家内各构成民族的民族认同与国家认同的关系问题。相应的,边疆民族融入民族国家成为国家民族一分子的过程,实则是树立对民族国家政治认同的过程。由于王朝国家时代对该区域治理的有限、国家间力量的交错变化以及民族异质文化的长期存在,使得居住于该区域的成员对于国家的认同相对薄弱甚至多变。即便是在民族国家时代因疆界的划定国家对于边疆区域的统治空前强化,但因国

---

① 〔美〕曼纽尔·卡斯特:《认同的力量》,夏铸九译,社会科学文献出版社,2003,第4~7页。
② 任勇:《国家治理视野中的认同序列:基于西南民族地区研究》,《学术论坛》2014年第3期。
③ 王希恩:《全球化中的民族过程》,社会科学文献出版社,2009,第341页。

家民族的整合程度、历史文化与地缘政治等缘故，边疆民族的身份认同依然多元甚至会表现为边疆民族的国家认同问题。同时，边疆民族作为民族国家成员在概念上具有双重性和模糊性，使得其民族认同与国家认同关系复杂且多元。由于其生活在国家的边缘部分且与他国相邻，既受到民族国家内部治理状况的制约，也较易受到邻国的影响。所以，边疆民族成员的认同结构中必然包含着两种身份与两类国家，即民族身份与国民身份、居住国家与其他国家（甚至是民族主义激荡下的虚拟国家）。当然，这种认同结构最终表现为边疆社会成员的民族认同与国家认同的关系问题。

边疆地区的国家认同问题就是该区域社会成员认同结构中民族认同与国家认同的关系问题，就是多民族国家内居于边疆的不同民族群体或族裔群体是否认同国家的问题。其关涉着人类社会的两大基本组织形式——民族（族群）与国家，而凸显的焦点则集中在社会人如何，以及在何种共同体中实现其基本权益。边疆民族的身份认同在民族国家内部存在着历史文化的"民族认同"与政治法律的"国家认同"间的紧张关系，"族属身份"与"公民身份"分别对应着"民族"与"国家"，表现为"民族认同"与"国家认同"关系。二者之间的关系可归纳为四种态势：其一，国家认同强于民族认同，表现为边疆稳定，边疆民族成员在民族国家拥有较强的归属感；其二，民族认同强于国家认同，表现为边疆不稳定，边疆民族对于所居国家归属感较弱且呈现为一定的离心、分离倾向；其三，国家认同与民族认同均较强，表现为边疆民族自认为是国家民族的重要组成部分而边疆稳定；其四，国家认同与民族认同均较弱，表现为极易受到邻国或外部力量的渗透与影响而边疆动荡、防御无效。总之，"国内各民族的民族认同无助于国家认同的形成与提升，而且常常成为国家认同形成和发展的阻碍性因素"[1]。

在民族国家与公民国家双重建构背景下，边疆民族与民族国家的联系并非简单的民族成员的联合，而是通过民族国家实现的国家公民间的联合。边疆民族成员的公民身份是其与国家联系的最为主要的纽带。虽然边疆各族成员的认同属于私人领域，并在法律体系下一定程度上排斥了民族国家的干预，但"认同"（identity）如同"民族"或"国家"概念本身一样，是可以被构建并实现的概念。多民族国家作为多个民族共同政治屋顶

---

[1] 周平：《民族国家的再认识》，《政治学研究》2009 年第 4 期。

的事实，使得民族国家包括边疆民族及其成员在内的所有群体与个人无不在民族国家内实现利益与诉求。理论上由自我界定的认同（identity），常以"个体把群体的规则内化"①的形式表现出来。这种群体在当今世界最为重要的莫过于国家与民族。因国家所能动用的政治力量远强于各民族群体，所以，这种被个体内化的群体规则更多的来自于国家需要甚至要求。正如查尔斯·泰勒所说的，"对于承认的需要，有时候是对承认的要求"②。基于此，美国著名政治学家亨廷顿认为，在多民族国家"人们的种族等身份是由政府认定的"③。

边疆各民族的国家认同是民族国家建立的基础，通过政治与文化的动员来建构共同体意义的过程也即民族国家建立与建设的过程。这一过程体现在民族国家层面则是边疆民族对国家的政治认同与国家为促进认同而展开的认同政治。政治认同是社会成员（包括群体与个人）对于国家的一种相对稳定的心理状态与政治行为；认同政治则是民族国家为实现自身合法、寻求支持而采取的一系列认同建构的政治实践。由于民族国家均质化需要，各民族国家多以构建国家统一的宪政体系以及统一的国民文化为核心展开国家认同建设。因民族认同与国家认同呈现为持续的动态关系并严重制约着边疆秩序，决定了边疆地区国家认同建设的长期性与艰巨性。全球化的到来，对国家主权、领土、疆界构成严重挑战，使得边疆地区的国家认同问题日趋复杂与尖锐。边疆民族的国家认同问题直接关涉着边疆的社会与人民、边疆的开发与建设、边疆的民族与宗教、边疆的社会稳定、边疆的维护与管理、边疆的安全与防御等诸多问题，构成边疆政治研究的核心议题。④

二 国家认同问题下的边疆族际关系与国家政治共同体

现代国家因民族边界与国家边界合一而为民族国家，这种重合"使民

---

① 钱雪梅：《从认同的基本特性看族群认同与国家认同的关系》，《民族研究》2006 年第 6 期。
② 〔加〕查尔斯·泰勒：《承认的政治》，董之林、陈燕谷译，汪晖、陈燕谷主编《文化与公共性》，生活·读书·新知三联书店，1998，第 290~337 页。
③ 〔美〕塞缪尔·亨廷顿：《我们是谁？》，程克雄译，新华出版社，2005，第 22 页。
④ 周平：《论中国的边疆政治及边疆政治研究》，《思想战线》2014 年第 1 期。

族国家具有排斥的外延合法化的意识形态"①。然而,这种排斥的外延合法化正经历着世界的"全球化"与内部成员差异性和自主意识的双重挑战,使得全球化时代民族国家的主权与疆界承受着极大的冲击与压力。边疆民族对于国家的认同,在传统王朝国家与现代民族国家的表现具有较大的差异。传统王朝国家多是基于政治的吸引、军事的威慑、经济的影响与文化的感召;而现代民族国家则由于利益的一体化以国家民族与公民身份直接参与到国家建构的洪流之中。可知,"边疆地区少数民族的国家认同既是建构起来的,也是历史形成的"②。然而,在边疆民族地区社会成员的认同结构中包含着对历史文化民族与政治法律国家的双重内容。同时,边疆多民族地区复杂的族际关系与周边地缘政治的影响,使得边疆民族或族裔对于民族国家的认同与否直接表现为边疆非主体民族与国家民族的关系、边疆非主体民族与主体民族的关系、边疆非主体民族之间的关系。全球化下跨国流动主义、民族分化呈现的族性张扬与移入群体族体化特征使边疆族际关系日趋复杂,国家认同问题也将日益尖锐。这些族际关系的形成与演变多与政治权力结构以及政治权力的使用密切相连,形成多民族国家边疆独有的族际政治关系。

(一) 边疆非主体民族与国家民族的关系

现代民族国家将政治和领土、历史和文化两种结构和原则融为一体。民族国家从一个民族一个国家的建构模式向多个民族共同构建同一国家的过程,既有社会内部的原因,也有外部压力与模仿性效应。多个民族共同建构国家(nation building)是将多个民族或族群整合为统一的国家民族(nation)以建立国家的过程。对于生活在多民族国家边缘地区的边疆民族而言,一方面国家边界的划定因其国家认同程度而受到规定,另一方面国家也多通过政治强力"引导一国内部走向一体化,并使其居民结为同一民族成员"③。边疆非主体民族与国家民族(国族)的关系问题是边疆地区国家认同问题的核心,也是边疆政治研究的重要内容。

民族国家的发展历程早已证明,国族的建设虽是民族国家构建的基础,但绝非历史选择的最终结果,而是一个持续动态的过程。边疆民族是

---

① Stephen Castles, *Ethnicity and Globailzation*, SAGE publications Ltd., 2000, p. 170.
② 周平:《边疆治理视野中的认同问题》,《云南师范大学学报》2009 年第 1 期。
③ 参见关凯《族群政治》,中央民族大学出版社,2007,第 34~35 页。

否认同、融入国家民族并归之于民族国家的问题,貌似因多民族国家的建立而获得了答案。虽然以国族为归属建构民族国家使得边疆各民族的国家认同具有国族认同的内涵、包含着对自己国家政权的认同,但是现实中边疆民族多种认同形式的存在多与对民族国家政治权力的合法性思考相联系也是不争的事实。认同客观上在保证一个人与社会的有效整合时,也使个体获得真实感与忠诚感。边疆非主体民族的国家认同实则是对自己群体与民族国家存在意义上的一致性和共通性的判断。

传统王朝国家向现代民族国家转型的过程,本身就是凝聚、整合国内各族而成为国家民族的过程。这一过程成功解决了两方面的问题:其一,谁是新国家的建设者的问题;其二,新国家中各族的政治权益与地位。由于后发国家模仿性的民族国家构建模式,本就在国家民族整合与建设上先天不足。世界的全球化"既消解了国家权力,又凸显了本土的身份意识,同时还会往边缘挤压(squeeze side)"[①],那些曾经与主体民族一道融入国家民族并居住于边疆的少数民族,在个人认同出现更大危机的全球化背景下因能够更为强烈地反映当地的文化认同,使边疆地区的民族认同与国家认同关系问题不断凸显甚至日益尖锐。由于历史、文化等因素,边疆少数民族以及边疆地区与民族国家的黏合度不高、异质性较强,使得边疆地区的国家认同问题直接表现为边疆非主体民族是否认同民族国家,其实质则根源于对自身群体与国家民族的关系以及因国家民族归之于民族国家所获得的政治权益与地位的考量。

(二) 边疆非主体民族与主体民族的关系

多民族国家的国民在族群归属上的差异直接呈现为国家结构性特征的事实,使得边疆地区的国家认同问题直接表现为国家主体民族与非主体民族的关系问题。民族国家作为人类迄今经历的高级国家形态,其本身就是一种社会整合机制与制度装置。国家政治共同体的价值不仅在于规范成员的行动,更为社会冲突解决方案的提出奠定了基础。在民族国家构建的过程中以国家民族统合边疆各民族并归之于民族国家的过程,实则就是对各组成群体权益与地位的确认过程。然而,全球化带来的民族国家社会结构

---

① 〔英〕安东尼·吉登斯:《全球时代的民族国家:吉登斯讲演录》,郭忠华编,江苏人民出版社,2010,第10页。

的变化以及因之出现的利益关系的解构与重构，曾经在民族国家建构之初形成的民族政治关系与利益分配格局的调整也伴随着主体民族与边疆少数民族关系的调适。如果边疆区域与国家中心区域的社会经济水平存在明显差距并趋于扩大的话，将进一步加剧边疆少数民族与主体民族间的紧张关系，直接表现为边疆非主体民族居住地区与中心主体民族居住地区的关系问题。

虽然多民族国家存在着单一主体民族结构（如中国）、双主体民族结构（如比利时）、多主体民族结构（如俄罗斯），以及无中心民族结构（如坦桑尼亚）等形式，但国家规模较大且存在边疆区域的多民族国家，非主体民族大多集中居住于边疆地区则是基本事实。故而，多民族国家的边疆地区被称为边疆民族地区或边疆多民族地区。同时，如前所述在多个民族融为国家民族构建新型国家时，因各民族的发育程度、族体规模、组织化程度、经济和社会发展水平、民族意识、宗教文化传统、区位特点等，使得一方面并非所有参与执掌国家政权的民族在国家政治生活中的作用都完全一样；另一方面也并不意味着作为国家民族构成部分的非主体民族均能够参与执掌国家政权或者影响国家权力。

为实现多民族国家所需的同质化并有效包容多样的民族差异，民族国家多通过民族自治的方式，以非主体民族自我管理的形式避免其经济文化可能的边缘化窘境。民族自治除了保障多民族国家内部非主体民族的合法权益以获得其对于国家的认同与忠诚外，也使得非主体民族通过民族自治而拥有了一定意义上的国家政治制度。当然，这也在国家制度层面上使边疆非主体民族获得了以民族为单位与主体民族进行合法博弈的制度空间。边疆民族自治地方与国家非自治地方、共同生活于边疆的非主体民族与主体民族的关系，最终均表现为边疆民族地区的国家认同问题。

此外，相对于政治共同体的民族国家与利益共同体的国家民族，边疆少数民族作为历史文化的民族或族群共同体的存在，使得其"在内部进行自我建构和证成的各项要素却给它在外部带来了自我解构和证伪"[1]。全球化下民族的重构与分化，边疆少数民族对国家民族认同与否的思考，也直接表现为对其与主体民族利益格局的判断以及国家分配体系合法性的考

---

[1] 李义天：《共同体：内涵、意义与限度》，李义天主编《共同体与政治团结》，社会科学文献出版社，2011，第23页。

量。民族认同与国家认同的关系折射出"共同体的政治悖论",在边疆地区的最主要表现就是边疆少数民族与主体民族的政治关系。

(三) 边疆非主体民族之间的关系

多民族国家的构建与建设需要对国家资源进行整合及国家权力对之进行权威分配。虽然民族国家内多元民族的发展是中央集权以及国家统治得以在内部扩张的基础,但由于各民族诉求"所指向的多是多民族国家的那些具有拥挤性或排他性的准公共物品,因此不可避免地会引发族际间的龃龉和纷争"[①]。多民族国家对于各民族利益的协调与维护直接关涉到国家政治合法性问题。除前文述及的边疆非主体民族与主体民族间的利益协调与族际关系外,边疆少数民族间的关系也严重制约着边疆民族的国家认同。

在全球化背景下,自我意识的膨胀、社会利益的分化、民族主义浪潮的推动、移入群体的族体化、周边邻国的示范效应等因素,均使得边疆多民族地区本已有限的资源配置日趋紧张,进而影响边疆的族际关系。边疆非主体民族间的政治关系,既依赖于各民族所拥有的政治资源,更受到民族国家政治结构与制度政策的规范和制约。一方面,因边疆各非主体民族政治资源的差异在利益分配、社会结构、权益实现上呈现一定的差异;另一方面,作为多民族国家体现差异包容、构建国家认同制度装置的民族自治,既体现着其制度存在的多民族国家属性,也反映着族际政治对于国家的持续影响力。

世界各国的民族自治存在着"文化自治"与"地区自治"两种形式,在协调"认同冲突"、解决民族国家上下结构的合法建构问题时,国家内部的横向关系(尤其是边疆非主体民族之间)则可能因自治的主体、自治权的归属、自治的范围、自治的参与途径、自治权的保障等问题而呈现为族际紧张关系。全球化深入带来的"自我意识"的膨胀与利益诉求的多元将进一步凸显边疆非主体民族间本已紧张的关系。对于自治的价值、自治的收益等问题的现实考量因民族自治制度造成族际间的分配差异将引发部分边疆非主体民族对民族国家的"认同冲突",民族国家在着手平衡分配时也许会激起之前获益民族的不满而出现"多米诺骨牌"效应,引发边疆非主体民族对于民族国家普遍的"集体忠诚冲突"而呈现为边疆的国家认

[①] 王建娥、陈建樾:《族际政治与现代民族国家》,社会科学文献出版社,2004,第358页。

同问题。

以上三类边疆族际关系中,虽然发生关系的主客体存在差异,但因作为利益协调与整合机制的民族国家上层建筑,使得无论何种关系均直接或间接折射为边疆民族是否认同民族国家共同体的问题。在边疆少数民族认同结构中存在的"身份"与"认同"双重概念。"'身份'只需通过社会关系的规定就能形成,而'认同'则还需要借助个体自身的自我内在化才能确定"①。"认同"所建立的是意义,而"身份"体现的则是角色。在全球化背景下边疆族际关系的紧张以及由之呈现的国家认同问题正是边疆社会成员对于个体以及民族群体所处社会结构位置(身份)的思考。当然,由于多民族国家包容性架构的利益表达机制,非主体民族身份符号从"文化民族"逐成政治利益集团,民族的资源竞争工具属性也是全球化下边疆的国家认同问题突出、族际关系紧张的主要根源。

本尼迪克特·安德森眼中作为"想象共同体"的民族表明,在民族国家建构与建设过程中,"国族""国家认同"的建构性与可调控性使得民族国家对之的形成与发展走向当有所作为。边疆民族被纳入"国族"归之于民族国家的过程就是建立对国族、民族国家认同的过程。民族国家"共同体"除了表象上是生活在一起的一群人外,更强调其是"一个拥有某种共同的价值观、规范和目标的实体",因其成员均将共同体的目标作为自己的目标,使得共同体"是一个整体"。② 内部成员间的彼此忠诚与相互认同是民族国家政治共同体的基本特征。全球化下边疆民族认同结构中民族认同与国家认同长期纠缠的现象表明,民族国家政治共同体的特征在边疆仍不够鲜明,内部成员间的彼此忠诚与认同有待强化,需要通过族际政治整合实现认同整合。这是因为民族或族群共同体的疆界随着政治疆界的流动而流动,"国家对于族群疆界的流动或者确定,起着决定性的作用"③。国家力量对于克服边疆民族的认同危机与对共同体族际利益协调的作用与价值毋庸置疑。

当然,由于依地域组织国家的原则,国家结构也受到地域的影响。处

---

① 〔美〕曼纽尔·卡斯特:《认同的力量》,夏铸九译,社会科学文献出版社,2003,第5页。
② 俞可平:《从权利政治学到公益政治学》,刘军宁主编《自由与社群》,生活·读书·新知三联书店,1998,第75页。
③ 纳日碧力戈:《现代背景下的族群建构》,民族出版社,2000,第38~39页。

于国家边缘部分的事实表明，因边疆少数民族以及边疆地区与民族国家的黏合度不高、异质性较强，民族国家对边疆地区的控制相对薄弱。同时更表明全球化下泛民族主义、跨国流动主义和外部势力对边疆的影响更加直接。全球化时代边疆民族地区的国家认同问题就是民族国家的边疆问题，并直接关涉着民族国家边疆治理体系与治理效能。查尔斯·泰勒认为："我们的认同部分地是由他人的承认构成的；同样地，如果得不到他人的承认，或者只是得到他人扭曲的承认，也会对我们的认同产生显著的影响。"① 在民族国家建设过程中，除了统一国民文化的塑造外，对于边疆民族国家认同最具影响力的莫过于国家政治制度及政策主导的利益协调与整合机制。边疆民族对"认同"所建立意义的判断依据主要也来源于对自身社会结构地位（身份）的确认与考量。"人们对国家的感知以及情感，很大程度上取决于人们所感受的国家各构成要素及其相互关系的合理性和影响力"②。对于边疆民族而言，民族国家赋予其成员的公民身份及其公民权益的维护，也即"政治法律公民"身份与"事实公民"身份的关系，将是其建立"认同"意义、确认身份角色的最直接标尺。

三 以公民身份建构为核心的边疆地区国家认同建设与族际政治整合

作为人类最重要组织形态的国家与民族，在现代阶段以"民族国家政治共同体"与"国家民族利益共同体"的形式参与国际政治。"民族国家"的概念中，包含着现代理性国家与人类共同体的民族两个独立概念，民族国家的成员即具有民族文化因素，也兼具现代公民特征。因其与现代国家密切相连，使得现代国家既是民族的国家，也是公民的国家。从民族国家的制度构成而言，"领土意味着公民身份，公民身份决定了管理机构的性质"③。作为现代性产物的"民族国家"、"公民身份"和"领土"在全球化时代的关系集中体现在国家的边疆地区。边疆民族文化的异质性、

---

① 〔加〕查尔斯·泰勒：《承认的政治》，董之林、陈燕谷译，汪晖、陈燕谷主编《文化与公共性》，生活·读书·新知三联书店，1998，第290~337页。
② 林尚立：《现代国家认同建构的政治逻辑》，《中国社会科学》2013年第5期。
③ 〔英〕安东尼·吉登斯：《全球时代的民族国家：吉登斯讲演录》，郭忠华编，江苏人民出版社，2010，第13页。

利益诉求的多样性、公民权益实现的差异性均使得民族国家不得不面对潜在、可能的边疆国家认同问题。全球化时代多民族国家稳定与否主要根源于边疆民族社会对于民族国家的政治认同与民族国家作用于其的认同政治。通过不加区别地赋予边疆社会成员公民身份,将边疆各民族维持在统一的国家政治共同体中,并以公民身份巩固和强化边疆各民族的政治结合过程所体现的边疆族际政治整合,本身就是民族国家在边疆认同政治的核心内容。

边疆社会成员普遍的公民身份构建,以之保持边疆社会成员认同结构中国家认同较之民族认同的优先态势,既是民族国家建设所需,更是因应全球化对民族国家主权、疆界的挑战。

因为现代国家的民族国家与公民国家的属性,使得国家职能必然表现为对外的排斥、对内的包容。作为一种整合机制与闭合结构的民族国家,其社会成员的公民身份居于国家的政治行政结构的核心地位。公民身份"作为对内包容和对外排斥的标志,不仅仅是一种法律地位,更是个体向特定政治共同体表达成员资格和忠诚的认同"①。这是因为"人们不仅使用政治来促进他们的利益,而且还用它来界定自己的认同"②。这种因政治形成的超民族认同,就是通过国家成员的公民身份认同实现对国家民族共同体与民族国家政治共同体的认同。这种超民族认同最终体现为以公民文化为主体的国民文化,以及以所有社会成员共同利益为保障的平等公民身份。由于"民主的公民身份不需要根植于一个民族的民族认同之中"③,所以在民族国家不加区别地赋予国内各民族成员普遍的公民身份与公民权并不影响其成员对民族及文化的认同。边疆民族成员"政治法律公民身份"的赋予和"事实公民身份"权益的实现,一方面,可以使国家认同较之于民族认同保持较高的水平与认同序列上的优先地位,利于边疆地区的国家认同建设;另一方面,普遍的不加区别的公民身份利于国家均质化的追求,可化解因全球化出现的族性张扬、本土意识、移民族体化带来的族际关系的紧张,

---

① Chantal Mouffle, "Democratic Citizenship and Political Identity", *The Identity in Question* 61 (1992): 28-32.
② 〔美〕塞缪尔·亨廷顿:《文明的冲突与社会秩序的重建》,周琪等译,新华出版社,2002,第6页。
③ 〔德〕哈贝马斯:《在事实与规范之间:关于法律和民主法治国的商谈理论》,童世骏译,生活·读书·新知三联书店,2003,第664页。

便于族际政治整合的实现。所以说，公民国家内的多样性与差异包容是现代民族国家实现边疆民族成员公民身份建构与认同政治的逻辑起点。

人类社会的现代化之路，不仅是由传统农业社会走向工业社会的过程，也是从分散、以族群（ethnic group）为基础的地方社会走向以民族（nation）为基础的统一现代国家的过程。将分散的地方性族群统一于主权整体的国族化的过程，就是现代民族国家形成与建设的过程。虽然从理论上讲，"只有当人们认为自己同属于一个国家时，国家才会存在"①。但对于边疆民族而言，民族国家建构的中心边缘模式以及国家边界的变动，使得其所在的民族国家并非因其认同才出现。边疆社会重要存在的跨界民族则是由民族国家的政治分隔力而产生的。由于民族国家政治认同的多元渠道以及政治认同的可建构属性，民族国家多通过制度、政策对之进行有效调控，以保持国家认同优于民族认同的认同结构。所以，边疆民族对国家的政治认同当是民族国家认同政治的结果。通过国家制度设计与政治架构赋予边疆居民国家公民身份本身就是多民族国家认同政治中最重要的构成环节。

基于民主政治的价值，边疆民族的国家认同结构存在着文化性与政治性的不同内容，使得国家认同表现为（文化）归属性的和（政治）赞同性的。由于边疆民族的国家认同既是对国家基本制度、政治体制的权威性的政治性认同，也是边疆社会成员理性选择的一种建构性的社会认同。随着全球化的挑战，以及文化主导的归属性认同的长期性和操作的不易把握，国家通过政治制度与公共政策来强化跨界民族成员的政治法律公民身份的赞同性认同，是当前各民族国家重塑和强化边疆民族国家认同的着力点。当然，从现实国家治理的需要看，国族的建设与发展并非单纯生硬地用国家力量来推动民族的融合，而是"要为业已存在并日渐深入的各民族之间的融合破除障碍并创造条件"②。从国家政策效果来看，普惠制的区域主义取向的治理模式较之族际主义取向的治理模式更加有利于边疆民族国家认同的建设与族际政治整合的实现。

全球化时代，民主政治理想的蔓延促成的公民国家取向，使得民族国家在解决国内族际关系时，必须选择民主平等的价值与实施差异包容的政

---

① 〔美〕塞缪尔·亨廷顿：《我们是谁？》，程克雄译，新华出版社，2005，第80页。
② 周平：《国家建设与国族建设》，《社会科学研究》2010年第2期，第6~7页。

策。边疆民族成员公民身份的建构与公民权益的保障,其价值在于化解可能的族群(或区域)民族主义带来的社会内部和社会之间的矛盾与冲突。由于公民权的赋予使得边疆民族成员既与其他国家成员获得一种有效的政治联系,又使之超越了种族与地域,从而"把政治认同从亲族关系转向政治地域关系"①。通过国家力量将多民族社会"原子化""平等化",进而达到民群认同经由国族认同而实现对国家政治的承认。

由于"民族国家的制度架构与公民权利之间存在着一种内在逻辑关联"②,公民身份也只能靠构建获得。边疆社会成员国家公民身份的建构,其主体只能是民族国家。当然,公民身份并非单纯的对于国家成员权利与义务的确认,也体现着对统一国民文化的社会化。非主体民族成员多集中居于民族国家边缘性部分的现实,使得其公民身份建构成功与否和民族国家边疆的稳定、边界的清晰直接相关。以建构公民身份将边疆民族成员有机嵌入民族国家政治制度之中,形成民族国家与边疆民族成员间的政治、文化、利益纽带是民族国家族际政治整合的基本途径。当然,在全球化时代,民族的分化、社会参与意识的提高和官僚机构的低效,由现代化催生的普遍期望和满足期望手段的有限,以及"不平等感"使得边疆族际关系紧张且充满压力。边疆的族际冲突与政治整合成为边疆治理实现认同政治的核心命题。

在全球化的时代背景下,人类社会面临着"不同的民族(nation)、部落、宗教和种族(races)如何和睦地生活在同一个城市、同一个国家、甚至同一条街道"③的基本问题。在边疆社会成员建构国家公民身份以实现其国家认同的过程中,其潜台词是通过国家制度设计与政策机制实现民族国家境内所有个体以及人群的基本正义。当然,正义关注的并非社会成员拥有什么,而是社会成员如何被对待。民族国家所追求的均质化或"同质化",通过国家制度与政策机制建立社会结构,"赋予那些公正社会中的公民所不能互相剥夺的权利、生活机会以及各种产品"④,正是公民身份对于

---

① 〔美〕菲利克斯·格罗斯:《公民与国家——民族、部族和族属身份》,王建娥译,新华出版社,2003,第32页。
② 郭忠华:《吉登斯对民族国家的新思考》,《开放时代》2007年第6期。
③ 〔美〕菲利克斯·格罗斯:《公民与国家——民族、部族和族属身份》,王建娥译,新华出版社,2003,第19页。
④ 〔美〕凯文·奥尔森:《伤害+侮辱》,〔美〕凯文·奥尔森编《伤害+侮辱——争论中的再分配、承认和代表权》,高静宇译,上海人民出版社,2009,第307页。

化解族际矛盾、实现国家认同的价值意义体现。虽然公民身份的建构存在打破少数民族独特民族观念的可能性，但是现代民族国家的政治权威须根植于国家成员的真实公民权，多民族国家边疆治理的实现也当建基于边疆民族成员的事实公民身份之上，这既符合全球化的时代特征，也是多民族国家实现边疆治理的最根本途径。以边疆社会成员的事实公民身份将国家民族利益共同体与民族国家政治共同体进行有机联系，实现边疆地区的国家认同建设与族际政治整合，当是全球背景下多民族国家实现边疆治理的根本方略。

结　语

国家认同问题根源于民族国家治理的失效，边疆民族社会的国家认同问题只能通过民族国家内部治理的成功解决之，边疆治理的重心则在于民族国家认同政治中公民身份建构与事实公民权益的保障，国家制度政策则是建构与保障的直接政治手段。边疆治理的价值取向具有两面一体的特征，一方面通过边疆地区的族际政治整合实现国家政治共同体的统一与稳定；另一方面则通过边疆社会成员公民身份的建构增强国家民族利益共同体的凝聚力。在全球化时代，市场力量的全球化对于民族国家权力边界的制约、资本的全球运行对于民族国家经济管理能力的约束、跨国公司对于民族国家政治自主性与政治权力的影响、非法移民活动对民族国家人口与边界控制能力的挑战等，都在不断地侵蚀着民族国家的主权与疆界。与之相应的多民族国家内部"族性张扬"、跨国流动主义、民族的分化与本土意识的兴起，均使得边疆地区社会成员对国家疆域与公民身份产生疑虑，这种疑虑会因为普遍参与的困境以及公民权益的受损而进一步加剧。但是，当今世界是全球化浪潮与不尽合理的世界经济体系凸显的民族国家意识并存的世界。在全球化背景下，对于世界（特别是第三世界）绝大多数民众来说，超越国界及其象征的经济、社会、文化、政治的不平等秩序几乎是不存在的。个体成员或各民族最为现实的保护者依然是其所在的民族国家。全球背景下后民族主义时代的集体认同建构也不再完全依赖民族主义。国家层面上政治共同体的集体认同、社会整合与团结必然以公民国家的宪法爱国主义[1]、共同政治文化[2]为依托。对民族国家边疆社会成员的公民身份构建,通过事实公民身份链接国家民族利益共同体与民族国家政治共同体,既能够有效实现族际政治整合以强化边疆民族对国家的政治认同,也可以防止因过分强调民族认同而对多元社会造成撕裂的后果与对共同体内少数群体平等权利可能造成的危害。

---

[1] Habermas, *New Conservatism: Cultural Criticism and the Historian Debate*, edited and translated by Shierry Weber Nicholsen, Cambridge, Massachusetts: MIT Press, 1989, p. 193.

[2] Habermas, *The Inclusion of the Other*, Cambridge, Massachusetts: MIT Press, 1998, p. 208.

西方学界关于中国共产党中华民族观的研究
——兼评詹姆斯·雷博德的《重构中国民族主义：
从清朝的边疆和民族到中华民族》

李　臻[*]

[摘　要] 中国共产党中华民族观是中华民族研究领域的重要考察对象之一。本文从内涵、属性两方面对民族复合体进行了深刻的剖析，同时从政界和学界的角度阐述了对中华民族的认同及理论的建构。

[关键词] 中华民族　中国共产党　西方学界

中国共产党中华民族观是中华民族研究领域的重要研究对象之一，一般是指中国共产党对于中华民族的概念、特征和结构等的总的认识和根本看法，以及基于这种中华民族观所付诸的政治实践。近年来国内学术界对中共中华民族观的研究成果显著，覆盖了民族学、历史学、政治学、社会学等人文社会科学领域。同样，国外学界在广泛研究中国边疆民族问题的历史与现状的过程中，不可避免地会涉及中共的中华民族观这一课题，相关成果虽然略显单薄，但其独到的视角和精辟的论断是国内学界对拓展中共中华民族观研究的"富矿"，值得我们借鉴参考或者批判反思。

《重构中国民族主义：从清朝的边疆和民族到中华民族》（*Reconfiguring Chinese Nationalism: How the Qing Frontier and Its Indigenes Became Chinese*）是由澳大利亚学者詹姆斯·雷博德（James Patrick Leibold），根据其在美国南加州大学完成的历史学博士论文《建构中华民族：20世纪前期中国的边疆与民族问题研究》（*Constructing the Zhonghua Minzu: The Frontier

---

* 李臻（1988~），辽宁抚顺人，中央民族大学中国民族理论与民族政策研究院博士研究生，研究方向为民族理论与民族政策。

and National Questions in Early 20th Century China）的基础上修改而成。本书主要考察了 20 世纪前半期多民族的清帝国如何重构并转型成为现代的中华民族（the modern Chinese nation），以及在这一过程中，当时中国最主要的两股政治力量（中国国民党和中国共产党）如何处理中国边疆的民族问题。本书的创新之处在于作者重点强调了边疆地区和少数民族在现代中华民族发展历程中的重要意义，同时用一种比较的研究视野梳理和分析了这一时期中国国民党和中国共产党的中华民族观（中华民族理论）的演变与发展。

雷博德借用"现代民族主义建构过程中政治干预和文化创新起着主导作用"这一理论，将该书的理论研究框架分为"政治干预的政党策略"和"文化创新的历史叙事"两大部分（Part I：Strategies of Political Intervention，Part II：Narratives of Cultural Innovation）。第一部分"政治干预的政党策略"中，主要介绍了国共两党处理边疆民族问题的政治策略；第二部分则将视角从政治界转向学术界，分别介绍了国共两党的知识分子对于"中华民族"的认知叙述和理论建构。作者关于中国共产党中华民族观的论述与全书的理论构架相对应，也分成了政党策略和学界叙述两个部分：第三章，"民族理论"的中国化：中国共产党与民族问题（Domesticating Minzu：The Communists and the National Question）；第五章，汉族的责任：中国共产党与中华民族的建构（Han Man's Burden：The Communists and the Construction of Zhonghua Minzu）。应该说，雷博德的《重构中国民族主义：从清朝的边疆和民族到中华民族》是近年来西方学术界对于中国共产党中华民族观的研究成果的集大成之作，具有相当高的学术借鉴和参考价值。

一 民族复合体——内涵与属性的归纳概括

（一）中华民族的内涵

"一种广泛流传的思想观念或思潮发展史真正富有历史感的研究，是应该同这一思想或思潮的概念群，特别是其核心主题词的社会传播与认同的考察结合起来进行认识，才能得以实现的。"因此，对中共中华民族观演变发展历程的全景展现，最重要的是对"中华民族"这一核心主题词的内涵与外延的确定。所以，雷博德在本书的导论中，开篇就阐述了中共对中华民族的概念和内涵的理解和认识。作者指出："对于党和国家（the Chinese party – state）而言，中华民族是指居住、生活在中华人民共和国范围内的，官方所识别的56个民族的政治统一体（political unity），而且还是具有悠久历史和固定疆土的中国范围内历史和现实的众多族裔文化与种族的复合体（the cultural and racial imbrication）。"

（二）中华民族的属性

在雷博德对于中华民族概念的精辟概括的基础上，以及对分散在各个章节关于中共中华民族观论述的梳理，笔者可以归纳出，雷氏认为中华民族具有四个属性的特征，即中华民族是一个政治共同体、民族复合体、命运共同体和有机统一体。

1. 政治共同体（political unity）

"政治因素对复合民族至关重要，建立和保持统一的国家或政府是复合民族产生和存在的必要条件"。因此，作为国家民族的中华民族具有很强的政治属性。在这一点上，中西方学者的观点是比较一致的。在雷博德的中华民族概念中，"政治共同体"（political unity）被放在了第一位，可见其地位和重要程度。另外雷氏认为政治共同体是中共号召中华民族认同的最终目标，他指出："（中共）需要号召一种新的集体认同感（中华民族认同），这种认同感能够将包括边疆少数民族在内的所有中国人整合成为单一的政治共同体（a single body politic）。"

2. 民族复合体（a national collective）

关于中华民族是"民族实体"还是"民族复合体"，国内学界一直有较大的争论，争论的主题在于中华民族是一个还是多个的问题（或者说中华民族是单数名词还是复数名词的问题）。这一学术争论已有近百年的历史，抗战时期顾颉刚与费孝通等关于"中华民族是一个"的讨论更是掀起了争论的高潮，但至今学术界并未达成共识。雷博德在书中并没有回避这一争论，他指出："在日本帝国主义大肆侵略中国的历史背景下，毛泽东和中国共产党人开始逐渐使用'中华民族'。中共认为，中国人民不分阶级属性和民族身份一律统称为中华民族，它是一个民族集合体（a national collective）。"在阐述中华民族的概念中他使用"叠合体"（imbrication）来形容中华民族的众多种族与文化的多元性和复杂性。由此可见，雷博德将中共的中华民族概念定位于复合民族，即中华民族是民族复合体。

3. 命运共同体（The interconnected destiny）

在全书的第三章"'民族理论'的中国化：中国共产党与民族问题"的第五节"中共西北工作委员会与毛泽东的民族政策"（The Northwest Work Committee and Maoist Nationality Policy）中，作者雷博德引证了大量抗日战争时期中共关于民族问题的文献（例如《关于回回民族问题的提纲》《蒙古民族问题》等）来论证中共在抗战时期始终强调中华民族是命运共同体，进而号召各民族（尤其蒙古、回等民族）积极抗战。例如，中共提出："今天回族的命运，也和整个中华民族的命运一样，只有从彻底抗日的斗争中，才能争取一切其他方面的解放。"最后雷氏的结论是："中华各民族是命运的共同体成为当时中共西北工作委员会的民族纲领政策文献的核心主题之一。"

4. 有机统一体（the organic unity）

"有机"（organic）是指事物的各部分互相关联、协调而不可分，就像一个生物体那样有机联系。马克思主义民族理论中导入"有机"一词来表述民族结构的特征，即民族结构具有整体有机性。国内学者金炳镐教授在1992年《关于中华民族的研究》一文中就指出中华民族结构的有机性，他认为："中华民族作为复合民族，也具有自身的构成结构，而且其结构也必然是多层次的、复杂的，又是有机的系统结构。"同样，雷博德也引入了"有机"一词来阐述中共的中华民族观。他在书中提到："为了论证和呈现汉、蒙、满、回、藏等中华各民族的有机统一性（中华民族是有机统一体），中共历史学者范文澜把同一时期各少数民族的历史并入汉族五千年的单线进化发展的历史，书写了一部全新的（各民族）共同的中华民族史。"鉴于中共历史、民族学者的观念，雷氏把费孝通的中华民族多元一体格局译为，The plurality and organic unity of the Zhonghua minzu，这与国内学界一般的译法 The pattern of diversity in unity of the Chinese nation 有所不同，雷氏在 unity 前增加了修饰词 organic，以体现中华民族的有机统一性。

二 想象共同体——政界与学界的理论建构

与西方学界的研究中国民族主义的主流范式一致，作者雷博德的中共中华民族观的基本范式是现代主义的建构论的，正如该书的题目"重构"（reconstructing）中国民族主义。其核心是认为中华民族是近现代建构的产物，中国共产党的政治精英与知识分子在建构的过程中起到了非常重要的作用。通览全书，我们可以发现作者服膺于本尼迪克特·安德森、埃里克·霍布斯鲍姆等现代主义建构论者的思想，"想象的共同体""重新定义""重新建构组合"等建构论的术语为作者频繁使用。雷氏更直言道，中共认为："这样的中华民族是一个全新的时空（历史与地缘）想象共同体（a new spatiotemporal imagined community），它囊括了清帝国所有的民族。"

（一）政界对中华民族认同的打造

与康纳·沃克的经典著作《马克思列宁主义理论与战略中的民族问题》一样，雷博德也着重对马克思主义民族理论中国化的历史进程（1921~1949年）进行了考察，在第三章第四节以"马克思主义中国化与民族问题"（The signification of Marxism and the national question）为题专门对此进行了论述，全景展现了中共形成"符合中国文化、民族与政治统一国情的具有中国特色的民族理论与政策"的历史过程。值得一提的是，雷博德在研究20世纪前期中共主要领导人（李大钊、陈独秀、毛泽东、周恩来等）中华民族观的演变和发展的过程中，非常注重对于国共两党中华民族观的某种连续性和一致性的分析，这一点是国内学界较少涉及的。

例如雷博德认为："（中共）领导人一直致力于打造一种共同的'中国人'的认同感，或者说遵循着孙中山关于'中华民族'的提法，（中共）这种中华民族观在抗日战争时期迅速成型。"

关于中共早期领导人李大钊的中华民族观，雷氏认为："李大钊对于'民族自决'的论述实质是与孙中山相同的，他认为所谓民族自决是指多民族的中华民族作为一个整体相对于外国帝国主义的政治独立，而不是陈独秀和其他共产党人所认为的蒙古等边疆少数民族从中国本部独立解放出去。"

关于毛泽东中华民族观，作者指出："毛泽东和蒋介石都致力于打造一种新的集体认同感，这种认同是对于把所有中国人都包含在内的统一不可分割的中华民族认同，它超越了族裔和阶级的对立和分歧。"另外，雷氏认为："中共开始逐渐使用'中华民族'这一具有很大模糊性的概念，它同时可以指代'中国民族'和'中国各民族'，'中华民族'最初源于孙中山的三民主义中的民族主义理论并得以广泛传播，极大地推进了中国作为统一的多民族国家的想象和民族－国家构建的进程。自1935年11月毛泽东在《中华苏维埃共和国中央政府、中国工农红军革命军事委员会抗日救国宣言》中首次使用'中华民族'之后,'中华民族'成为延安时期中共民族纲领政策论述中不可或缺的组成部分。"

通过对于国共两党中华民族观的比较研究,尤其是分析二者之间的连续性和一致性问题之后,雷博德的结论是:"在中国各民族平等联合的基础上,中华民族作为整体的民族自决成为孙中山民族主义论述和中共民族政策的最终目标。""中共对于边疆少数民族的目标价值取向与孙中山(乃至于蒋介石的民族观)没有本质上的差异。中共同样遵循着孙中山的民族主义的信条,将其民族政策最终的目标定位于寻求将中国各民族平等地整合为团结统一而且独立富强的中华民族。"

(二) 学界对中华民族理论的建构

受西方民族主义理论中现代主义建构论的影响,雷博德认为在中华民族的重构的进程中,社会精英,尤其是知识分子起到了非常重要的作用。因此,在该书第五章"汉族的责任:中国共产党与中华民族的建构"(Han Man's Burden: The Communists and the Construction of Zhonghua Minzu),作者主要探讨了中共的知识分子如何运用历史学、考古学、民族学等理论方法建构中国共产党的中华民族理论。

1. 中共民族问题学者的中华民族观

雷博德在书中认为,毛泽东等中共领导人提出的中华民族理论与马克思主义民族理论存在某种内在的理论冲突,尤其在民族的概念、民族形成与发展等基本理论问题上存在矛盾,而中共民族问题学者(如李维汉、杨松等)一直致力于消除二者之间的张力,从而在理论上论证中共中华民族观的科学合理性。而中共的民族问题学者消除这种理论困境的过程,也是中国特色民族理论形成与发展(马克思主义民族理论中国化)的过程。

例如"中共的学者(李维汉)通过阐释斯大林民族定义的四个标准只适用于资本主义上升时期的民族,进而成功消除了中华民族和中国的各个民族都是民族这一理论上的困境,即认为中华民族是现代民族,而构成中华民族的各民族还处在相对落后和朝向完整民族的进化发展过程之中,'但是他们仍然是民族,不过还不是完整的现代民族'"。此外,雷氏在书中提到:"中共民族问题专家杨松认为,中华民族与全世界其他民族一样遵循着民族形成和发展的历史规律,只是中华民族所处的发展阶段不同之处(较西方国家相对落后），因此，斯大林的民族形成、发展的历史规律同样适用于中国和中华民族，还是根据人类社会发展的共同定律向前进的。"

2. 中共历史学者的中华民族观

当然，雷博德认为："为了建构中华民族理论，仅仅有杨松和李维汉关于中国各民族构成统一现代的中华民族的这些简单的论述是远远不够的。因此，为了使中共现代的理论建构更加具有不可撼动的学理性，中国的历史学者们需要论证中华民族的历史性和包容性。中共的历史学者在重述中国历史的过程中，试图追溯中国民族大一统格局的历史渊源，进而展现未来中华民族团结统一的美好愿景，这一点与国民党种族民族主义学者的手法是相同的。"但是，1943年蒋介石《中国之命运》的公开发表彻底改变了中国政界和思想界的形势，同时中共领导人对《中国之命运》的批判也促使中共历史学者采用新的叙述策略来论证中华民族团结统一的历史渊源。此外，雷氏在书中提到："为了论证和呈现汉、蒙、满、回、藏等中华各民族的有机统一性（中华民族是有机统一体），范文澜把同一时期各少数民族的历史并入汉族五千年的单线进化发展的历史，书写了一部全新的（各民族）共同的中华民族史。"

在第五章的结论中，雷博德同样试图寻找国共两党的知识分子在建构中华民族理论的共同渊源和某种"同质性"，他认为："孙中山根据社会达尔文主义的关于全球民族-国家的生存竞争理论，认为中国作为一个民族的存亡关键在于国内的民族团结统一的实现。尚未开化的边疆少数民族注定是要融入统一的中华民族的，在其中较为发达的汉族是凝聚核心，这一核心将中国种族和文化的多元差异性转换成单一同质性的国族。当然这需要漫长的自然过程，但是国共两党的民族主义的知识分子们不能也不愿耐心地等待这一缓慢过程，他们借用历史学、考古学、民族学等社会科学的理论和方法各自建构并论证了中华民族的历史渊源以及其内部族际间的密切联系，将孙中山的对未来国家团结统一的美好愿景投射到了历史的长河之中，进而试图提前实现孙中山的遗愿。"

三 评价与思考——视角与框架可鉴，范式与结论存疑

雷博德的《重构中国民族主义：从清朝的边疆和民族到中华民族》

是一部西方学界研究中国近现代民族问题的前沿性著作，对很多学科领域的研究具有开拓性的意义，例如在中国近现代历史研究领域，它是西方学界首部全面系统介绍清末民国时期中国从帝制向民族国家转变进程的著作；在民族理论研究领域，该书是西方学界为数不多的系统研究20世纪前期中国共产党民族观（尤其是中华民族观）的著作之一。该书因其史料来源丰富、研究视角独特、结论相对客观，对国内学界拓展民族理论研究（尤其是中国共产党民族理论发展史研究）具有很高的借鉴价值。但是，笔者对该书总体评价是视角与观点可鉴，范式与结论存疑。

（一）视角与框架可鉴

1. 边疆民族的视角

以往研究中华民族认同形成，一般聚焦于中国人反对外国侵略者的民族危机意识的形成，这是一个对外的研究视角，是否还有一个对内的、边疆少数民族的视角，或者说中国广袤的边疆地区和各少数民族对中华民族认同的形成起到了怎样的作用，《重构中国民族主义》一书给出了一个明确的答案，作者雷博德采用边疆的镜头为我们呈现了一幅中华民族认同形成的全新图景。这也同样提醒国内学界的同仁，在研究中华民族、中国民族主义的过程中，不要忽视少数民族、民族地区的重要地位，这既是对各民族平等团结的尊重和承认，也是对少数民族话语权的捍卫和保护。

2. 国共比较的框架

鉴于国共两党的政治分野和意识形态的分歧，大陆学界对于国民党的民族观（民族理论与民族政策）通常是持批判和否定态度的。但是国民党的民族观是否有一些思想（孙中山的民族主义思想、国民党的中华民族观）值得重新审视和借鉴，特别是国共两党的民族观（尤其是中华民族观）在历史渊源、价值目标等有哪些共通之处，这些都是值得探讨的。雷博德的研究框架填补了这方面的空白，为国内学者提供了新的思路。应该说，对于国共两党民族观的比较研究，尤其是对于两党中华民族观的某种连续性和一致性的考察，不仅具有理论意义，而且具有重大的现实意义，对于当今国共两党求同存异，增进两岸同胞的中华民族认同，最终实现两岸和平统一具有积极意义。

(二) 范式与结论存疑

关于中华民族到底是近代主观想象的国族建构，还是历史客观形成的民族实在，抑或是未来主客观共建的复兴愿景，国内外学界一直争论不休，始终没有统一的答案，所以是一个世界性的难题。雷博德的答案是建构论的，即中华民族是中国近代社会精英主观想象建构的产物。显然，这种建构论的范式和观点是值得商榷的。它实际上是强调主观能动性在中华民族形成的过程中起到了最关键性的作用。显然，这与马克思主义唯物史观相违背，中华民族研究应该是唯物史观和马克思主义民族观指导下的整体性研究。正如黄兴涛所言，中华民族观念的形成固然与国人趋利避害的主动选择不无关系，然就其本质而言，它又是受到社会历史条件的根本性制约的。雷博德在书中非常强调边疆民族对中华民族形成的作用，那么试想如果边疆各少数民族与汉族在历史上没有政治、经济、文化上的紧密联系，发展到清末也没有形成初具雏形的中华民族一体性认同，即便是近代政界学界的精英多么苦心建构和搏命呼号"中华民族"，恐怕边疆的少数民族也不会为之所动。因此，用建构论来阐述中华民族的形成与发展，显然是缺乏历史厚重感和学术说服力的。

总之，关于中华民族的研究，不论是主观建构论，还是客观形成论，都必须搁置争议，面向未来，在尊重中华民族历史发展的客观规律的前提下，主客观共建民族复兴愿景，共圆中华民族伟大复兴的中国梦。

第三篇

各民族交往交流交融

各民族交往交流交融的格局思考

——从格局的视角理解中华民族的内在有机性

严 庆[*]

[**摘 要**] 从历史的视角认知各民族交往交流交融,有助于理解各民族的形成与发展,理解各民族之间关系的流变,理解中华民族的形成与发展。从格局的视角认知各民族交往交流交融,则有助于理解各民族之间的依存关系,有助于理解中华民族的内在有机性。各民族之间的交往交流交融是不同民族发展的需要,是各民族之间存续共性的基础,也是各民族汇聚成中华民族的聚合力量。

[**关键词**] 民族关系 中华民族

作为一个命运共同体,中华民族不是一个简单的多民族拼盘,而是一个有机的多民族统一体。中华民族的有机性来源于各民族历史和现实中的交往交流交融。

民族交往以民族接触为条件,是两个或多个民族之间相互作用的过程;民族交流以民族交往为基础,是民族之间物质与人文等多方面的相互呈现与互通,既包括物质层面的交流,也包含文化、思想与精神层面的交流;民族交融以民族不断交流为前提,是各民族在政治、经济、文化、社会等各方面的融会贯通,是一种你中有我、我中有你的状态。从民族交往到民族交流,再到民族交融,是一个不断提升和深化的过程,是一个由异向容、由多到兼的进程。这一进程贯穿于各民族与中华民族形成、发展的不同时段,这一进程也是客观限定、主观选择的结果。

---

* 严庆(1970~),河北乐亭人,法学博士,中央民族大学中国民族理论与民族政策研究院教研室主任,博士生导师,主要研究方向为民族政治、民族理论与民族政策、民族教育。

历史学并非为了累积知识而累积知识，相反，它是一个为了某种特定的目的才进行的有计划研究。从历史的视角研究各民族之间的交往交流交融，有助于理解中华民族形成的必然性，有助于回应诸如此类的问题：欧洲面积跟中国差不多，人口接近，内部人群的差异性、复杂性也相似。为什么中国是一个国家，而欧洲却是几十个国家？

在本文中，笔者所说的格局的视角，指的是多重结构关系的视角，既包括不同时期各民族人口的分布结构，也包括不同的民族在不同的时期形成的政治、经济、文化等结构关系。交往交流交融实质上是一种族际关系，是多重结构中的族际互动，依托部分结构的开放与交叠而进行。结构可以是空间地理结构、区域社会毗邻交接结构、经济关系结构、政治关系结构等。

从历史的角度回眸，各民族交往交流交融是一个过程，也是一个趋势，尽管其间伴有时强时弱的"颤动"；从格局的角度洞察，各民族交往交流交融是一种区位结构，也在多场域发生，存在空间上的不均衡性。格局是横切面，历史是纵向生长，格局与历史呈现了各民族与中华民族之树的生长。本文侧重从以下方面，理解格局视角的各民族交往交流交融，并佐之以历史的视角。

一　空间格局：分隔与交错

从生态学的意义讲，空间格局是指生态或地理要素的空间分布与配置。每个民族先民社会的存在与发展都离不开其生存的环境。从另一个意义上讲，每个民族的文化都是该民族成员与其依赖的生态环境长期对话的结果。每个民族的传统文化都呈现了人与环境互动的印记。

空间地理与生态环境是各民族及其文化的产床。越是在人类社会的早期，空间环境和生态环境对生活在其中的族类群体的影响越大。"广谷大川异制，民生其间者异俗。"① 单一的环境往往孕育单一的文化，复杂的环境则往往是不同文化交织的地域。北方、西方、西南海拔较低的高原地区，地势开阔，适合牧业发展，而牧业又受天气和水、草等生产要素影响，因而形成了社会发展易波动、居民流动性强的特点。热带、亚热带的

---

① 引自《礼记·王制》。

群山、平坝地区，地形复杂、交通不便，却为小规模的群体生存及其独特文化的生成提供了条件。中国独特的区域性环境与不同民族的分布具有直接联系。

相对独立的区域地理生态环境，是不同民族繁衍生活的场域，形成了相对闭合的社会，成为富有特色的"文化空间"①的分隔。有的区域之间，彼此毗邻交错。同时，区域之间的通道、偶有的便利地形，又为不同区域、不同文化的接触和交往提供了条件，便于"远方异俗之乡，则因之而为通"②。连接不同区域的走廊、通道成为相关民族及其先民交往交流交融的"连通器"，而一些开阔的走廊地带，则成为各民族融会的园地。

不同的生存环境、综合资源决定了人们不同的生计方式。在大的闭合生态环境中，中国又分别形成了北部草原区、东北部高山森林区、西南部青藏高原区、云贵高原区、沿海区、中原区六大板块。③ 六大板块是地质地形、生态环境、气候水文等综合条件不同的区域，也是生计方式不同的区域。而在彼此迥异的区域之间存在走廊相连，形成了彼此不同，隔而不断的格局与结构。伴随着人的主观能动性的提升，"一个民族所处的生存环境就是该民族按其特有文化加工改造而成的生存空间体系"④。不同的生存环境、不同的生计方式与不同的知识、认知和价值相对应，形成不同民族文化、区域文化的风格与特色。

整体而言，中华大地相对闭合的空间地理环境促进了各民族流动的内向性。各民族共同的家园东面、东南以大海为碍，北部为寒冷所阻，西部、西南为高原、高山所挡。正是这样相对闭合的环境，为各民族及其先民的交往交流交融提供了共同的舞台，也为各民族大杂居、小聚居、交错居住分布格局的形成创造了条件，而如此的民族分布格局又进一步便利了各民族交往交流交融的拓展与深化。中华民族的先民在与不同的生态环境的对话中，形成、积淀了不同的文化，积聚下不同的财富，各呈异彩，相

---

① "文化空间"也称为"文化场所"（culture place），是联合国教科文组织在保护非物质文化遗产时使用的一个专有名词。笔者在这里用于表明特定的文化符号、文化内容是对特定生态环境的反映。
② 引自《荀子译注》卷十六，正名第二十二。
③ 费孝通先生将中华民族聚居的地区归纳为六大板块和三大走廊的格局，六大板块即北部草原区、东北部高山森林区、西南部青藏高原区、云贵高原区、沿海区和中原区，三大走廊是藏彝走廊、南岭走廊和西北走廊。
④ 罗康隆：《论民族生计方式与生存环境的关系》，《中央民族大学学报》2004年第5期。

互启迪。虽然在闭合性地理空间的边缘上存在一些通道,在不同的时期也发生过文化的输入输出,但中华文化的主体空间基本没有发生改变,从而形成了中华文化的风格与特色。

二 经济格局:依存与互补

经济领域的互补与依存,成为各民族交往交流交融的基础与动力。各民族及其先民所居地域的气候、水文、土壤不同,农牧业产出也不同。这种不同使交换成为必要。"茶马互市""绢马交易""粮林互市""丝绸之路"等成为各民族交往交流交融的依托与载体,不同的文化与不同的物资交互流转。这种物质的流通,编织的是各民族生活的网络,源自生存之需。

400毫米等降水量线,既是一条重要的地理分界线,也是一条重要的气候分界线,还是一条重要的农牧业产品和农牧业文化分界线。这条线大致沿大兴安岭—阴山山脉—贺兰山—巴颜喀拉山—冈底斯山脉一线,将线的两侧分为半湿润和半干旱区、森林植被区与草原植被区、季风区与西北干旱半干旱区、农耕文明区与游牧文明区。在这条线的两侧,各民族交错混居,成为各民族交往交流交融的重要节点,甚至出现了"家西番"① 等文化跨族群体。

1968年,美国经济学者理查德·库帕出版了《相互依赖经济学:大西洋社会的经济政策》一书,对于我们理解国家间的经济依赖具有理论指导意义。在中国漫长的封建社会发展中,农业经济具有自给自足的特征,农业丰产之后容易抵抗自然灾害。牧业经济则会受到旱灾、蝗灾、雪灾等灾害的严峻挑战。这样,每当牧业经济受到自然灾害侵袭,牧业经济的脆弱性就会显现,牧业经济区就会对农业经济区产生依赖。笔者在此称之为脆弱性依赖。

从中国经济类型分布格局来看,牧业经济与农业经济之间的依存性最为强烈。牧业经济区最需要粮食,用于抵御自然灾害;农业经济区最需要

---

① 在青海,人们把生活在青海省湟中、湟源、大通等地从事农业生产,使用汉语,生活习俗受汉族影响较大的藏族群众称为"家西番"。具体见王双成的论文《"家西番"之称谓探源》,发表于《西藏研究》2007年第3期。

马匹[①]，用于交通及军事。中国国力强盛的时期往往是农牧业经济同属一个政权的时期，而出现对抗与割据的时期，往往是农业经济区域与牧业经济区域分属不同政权的时期。

有学者认为中国在两千余年封建时代的战与和、分裂与统一、同化与融合等，几乎都与有无相通的经济联系和经济互补有关。[②] 以明朝时期的茶马互市为例，茶叶甚至被视为"供边军征战之用""系番人归向之心"[③]的战略资源。也正是民族间的经济互通，把各个民族紧密联系起来，由此使政治、军事、文化等诸方面的联系愈加密切。人类及其群体的生存和发展都离不开物质基础和经济生活，因而经济的发展和交流是形成中华民族凝聚力的核心。

三 政治格局：统合与认同

多民族国家的存续是一个实现和保持民族政治整合的过程。民族整合作为多民族国家内部政治关系的格局，一是指族际政治关系之间并存或合作的横向格局，二是指族类群体与国家之间次序清晰、稳定的纵向格局。这种格局被赋予了整体性（主权唯一）、协同性（抑制冲突）和有序性（维系权威）的特征。[④]

辽阔的疆域统治依赖于成熟的政治体制机制，从而形成统一体。"大一统"与"天下观"的政治哲学、三公九卿式的中央集权体制、崇合尚和的政治文化（例如《尚书·尧典》中"协和万邦"的理念）、"因俗而治"的治辖措施等，一起成为加强各民族交往交流交融的政治统合力。国家一统格局的实现往往依托于包容的精神。中心向边缘的中央王权渗透结构、地方政权对中央王权"认庙不认神"的内向忠诚、文化吸附与治理吸纳力等，成为推动不同民族政治精英趋向各民族交往交流交融的重要因子。

国家统一的格局也是实施社会一体化建构的前提。官僚制度、税收制

[①] 茶马贸易始于唐朝，在宋朝形成完善的制度。据史料记载，宋初每年购买马数是5000余匹，到天圣年间（1023~1032年），每年增加至34900匹左右，即使在南宋初期，每年买马指标也在20000匹左右。见《宋会要辑稿·兵》二四之三六。
[②] 详见刘学谦主编《当代中国凝聚力大词典》，红旗出版社，1997。
[③] 杨一清：《杨一清集》卷3《关中奏议》，转引自杨秀萍《明代西番地区私茶兴盛原因探微》，西北师范大学硕士毕业论文，2008，第2页。
[④] 严庆：《民族整合的理念、格局与举措》，《政治学研究》2015年第1期。

度、兵役制度、驻防制度等，一起打造出同一国家内部政治文化与政治建制的共同性。例如，新疆的锡伯族、达斡尔族，黑龙江的柯尔克孜族，湖南的维吾尔族以及元代、清代由于驻防等原因进入中原与南方的蒙古族、满族等，都是因为驻防以及政治统合而形成的民族流转。多个朝代实施的屯边政策也使大量内地人口迁徙边地。

地方性、区域性政权的统治者，参照、遵循中央集权政治思想，是多民族国家政治吸附力强的重要表现。十六国时期少数民族统治者中的石勒（后赵）、慕容父子（前燕）、苻坚（前秦），北魏拓跋族统治者中的什翼犍、孝文帝，辽朝的契丹族统治者，金朝的女真族统治者，建立元朝的蒙古族统治者，建立清朝的满族统治者，都曾借鉴或接受了作为历代主流的儒家政治文化。[①] 历史上一些少数民族统治者及政治精英对这一主流政治文化的借鉴或接受，促进了各民族在政治文化方面的认同，也为统一的多民族国家的建立、延续和发展提供了政治思想保证，而这种基于政治文化认同的政治思想保证对于多民族国家来讲又是至关重要的。

认同中央王权的政治文化，将很多原生的地方性权力纳入整个王朝体系。温春来在其论著中指出：具有自己的政治体制、语言文字、礼仪习俗的贵州西北部地区彝族，经过与中央王朝数百年的接触互动，逐渐从"异域"进入王朝"版图"，并对王朝形成较高的认同。[②] 明代的河州卫指挥同知何锁南普、清代的哈密回王、历经元明清三代的丽江木氏土司等，都以认同中央政权的方式，将自己治辖的区域归并入"王天下"的政治格局中，并伴随朝代与社会制度的更迭，成为现代主权国家的领土。

如果参照"中心—边缘"学说或参照"五服说"[③]，在多民族国家存在政治认同或政治渗透性，从中心向边缘存在递减效应，那么中间过渡带的政治认同就起着重要的承接功能。

---

① 青觉、严庆：《中国民族政策价值取向的政治文化分析》，《广西民族研究》2008年第1期。
② 温春来：《从"异域"到"旧疆"：宋至清贵州西北部地区的制度、开发与认同》，生活·读书·新知三联书店，2008。
③ 《禹贡》记载的五服，是指以王城所在地为中心，从内到外可以划分为三个大圈：内圈是甸服，是王畿之地；中圈包括侯服和绥服，是大小诸侯所在地；外圈在最外边，包括要服和荒服。五服制度的实质是以理想化的图式描绘出一幅中央与地方及四邻相互关系的网络图。

四 文化格局：交流与并蓄

不同的民族及其先民创造了不同的文化，而不同的文化之间又彼此借鉴，兼容并蓄。胡服骑射、千里送鹅毛、徽班进京、"元前无北京"等都映射出各民族文化交融的光辉。近蒙古语声调、借用大量满族词汇的普通话，表明任何一种方言都具有区域内不同民族之间的共性因素；对鲜卑语中"哥哥"等词语的借用，表明不同民族文化因子之间的流转承接；西北多个民族都喜欢唱"花儿"、南方多个民族都崇拜火等表明不同民族文化之间的通融兼具。可以说，各民族之间的文化并蓄现象林林总总。

悠久而多样的中华文化孕育和涵养了灿烂的中华文明，而从未间断过的中华文明又赋予了多民族国家内在的灵魂。合与和便是中华文化与中华文明中的重要范畴。有学者统计：在两千年的中国封建社会中，封建王朝保持统一的时间长达1550多年。"合"的大势与"和"的理念相得益彰，并对不同时代的王侯将相、子民百姓形成重合尚和的规约力量。若干动物的一部分"合在"一起，就成为"龙"；若干鸟的一部分合在一起，就成为"凤"。"龙"与"凤"有了"和"的魂魄，就有了百兽百鸟不具备的"神力"。合、和成为中华文化中真善美的主题之一，时过经年，引领数代。

各民族及其文化构成的格局，就像不同颜色的大小色粉块儿坠入水中，不同的色彩以各个色粉块儿入水处为中心，向周围晕染，由浓到淡，相互交织。各民族文化的个性、共性、形式、本质相互交织、彼此杂糅，形成了多姿多彩、和而不同的中华文化。

五 战争：驱动与整合

与商业的社会途径不同，战争与和亲以高位的政治路径直接或间接推动着各民族交往交流交融。从一定意义上讲，战争也是一种特殊的交往方式。尽管其往往带来屠戮、伤害与俘获，但保障其运转的兵役、税收、情报侦测等制度和手段，也强制性地促进了敌我双方各自区域内的整合（包括族类整合），促进了双方对彼此信息的了解。我们反对战争，但无法阻止与否认曾经发生的战争。先秦时期的民族融会、魏晋南北朝时期的民族融会、辽宋夏金元时期的民族融会,基本上都是由区域战争所推动的。

草原生计方式与农业生计方式之间的依存与争斗,不时引发北方与中原的战争与动荡(当严寒、旱灾、蝗灾侵袭草原文化圈时,草原生计方式以草养牧、以牧养人的生计链条就会断裂,南侵获得粮食便会成为草原民族的选择)。而北方与中原的战争与动荡,或致使北匈奴西走,或致使女真人南下,或致使大批色目人进入中原,更是致使中原汉族五次大规模南迁从而形成客家群体……战争导致的民族迁徙使社会的民族成分不断重组,与重组相伴的是又一轮的民族交往交流交融。

结　语

回顾各民族交往交流交融的历史,可以归结出:合是大势,和为精髓。尤其是当国家政治格局统一而稳固时,各民族之间的包容性就会突显,交往交流交融就会成为主流态势。而当国家政局动荡、政治失序时,新的民族社会结构变化就会发生,主动的或被动的民族交往交流交融也会发生。

从另一角度看,每一个民族的形成都是不同族类先民之间交往交流交融的结果。在各民族形成的历史中,异流融会是一个基本规律。在中华大地的方位,在不同的生态自然环境中,不同民族的先民在不同的时段,历经群落之间的交往交流交融,形成各自较为稳定的共同体,成为世居民族共同体;有的民族则在自然及人为原因的作用下,迁移到中华大地,汇入各民族交往交流交融的洪流。可以断言的是,每个民族在各自的形成和发展过程中,都伴随着与邻近族类群体的互动、融会与游离。

各个民族的形成都是多个族类群体之间交融的结果。1956年,毛泽东在《论十大关系》一文中,指出:汉族人口多,也是长时期内许多民族混血形成的。[①] 历史上的胡人汉化、汉人胡化、匈奴、鲜卑、羯、氐、羌、契丹等族体的消隐,三十多种色目人自中亚的迁入等,都是各民族交往交流交融的范例。

20世纪30年代,顾颉刚先生到西北游历发现,不同民族之间的融会相当普遍,尤其是孔子的后裔也融会其中。他说:"可是我这回走到甘肃,

---

① 参见《论十大关系》,《毛泽东著作选读》下册,人民出版社,1986。

听说永靖县的孔家都做了回回；走到青海，又听说贵德县的孔家都做了番子。难道是他们不肖，胆敢背弃了祖先的礼教？不，他们有适应环境的要求，有信仰自由的权利。他们加入了回文化和藏文化的集团，正表示一个人不该死板地隶属于那一种文化集团，而应当随顺了内心的爱慕和外界的需要去选择一种最适当的文化生活着。而且各种文化也自有其相同的质素，不是绝对抵触的。"[1]

班班多杰教授则完整地将青海省多民族文化涵化的历史脉络与现实状况总结为六个典型个案，包括：宁巴模式，即汉族向藏文化涵化的个案；卓仓模式与家西番模式，即藏族向汉文化涵化的两个典型个案；卡力岗模式，即藏族向回族伊斯兰教文化涵化的个案；河南蒙旗模式与五屯模式，即蒙古族、土族向藏文化涵化的个案。[2]

这样的分化、融会也使同一区域内的不同民族之间始终存在着一些共性，尤其是各民族之间交汇过渡的地带更是彰显出你中有我、我中有你的特点。

不同民族之间的交往交流交融是中华民族形成的内在机理。如果将中华民族视为主权政治意义上的国民集合体，那么这个集合体生成的根系便深深扎在中国各民族及其先民交往交流交融的历史之中。

回溯各民族交往交流交融的历史，我们就会与恩格斯有更多的同感。1870年，恩格斯在《爱尔兰史》中亦指出："我们越是深入地追溯历史，同出一源的各民族之间的差异之点，也就越来越消失。"[3]

---

[1] 刘梦溪、顾潮、顾洪：《中国现代学术经典·顾颉刚卷》，河北教育出版社，1996，第783页。

[2] 详见班班多杰：《和而不同：青海多民族文化和睦相处经验考察》，《中国社会科学》2007年第6期。

[3] 中国社会科学院民族研究所编《马克思恩格斯论民族问题》（上），民族出版社，1987，第470页。

刍议民族间交往交流交融

李晓婉　彭　谦[*]

[摘　要] 2014年召开的中央民族工作会议对中国民族关系发展做出新的阐释，其中重点提出加强民族间交往交流交融。本文在解释民族间交往交流交融内涵的同时，论证民族间交往交流交融事实上是民族间"和而不同，多元互补"的发展现象，交融是各民族尊重差异、包容多样的民族交往过程的体现，需要用动态的眼光来看待民族关系的发展。

[关键词] 民族交融　民族融合　民族文化　民族发展

2014年9月，中央民族工作会议明确提出："加强各民族间交往交流交融，尊重差异，包容多样，创造各族群众共居、共学、共事、共乐的社会条件，让各民族在中华民族大家庭中手足相亲、守望相助。"这一科学论断指出中国现阶段民族关系的主流和发展态势，为进一步做好新形势下的民族工作指明了方向和路径。

一　民族间交往交流交融的内涵

民族是一个客观的且普遍存在的人们共同体，是代代相传具有亲切认同感的群体。在现代化的过程中，民族间交往交流交融，通过发挥各民族自身优势和团结互助精神，逐渐实现共同繁荣的目的，逐渐在多元一体格局中演变出更高级别的发展层次。

民族交往是民族生存、发展过程中的重要组成部分，也是族际整合的

---

[*] 李晓婉，中央民族大学中国民族理论与民族政策研究院2014级博士研究生。彭谦，法学博士，教授，中央民族大学中国民族理论与民族政策研究院博士生导师，主要从事民族理论政策、民族法学、民族问题与民族工作的教学与研究。

重要表现形式。民族交往和族际整合在整个民族发展过程中相互影响。而民族交流是民族交往过程中的表现形式，包括政治、经济、文化、社会等各方面。民族交融是民族交往交流过程的本质，是一种发展状态而非结果，其表现就是民族交流的深入和共性的增多。它所指的民族现象既不包含旧族体的消失，也不包含新族体的产生。

民族间交往交流交融过程是各民族在发展中对本民族逐渐认识，产生文化自觉，并且在发展目的的促使下逐渐加强民族间交往的频率，最终实现民族交融的发展状态。民族间交往交流交融体现了民族关系层次递进的发展态势。事实上，民族交流的前提基础是民族间存在的差异。这是民族发展过程中共生互补的需要，其必然体现的是差异性的减少，共同性和同一性的增多。在此过程中，差异是基础。假如每个民族都具有同样的特性，没有差别，那么民族间也就没有交流的必要了。在交往过程中，各民族能从中获取新的知识、财富，同时民族间的共性也逐渐增多。所以民族交融是"文化宽容，文化多样，文化共享"的体现，它更多的是对文化以及社会发展规律的反映。事实上，各民族所拥有的不断探索新生事物的创造力是通过其创作天性来决定的。有追求，有创造，就会产生差异。从这一方面来看，尊重差异就是尊重存在、尊重人类创造力以及人类文化本身。

此"融"非彼"熔"。在汉语词典中，"融"字有调和、和谐、融合、融洽、其乐融融的含义。组合成词组除了融合、交融之外，还有融通（融合通达）、融洽无间（融合而没有隔阂抵触）等，表现的是一种和谐交往发展的现象。民族交融是民族关系发展中的一个自然状态，意味着不同民族之间各方面的交往、交流增多，更多的是包容"文化多元"的心态和心境。民族交融是对他文化的认可，对中华民族多元一体发展形态的认同。在此基础上相互理解、相互包容、互帮互助、共同发展，是"和而不同"思想的真正体现。而"熔"在汉语词典中的解释是熔化、熔合、熔融，表现的是将不同的物体在特定环境下熔合后形成新事物的过程。民族发展让人更多地联想到"熔炉"一词。它是指在各种民族混杂的都市中，不同民族文化不断地相互影响、同化和融合，形成一种很独特的新的共同文化的社会，主要代表是美国。我们这里讲的民族交融是一种自然发展状态，也是各民族共性增多的过程，同时是对社会规律的一种体现。即社会主义时期是各民族共同团结奋斗、共同繁荣发展的时期，不是民族融合时期，也并非人为促进的像美国一样各民族"交融一体"的时期。

在对"民族间交往交流交融"进行学术讨论的过程中，一些学者只能接受民族之间"交往交流"，而无法认可"民族交融"。这种观点存在三方面的问题。首先，对"民族交融"与"民族同化"和"民族融合"含义的混淆。"民族同化"是指民族在相互交流过程当中，丧失自己原有的民族特点，逐渐成为另外一个民族一部分的社会现象和发展过程。列宁指出，民族同化问题，是"丧失民族特性，变成另一个民族的问题"①。民族同化根据其变化的属性和特点以及变化的过程，可分为强迫同化和自然同化。强迫同化凭借暴力手段和政治特权来实现，在阶级社会是一种普遍现象，是统治阶级实现民族压迫和剥削的惯用伎俩。自然同化是"不同民族之间自由地发生发展的，一个长期的'自愿选择'过程、自然接受过程和自然适应的过程"②。不论是自然发展形势下的民族同化，还是武力发展形势下的强迫同化，所产生的结果都是某一民族的消亡、另一民族的壮大。而民族交融，只是通过这样一种方式使民族间相互了解，它是民族关系的一种运动形式。其内容不包含某个族体的消亡，也不代表新族体的产生。它体现的是民族交往交流的自然发展形势，是民族共性不断增加的过程。其次，没有预见到"各个民族的交往以及交流，是社会今后发展的一种必然的方向，也是中国社会主义民族关系的发展方向"。民族交融是各民族在逐渐发展中相互融合，而非渐行渐远。中国的民族政策坚持从法律上保障各民族间一律平等，反对任何形式的强行推动民族融合的做法。各民族在彼此相互尊重、平等合作基础上交往交流，共生互补，民族间的界限必然会在和谐的交往中逐渐模糊，从而实现相互交融。正如列宁讲到的："无产阶级不能赞同任何巩固民族主义的做法，相反地，它赞同一切帮助消除民族差别、打破民族壁垒的东西，赞同一切促使各民族之间的联系日益紧密和促使各民族溶合的东西。"③ 最后，"民族间的交往交流交融"无论在历史上还是在现实中，都是不可否认的人类发展现象。中华民族的发展就是在几千年的民族交往交流、混居通婚过程中实现的不同程度的民族交融。伴随着社会的不断前进，各民族间相互交流程度不断加深，民族间

---

① 中国社会科学院民族研究所：《列宁论民族问题》（上册），民族出版社，1987，第229页。
② 金炳镐：《民族理论通论》（第二版），中央民族大学出版社，2007，第151页。
③ 列宁：《关于民族问题的批评意见》，载《列宁全集》第20卷，人民出版社，1958。

的差异逐渐缩小，形成逐渐交融的状态。与新中国成立初期相比，当代各民族在生活习惯、饮食、风俗、服饰用品等方面的差异已经明显减少，民族之间相互学习，取长补短，求同存异。只要是有用的知识，有利于民族的发展，各民族都应该学习和吸收，用以丰富中国各民族文化和共同的中华文化。

二 民族间交往交流交融事实上是民族间"和而不同，多元互补"的发展现象

"和而不同"的含义是"多元互补"。"多元互补"是中华文化融合力的表现，也是中华文明得以延续发展的原因之一。在中华文化发展历程中，多元的文化形态相互交流，相互影响，相互借鉴，相互融合，共同形成了中华民族"和而不同"的传统文化特征。民族交流以民族间的差异为基础，在发展过程中相互学习借鉴，相互补充。通过这一发展过程，民族共同性、同一性增多。从中国人自身的发展历程来看，文化的多样性和丰富程度表明具有不同文化的不同民族间是可以相互沟通、相互交融的。事实上，一个社会越是发达，这个社会里的成员越会有更多发展自身特色的机会；反之，越是发展落后的社会，其成员选择发展的机会越少。同样在当代各民族加快自身发展过程中，经济越快速发展，社会越趋于现代化，各民族凭借自身优势寻求发展的机会越多。例如，为了更好地进行信息交流，需要会通用的语言，对通用语言的掌握和运用不妨碍各民族语言自身的发展和应用。同时，通用语言能够帮助各民族间更加便捷地相互交流和学习，不断推进各民族快速发展。

从现实的具体发展可以看出，中国的经济发展已从农业化走上工业化和现代化的道路。"闭关锁国，自给自足"的时代已经一去不复返。新的经济发展模式对各民族的发展提出新的问题。首先就是要改变原有的"以农立国"的发展模式。比如，汉族地区以农业为主的生产模式被工业模式所取代，而工业模式发展下所需要的原材料在此地区是比较缺乏的。然而，少数民族聚居地区却是原材料丰富的地区。与此同时，在少数民族加快地区建设的过程中，工业模式发展下需要的科技和文化知识正是汉族所掌握的。所以在不断推进国家全面发展的同时，需要两个地区共同协作，多元互补，互助团结。再如，各民族都具有与其发展相适应的生态环境，

藏族大多居住在海拔较高的地域，那里的土地埋藏着稀有矿产资源，生长着珍贵的植物。他们可以充分发挥这些优势，将这些特有资源开发成为该地区的主要发展动力，通过和其他地区的其他民族合作来不断提高各自的经济水平。在现代化的过程中，应继续促进民族间的交往交流交融，逐渐达到共同富裕、共同繁荣的目的。

三 促进民族间交往交流交融的发展

我们要用动态的眼光来看待民族间交往交流交融。几百年来，不论是和平时期还是战争时期，民族间的交往从未中断过，民族间的文化更是在此过程中相互传播。随着时间的推移，民族关系逐渐发展紧密，各民族文化的交流传播也越来越快。但文化交流是双方向的，在汉民族汲取其他民族文化精髓的同时，少数民族也在不断学习中原文明，而这种文化上的交往交融，每时每刻都在发生。各民族学到"他文化"后，通过"消化"和"升华"，使其成为新文化内容融入本民族文化体系当中，并体现在风俗习惯、宗教、生活方式等方面。可以说，这正是费孝通先生所讲的"你中有我，我中有你"的民族交往形式。以往，各民族孤立地生活在自己所属的地域中，发展着自己的生产生活方式，因交通不便，往来不易，所以与其他民族接触交往较少。但随着交通工具的发达，民族间交往逐渐频繁，没有哪个民族再闭关自守、孤立地生活。尤其在经济上，跨地域合作增多，人口流动频繁，民族与民族之间、地区与地区之间形成利害相连的关系，形成休戚相关的发展关系。但是各地的民族却还保留着他们从其历史中积累的文化。这些不同的文化给属于不同文化的人们提供着不同的意识形态、价值观、社会思想。所以，一方面是迅速扩展的网络体系和交通体系在空间上缩短着民族之间的距离；另一方面则是各民族在交往过程中保留和彰显自身特色，实行文化上的各美其美。这充分体现了民族之间的频繁交流，不等于文化差异的消失。今日之中华文化，已非以往史书中所描述的那种纯粹的汉文化。因此，我们必须改变过去概念化的、抽象的、刻板的思维方式，克服盲目自大以及眼光的狭隘，以综合的、多层面的、动态的眼光来看待当代各民族不同文化间交往交流交融的发展。

增强民族间交往交流交融，离不开国家的统一和强盛的国力。历史上不同民族间的交往从未间断过，这也体现了中华文化的包容性。但是这样的包容性并不是在任何时期都能够得到体现。实际上，它的体现是与某一特定历史时期相联系的。根据历史记载，已知的是春秋战国、两汉、隋朝等时期，是民族相互交往交流最频繁的时期，也是中华文化相互包容体现得最充分的时期。从历史发展中我们能够体会到，民族间的相互联系以及文化的进一步发扬，离不开国家的统一和强盛的国力。如是我们坚信，中华民族在新时期的发展中将会更加强大。与此同时我们也认识到，生活在新时期的人们正在面临一个发扬中华文化的历史机遇，在此过程中要保障民族间正常的交往交流交融的发展。

民族间交往交流交融是各民族加快自身发展的需要。一种文化、文明，只有吸取世界上丰富的文化，才能实现自身的发展。固步自封、唯我独尊的文化无法与其他文化相互交融，不能在历史上长久屹立。只有在不断交往过程中增进了解、相互学习，才是不同文化共存共荣的发展道路。不论是人口占多数的民族还是人口较少的民族，其文化的发展都只有这一条出路。在不同文化交流过程中，通过理解社会的物质和文化、人的思想和意识，我们会在其中发现个人和群体的一些微妙辩证关系。因为，人的上述特性通过交流、传播和传承，可以成为群体共有的精神和心理财富，并在这一群体里"保存"下来，达到"不朽"，成为"文化"的一部分。同样的道理，拥有不同文明、不同文化的民族之间，也存在着这种交流、传播和传承。事实上，我们不能仅凭经济的发展这一单一要素来解释不同民族间的文化差异。文化的交往绝不是简单的商品贸易；一个民族、一种文化，不是物质利益就能收买的，也不是强力所能压服的。

长期以来，中国各民族相互学习，相互借鉴，共同发展，形成了和谐共处、和衷共济的良好民族关系。民族间的交往交流交融体现了各民族间"各美其美，美人之美"的特点。这是各民族形成了对他民族真实的、存在于感情深处的肯定和认可，并非因为追求短期利益而形成。只有这样的发展形态才能相互容纳，产生凝聚力，做到民族间和国家间"和而不同"的和平共处，实现共存共荣的结合与发展。[1]

---

[1] 费孝通：《中国文化的重建》，华东师范大学出版社，2014。

民族交往交流交融的概念分异和现实误区

陈丽明[*]

[摘　要] "民族交往交流交融"是加强民族团结，构建和谐社会的重要体现。本文对"民族交往交流交融"的概念分异及现实误区进行了深刻解读及分析，并对正确引导"民族交往交流交融"提出建设性意见。

[关键词] 民族交往　民族交流　民族交融　现实误区

一　"民族交往交流交融"的提出

受地理环境的影响，中国长久以来形成了东稠西疏的人口分布格局，民族分布也呈现大杂居、小聚居，交错杂居的面貌。虽然新中国成立后，民族地区实施社会改革、边境布防、对口支援……引发了一定规模的人口流动，但从根本来看，民族之间由于地理区隔、文化差异和经济发展差距等因素，交往交流的广度和深度还不够。2010年全国第六次人口普查数据显示，当前东西部的人口分布变化丝毫未能撼动"胡焕庸线"，而且东西部人口差距有扩大之势。[①] 一方面是民族聚集而居，民族认同和区域认同较强；另一方面是人口流动带来的经济利益摩擦、文化碰撞日益频繁。双方的张力在未得到有效缓解的情况下，大汉族主义和地方民族主义有所抬头，民族之间的偏见增多，民族地区出现一些不稳定的现象。中华民族作为历史的共同体和命运共同体，需要各族人民紧密团结，手足相亲，守望

---

[*] 陈丽明（1978～），福建泉州人，博士，中央民族大学中国民族理论与民族政策研究院讲师，主要研究对象为马克思主义民族理论与政策、中国民族问题。

① 戚伟、刘盛和、赵美风：《"胡焕庸线"的稳定性及其两侧人口集疏模式差异》，《地理学报》2015年第4期。

相助，共创辉煌。如何进一步加强民族团结，构建各民族和谐大家庭？党中央在关键时刻适时提出要加强"民族交往交流交融"的工作要求。

胡锦涛在2010年第五次西藏工作座谈会上第一次提出要把有利于民族交往交流交融，作为民族工作成效的标准之一；在随后的第一次中央新疆工作座谈会上，他再一次强调要从有利于各民族交往交流交融出发，完善各项政策和措施。

在2014年第二次中央新疆工作座谈会上，习近平进一步指出加强民族交往交流交融的工作重心，提出"要加强民族交往交流交融，部署和开展多种形式的共建工作，推进'双语'教育，推动建立各民族相互嵌入式的社会结构和社区环境，有序扩大新疆少数民族群众到内地接受教育、就业、居住的规模，促进各族群众在共同生产生活和工作学习中加深了解、增进感情"①。在2014年召开的第四次中央民族工作会议暨国务院第六次全国民族团结进步表彰大会上，习近平同志再一次提出，"要正确认识我国民族关系的主流，多看民族团结的光明面；善于团结群众、争取人心，全社会一起做交流、培养、融洽感情的工作；加强各民族交往交流交融，尊重差异、包容多样，让各民族在中华民族大家庭中手足相亲、守望相助；创新载体和方式，引导各族群众牢固树立正确的祖国观、历史观、民族观；用法律来保障民族团结，增强各族群众法律意识；坚决反对大汉族主义和狭隘民族主义，自觉维护国家最高利益和民族团结大局"②。

二 "民族交往交流交融"的概念分异

"民族交往交流交融"的提出，反映了当前中国对和谐民族关系和国家民族整合的期许，赢得较高的呼声，受到高度的重视。学术界对"民族交往交流交融"展开了一系列的讨论。然而，这些讨论较少涉及民族交往、民族交流和民族交融的概念分异，而是将其"捆绑""合体"进行相关的研究。"民族交往交流交融"的"三交"之间具有不同的内涵，是针对民族关系发展的不同阶段提出的民族工作的不同标的。只有厘清"民族

---

① 《习近平在第二次中央新疆工作座谈会上发表重要讲话》，新华网，http://news.xinhuanet.com/politics/2014-05/29/c_126564529.htm。
② 《中央民族工作会议暨国务院第六次全国民族团结进步表彰大会在京举行》，新华网，http://news.xinhuanet.com/2014-09/29/c_1112683008.htm。

交往""民族交流""民族交融"三者之间的概念分异以及相互联系，才能根据民族地区不同的民族交往状态，有序、有效地开展民族工作，引导民族关系良性发展。

民族交往属于社会交往的范畴。交往有广义和狭义之分。广义的交往包括交往（狭义）、交流和交融；狭义的民族交往（"民族交往交流交融"中的民族交往属于狭义的民族交往），是指民族之间、民族成员之间互动往来的社会关系。交往是一种普遍意义的，可以是主动的，也可能是被动的，是一种客观的结构性描述。从主体性来看，民族交往包括民族群体之间的交往，也包括民族成员之间的交往。从交往的性质来看，民族交往有良性的交往，也有以冲突、战争为特征的恶性交往。

民族交流是指民族之间在频繁交往过程中互通有无、互相学习、互相影响，引起交往双方主体的系列变化，产生了一些共同性因素。民族交流是民族交往的提升和深化，民族交流体现的是民族交往的内容，如经济交流、文化交流等。

民族交融是指民族之间在深层次交往和交流后的民族趋同现象，即民族边界模糊，你中有我，我中有你。民族交融是民族交往交流的自然过程，体现的是民族互嵌和民族共生的和谐状态。

民族交往、民族交流、民族交融应该是呈递进关系：频繁的交往促进了一定程度的经济、文化、政治和社会的交流；随着良性的交流关系逐渐发展，民族交融现象出现，共同性因素不断增多，你中有我，我中有你，民族边界模糊。民族交往是民族交流的基础和前提，民族交流是民族交往的结果，民族交融是民族交流的升华和发展。民族交融是民族趋同的前奏和量变积累过程，以高频率的民族交往和深层次的民族交流为前提。

三 当前民族工作"三交"合体的现实误区

中国的民族工作在发展过程中总是呈现摸着石头过河的现象，理论研究往往落后于民族工作实践。在面对纷繁复杂的民族问题时，在对相关的民族理论解读不到位的情况下，理解的偏差导致了在民族工作实际中的一些误区。虽然有的学者提出"现阶段不宜提民族融合"，但在推进民族整合的问题上，总是出现急躁冒进的现象，尤其是在一些民族关系出现问题的地区。民族交往、民族交流和民族交融在理论上有不同的内涵，呈现不同阶段的不同标的。忽视它们之间的差别和递进关系，盲目地将民族交往、民族交流、民族交融进行"捆绑"和"合体"，导致民族工作出现了一些误区。

误区之一：人为推进族际通婚。族际通婚是衡量民族关系的重要指标。只有民族之间关系融洽和谐，才会出现大范围的通婚，这是学界的共识。民族关系和谐是因，族际通婚是果，但在实际的民族工作中，很多民族工作者往往因果倒置，试图通过人为推进族际通婚改善民族关系，促进民族交融。如一些民族自治地方政府在会议中强调"要积极推动各民族间通婚，努力形成血浓于水的民族关系"。2014 年，新疆某县为了贯彻加强民族交往交流交融的文件精神，出台了《关于鼓励民汉通婚家庭奖励办法（试行）》，通过奖金、子女入学、就业等方面的措施，鼓励民汉通婚。[①] 这一政策的出台是否有利于民族之间关系的改善？民族之间只有通过长期的交往交流，互相了解，互相欣赏，才会自然而然地走到一起，通过行政手段干预不可能达到很好的效果。我们看到的，反而是这些言论和政策的出台导致外媒的猜疑，导致少数民族对国家意图的质疑，影响了和谐民族关系的发展。

误区之二：盲目推进民族互嵌式社区。居住格局在有关民族关系的研究中同样被作为衡量民族关系的指标，早期在美国、南非的种族隔离制度研究中被广泛使用。然而居住格局的形成受到历史、地理、风俗习惯等因素的影响，并非所有社区的居住格局都足以体现民族关系的状况。如回族因为生活习惯和宗教信仰，在很多城市形成了回民区，这样的历史可以追溯到元、宋时期。这些城市的民族关系并未因为民族居住格局相对独立而紧张，反倒是这种距离使民族之间的生活摩擦相对减少。很多城市的回民区甚至成为一个城市的特色区域，成为旅游文化景点和各民族和谐相处的示范区。在历史传统区域，随意打破原有的格局，采用行政命令和政策倾斜的方式对原有的社区进行重组，盲目推进互嵌式社区，只会引起民族成员的反感和不适，不利于和谐民族关系的发展。民族互嵌式社区，比较适合在城市新兴民族社区和一些移民区实施，因为这些社区的移民是由于客观原因产生了新的流动。若实施民族互嵌式社区，则是顺势而为，而非强

---

① 《民汉通婚，全家医疗住宿入学都解决每年奖万元》，中国民族宗教网，http://www.mzb.com.cn/html/report/140920923 - 1.htm。

势干预，移民的心理上较能接受。当然，在互嵌式社区的居住安排上，要考虑不同民族的风俗习惯，尊重各民族的意愿。

此外，城市民族问题的解决不能依赖于民族互嵌式社区的建立。居住格局即便是衡量民族关系的标准，呈现的也是果，而非因。通过改变居住格局来影响民族关系同样属于因果倒置。民族关系的良性发展，应该是拉近民族之间的心理距离而非仅仅拉近空间距离。近年来，国外移民问题引起学者的关注，尤其是2005年法国巴黎发生骚乱后，人们往往在骚扰事件背后发现一个带有移民社区、城市贫民窟、高失业率、高犯罪率多重标签的少数族裔聚居区域。有一些人认为，避免少数族裔社区的形成就能避免这类问题的出现。其实不然，少数族裔聚族而居固然是这类事件的一个共同表象，但深层次的原因都在于社会融入问题。正是长期被主流社会边缘化，才导致一些突发事件点燃了少数族裔移民的愤怒火焰，引发了地区骚乱。

四 正确引导"民族交往交流交融"

平等为基，重在交心。民族平等是马克思主义民族观的核心内容，也是中国民族政策的根本原则。促进民族交往交流交融，要以民族平等为基础，重在交心。各民族不分大小，没有优劣之分，每个民族对人类社会都有独特的贡献，都在某些方面优于其他民族。应以民族平等为基础，在经济层面做到互惠互利，保障交往交流主体双方享有平等权益，互帮互助，先富带后富，实现最终的共同繁荣；在社会层面，要学会换位思考，尊重交往交流双方的风俗习惯、宗教信仰，包容有爱，守望相助；在文化方面，互相学习，加强交流，美人之美，美美与共；在政治层面，民主协商，坚持民族区域自治制度，保障各族人民当家做主的权利。加强民族交往交流交融的工作，不能仅仅把重心放在推动民族交往交流交融的数量和频率上，不能停留在拉近空间距离上，还要关注交往交流交融的价值导向和情感流动，重在交心。

要有地区差序，稳步推进。在民族关系问题上，不同的地区呈现较大的差异性。在民族交往交流交融工作方面，要有地区差序，稳步推进，不能急躁，更不能搞一刀切。在民族相对单一和封闭的地区，首先应开展民族之间的交往工作，以经济联系为主要纽带，促进民族之间的交往；在多民族杂居、民族交往较为频繁的地区，通过共学共事，推动经济文化的交流，增进民族之间的互相了解，使其互帮互助、共同发展；在民族关系和谐、各民族发展较为均衡的地区，进一步加大对中华民族共同体意识的宣传和教育，使民族交融成为水到渠成的事情。

尊重规律，有所为有所不为。在民族交往交流交融工作中，要遵循交往的规律，把握分寸，有所为有所不为。例如在具体的事务中，政府可以多做一些搭建民族交往交流平台的事情，如劳务输出、对口支援、招商引资、招工就业、内地招生、旅游、文化交流等；积极做好民族文化和民族政策的宣传工作，做好城市对少数民族群众的接纳工作；取消在住宿、安检、出国护照等方面对一些民族的歧视性政策。而在民族通婚、调整居住格局方面则要慎重：对于民族通婚，应不推不阻，乐见其成；对于历史形成的民族聚集社区，顺其自然，提倡和谐共生，分而不离，和而不同。

民族走廊对当今各民族交往交流交融的启示

王冬丽[*]

[摘　要] 本文阐释了三大民族走廊的形成和发展过程中，各民族间的交往交流交融情况，启示人们，在全球化、信息化的今天，各民族之间的交往交流交融是历史趋势，顺应这个趋势是促进各民族共同繁荣、共同发展的要求，同时，也要明白，各民族的交往交流交融也是一个长期的、自然的过程，要尊重民族发展的规律。

[关键词] 民族走廊　民族交往　民族交流　民族交融

2010年以来，中共中央多次提出"各民族交往交流交融"，把"有利于各民族交往交流交融"作为衡量民族工作成效的标准之一，也把"各民族交往交流交融"作为民族工作的出发点。笔者看来，各民族交往交流交融不但是衡量民族工作成效的标准之一，也是中国各民族关系发展的趋势，同时也是对中国历史上民族发展与交往过程的描述。在对历史上民族间交往、交流、交融的考察上，民族走廊是一个非常有借鉴意义的历史现象，也是一个非常值得深入研究的学术板块。

民族走廊是指一定的民族群体长期沿着一定的自然环境（如河流或山脉）向外迁徙或流动的路线。这条路线保留着民族群体众多的历史与文化积淀。民族走廊这个概念是费孝通先生首先提出来的，民族走廊学说是费老"中华民族多元一体"思想中的一个组成部分。后来的学者对费孝通这一思想做了更为深入的阐述。费孝通提出中华民族聚导地是由六大板块

---

[*] 王冬丽（1978~），河南周口人。中央民族大学中国民族理论与民族政策研究院副教授，博士。研究方向：社会主义的民族与宗教问题。

（北部草原区、东北高山森林区、青藏高原、云贵高原、沿海区、中原区）和三大走廊（西北民族走廊、藏彝民族走廊、南岭民族走廊）构成的。三大走廊是六大板块的联结。在费孝通看来，板块上的民族构成是相对稳定的，而民族走廊上的民族构成具有相对的流动性，是"历史形成的民族地区"。研究民族走廊是打开中国民族之间关系的钥匙，是理解历史上民族间交往、交流、交融的一条重要线索。历史就是过去的今天。对历史上形成的三大民族走廊格局的形成过程、发展做出考察，有助于理解当今中国各民族的交往交流交融现象，对于理解中共中央多次提出的"各民族交往交流交融"理论有启示作用。

一 三大民族走廊的概况

藏彝民族走廊主要指今四川、云南、西藏三省（区）毗邻地区由一系列北南走向的山系与河流所构成的高山峡谷区域，亦即地理学上的横断山脉地区。在这片区域，现今居住着藏缅语族中的藏、彝、羌、傈僳、白、纳西、普米、独龙、怒、哈尼、景颇、拉祜等民族，而以藏缅语族的藏语支和彝语支民族居多，故从民族学而言，可称之为"藏彝走廊"。

西北民族走廊在费孝通看来是指从甘肃沿丝绸之路到新疆。秦永章等研究者进一步指出，西北民族走廊还应包括与丝绸之路主干道呈丁字形的陇西走廊。在这条走廊里，分布着土族、撒拉族、东乡族、保安族、裕固族等。他们与汉族、藏族、蒙古族、回族等民族杂居。宗教信仰上有藏传佛教、伊斯兰教、汉传佛教、道教等；语言上有藏语、蒙古语、突厥语等，有的民族讲两种语言的情况也存在。

南岭民族走廊不仅指今天生活在南岭走廊黔、桂、湘、粤、赣等交界处的汉藏语系壮侗语族中壮傣语支的壮族、布依族，侗水语支的侗、水、仫佬、毛南等民族，苗瑶语族中的瑶族、苗族、畲族等，还包括历史上由这条走廊南下、北上或东进的汉族、回族、彝族、仡佬族、满族等。

二 三大民族走廊的形成和发展过程中
各民族间的交往交流交融

无论是南北走向的民族走廊还是东西走向的民族走廊，都有突出的走廊性质。形成这种多民族共存的走廊特征的原因是多方面的。有的是基于自然的差别。例如，受制于地理、气候条件，青藏高原、蒙古高原、黄土高原和塔里木盆地承载了不同民族不同的生计方式（农耕、游牧、半农半牧等）。而西北民族走廊作为这几个板块的联结，起着沟通不同生计方式的作用。不同的生计方式需要交流与沟通，有着互补的性质。丝绸之路就具有这种互补沟通的鲜明作用，来自中原地区的丝绸、瓷器、青铜器，来自草原的优质马匹，来自祁连山麓、昆仑山的玉石，来自中亚地方的香料等互通贸易。这是采用不同生计方式的各民族交往交流交融的自然需求。有的是基于政府有意或无意的推动。中原政权为抗击一些游牧部落的袭扰，或者为了扩充地盘，如西汉时期在河西走廊上设置了敦煌、酒泉、张掖、武威四个郡，并移入汉族充实这些边塞设置。而少数民族建立的政权在其强大时也会移民和迁徙其族人，以扩充实力，如汉代的匈奴推进到祁连山以北，唐代的吐蕃从南面推进到陇右、河西、安西四镇，元代、明代的蒙古从北方草原直接进入西域，同时深入青藏高原。

在多重原因的推动下，民族走廊上各民族间形成了多样的、并存的民族文化。这些民族文化有的具有鲜明的特性，如西北民族走廊上的伊斯兰教文化与藏传佛教文化，又如藏彝走廊上不同的民族语言，再如南岭民族走廊多样的社会组织形态。同时，民族走廊上的民族又共享一些文化特征与生活习惯。如西北民族走廊上的一些地方共享花儿演唱，又如这条走廊上多个民族共有伊斯兰教信仰，再如南岭民族走廊上畲族和部分瑶族共享槃瓠传说和民族迁徙的神话故事等。在一些民族相邻的地方，甚至出现了蒙回、藏回等民族文化身份模糊的现象。这正是民族交往交流交融的结果。

三 民族走廊对于当今民族间交往交流交融的启示

首先，各民族交往交流交融是一个自然的和历史的过程，要尊重民族发展的规律。

这里的"自然的过程"既指这个过程的必然性，亦指自然的地理地貌对各民族交往交流交融有较大的影响。对于"民族走廊"中的"走廊"，学界尚有不同的见解。有的学者强调民族走廊的地理特征；而有的学者对地理特征的强调稍显弱化和模糊化，同时强调文明中心以及政治经略与开发对民族走廊造成的影响。无论学者的倾向是强化还是弱化民族走廊的地理特征，特定的地理都是民族走廊研究中不可回避的方面。山脉走向与江河冲刷、切割所形成的天然通道，是不同民族生活于其间并且交往交流交融的前提。

当今社会，在全球化、现代化、城市化的背景下，中国各民族成员的流动较之历史上任何一个时期都更为频繁和常见，甚至成为今天的常态。地理环境对民族关系仍然产生一定的影响。与民族走廊形成过程中民族的迁徙、变动不同，改革开放以来，尤其是进入21世纪后，"少数民族人口大规模向东部和内地流动，内地人口向民族地区及不同民族之间大规模流动"。正如历史上民族走廊形成过程中的自然性和历史性一样，今日民族的双向流动也是不可阻挡的历史趋势，"关门主义"的态度及措施当然不可取。

这里的"历史的过程"，是指民族走廊的形成经历了漫长的历史过程。初始可以追溯到非常久远的新石器时代。唐宋时期是民族走廊构造活跃、活动频繁的时代。民族走廊上特殊的地形使不同的民族既可以依山水之便，又可以据山水之险。依山水之便使民族在几千年的历史中迁徙流动，据山水之险使不同民族的文化在民族走廊上得以积淀和保存。这个历史过程体现了人类社会发展是历史决定性与主体选择性、统一性与多样性、前进性与曲折性的统一。

其次，各民族交往交流交融有行政的推动，也有民间的自发，政府要有所为，而有所不为。

民族走廊上民族间交往和互动的动力源是多方面的。民族走廊上的民族因为各种原因而出现人口的流动与迁徙变动，民族构成相对复杂。因此，民族走廊多具有通道的性质，不同文化与特质的人类群体经常从民族走廊通过。这造就了历史上各民族的交往交流交融。民族走廊上各民族的交往交流交融也基于不同民族间的自然差异。民族走廊所处的地区一般为山地，但并不是纯粹意义上的高山，而是有河谷、平地、台地、群山，这样的地形可以承载不同的生计方式。比如藏彝走廊，无论是游牧的蒙古族，还是从事高原农牧业的藏族，抑或是山地耕作的彝族，都可以在同一个民族走廊区域内生存。这种生产方式的不同决定了不同民族间必须有交往与交流。如藏彝走廊上的茶马互市、西北民族走廊上的丝绸之路等。当然，这些交往与交流中，有时王朝也会起一些助推作用，比如丝绸之路开辟后，在魏晋南北朝时期动荡的社会形势与激烈的民族矛盾下，西域商人止步于河西走廊。隋朝完成对全国的统一后，隋炀帝于609年，西征侵扰河西走廊的吐谷浑并在张掖举行了外交与商贸盟会，连接中原与西方世界的丝绸之路再度畅通。尽管民族走廊多因其远离当时的政治和文化中心而为"化外之地"，或为"徼外之地"，但在长期的发展中，中央王朝还是给民族走廊打上了时代的烙印。

当今中国作为一个统一的多民族国家，对民族走廊的控制与影响力当然不是历史上的王朝所能比拟的。因此，各级政府和中国共产党组织的影响可以深入民族走廊上的每一个角落。但是，这并不意味着在各民族交往交流交融上，当今的各级政府和党组织能够无所不为。各级政府和党组织当然能够为各民族交往交流交融创造条件，且乐看各民族交往交流交融局面的形成。但是，党中央把"各民族交往交流交融"作为衡量民族工作成效的标准之一，并不意味着各级政府和党组织要把加强"三交"的任务都揽到自己头上。一些学者所提出的"促进民族交融一体和繁荣一体"的政治设计是不慎重的。

在中央提出"各民族交往交流交融"之后，各地都很重视这一问题，出台了更为细化的措施使精神和政策落地。如某县在2014年出台了加强各民族交往交流交融的实施意见，从加强交往、促进交流、增进交融三个层面出台了全县各族党员干部每人要带头结交3名以上不同民族朋友、开展"六个一""微行动"（即见面握一个手、问一声温暖话语、多一个善意眼神、送一个微笑、倒一杯茶、多一次小的帮助）、在全县学生中广泛开展"十个一"活动（即召开一次民族团结教育主题班会、体验一次民族团结实践活动、了解一个民族团结模范、讲述一个民族团结故事、演唱一首民族团结歌曲、制作一幅民族团结书画、结交一个不同民族好朋友、创作一份民族团结手抄报、撰写一篇民族团结作文、参观一个爱国主义教育基地）、结婚葬礼互办（县民政、团委、妇联等部门要牵头，引导鼓励不同民族党员干群举办集体婚礼，鼓励通婚，倡导婚事新办）等22项措施。这些措施可谓事无巨细，心诚至极，也不缺乏可操作性。但是，这种来自政府和党组织的自上而下的行政推动就能达到预想的效果吗？恐怕有时结果并不如意，甚至适得其反，引起反感。因此，在促进各民族交往交流交融过程中，政府应当明晓自己所扮演的角色和职责所在，有所为而有所不为。

最后，民族走廊上的和而不同、交而不融、且交且融等民族现象，说明民族间的差别和多样性是客观的和长期的存在，要包容多样，尊重差异。

中国的民族分布格局是大杂居、小聚居，交错杂居。这种插花式的分布格局在三个民族走廊上体现得更为明显。比如藏彝民族走廊上就居住着藏族、彝族、羌族、拉祜族、白族、纳西族、门巴族和珞巴族等民族，西北民族走廊上则世居着汉族、藏族、回族、东乡族、撒拉族、保安族、裕固族等民族，南岭民族走廊上则居住着苗族、瑶族、侗族、壮族、汉族等民族。

民族走廊上的民族在特定的地理环境与历史条件下保存了多样的文化特征，比如藏彝民族走廊上多样的语言、西北民族走廊上差异鲜明的宗教文化、岭南民族走廊上多样的风俗习惯和社会组织形态等。这种多样性的文化特点在几千年的交往中形成并发展。这些差别和多样性是一种客观性的存在，也具有长期的特征。

在2014年的中央民族工作会议上，习近平总书记指出，在大历史的发展过程中，中国各民族在分布上交错散居、文化上兼收并蓄、经济上相互依存、情感上互相亲近，形成了你中有我、我中有你、谁也离不开谁的多元一体格局。所以，忽视、取消民族存在等办法不是解决民族问题的办法。民族走廊形成和发展的历史同样说明了这个问题。民族走廊在中国几千年的历史发展中，经过各民族间各种形式的交流和接触，形成了和而不同、有和有同、交而不融、且交且融但又其乐融融的状态。各民族在相处中基本上能做到费孝通先生提出的"各美其美，美人之美，美美与共"的和谐状态。因此，应加强各民族交往交流交融，尊重差异、包容多样。各民族交往交流交融不是要消灭这些差别和多样性，否则就会脱离实际，造成民族工作上"左"的错误，伤害民族感情和既定权益，引起社会不稳定，甚至导致更为严重的状况。

著名民族学者潘光旦指出："我们祖国的历史是一部许多不同民族相互交流、融合的过程，而且这个过程从没有间断过地进行着，发展着。"在全球化、信息化、城市化、现代化的今天，各民族之间的交流交往交融前所未有地深入，是不可阻挡的历史趋势。顺应这个趋势是促进各民族共同繁荣、共同发展的要求。同时，我们也要明白，各民族的交往交流交融是一个长期的、自然的过程，要尊重民族发展的规律，从历史上的民族交往交流交融中汲取对当今有益的启示。这也是研究民族走廊的价值所在。

族际流动中的族性认知与表达

王云芳[*]

[摘　要] 民族社会的现代化进程加速了族际流动。在此过程中，不同民族成员身份的认同都有其核心的构成要素——族性。在族际流动过程中，民族成员个体的族性会随之发生一定程度的变迁。这种变迁既有伴随着民族成员的城市适应和融入而产生的族性认知的内嵌和交融，也有伴随着民族成员城市融入的社会紧张和社会排斥而产生的族性表达和彰显。

[关键词] 族际流动　族性　族性认知　族性表达

党的十八大以后，伴随着"新型城镇化"发展战略的不断深入，城市已逐渐成为族际交往的主场域。据《中国流动人口发展报告2014》统计，当前中国流动人口的总量已达到2.45亿，超过总人口的1/6。在此背景下，当前少数民族流动人口规模已达到3000万，其中大部分流向了中西部大中城市和沿海发达地区；与此同时，由于中西部地区存在着较大的城镇化空间，中西部大量农村汉族人口也快速向中西部城镇涌入[①]。由此可见，各民族跨区域的族际流动和城市空间内各民族之间的交往交流交融，将成为当前和将来一段时间民族关系的重要特征。

在族际流动的城市背景下，虽然民族成员身份具有先赋性和稳定性，但民族成员的族性特征却随着城镇政治、经济、文化、生态环境的不同而呈现增强或削弱的态势。族性的认同、表达、张扬、冲突与族性的失语、消解、嵌入、融合并存。不同民族成员的城市融入过程伴随着族性的保

---

[*] 王云芳，中央民族大学马克思主义学院副教授、博士。主要研究方向为民族理论与民族政策。
[①] 王云芳：《促进城市少数民族流动人口"三交"应重视社会情感因素》，《中国民族报》2015年7月24日，理论版。

留、维系与重新建构，呈现很强的弹性机制，与当前多民族社会结构的失衡、紧张或稳定等不同状态密切相关。因此，研究族际流动过程中的族性变迁特征对于促进不同民族流动人口的城市空间融入、文化融入、情感融入具有十分重要的意义。

一 族际流动中的族性概念解析

在近一个世纪的历史进程中，伴随着民族主义浪潮的不断席卷，族性（ethnicity）研究也被提上日程。克利福德·格尔茨（Clifford Geerz）认为族性是原生的，它是一种优先于其他的、符合逻辑和情感的核心认同形式。它根深蒂固，与心理需求甚至生存本能有着密切的关系[1]。而英国学者戴维·米勒（David Miller）对与族性相关的另一个词语民族性（nationality）进行了直接定义。他认为民族性具有五个要素，即由共享信念和相互承诺构成，在历史中绵延，在特征上是积极的，与特定地域相连，通过其独特的公共文化与其他共同体相区分[2]。在米勒看来，民族性涉及民族认同，它意味着民族成员对民族团体的个人认同；民族性涉及有界限的伦理责任，它意味着民族成员对民族共同体负有伦理义务；民族性涉及民族政治主张，它意味着特定地区组成民族共同体的人刻意正当地主张民族自决（自治）[3]。从原生论族性定义的角度看，族性与民族性（nationality）之间有一定的交叉关系。从历史范畴看，它们都具有区别自我和他者的客观和主观特质。本文根据西方学者对族性的研究，主要从族性产生的主观视角进行考察，即审视具有一定民族成员身份的人的民族认同、民族责任和民族意识等主观因素。

需要重视的是，随着族际流动性的加大，这种蕴含着民族认同、民族责任和民族意识的族性内涵和特征在不同民族流迁过程中被激发或强化。当前，中国东部城市的生活方式、高额工资、社会服务设施吸引着西部的少数民族，而西部城市丰富的自然资源、巨大的劳动力市场和发展机遇也吸引着内陆乡镇的农村人口。这些城镇都由于族际人员流动而迅速发展起

---

[1] 〔英〕爱德华·莫迪默、罗伯特·法恩主编《人民·民族·国家——族性与民族主义的含义》，刘泓、黄海慧译，中央民族大学出版社，2009，第19页。
[2] 〔英〕戴维·米勒：《论民族性》，刘曙辉译，译林出版社，2010，第27页。
[3] 〔英〕戴维·米勒：《论民族性》，刘曙辉译，译林出版社，2010，第10～12页。

来,所有这些因素都滋长了族群相互依存的新环境。弗雷德里克·巴斯(Fredrik Barth)曾对类似的族际流动过程中的族性内涵进行了较深入研究。他认为族群的重要特征之一在于,它构成了一个联系与互动的范围,拥有自我认定和他者认定的成员资格,因此构成族群的最重要原因在于社会边界,不在于地理边界,也不在于语言、文化、血统等内涵①。费孝通也曾经说过:"生活在一个共同社区之内的人,如果不和外界接触不会自觉地认同。必须和'非我族类'的外人接触才发生民族的认同。"② 由此可见,在族际流动过程中,不同民族共同体的人们在大致相同的区域中互相接触,形成了一个综合的社会实体。在这一社会实体中,不同民族成员之间尽管在社会、生活领域,特别是商业领域不断相互接触、相互影响和相互依赖,但其文化差异、认同差异、民族身份差异却继续保留下来,构成了一个多元族性社会。

而且更进一步探究,就可以发现,在这种族群混合的环境中,族群边界在当地的基层社区愈加清晰,即以族性为核心的民族边界通过特定的文化特征、语言、宗教等限定自身,排除他人。对此,戴维·米勒在《论民族性》中也曾认为"民族性观念是一群人有意识的创造,他们对它加以阐述和修正以理解他们的社会政治环境"。在族际流动过程中,不同民族自身也正在参与这一进程。族际流动意味着少数民族人员向汉族地区和汉族人员向少数民族地区的双向流动。虽然在此过程中,民族成员与其他群体之间的经济、社会交往非常频繁,但族际流动人员与迁入地人员之间往往存在着经济、文化、社会、传统习俗及社会心理等方面的若干相异性。地域的流动性与族性的自我修正之间的关系复杂多变③。

二 族性认知的变迁:族际流动的社会适应与融入

从一般的理论逻辑而言,族际流动会使社会相异性凸显,族性也随之凸显。在现代社会快速发展的今天,城市少数民族流动人口具有内部凝聚

---

① 〔挪威〕弗雷德里克·巴斯主编《族群与边界——文化差异下的社会组织》,李丽琴译,商务印书馆,2014,代译序,第11页。
② 费孝通主编《中华民族多元一体格局》(修订本),中央民族大学出版社,1999,第9~10页。
③ 〔英〕戴维·米勒:《论民族性》,刘曙辉译,译林出版社,2010,第6页。

性与外部隔离性并存、接触短期性与影响长期性并存的特点。一方面，城市少数民族流动人口，特别是流动经商人员交往交流交融的基础在于经济流动。这些城市少数民族流动人口在从农村或小城市到大城市的过程中，习惯通过熟人社会获取相关信息，习惯在单一少数群体圈子内进行交流，属于单独被隔离的孤立群体。另一方面，由于当前涉及宗教因素的暴力恐怖事件频出，城市居民对城市少数民族流动人口的态度往往比较极端，再加上个别民族被频查身份证、宾馆拒绝住宿登记、出租车拒载等社会问题高发，极易伤害少数民族情感①。此时，社会方式、消费模式的趋同伴随着文化碎片化、政治认同的不一致和语言、宗教的高度区分，民族成员对族性的认知可能会增强。

但伴随着族际流动的不断深入，不同民族之间的流动过程最终趋向于族性差异性的减少、共同性的增多。在各民族交往交流交融的城市进程中，由于不同民族对城市生活社会适应性的提升，族性认知最终可能呈现内嵌和交融的趋向，其原因在于以下几个方面。

其一，现代性背景下的文化同质性。在全球化、城镇化背景下，现代性对个人消费和生活方式的影响日益加剧。不同城镇和村庄的建筑特征、媒体文化、消费模式拥有许多共同的特质。在民族地区，也难以见到具有鲜明民族特色的建筑、饮食、服饰、语言和风俗习惯。在现代性逻辑下，相同的媒体和书本告诉我们应该如何吃、穿和读，如何适应现代化生活。原来带有鲜明民族性的生活方式日益衰落，即使有意愿选择一种不同于他人的生活方式，也难以实现。在此背景下，族际地理流动性并没有表露出强烈的民族差异性。不同民族的人们在不同地域所感受到的生活方式和文化似乎并没有多大的不同。再加上初入陌生的城市，即使具有强烈的相异族性特征，民族成员也往往优先考虑经济利益，更愿意努力去适应新的城市环境，试图规避自身的相异性和族性以求融入城市。此时，族性往往呈现为一种边缘状态，更多地表现为文化的统一性。这种文化的统一性在很大程度上是民族成员个人意识统一性的体现。

其二，官方民族主义的影响。美国学者本尼迪克特·安德森（Benedict Anderson）曾提出"官方民族主义"概念，用于定义民族与王朝制帝

---

① 王云芳：《促进城市少数民族流动人口"三交"应重视社会情感因素》，《中国民族报》2015年7月24日，理论版。

国的刻意融合①。而在当前全球化背景下，中国的快速崛起，也伴随着统一的民族建构——中华民族的崛起。这种官方民族主义虽借用了安德森的概念表述，但它与西方社会官方民族主义不同，并不是对蔓延欧洲的群众性民族主义的反动，也不是表达民族与王朝之间的矛盾。相反，这种官方民族主义是一种国家层面的国族建构，是国家与民族的内在相容。

正如戴维·米勒所指出的，从现实视角看，民族认同和忠诚性是现代社会的人类难以消解的既定状态，但是疏导民族主义情感和渴望，使其朝着对他人造成最小痛苦和苦难的方向发展仍然是政府的首要目标。基于这一目标，族性呈现为一种功能性的东西，即人们更关注什么状态的族性能满足现代社会的需要，如何安全地控制族性这种火山爆发式的力量②。在族际的不断流动过程中，族性认知从增强到内嵌和交融，对族际流动人口的有效治理是政府所孜孜不倦追求的目标。然而，达成这一目标的过程注定是艰难的。因为在族际流动过程中，不仅伴随着族性认知的内嵌和交融，还伴随着族性的表达和彰显。

三 族性表达的变迁：族际流动的社会紧张与排斥

在族际流动过程中，民族成员对政治、经济、文化、社会、阶层的关注远超过对族性的关注。然而，在高度流动的自由社会中，虽然族性看上去似乎在人们的生活中起着边缘的作用，但在特定的社会环境下往往被直接激发，得以高调表达和彰显。甚至在更为严重的社会紧张和排斥状态下，族性成为民族成员的民族标签，成为其与政府谈判的筹码。

族性认知内嵌和消解的过程是失去自我、接纳他者的过程，往往会引发反弹。一方面，族性把一群特定的人联系起来，并使其成为一个排斥外来者的共同体。挪威学者弗雷德里克·巴斯强调族群并非在共同文化基础上形成的群体，而是在文化差异基础上的群体的建构过程③。流动性、短

---

① 〔美〕本尼迪克特·安德森：《想象的共同体——民族主义的起源与散布》（增订版），吴叡人译，上海人民出版社，2011，第84页。
② 〔英〕戴维·米勒：《论民族性》，刘曙辉译，译林出版社，2010，第7~8页。
③ 〔挪威〕弗雷德里克·巴斯主编《族群与边界——文化差异下的社会组织》，李丽琴译，商务印书馆，2014，代译序，第10页。

期接触和信息交流的匮乏，都会促使族际流动过程中社会排斥过程产生。当不同民族共同体的个体跨越边界流动时，即使他们与其他群体的成员之间产生认同，其民族标签仍然经常存在，这是族性的客观呈现。在日常生活中对族性表现冷漠的人往往在感觉到民族集体命运和民族集体政策受到侵害时，更能将自身福祉与整个民族共同体的福祉紧密相连，从而引发族性的反弹。另一方面，由于中西方民族主义在本质上有所区别，所以同样的国族建构会引发民族意识的反弹。安东尼·史密斯（Anthony Smith）认为，西方民族主义是基于共享共同地域的人们的理念，受共同法则的约束，参与共同的公民文化；东方民族主义则是由共同的祖先和共享的祖先文化联结在一起的人们的理念①。抛开当代西方国家愈演愈烈的移民问题不提，西方国家大多是单一民族国家，族性与公民身份、与国家是积极相容的。然而，中国民族主义的呈现状态则有所区别，各个民族祖先文化的差异及权威主义文化的压制，使国族建构在文化领域往往出现更多的族群相异性，反而容易造成族性的反弹。

需要注意的是，按照集体行动的逻辑，在经济人的基本假设下，个人付出成本使共同体获得公共性收益，然而个人只能获得行动收益的极小份额，集团其他成员通过"搭便车"坐享其成。因此一般情况下，经济人或理性人都不会为共同体的共同利益采取行动。然而，族性的表达和彰显往往考虑的并非经济利益，难以用成本收益来衡量，而更多的是情感价值和认同意识。因此，在一些特殊的社会排斥事件之下，族性彰显极为常见。

当前，伴随着全球化、现代化、城镇化的不断深入，从农村进入城市和从小城市进入大城市的人口流动逐渐成为现代社会的新趋势。其中大量少数民族人口也因为工作、经商、读书、旅游、探亲、从军等各种原因进入附近城市或内地城市。这些少数民族流动人口虽然大多在短期离家后会再次返回原居住地，但由于宗教信仰、风俗习惯、语言及社会认知的差异，很容易在城市生活进程中产生带有民族标签式的各种情绪。另外，城市少数民族流动人口群体的交往交流交融形态与其他群体各民族间的交往交流交融形态相比有着显著的特点，如城市少数民族流动人口交往交流交融时间较短，同时具有跨区域性、民族身份的敏感性等。

---

① 〔英〕戴维·米勒：《论民族性》，刘曙辉译，译林出版社，2010，第9页。

在这些特点的影响下，如果带有民族标签式的负面情绪没能及时疏解，则很容易扩展至其他地域或更多的少数民族群体，造成社会不稳定状况，甚至成为民族群体性事件的催化剂。在族际冲突中，西部城镇中较多发生的是族群分层，其主导趋势在于生产资源竞争日益激烈的两极分化，部分人获得较高的经济收益，另一部分人则只能依赖政策优惠，双方都有强烈的相对剥夺感，更突显族性的差异。东部城镇中较多的是利用民族标签来进行维权，利用族性来向政府争取更多的权利，从而使族性得以提升。

此外，在现代性社会中，经济发达程度越高，对个人与社会之间身份关系的思考会越来越深入。在族际的社会紧张和排斥状态下，从心灵深处唤醒这种族性的可能性也逐渐增大。安德森曾经描述了一种知识分子阶层在民族主义意识中扮演核心角色的情形："作为双语知识分子，尤其是作为20世纪初期的知识分子，他们能够在教室内外接触到从超过一个世纪的美洲和欧洲历史动荡、混乱经验中萃取出来的关于民族、民族属性和民族主义的模型。"[1] 而当前随着双语教育的普及和全球网络的快速发展，精通双语的、具有民族身份的人们已不再局限于知识分子，少数民族流动人员往往精通两种或多种语言，了解不同的文化特征，具有民族精英的基本特质。当社会生活的日常民族情感问题受到忽视后，一旦出现伤害少数民族感情的严重社会事件，使个别少数民族群体形成城市偏见，就很难有机会再改变其刻板印象，澄清误会。这是因为城市少数民族流动人口的流动具有短期性特征，其人员不会长期停留在城市中。这些人群带着自身对城市的记忆和改造后的民族认同、意识返回原居住地，所流布的不仅是民族紧张关系，还有民族的刻板印象，会形成更多民族群体的负面记忆与认同的连锁反应。

由此可见，真正良好的族性状态的达成，必须从"如何理解自身作为这个或那个民族的成员，因此我们彼此之间应该如何行为以及如何对待外人"[2] 入手。多民族共同体是依赖于相互承认而存在的共同体，族性是一种体现历史延续性的、根深蒂固的民族认同。在多民族共同体中，族性的

---

[1] 〔美〕本尼迪克特·安德森：《想象的共同体——民族主义的起源与散布》（增订版），吴叡人译，上海人民出版社，2011，第131页。
[2] 〔英〕戴维·米勒：《论民族性》，刘曙辉译，译林出版社，2010，第8页。

最佳状态并非族性认知的内敛或表达、彰显,而是一种政治、经济、文化、社会各领域的相互嵌入。正如戴维·米勒所说,族性的未来状态需要展望一种更为复杂的嵌套认同,这种认同的稳定性依赖于较大单位给予较小单位的政治和文化要求适当的承认。[①]

[①] 〔英〕戴维·米勒:《论民族性》,刘曙辉译,译林出版社,2010,第162页。

交往行动理论与促进中国各民族的"三交"

——基于对哈贝马斯交往行动理论的研究

王 伟[*]

[摘 要] 面对现代性的危机,为挽救理性大厦的崩溃,哈贝马斯在批判工具理性和主体性的基础上,提出交往行动理论。该理论通过主体间性破除了以往主体性的二元对立矛盾,重塑了社会合理性。作为一种批判和重建理论,它受到国内外一些学者的热捧,被应用到诸多领域。虽然它的实施有理想化的一面,受到学界质疑,但对于正确地认识和把握中国当下的民族交往交流交融具有积极的现实意义。

[关键词] 主体间性 生活世界 交往行动 民族交往

一 交往行动理论的提出和内涵

人类社会发展至今共经历了三次现代性的浪潮。[①] 在第三次浪潮中,现代性受到以福柯、利奥塔、德里达为代表的后现代主义的广泛批判,被他们全盘否定。但是这种全盘否定的后现代主义道路并不是一条康庄大道,只能是陷入虚无主义和无政府主义。为了重建现代性,挽救理性大厦于崩溃之际,哈贝马斯在批判和继承马克思、涂尔干和韦伯等思想家思想的基础上,采用了规范语用学、深层解释学、精神分析学、认识发生学和结构功能主义的方法[②],根据主体间性和交往理性,在1981年的两卷本

---

[*] 王伟(1985~),山东兰陵人,中央民族大学科研处,主要从事国际政治、民族政治研究。
[①] Leo Strauss, "The Three Waves of Modernity", in *An Introduction to Political Philosophy: Ten Essays by Leo Strauss*, ed. Hilail Gildin, 1989, pp. 81 – 98.
[②] 冯琼:《哈贝马斯的公民理论研究》,中国社会科学出版社,2014。

《交往行动理论》一书中系统地提出交往行动理论。该理论一经提出便受到广泛关注,被应用于社会学、政治学、教育学、医学、语言学以及新闻传播学等学科中。然而,社会学中任何一种理论都不是完美无瑕的,交往行动理论也概莫能外,受到来自各个方面的批判。因此,如何准确把握和全面认识该理论变得极为必要。

交往行动理论主要指相互交往的主体(至少两者)通过语言媒介,在共同的生活世界中,通过平等的交流,以协商的方式达成共识的一种主体间的行为理论。合理性构成了它的基础,互为主体是其行动主体的特点,生活世界的共同知识是其发生的背景,共同的语言是其媒介,而理解是其核心。

(一) 交往行动的基础

自笛卡尔开始,近代西方的哲学家都在用理性来认识和控制世界,认为人所处的世界是一个理性的世界。因此马克斯·韦伯把现代性理解为一个理性化的过程,然而韦伯从文化(新教伦理)和精密科学技术角度来解释的理性不是一般的理性,而是一种目的工具理性。这种理性造成了个人的功利主义,只看到人的主体性,忽视了主体间性,从而难以解释社会的合理性。哈贝马斯也认为韦伯的工具理性概念是狭隘的,是不能够全面解释社会合理化过程的,并从"技术合理性"、"形式合理性"、"价值合理性"、"现代世界观和价值领域的特有逻辑"以及"方法论生活指导的合理性"五个方面对其进行了批判。[1] 同时,他根据波普尔"三个世界"理论,把世界划分为"主观世界"、"客观世界"和"社会世界",并提出了人类行为的四种类型,即"目的行动"、"规范调节行动"、"戏剧行动"和"交往行动"。目的行动是指一种功利主义行动,涉及的是行动者与客观世界的关系;规范调节行动是指具有共同价值取向的行动,涉及的是行为者与社会世界和客观世界的关系;戏剧行动是参与者相互形成观众,并在各自面前表现自己,主要涉及行为者与主观世界和客观世界的关系;交往行动指的是两个及以上具有言语和行为能力的主体之间的行动,涉及行为者和主观世界、客观世界以及社会世界之间的关系。[2]

---

[1] 哈贝马斯:《交往行动理论·第一卷——行动的合理性和社会合理化》,洪佩郁、蔺青译,重庆出版社,1994,第346页。

[2] 哈贝马斯:《交往行动理论·第一卷——行动的合理性和社会合理化》,洪佩郁、蔺青译,重庆出版社,1994,第119~143页。

哈贝马斯认为在这四种行动中，只有交往行动能够连接三个世界，能够体现主体间性，实现交往理性，从而弥补韦伯目的工具理性的不足，真正实现行动的合理性。然而这里的交往理性，是主体之间的合理性，是指内在于主体的一种"语言能力和行动能力"。[1]

（二）交往行动主体特点

对主体性的探索是西方文明发展的主线，如，古希腊文明主体性思维的萌芽、培根的"知识就是力量"对主体性力量的张扬、笛卡尔的"我思，故我在"对主体性独立地位的宣告、康德的"人是目的本身而不是手段"对现代主体性的再现、费希特的"自我设定自己，自我设定非我，自我设定自我与非我的统一"这一有关主体性能动力和创造力的命题，以及黑格尔的"主体性是现代性核心原则"的论断，无不在探讨人的主体性作用。[2] 然而，这种主体性却因为内在的矛盾——认识外在对象的可能性与主体绝对被给予性之间的难以调和性，产生了经验自我同"先验自我"的二元对立，造成了主体概念的唯我论色彩。为解决这一矛盾，哈贝马斯在继承和发展胡塞尔的"生活世界"和"主体间性"思想的基础上，通过交往行动理论的提出，重建了主体间性。哈贝马斯指出，在交往行动中的主体是相互的主体，是未受干扰的主体。

相互的主体是指在交往行动中的主体是相互关联的。为了实现主体之间的理解和一致，具有语言能力和行动能力的主体要打破以往以自我为中心的观念，要拥有互为中心的观念，即在交往的过程中没有一个先验的自我中心。这种交往是自愿的交往，主体之间不存在主客体之分，如果存在则会扭曲交往行动，主体之间的相互关系也会随之消失。未受干扰的主体是指交往行动的主体不受目的工具理性的干扰，采取一种自愿、理解的方式进行相互联系。然而，哈贝马斯认为现代社会深受工具理性的主导，只注重对人的外在世界的改造，而忽视了对内在世界的改造，从而出现了交往主体各自辩护，为达目的忽视社会规范，尔虞我诈的状况。为了实现交往的合理性，哈贝马斯指出当务之急是要建立一种理想的生活世界。

---

[1] 哈贝马斯：《交往行动理论·第一卷——行动的合理性和社会合理化》，重庆出版社，1994，第40页。

[2] 孙庆斌：《哈贝马斯的交往行动理论及重建主体性的理论诉求》，《学术交流》2004年第7期。

(三) 交往行动发生的背景

哈贝马斯的生活世界观是一种综合性的思想，主要辩证地吸收了现象学宗师胡塞尔的"生活世界非主体化"思想[1]、舒茨和卢曼的"生活世界的三个契机"理论[2]，以及帕森斯的结构功能主义思想。[3] 简单地说，生活世界就是人们在交往中达到相互理解所必需的共同背景知识。这种背景知识是交往主体对现实已经形成的价值观、道德观和审美观，其结构由文化、社会和个性三个部分构成。

在交往行动的理论中，文化是指以符号形式体现的知识储备，社会是在制度化的秩序和法律规范下实践活动的产物，个性则指人的组织基础。三者之间的复杂关系和交往主体互动的介入，使得生活世界成为复杂的意义关系网络。首先，交往主体的互动不仅为个人提供了动机和能力，也为个人提供了社会化和反文化化的资源；其次，社会为交往主体提供了"输送忠诚的资源"，个人通过这种互动对社会起到"形成和维护团结"的作用；最后，文化为主体间的互动提供了"传递文化知识"的资源，同时个人也能通过这种互动实施文化知识的再生产与改造。生活世界的这种交互网络并不是静止的，而是一个动态的过程。这种动态的过程主要表现为：生活世界的三个部分不仅始终贯穿于交往行动的过程之中，而且是交往行动的浓缩和积淀，形成了生活世界的资源。资源中的潜在部分进入交往行为，成为交往行动背景知识的主干。经过检验和重塑，这些知识逐渐凝聚下来，成为传统的解释模式、社会群体互动网中的价值和规范，以及社会化过程中的立场、资质、感觉方式和认同。[4]

作为交往背景的生活世界，一方面为交往行动提供了绝对性的界线，使交往的主体始终活动在生活世界的境域，另一方面为交往行动者的相互理解提供信息储存库，最后通过外在的结构功能，联系客观世界、社会世界和主观世界，形成一个相互关联的网络，为交往主体提供一种场域。然

---

[1] Edmud Hudderl, *The Crisis of European Sciences and Transcendental Phenomenology*, Northwestern University Press, 1970.
[2] 一是生活世界毋庸置疑地被给予了经验着的主体；二是生活世界拥有社会的先天确定性以及在语言中建构起相互理解的主体间性；三是生活世界的限度不能被超验。Habermas, *The Theory of Communication Action*, Vol. 2, Polity Press, 1998, p. 126.
[3] 刘悦笛：《论哈贝马斯"生活世界"的意蕴》，《河北学刊》2002 年第 3 期。
[4] 哈贝马斯：《后形而上学思想》，曹卫东、付德根译，译林出版社，2001，第 82 页。

而，对文化、社会和个性知识的理解和交流需要一种共同的语言。

（四）交往行动发生的媒介

哈贝马斯认为作为交往背景的生活世界就是通过语言组织起来的世界，生活世界里的知识先验地包含在语言中，并通过语言而符号化，从而"预先设定"在交往主体中，因此语言便成为交往主体与世界发生关系，提出可被接受或驳斥理由的一种媒介。

哈贝马斯通过借鉴奥斯丁和约翰·赛尔的经验语用学思想，提出普遍语用学的原则，认为交往行动主体的语言必须满足可领会性、真实性、真诚性和正确性的要求。所谓的可领会性是指言说者必须选择一个可领会的表达以便听者从语言结构的合规范意义上去理解它；真实性是指言说者提供的陈述必须是真实的，以便听者分享言说者的知识信息；真诚性指言说者表达自身的意向必须是真诚的，足以导致听者对言说者的信任；正确性指言说者所说的话必须是正确的或正当的，即符合公认的话语交流背景从而使听者认同。[①] 只有满足了这些条件，交往的主体才能够创造出一个理想的交往情境，为实现理解打下基础。

（五）交往行动的目的

理解是交往行动的关键和目的。所谓的理解就是交往主体在共同的生活世界的知识背景下，在彼此信任和相互尊重的基础上，通过协商、对话，最终取得一致，达成共识的过程。它既是交往行动的价值取向，也是交往行动的过程和目的。

理解的最低程度便是言语上的理解，即在共同的语境下相互认可。然而，要达到对交往行动的理解，交往的主体还必须具有交往的资质，即言说者不仅要具有创造理解和合乎语法语句的能力，还要具备建立理解交往模式和与外在世界相联结的能力。这就必须满足三类效度的要求：一是真实性要求，即言说者的话是符合外在世界的；二是正当性要求，说出的话从共同的社会规范来看是正确的和恰当的；三是真诚性要求，即说话行为所表达的主体愿望是真诚的。

[①] 哈贝马斯：《交往与社会进化》，张博树译，重庆出版社，1989，第66页。

二 当下国内外关于交往行动理论的应用与争鸣

交往行动理论最可贵之处便是它发现了主体间性，解决了主体性的内在矛盾，注意到了交往理性的作用，因此被广泛地应用于政治学、教育学和传播学等学科之中。

第一，在政治学中被应用于政治哲学和政治行为的研究。如李元行、唐玉和袁泽民等认为哈贝马斯交往行动理论中的程序主义民主能够解决自由民主主义和共和主义的对立，实现程序上的民主。[①] 这一论点与西方协商民主主义者（曼斯布里奇、艾斯西德尔、菲什金和斯库利等）不谋而合。王继军和马晓云认为哈氏的交往行动理论有利于公民社会的构建、协商民主的实现以及公共政策的实施。[②] 该理论还被应用到国际政治的研究之中，如周琳认为它不仅在理论上为国际关系理论提供了新思路，而且在现实中对国际关系的优化起着促进作用，并为国际社会进一步发展创设了一种理想化的模式。[③]

第二，在教育学中，首先是在教育学理论中的应用，如 Jerrold L. Kachur 强调交往行动理论比 Miedema 的教育行动理论（pedagogical action）更适用于教育学，因为哈贝马斯的理论既照顾到了科学因素，又有道德关怀。[④] 同样，交往行动理论也被 Gert Biesta 用来批判 Deweyan 的教育实用主义（pragmatism）。Gert 认为交往行动在教育学中更有利于教育实用理论的深化与扩展。[⑤] J. Masschelein 认为交往行动理论最可贵之处是它包含着一种交往的转变，正是这种为了达成共识的转变，使它在教育学中迸发出

[①] 李元行：《哈贝马斯程序主义民主观述评》，《政治学研究》2000 年第 3 期；唐玉：《社会主义协商民主：主体维度的思考》，社会科学文献出版社，2014；袁泽民：《协商的建构研究》，中国社会出版社，2014。

[②] 王继军、马晓云：《哈贝马斯交往行动理论及其现代政治价值导向》，《求索》2013 年第 7 期。

[③] 周琳：《哈贝马斯的交往行动理论及其对国际关系的影响》，《滨州学院学报》2007 年第 4 期。

[④] Jerrold L. Kachur, "Habermas' 'Theory of Communicative Action' and Siebren Miedema", Part One: The Ideological Context for Intellectual Appropriation, *Interchange* 29 (1998): 207-223.

[⑤] Gert Biesta, "Pragmatism as a Pedagogy of Communicative Action", *Studies in Philosophy and Education* 13 (1994): 272-290.

新的活力。[①] 不过相比于他们，Gicheol Han 和王延文等却认为交往行动理论应该被辩证地用于教育学，因为教育中很难排除工具理性的影响。[②] 其次，被用于英语教育、思想政治教育、德育等学科教育中。如肖德林在交往行动理论的启发下，探索出一种建立在交往行为基础上的多元共生的新型英语教学途径。[③] 董娜和殷朝晖都认为高效中的德育应该重视主体间性的作用，应形成一种教育者与受教育者互为平等交往主体的新型德育模式。[④] 同样，白露认为高校中的思想政治教育也应重视交往主体的平等性，建立一种师生平等的教育模式。[⑤] 再次，被用于学生培养[⑥]、师生关系[⑦]和学校管理上。[⑧] 最后，被用于教育和高校的改革中，如宣绍龙以哈贝马斯的交往行动理论作为分析工具，认为高效改革的关键是通过交往沟通机制，实现全校对改革目标的认同，从而产生集体行动。[⑨]

第三，在传播新闻学中，它被用于传统媒体作用和虚拟网络传播的研究。在传统媒体中，交往行动理论不仅扩大了传播主体的范围（由个体扩展到家庭、集体、民族、国家和社会），还发展了新的传播过程模式，改变了以前简单线性的传播模式。[⑩] 在虚拟网络中应用交往行动理论有助于

[①] J. Masschelein, "The Relevance of Habermas' Communicative Turn: Some Reflections on Education as Communicative Action", *Studies in Philosophy and Education* 11 (1991): 95 – 111.

[②] Gicheol Han, "An Educational Interpretation of Jurgen Habermas' Communicative Rationality", *Asia Pacific Education Review* 3 (2002): 149 – 159；王延文、王光明：《关于教育中"主体间性"的一些认识》，《天津大学学报》2004 年第 3 期。

[③] 肖德林：《思维方式的更新：从目的行为走向交往行为——从哈贝马斯的交往行动理论看我国高校英语教学》，《四川外语学院学报》2004 年第 2 期。

[④] 董娜：《哈贝马斯"交往行动理论"对高校德育工作的启示》，《职业圈》2007 年第 15 期；殷朝晖：《哈贝马斯交往行动理论对我国德育建设的现实意义》，《现代大学教育》2003 年第 5 期。

[⑤] 白露：《交往理论视域中的高校思想政治教育研究初探》，《内江科技》2012 年第 10 期。

[⑥] 万树超：《交往行动理论对学生干部培养的启示》，《人民论坛》2010 年第 35 期；王海霞：《基于交往行动理论的学生教育管理策略研究》，《成人教育》2011 年第 4 期。

[⑦] 张俭民：《哈贝马斯交往行动理论对重构师生交往关系的启示》，《现代教育科学》2007 年第 1 期；南腊梅：《基于哈贝马斯交往行动理论的教学交往关系重建》，《当代教育与文化》2009 年第 5 期；南腊梅：《基于交往行动理论的课堂教学交往本质的探讨》，《课程教学研究》2013 年第 7 期。

[⑧] 王海霞：《基于交往行动理论的学生教育管理策略研究》，《成人教育》2011 年第 4 期；赵长明：《交往行动理念下的学校管理问题研究》，《中国管理信息化》2012 年第 20 期。

[⑨] 宣绍龙：《高校改革中的沟通机制研究——基于哈贝马斯"交往行动"理论的分析》，《绍兴文理学院学报》2012 年第 2 期；何大吉：《基于交往行动理论的高职高专大学英语改革——以四川天一学院为例》，《当代职业教育》2011 年第 4 期。

[⑩] 陈露菡：《〈交往行动理论〉的传播学启示》，《青年记者》2014 年第 16 期。

建立网络公共空间、实现合理化的网络行动以及网民的主体性和道德①，如 Richard Bull 通过收集和分析 Twitter 上的数据，发现建立在交往活动基础上的网络广告，效果最为显著。②

第四，在其他学科中的应用。在翻译学上，吕俊认为文学翻译就是一种交往行动，宋晓春和朱健平也认为翻译批评应是翻译主体间的批评。③ 在文学上，孙宁宁认为交往行动理论对于重建文学批评理论的新理性和文学主体间性是有益的。④ 在管理学上，它被用于公司管理中，如 Kristi Yuthas, Rodney Rogers, and Jesse F. Dillard 认为将交往行动理论作为年终报告的沟通方式的公司，能够让年终报告更为真实、真诚和合理，有利于公司做出最佳的发展战略。⑤ 在医学上，交往行动理论可被用于医者和患者的交往互动，从而为患者选择最佳的治疗方案。⑥ 当然它也被应用于物理学⑦、法学⑧以及社会工作⑨等其他领域的研究中。

交往行动理论虽是一种重建的理论，但更是一种批判的理论。因此，该理论的产生在学理上引起广泛的争论，一方面是对它的介绍和解读，如

---

① 唐魁玉：《哈贝马斯的交往行动理论及其对网络交流的意义》，《学术交流》2003 年第 4 期；高如：《论虚拟社区交往环境下的趋"真"——哈贝马斯的交往行动理论对虚拟社区的启示》，《新闻爱好者》（理论版）2008 年第 12 期；程娟：《哈贝马斯的交往行动理论对网络交流的意义》，《时代金融》2011 年第 2 期；申金霞：《交往行动理论与公民记者虚拟空间的行为规则探析》，《现代传播》2012 年第 4 期。

② Richard Bull, "Semantic Mapping of Discourse and Activity, Using Habermas' Theory of Communicative Action to Analyze Process", *Qual Quant* (2015): 1 - 19.

③ 吕俊：《文学翻译：一种特殊的交往形式——交往行动理论的文学翻译观》，《镇江高专学报》2001 年第 3 期；宋晓春、朱健平：《论翻译批评中的主体间性——兼论走向交往对话的翻译批评》，《湖北大学学报》2009 年第 4 期。

④ 孙宁宁：《走向交往理性的文学理论批评》，《巢湖学院学报》2002 年第 1 期；肖建华：《哈贝马斯主体间性文艺美学思想简论》，《南阳师范学院学报》2009 年第 5 期。

⑤ Kristi Yuthas, Rodney Rogers, Jesse F. Dillard, "Communicative Action and Corporate Annual Reports", *Journal of Business Ethics* 41 (2002): 141 - 157.

⑥ Liv Tveit Walseth Edvin Schei, "Effecting Change through Dialogue: Habermas' Theory of Communicative Action as a Tool in Medical Lifestyle Interventions", *Medicine Health Care and Philosophy* 14 (2011): 18 - 90.

⑦ Rinat M. Nugayev, "Communicative Rationality of the Maxwellian Revolution", *Found Science* (2015): 1 - 32.

⑧ 陆洲、兰艳：《法律行动理论的建构——基于哈贝马斯"交往行动理论"的阐释》，《学术论坛》2012 年第 11 期。

⑨ 曹冬冬：《交往行动理论视角下社区服务居民参与的改善——基于天津市河北区建昌道社区服务中心的调研》，《城市观察》2013 年第 6 期。

对生活世界的解读[1]，对主体间性的评析[2]，以及对理论的整体介绍[3]；另一方面是对它的批评，具体的批判主要集中在以下三个方面。

第一，对前人理论批判得不当和继承不足。首先是对马克思主义的理解不足，如王振林通过比较分析哈贝马斯交往行动理论和马克思交往思想之间的关联与区别，认为哈氏的方案充满把人类实践逻辑化的魔影。[4] 其次是对韦伯的批判有失公允，如对于韦伯的新教伦理和资本主义发展关系的批评有失偏颇，对实践道德理性（practical - moral reason）的理解不够精确[5]，如 James Johnson 认为哈贝马斯没有把"策略行动"放在一个动态的过程中去考察，违背了理性行为在博弈论中的考察标准。[6] 最后是对功能主义的批判不当，哈贝马斯虽然继承了 Mead，Schutz 和 Parsons 的双重偶联性（double contingency）理论，但是他最大不足便是对三重关联性（triple contingency）的忽视。[7]

第二，部分概念不清，如生活世界的概念对经济系统和政治系统的关注不够，对生活世界的转换也没有论及[8]，哈贝马斯关于理性的定义过于狭窄，因为现实社会远非交往理性可以概括的，在不同的领域，理性会呈现不同面[9]，同时也缺乏革命的理性。[10]

第三，理论过于理想化，缺乏实践性。交往行动理论没有考虑交往主

---

[1] 刘悦笛：《论哈贝马斯"生活世界"的意蕴》，《河北学刊》2002 年第 3 期；张甜甜、陈斌：《哈贝马斯对现代社会困境的分析——论哈贝马斯系统与生活世界学说》，《中国商界》2010 年第 2 期。

[2] Alan Sica, "Review: The Power of Talk", *American Journal of Sociology* 97 (1991): 524 - 533；孙庆斌：《哈贝马斯的交往行动理论及重建主体性的理论诉求》，《学术交流》2004 年第 7 期；徐震：《哈贝马斯主体间性理论评析》，《世纪桥》2007 年第 7 期。

[3] 何潇：《试论哈贝马斯的交往行动理论》，《太原城市职业技术学院学报》2010 年第 7 期；李联华：《试论哈贝马斯的交往行动理论》，《中共福建省委党校学报》2010 年第 2 期。

[4] 王振林：《解析与探索——哲学视域中的主体际交往》，《人文杂志》2000 年第 3 期。

[5] Donald A. Nielsen, "A Theory of Communicative Action or a Sociology of Civilizations? A Critique of Jurgen Habermas", *International Journal of Politics, Culture, and Society* 1 (1987): 159 - 188.

[6] James Johnson, "Habermas on Strategic and Communicative Action", *Political Theory* 19 (1991): 181 - 201.

[7] Piet Strydom: "The Problem of Triple Contingency in Habermas", *Sociological Theory* 19 (2001): 165 - 186.

[8] Hugh Baxter, "System and Life - world in Habermas' 'Theory of Communicative Action'", *Theory and Society* 16 (1987): 39 - 86.

[9] Viktor J. Vanberg, "Review: Communicative Action and Rational Choice", *Public Choice* 116 (2003): 457 - 465.

[10] 安东尼·吉登斯：《没有革命的理性？——论哈贝马斯的交往行动理论》，田佑中、文军译，《马克思主义与现实》2002 年第 2 期。

体的复杂性[1]，因为现实远比哈贝马斯的交往行动理论所想的复杂，机构和文化在现实中同样发挥着作用。[2] 如 Jeffrey C. Alexander 指出哈贝马斯对文化因素关注不够，称哈氏的理论为"弱文化理论"。[3]

三 交往行动理论对中国各民族交往交流交融的启示

哈贝马斯作为法兰克福学派的第二代旗手，一如既往地继承和发展了该学派的批判之风，然而相较前人，他更偏重于重建。交往行动理论便是最好的例证，它的建立就是打破后现代主义虚无学说，重构现代性和理性在解释社会合理性中的作用。通过主体间性的重建，哈贝马斯运用规范语用学、深层解释学、精神分析学、认识发生学和结构功能主义的方法，借用波普尔三个世界的理论和胡塞尔、舒茨和卢曼的生活世界理论，建立交往行动理论。该理论因其内涵的交往理性、主体间性和程序民主的价值，被诸多学科引用。作为一种批判、综合和重建的理论，它难免会受到一些学者的批判，但这难掩盖它现实的指导作用，及其对人际交往、民族交往和国家交往的意义。作为一种西方的理论，它虽然与中国有着历史基础、社会发展程度和文化氛围的差别，但作为一种交往的最佳理论，它仍具有一定的借鉴和启示意义。

第一，在民族交往交流交融的内涵上，需要明确"三交"的发生背景、主体、内容和目的。在多民族统一的中国，"三交"的发生背景应由多民族的状况、社会主义核心价值观以及中国特色的民族政策和制度构成；"三交"的主体应由民族个体（公民）、民族整体和国家三者组成；"三交"的内容应包括经济、文化和社会三个方面；"三交"应以增强国家认同为目的。概而言之，各民族交往的主体在中国特色的社会主义民族政策、法律和制度背景下，在共同的语言媒介下，平等地、自愿地和自发地

---

[1] Wes Sharrock & Graham Button, "On the Relevance of Habermas' Theory of Communicative Action for CSCW", *The Journal of Collaborative Computing* 6 (1997): 369 – 389.

[2] David Oki Ahearn, "Urban Empowerment as Public Participation: The Atlanta Project and Jurgen Habermas' Theory of Communicative Action", *Annual of the Society of Christian Ethnics* 20 (2000): 349 – 368.

[3] Jeffrey C. Alexander, "Review: Habermas' New Critical Theory: Its Promise and Problems", *American Journal of Sociology* 91 (1985): 400 – 424.

通过协商活动，以增强国家认同为共识的行为。

第二，在如何促进民族交往交流交融上，交往的行为是各主体互为主客体共同努力的结果，因此"三交"也要国家、民族和个体各尽其力，共同促进。具体说来，国家做好顶层设计，为"三交"创造良好环境：一是建立和完善相关民族政策、法律、法规和制度，为"三交"提供政治保障；二是大力发展经济，为"三交"提供物质保障；三是构筑各民族共有精神家园，为"三交"奠定思想基础；四是加快全面建设小康社会进程，为"三交"营造良好社会氛围。作为整体的民族，在"三交"中必须在以增强国家认同为初衷的基础上，做好反映民意、下达国家要求的工作，发挥好桥梁的作用。个体应该发挥民族交往主力军的作用，在交往中做到诚信、友善、勤劳和爱国。

第三，对"三交"前景的认识。首先"三交"是一种符合历史发展规律和中国多民族实际、适应现代需要和时代潮流的理论，其次通过多方面、多层次的努力定能实现"三交"的目标——共享中华民族共有家园。

第四篇

互嵌式社会结构和
　社区环境建设

城市民族互嵌式社区建设研究[*]

来　仪[**]

[**摘　要**]"推动建立相互嵌入的社会结构和社区环境"正在成为中国促进民族交往交流交融要求的具体实现路径。本文对城市多民族互嵌式居住模式进行了学理层面的思考，从城市社区的民族居住模式角度去观察民族关系问题，对当前选择多民族互嵌式社区居住模式的价值、该模式与其他已有的民族居住模式的关系等问题进行了一定分析，还就当前进行相关建设提出了一些建议。

[**关键词**]　民族互嵌式　社区建设　居住格局

在一个多民族国家，不同的民族如何能够和睦共处，是一个既古老又现代的问题。当前在中国，"推动建立相互嵌入的社会结构和社区环境"的政策主张，正自上而下地进入官方话语与学术领域。民族人口的居住格局，这个过去主要为历史遗留的、民众自愿选择决定的、一般生活意义上的话题，顺应当前巩固和发展社会主义民族关系的时代要求，被作为一种促进各民族交往交流交融和减少族际冲突的建设性方案得到党和国家的倡导。当我们面对城市居民日益多民族化之突出事实的时候，从学理层面审视多民族互嵌式社区建设问题无疑具有特殊意义。

一　从民族居住模式观察城市民族关系

当前，全球化、工业化、城市化、信息化、市场化的历史潮流共同推

---

[*] 本文系西南民族大学 2015 年博士授权一级学科建设项目，编号：2015XWD - B0304。
[**] 来仪（1957 ~ ），西南民族大学教授，博士生导师，主要研究方向为民族理论与政策。

动人口进行着普遍的跨国界、跨种族和跨民族的流动，城市居民的多民族构成已经是一种世界现象。在这样的时代条件下，民族成员的居住格局便成为一个几乎让每一个城市都会关心而又存在些许困惑的问题。说对它"关心"是因为，不同民族人口的居住模式，既是城市社会结构的重要侧面，又作为不同民族成员进行社会交往的空间条件而成为影响城市民族关系的决定性因素之一。迄今为止，城市生活中各民族的居住模式多种多样，既有美国唐人街、韩国城、波多黎各人及拉美人聚居的外来移民区等这样一些主要由个人自由选择并以某一民族或种族为主体自然形成的聚居区，也有由政府主导的类似新加坡多民族混合式社区的聚居区，还有英国伦敦托特纳姆区那样的依托某种种族或民族形成的贫民区。此外，基于宗教和民族因素还形成了一些类似于穆斯林社区这样的居住格局。长期以来，这些居住模式均存在一些与民族或种族相关的社会问题并对城市管理和居民关系形成挑战。尤其是近年来，在西方一些城市不断出现有种族或民族背景的移民社区发生相关骚乱的事件，包括1992年的洛杉矶骚乱、2005年的巴黎骚乱、2011年英国伦敦的托特纳姆区骚乱、2014年美国密苏里州弗格森镇的骚乱和2015年美国马里兰州巴尔的摩的骚乱等事件。这一切都不能不让政府、学术界和社会在高度关注城市民族关系的同时去关注民族的空间分布。而这些现象、问题和挑战又往往成为使人们对民族分布格局产生困惑的原因。

正是在此基础上，族际分布问题已经超越城市的自然地理范畴而备受学术界的关注。社会学、政治学、民族学、管理学等学科对城市居民的多民族化现象，对城市各民族居住格局的形成原因、作用机制以及可能产生的社会后果都进行过若干分析，奠定了可供借鉴的理论基础，提供了分析手段。其中，民族间的隔离式居住和多民族混合式居住是两种典型的居住模式。

隔离式居住也被称为居住隔离，是对特定的社会群体之间社会接触状态的空间分布特点的描述。所谓"居住隔离是指群体在空间上的非随机分布，并且形成以某些社会特征为基础的系统性居住模式"[1]。而民族（或族群）共同体便是其中一种具有特定社会特征的人群，民族之间的居住隔离

---

[1] 转引自郝亚明《城市与移民：西方族际居住隔离研究述论》，《民族研究》2012年第6期。

实际上也是一种以民族（或族群）为边界的族际隔离现象。迄今为止，学术界对该模式有不同解释，甚至形成了不同的学派和观点。比如：在社会学领域，著名的美国芝加哥学派对城市的研究，包括对不同族裔居住状态的分析都已经形成比较系统的理论框架。此外，种族或者民族同化论便是围绕移民聚居区而形成的。"这种理论认为，人群居住的隔离程度越高，其社会经济地位就越低。"[①]周敏在分析美国华人聚居的唐人街现象时，则一改许多人对唐人街比较消极的叙述逻辑。她指出：许多历史学家和人类学家把唐人街描绘成为移民谋生的权宜之计，或者描绘成为移民到美国来被同化的第一个落脚点，移民进入社会经济的底层，开始走上教化和社会流动的艰苦历程。政治家则把唐人街视为可以轻易地残酷剥削无组织的廉价劳动力的地方。她则认为唐人街不是深受都市弊病祸害的贫民窟，而是一个朝气蓬勃的民族社会经济聚居区，它给中国移民提供了从大社会难以得到的种种方便和机会，并且帮助移民在不丧失民族性和凝聚力的情况下，在社会上奋斗、发展……正是唐人街的社会经济潜在力量帮助移民奋斗，让他们既能保存自己的民族本色和同舟共济精神，又能够在美国立足、崛起。[②]郝亚明将隔离居住可能产生的负面影响归纳为五个方面，包括：族际居住隔离不利于该民族的生活机会，不利于他们的社会化，不利于实现社会融合，不利于族群关系，是城市社会冲突的重要来源。[③]他还具体梳理且介绍了族际居住产生的正面和负面效应、居住空间与邻里效应的重要性、族际混居与接触的真实效果、对相关空间进行干预的政策等学术争议。他认为族际隔离状态在短期内、在一定程度上通过减少族群间的往来，可避免摩擦，但从长远看，族群间的封闭状态容易产生民族隔阂，不利于一个国家内族群间的融合，在国家层面缺乏社会凝聚力。这种分散的社会结构在面临政治危机时尤其显得脆弱。为此，欧美一些政治家也通常秉持这样的理念，"居住隔离阻碍社会融合，制造社会不平等，并可能导致社会碎片化"[④]。学术界的主流观点似乎是：族群聚居和由此导致的空间隔离被普遍认定为不受欢迎甚至是危险的。这似乎也是民族之间的"同化模式"在一些国家大行其道的原因，城市中的少数民族聚落也由于通常

---

① 周敏：《唐人街——颇具社会经济潜质的华人社区》，商务印书馆，1995，第13页。
② 周敏：《唐人街——颇具社会经济潜质的华人社区》，商务印书馆，1995，第5页。
③ 郝亚明：《城市与移民：西方族际居住隔离研究述论》，《民族研究》2012年第6期。
④ 郝亚明：《城市与移民：西方族际居住隔离研究述论》，《民族研究》2012年第6期。

被视为种族或民族隔离的一种表现形式而受到质疑。

民族之间的混合式居住则是一种不突出某个或者某些民族身份的不同民族成员混杂居住的模式。它也是在族际隔离模式的弊端充分显现以后逐渐形成的。在这方面，新加坡被认为是一个典型。即：在20世纪60年代以前，作为一份殖民时期的政策遗产，新加坡对于各个民族实行同族聚居政策，彼此之间呈现隔离居住状态。20世纪60年代，新加坡借助推行公共住房政策的机会去改变聚族而居的民族隔离格局，通过促进空间上民族融合的方式去达到国家构建的目标——构建"新加坡人"。当时该国建屋发展局制定的组屋配额政策规定，每一个住宅区和每一个组屋的居民必须符合一定的族群比例，该比例大致与新加坡人口中的族群比例一致。这种族群混合居住政策在推行之初遭到部分国民的反对，因为他们认为具有相似特征的人群之间更容易互动，他们也不愿与他族人口混合在一起。实践证明：被政策强制性地安排在同一个空间内的各民族成员在同一社区内可以和谐共处。学术界对类似现象的研究为"多元文化论""民族文化模式论"都提供了依据。比如："民族文化模式论"认为，各种不同民族的移民群体可以按照各自适应的不同方式同时生活在一个国家，民族团结精神可以帮助移民群体"通过组织必要的集体力量来创造在经济上发展的机遇，并按照民族的附属经济的需要，形成可供选择的密切关系"[①]。此外，美国学者阿历翰德鲁·波特斯提出的"民族经济聚居区经济模式"之说也从经济与文化两个方面进行了类似的阐述。马戎教授曾在介绍美国的相关情况时也指出："黑人和白人孩子从小在一起学习、游戏，两小无猜，这对于改变他们之间的种族偏见，是有积极影响的。"[②] 还有学者的研究也明确指出："从国际社会上的教训看，不加干预的单一族裔人群如移民聚合群体，往往易酿成极为严重的城市骚乱事件。如伦敦骚乱、法国巴黎穆斯林移民社区的骚乱，其共同特点都是矛盾长期积累，由偶发事件作为诱发因素，局部事件演变为难以控制的大规模骚乱。发生在乌鲁木齐市的'7·5'事件本质上也是一场城市骚乱。造成这种局面的一个重要原因，是空间隔离造成相互排斥、缺乏认同，失去了建立在个体交往基础上的民族交往。"[③]

---

① 周敏：《唐人街——颇具社会经济潜质的华人社区》，商务印书馆，1995，第20页。
② 马戎：《民族与社会发展》，民族出版社，2001，第63页。
③ 王平、李江宏：《乌鲁木齐市多民族混合社区建设研究》，《中南民族大学学报》2013年第4期。

显然，在对民族间的隔离居住和混杂居住这两种模式的思考中，研究者们的立场、视角、分析手段均存在差异，既有立足于社会经济的解释，也有文化族群的解释，但是这些问题最终总是与保障民族平等权利、避免或者减少民族之间的社会冲突、满足各民族成员的社会化需求等社会目标和学术理想联系在一起。相对于隔离居住模式而言，混合式的民族居住模式似乎更符合许多国家的理想，并且"几乎成为所有国家应对族际空间分化的主要思路"①。

二 对中国城市民族互嵌式居住模式的辨析

城市居民构成的多民族化是中国改革开放以来最为突出的事实之一。当民族互嵌式居住模式成为中国构建社会主义和谐民族关系这一政策目标的具体路径的时候，从学理层面思考这种选择的价值，无疑是进行相关实践的基础性工作。对此，笔者有以下几点认识。

（一）城市社区是构建民族互嵌式居住模式的基本单元

"社区"是中国在20世纪30年代从西方引进的概念，学术界对它的理解和表述多种多样。就一般意义而言，"社区是以一定地域为基础的社会生活共同体。此词最早由滕尼斯提出。基本要素有：（1）有一定的地域；（2）有一定的人群；（3）有一定的组织形式、共同的价值观念、行为规范及相应的管理机构；（4）有满足成员的物质和精神需求的各种生活服务设施"②。也有学者将城市社区进一步划分为街道社区、单位社区和商品楼社区三种基本类型③。笔者认为：从中国城市的社会结构角度看，城市社区具有二元结构的特点。一是它的地域性特点，即：以某种特定的社会组织（街道、居民委员会、单位、商品楼）的辖区为边界形成城市居民最基本的居住和生活单元。二是代表社区的某种特定的组织具有一定的行政组织机能并构成城市最基层的社会单元。至于谁是"最基本"

---

① 郝亚明：《城市与移民：西方族际居住隔离研究述论》，《民族研究》2012年第6期。
② 《辞海》，上海辞书出版社，2011，第1654页。
③ 侯慧丽、李春华：《梯度城市化：不同时区类型下的流动人口居住模式和住房状况》，《人口研究》2013年第2期。

"最基层"的社会组织,应该依据研究对象的具体情况来进行具体分析。众所周知,伴随着市场经济体制的确立和深化,城市居民的生活方式逐渐从"单位人"转变为"社会人",过去主要由居民工作单位承担的物业管理、治安、就业、教育、医疗卫生等功能现在则主要依托社区来完成,社区就如同城市社会肌体的一个个承担执行功能的细胞。民政部于20世纪90年代初开始倡导进行社区建设,旨在经社区动员和实现居民广泛的社会参与以促进社会的稳定和发展。此后,和谐社区又成为和谐城市建设的基础性工作。因为在任何一个正常运转的城市,社区居民之间联系的结构和程度都将直接关系到居民对社区的认同感、安全感、归宿感、幸福感。当城市居民日益多民族化的时候,构建和谐社区必然包括良好的民族关系和不同民族成员个体之间人际关系的建设。显然,当前中央提出建设民族互嵌式社区,是立足于社会的基本单位并将社区作为构建和谐民族关系的实现路径,通过基层民族关系的良性发展提升整个城市层面的民族关系质量而进行的一种接地气的应对方案,具有其合理性。

(二)民族互嵌式社区是一种具有特定内涵的居住模式

所谓模式是指:"某种事物的标准形式或使人可以照着做的标准样式。"[1] 从本文"互嵌式"概念的字义而言,它首先是指不同的居住主体之间呈现你中有我、我中有你的混杂居住状态,也是对不同民族彼此相处的一种空间条件的设定。其次,"互嵌式"并不仅仅是各民族形式上的相邻而居,否则何不采用已有的"混杂居住"一词?显然它还有其独特内涵。而这又与该概念产生的背景和动因直接相关。

进入21世纪以来,中国的民族关系不断面临各种新问题、新挑战。2010年,中央在关于西藏工作的座谈会上明确提出了要促进"民族交往交流交融"的指导性意见。但是,如何创造现实条件去实现这种要求?2014年,习近平总书记赴新疆考察之际,针对当地的社会结构及民族分布格局(即使是在乌鲁木齐这样的省会城市,呈现"南维北汉"的空间格局也是不争的事实),明确阐发了"各民族要相互了解、相互尊重、相互包容、相互欣赏、相互学习、相互帮助","要加强民族交往交流交融,布置和开

---

[1] 《现代汉语词典》(第六版),商务印书馆,2012,第800页。

展多种形式的共建工作，推动双语教育，推动建立各民族相互嵌入式的社会结构和社区环境，有序扩大新疆少数民族到内地接受教育、就业、居住的规模，促进各族群众在生活和工作中加深了解，增进感情"等一系列观点。2014年，中共中央政治局在研究推进新疆社会稳定和长治久安工作会议上，围绕增进各民族交往交流交融的目标又明确提出了推动建设"民族互嵌式社区"的主张。之后，该主张在年底的中央民族工作会议上被作为构建和谐民族关系的重要内容推向全国。以上过程的内在逻辑是：在地域范围上从西藏、新疆转向全国；在民族关系上从关注民族居住格局到主张民族之间感情和精神的交融；在决策程序上则是由一种理论观点上升为执政党的施政要求。显然，我们从特定的时代背景可以看到"民族互嵌式"居住模式有两个关键要素：一是"社区"这个地域环境形成的居民之间的空间关系，成为实现民族交往交流交融之目标的一个客观条件；二是要使社区内部的多民族居民彼此之间在心理和情感方面都具有"我者"对"他者"的认同，这是社区这一城市细胞内部凝聚各民族的坚韧纽带，承载着该模式的目标要求。这两个要素相辅相成，其有机统一成为"互嵌式"模式区别于其他居住模式的关键。显然，较之民族混杂居住模式和隔离式的单一民族社区模式，民族互嵌式社区模式作为一种各民族共存方式，具有突出的文化多样性、包容性、开放性特点。这种生活环境利于各民族居民通过在一个社区共同生活，增加彼此交往交流交融的机会。这似乎更符合在全球化、市场化、工业化、信息化、城市化浪潮背景之下民族关系的发展趋势。

（三）民族互嵌式社区与现有的民族社区是什么关系？

从总体上看，中国城市社区的类型多种多样，既有传统的街坊社区，也有外来移民形成的新的居民小区；既有单一的机关或者企事业单位组成的社区，也有混合式的综合小区。如果从城市居民的民族构成和民族人口分布的角度观察，民族之间的大杂居、小聚居仍然是基本事实。由此，又可以延伸出两种主要的社区类型：一是有多种民族的居民共同居住的社区；二是民族成分比较单一，其中某一种少数民族人口占有明显比例的社区，而这样的社区也往往被称为民族社区。高永久教授曾这样定义："民族社区是指我国各少数民族社会成员以共同的地缘和紧密的日常生活为基础的民族区域性社会，是一个兼具社会性、民族性和文化性的社会共同体。"①笔者注意到,由于中国对少数民族的"小聚居"概念缺乏具体的标准,其人口比例是弹性的,民族社区更多的时候只是一个相对概念。比如:北京市西城区回族人口传统聚居的牛街街道办事处管辖32个居民委员会,其中有10个被划定为回族聚居的居委会,因为其回族人口所占比例超过21.6%②。还有的城市更多地强调本市少数民族分布在全市各个区县的大杂居状态,少数民族比较集中居住的地方也被纳入其中。

中国城市民族社区的形成主要有两种情况:一是在历史上形成并且一直发展到今天的社区,其居民一般都具有本市户籍。比如:上面提及的北京牛街的10个回族人口比较集中居住的社区;武汉市汉口的广益桥、二七街,武昌的起义街、马家庄等几个回族人口传统聚居的社区;西安市莲湖区北院门街道学习巷回族人口聚居的社区;南京的七家湾回族社区;新疆乌鲁木齐市二道桥周边维吾尔族人口聚居的社区;等等。二是近年来一些外来少数民族进入城市以后自发形成的民族社区,其少数民族移民大多没有取得当地户籍,甚至还有部分流动人口。比如北京等城市维吾尔族人口形成的类似"新疆村"的"城中村"、成都市武侯横街及其周围的藏族文化数条街道、青岛市近年来形成的多个朝鲜族人口聚居的社区等。迄今为止,我们不难发现这些民族社区存在的合理性。比如:许多在历史上形成的城市回族社区,主要是由于宗教信仰和生活习惯的一致,其居民世世代代通过聚族而居去满足他们生活的方便和实现社会化的需求。在这些需求仍然存在而社会还不能够提供替代条件的情况下,这些民族社区就会继续延续下去,其存在就有必然性、合理性。其中,像北京牛街那样的回族社区在国际上已经具有很高的知名度,成为城市经济文化的重要组成部分。而就城市中外来少数民族形成"城中村"的小聚居现象而言,正如许多研究者已经观察到的那样:它们往往是外来少数民族人口基于亲缘、地缘、业缘等自己拥有的社会资源进入城市以后寻找的最直接、最安全、最熟悉、成本最小的落脚点。其道理正如台湾作家龙应台用充满诗意的话语所描述的那样:我喜欢在星巴克(Starbucks)买咖啡。不见得因为它的咖啡特别好,而是因为,你还没进去就熟悉它的一切了。你也许在耶路撒冷,

---

① 高永久、朱军:《试析民族社区的内涵》,《北方民族大学学报》(哲学社会科学版)2010年第1期。
② 周尚意:《现代大都市少数民族聚居区如何保持繁荣——从北京牛街回族聚居区空间特点引出的布局思考》,中国民族宗教网,2014年3月31日。

也许在伦敦,在北京,或者香港,突然下起冷雨来,远远看见下一个街角闪着熟悉的灯,你就知道在那里可以点一大杯拿铁咖啡加一个牛角面包,虽然这是一个陌生的城市。① 显然,民族社区模式背后起决定性作用的仍然是人们对其生存与发展需要做出的理想选择。

当然笔者并不否认在城市以民族身份聚族而居存在一些风险,因为任何事物都有两面性,从管理者角度看,未雨绸缪也是必要的。但是,民族社区产生负面社会影响的概率究竟有多大,至今为止是缺乏统计数据的。我们更多地看到人们通过一些经验事实做出的结果预设,不排除其中存在对某些民族的污名化和刻板印象。客观而言,城市民族社区的情况千差万别:世居少数民族与外来少数民族分别形成的社区之间、民族特点浓厚程度不同的民族社区之间、经济实力不同的民族社区之间均各有千秋。民族社区少数民族人口的个体差异同样非常明显,其个人条件、生活经历、对社会的期望值等都各不相同,其个人素质良莠不齐,适应城市的能力也不同,具有"体制外人口"的共同特点,在这些方面都需要辩证思维。笔者曾经在相关研究中认为:当许多少数民族同胞从边远的农牧区、从市场经济因素缺失地区、从社会结构和生存环境相对单一的传统农业社会,被市场经济这只"看不见"的手,拉入现代化步履最为快捷的城市,他们必将面临市场经济的洗礼和挑战,必将受到自身素质、文化差异、地区差距等因素的制约,在城市的竞争和适应中需要解决多种民生问题,甚至有人会遭遇不如意、不公平、平等权利受损等现象。当这些现象具备成为"问题"的因素和条件时,它们在特定条件下就将遵循本身的发展轨迹,成为事实上的问题。此外,如果从心理学角度而言,一些在不同的民族成员之间存在的原本无足轻重的小摩擦,往往并非都是当事人出现问题的真正原因,它只是一个导火索,真正的原因是这方面已经积累足够的不满意,人们在心理上陷入的焦虑与不安需要得到释放而已。② 对此,是否可以认为:民族社区少数民族居民的个人素质如果与城市发展因素、与相关资源的配置匹配失衡,往往容易借助民族性因素宣泄出来,而并非仅仅是外来少数民族本身的问题。显然,倡导民族互嵌式模式不宜简单地否定现有的民族居住模式,采用非此即彼的思维方式会带来事与愿违的结果,应该具体情

---

① 龙应台:《紫藤庐和星巴克之间:龙应台对"国际化"的思考》,人民网,http://www.people.com.cn/GB/wenhua/27296/2018581.html,2003年8月15日。
② 来仪:《当前我国城市民族问题浅论》,《学术界》2012年第9期。

况具体分析。同时,对于现存的多民族社区和比较单一的民族社区,努力增强各民族居民的凝聚力,提升至互嵌式的品质才是上策。

三 构建民族互嵌式居住模式应关注的几个问题

2013年,党的十八届三中全会提出了"推进国家治理体系和治理能力现代化"的重大命题,要求国家的治理主体按照法治思维和法律制度治理国家,采用制度化、科学化、规范化的手段提高治理能力。在这样的背景之下,如何科学有效地进行民族互嵌式社区建设,也就成为其中的一个现实课题。其过程本身构成体现治理主体治理水平、提高治理效能的重要内容。由于该过程涉及相关部门对民族互嵌式的理解、态度,以及城市发展规划等多种因素,为此,笔者认为当前该模式的建设应该注意以下几点。

(一)民族互嵌式社区建设需要形式与内容、手段与目的相一致

我们已经知道,民族居住格局上的"互嵌式"模式包含两个关键要素——民族之间由地域关系产生的空间关系和社区居民彼此在心理和情感方面产生的"我者"对"他者"的认同。前者是表面的、形式上的、工具性的,后者则是内容上的、目的性的。这两个要素在实现方式、构建过程、实施效果等方面均有明显差异,如何保证形式与内容、手段与目的相一致是一个需要直面的问题。具体涉及政府建设预期社区的方式方法、正确处理政府与市场的关系等更加细微的问题。

客观而言,中国政府握有各种强大的社会资源和政策工具是不争的事实。可以预见:政府倡导互嵌式社区建设,必然会引导或者推动全社会不断跟进。根据过去的经验和教训,笔者认为有必要看到:在当前市场经济条件下,城市社区建设是以房地产开发为主的市场化方式,政府采用什么方法在购房、拆迁安置、城市外来人口的迁入和迁出过程中对各民族的空间分布进行专门的政策控制是一个不可以随心所欲的问题。近年来,中国城市建设中已经有太多的惨痛教训让我们记忆犹新,包括各种不负责任的、破坏性的大拆大建,各种不计后果的强行搬迁,好大喜功地搞起一个又一个形象工程,搞运动式地在完成各种"现代化"城市的指标……形式

与内容、手段与目的分离和脱节，大搞形象工程、搞形式主义的花架子似乎已经成为社会的通病。由此，在多民族的互嵌式社区建设过程中，要避免这些诟病，就必须尊重市场规律，合理合法地运用行政手段，科学而合理地、有计划地推进。需要城市管理部门和管理者的权力、理念与市场的有机统一。尤其需要关注的是，较之在形式上形成民族之间你中有我、我中有你的多民族社区，社区居民彼此在心理和情感方面的认同，是一个需要耗费时间去实现的社会工程，表现为在社区不同民族居民的交往中，平等、团结、互助、尊重、理解、信任、诚信、宽容等成为大家共同追求的待人之道，各种民族文化能够共存、兼容并蓄，大家和睦共处、和衷共济。这是由人心萌发的愿望、习惯和个人素养的积累，只有在这样的居民个体关系上，民族之间的良好关系才能够得到建立，而这一点才是互嵌式社区建设的灵魂。如果在这方面只注重形式忽略内容，甚至将手段扭曲成为目的，多民族互嵌式社区极有可能成为一般意义上的民族混合式社区。

（二）机制建设是民族互嵌式社区建设的重中之重

我们已经知道，多民族互嵌式社区由于可以提供各民族交往交流交融的空间环境而成为构建和谐民族关系的一个基础性条件。但是由"可以提供"到真实地成为一种社会关系却需要具备一系列的条件。因为理论的逻辑和经验事实都证明：民族之间混合居住，在民族接触过程中会存在两种相反的情况。一是相邻而居的人们，比隔离居住的人们彼此接触、交往交流交融的机会更多、频率更高、范围更宽，这也是国家倡导民族互嵌式居住模式的预期。二是在城市的社会化程度越来越高、文化具有多元化特点、人们之间还存在各种竞争关系的情况下，个人之间也普遍存在"原子化"现象，即使是邻里之间，完全也可以"老死不相往来"，这也使许多外来者成为"城市里的陌生人"。民族多也就意味着文化的多元，不同的民族文化或者地域文化相遇难免会发生一些文化冲突也是不争的事实。如果再加上人们之间存在的各种竞争关系，这一切都可以成为邻里之间发生矛盾和纠纷的现实因素，事实上这种情况也是一种常态。显然，采取何种居住模式只是一个必要的空间条件，关键在于如何利用人们的居住环境创造有利于彼此交往交流交融的条件，通过采取各种有效的方式、方法和手段去消弭不同民族的社区居民之间、邻里之间的原子化倾向，避免或者减少矛盾和纠纷，增强社区居民的凝聚力，拉近各民族居民之间的心理距离，最终实现预期的政策目标。显然，对于作为一种模式的民族互嵌式居住，起决定性作用的是其中起着引导作用的各种机制。"机制"一词原本属于自然科学的概念，现已被广泛应用于各种社会现象，指其内部组织和运行变化的规律。在任何一个系统中，机制都起着基础性的作用。在理想状态下，良好的机制甚至可以使一个社会系统接近于一个自适应系统——在外部条件发生不确定变化时，能自动地迅速做出反应，调整原定的策略和措施，实现优化目标。这些机制可以具体到以社区居民委员会、社团、个人等为主体，通过各种法律的、行政的、经济的、文化的、人际关系的手段进行常态的、规范化的、科学而合理的外在干预行为，以及过程的制度性设计和操作。从这个角度而言，形成民族嵌入式居住格局只是构建和谐民族关系的第一步，空间距离缩短不等于心理距离的缩短，要实现居住空间和居民心理认同的匹配，还需要一个机制建设的过程。

（三）"他山之石可以攻玉"，但必须从本土实际出发考虑相关问题

不可否认，国外经验为中国民族互嵌式社区建设提供了可以借鉴的样本，包括一些以政府引导为主、改变民族居住隔离以实现其民族融合目标的法律、政策、措施。比如：美国针对黑人制定的《公平住房法》、新加坡在购房方面均衡各族人口的限额控制政策、英国针对外来移民的社区改善和族裔融合政策等等，其共同点在于希望以此促进各族裔之间的数量均衡和提高居住方面的混合程度，以避免族群聚居或者族群隔离可能带来的问题。这些做法似乎在一定程度上发挥了积极作用。问题是当我们在谈及民族互嵌式居住模式的时候，国外这些法律、政策、措施是否可以照搬到中国？由于国情的差异，这显然是需要进行甄别和选择的。就如同新加坡当年通过建屋发展局制定组屋配额政策规定入住者的民族成分比例，与新加坡政府的权力、政府掌握的房屋资源、民族人口的比例等都有直接关系。而今天的中国国情与新加坡完全不同，在相关政策的制定和操作上缺乏可比性。此外，我们还应该注意到：即使对国外民族居住格局上出现的问题，也需要具体情况具体分析，有的问题往往是城市自身的问题通过社区生活表现了出来。比如：2011 年 8 月 6 日英国爆发了由伦敦的托特纳姆区蔓延到其他社区，甚至蔓延到其他多座城市的骚乱之后，一些分析者明确指出类似事件的发展中，"原本带有政治性、社会性或者族群、阶层对

抗色彩的痕迹迅速消退，以抢掠财物或单纯暴力发泄为特色的行径明显增多"，实际上，这种骚乱并非什么种族、民族问题，而是深刻的社会问题，其背后"肯定有处于应激状态的社会结构性矛盾，只要引燃导火索，已经绷紧的关系体就会通过激烈的冲突来释放对社会和政府不满意的压力"[1]。而这种结构性矛盾具体表现为"不断上涨的福利需求与国家提供福利能力不相适应的矛盾"[2]。以上现象一方面反映出城市社区问题本身的重要性、复杂性，另一方面也反映出所在国家本身存在的痈疽。显然，在进行民族互嵌式社区建设问题上，政府的积极作为是必需的，但国情的差异和社会发展阶段的差距决定了我们必须从中国实际出发，积极探索符合中国国情的城市民族互嵌式社区建设的道路和方式方法，而这一点也将在事实上成为坚持走中国特色解决民族问题正确道路的一个方面。

---

[1] 和静钧:《骚乱背后的教训》,《南风窗》2011 年第 18 期。
[2] 和静钧:《骚乱背后的教训》,《南风窗》2011 年第 18 期。

宁夏城镇化进程中嵌入式社区回汉民族关系研究

——以吴忠市利通区为例

高 梅[*]

[摘 要] 宁夏民族地区在城镇化进程中形成了回汉民族"相互嵌入式这种新型的民族关系",从而推动了城镇化社会管理模式由传统的"寺院"管理转向城镇化的"社区"管理。这就需要对城镇化嵌入式社区的功能、社区文化建设以及居民对社区的适应性和认同性进行研究,从而推动城镇化进程中嵌入式社区建设的发展。

[关键词] 城镇化 嵌入式社区 民族关系

一 对"嵌入式"新型民族关系的解读

民族关系主要是指各民族之间各种利益关系,具体表现为民族之间在政治、经济、文化、社会生活等方面的交往关系。"相互嵌入式"是民族关系的一个新见解,是习近平总书记在加强民族工作方面的重大理论创新:"要从加强民族交流、促进民族团结的高度,推动建立各民族互相嵌入式的社会结构和社区环境。"

所谓"嵌入",不是简单地堆叠、拼凑,而是互相包含、互相依靠,在生活上、感情上、联系上深度融合、高度黏合,你中有我,我中有你,形成彼此紧密联结的利益共同体、情感共同体。习近平总书记指出:"相互嵌入式"民族关系就是新时期各民族通过交往交流交融,社会生活、社

---

[*] 高梅(1963~),宁夏银川人,北方民族大学马克思主义学院教授,主要从事民族学研究。

会参与等各方面都融合在一起,每个民族都离不开彼此。这是中华民族内部的再融合,是各民族在保持民族传统和民族个性的同时,融入中华民族的共性中,不放大个性亦不让共性取代个性的新认识。

二 吴忠市利通区嵌入式社区综合发展现状

利通区隶属吴忠市管辖。在城镇化进程中,随着城镇的改建和扩建,汇入利通区城镇的人口在不断增加,特别是回汉民族因购买商品房而居住在同一个小区的现象增多,彼此交往日益增多,形成了同一栋楼房或同一个单元回汉民族相互嵌入式居住的特征。围寺而居的回族居住区在城镇化进程中已很难找到,曾经形成的回族聚居区内的回族人口比例已有明显下降,成片集中分布的格局正在逐步解体。然而,在回汉民族适应城镇生活的同时,由于民族间的经济利益、传统文化、风俗习惯等方面存在着一定程度差异,多少也会产生影响城镇化嵌入式民族关系的不利因素。因此,研究嵌入式社区的民族关系,特别是研究发挥嵌入式社区的功能在民族关系中的作用,将有利于城镇社区民族关系的和谐建设。

目前,利通区下设4个社区,有2个社区关系到人员编制、片区划分,还处于筹建过程中,实际已建成并运行的有2个社区。对利通区嵌入式社区建设的研究,以新华社区和裕民社区为例。

新华社区始建于2010年11月5日。目前,社区有固定工作人员7名,其中党支部书记1名,居委会主任1名,支部委员1名,居委会委员4名。社区辖区面积7平方公里,居民住宅楼88栋,住户3438户,居住人口10568人,回族7976人;辖区单位22个,其中机关单位17个,学校4个,医院1个;辖区有商业网点89个,清真寺3个。[1]

裕民社区成立于2012年11月。社区自创立以来有固定工作人员6名,其中党支部书记1名,居委会主任1名,支部委员1名,居委会委员3名。社区管辖面积4.85平方公里,辖区人口8637人,2105户,其中常住人口5497人,回族633人。辖区有清真寺2个,有党政群机关、企事业单位17个,个体工商户63户[2]。

---

[1] 新华社区汇编材料,2014。
[2] 裕民社区汇编材料,2014。

目前，2个社区都建有中老年活动室、便民超市、社区卫生服务站、幼儿园等各种服务场所，居民多数和回族杂居。社区基础设施基本完善，街区道路已全部硬化，通信设施完善，户户通固定电话和移动电话，实现了社区通广播电视、通宽带、通邮政，通电率达到100%，自来水入户率达到100%，群众生活条件符合正常生活。

同时，2个社区积极开展各项服务工作，为居民上学子女出具贫困证明，对妇女发放维权保障宣传资料，为青年人发放避孕药具，宣讲交通安全知识，结合公安部门对辖区少年进行帮教，接待居民来信来访，配合城市环保局、城建局为辖区居民安置垃圾箱，铺设沙砾优化道路，加强对辖区环境卫生进行综合整治，依法拆除违章小建筑和临时厕所，配合相关部门建设标准公厕，对辖区流动人口和常住人口进行逐户登记上册，并制定出租房屋报到制度、常住人口外出报到制度①。

三　利通区嵌入式社区回汉民族相互认同的和谐民族关系

（一）在社区工作中能够落实民族平等政策

民族平等体现在多方面，利通区依据民族区域自治政策从根本上为社区回汉民族之间形成平等团结互助和谐的民族关系奠定了基础。特别是社区主管部门对回族干部的选拔与使用能够得到落实，2个社区回族干部各有3名。回族干部来自本民族，熟悉本民族的意识特征、习俗文化，与本民族沟通、做工作极为方便。这对社区开展工作起到积极作用。

（二）积极引导宗教活动与社区建设

社区回族基本上是全民信仰伊斯兰教的。目前，2个社区建有5所清真寺，便于回族居民开展宗教活动。社区工作者鼓励居民将儒家思想、佛教、伊斯兰伦理与社区文明道德建设相结合，形成自觉的回汉民族生活取向与独特的自我约束机制，用来巩固和发展友好的民族关系。

---

① 吴忠市利通区人民政府办公室2014年工作总结。

（三）社区回汉民族在习俗文化上的认同

回汉文化认同及其影响是民族之间基本生活方式和群体认同的重要基础。利通区 2 个社区回汉民族在饮食习俗方面包容性普遍增强。例如社区汉族遇到婚丧嫁娶之事，也大多在清真餐厅待客，汉族有吃猪肉的习惯，即使是住在同一单元的回族群众也不加干涉，没有因为此事出现冲突。在肉类食品的售卖方面，社区主管依据社区街道门面房，往往把售卖清真食品和非清真食品的买主安排得相隔较远，以使他们在饮食习俗上相互尊重。此外，社区回汉民族还形成了共同的交往形式，在干亲缔结仪式上，回族遵从汉族风俗习惯，用带有象征意义的锁链、项圈、平安钱等拴干子女；在干亲关系的维系上，遵从汉族的人情法则，用带有象征意义的压岁钱等形式维系干亲关系。至于回汉民族之间的传统节日，例如汉民族的春节、端午节等，回族的开斋节、古尔邦节等节日，彼此都相互参与、共同祝福。这已经是很普遍的现象。

（四）积极开展丰富多样的社区文化建设活动

社区文化建设水平的提高对于提升社区居民文化教育素质、精神境界将起到积极的推动作用。目前，2 个社区都建设有图书室，运用文化站、有线广播、社区报、闭路电视、影剧院等传播手段开展社区文化建设，实现文化设施资源共享，杜绝封建迷信、淫秽、色情、赌博等低俗文化和有害文化的传播，提高了社区文化设施的使用效率和社会效益。

社区还时常举办各种文化娱乐活动，通过体育竞技等形式，引导社区回汉居民积极参与，鼓励开展学唱各民族歌曲、学跳民族舞蹈、了解民族习俗等活动，使回汉群众在广场来来往往、说说唱唱、聚聚聊聊。这对加强住户之间的交往与联系、培养群体活动与公民意识、提高城镇化建设的创造力、加强回汉民族间交往交流交融，都起到积极的推动作用。

2 个社区打造的广场文化，在形式、内容、题材上都具有一定的审美性、趣味性、艺术性和健康性。无论是民族民间传统艺术，还是现代新生艺术，都在引领人们向往真善美，摒弃假恶丑。每年，2 个社区都进行广场文化活动评比表彰，使广场文化活动更具导向性和示范性，更进一步调动了群众参与的积极性。以多种文艺活动为载体推动回汉文化建设和发展，是精神层面的体现，对回汉社区文明建设发挥着精神动力和智力支持的作用。

四 利通区嵌入式社区建设中的主要问题

(一) 回汉民族社区归属感还不强

所谓社区归属感,"就是社区成员对本地区有认同、喜爱和依恋的心理感觉"①。对此,社区建设要以社区成员归属感为目标,培育社区成员的认同意识和参与意识。这也是衡量社区建设水平高低的重要标志。在调研中,我们发现,回汉居民在社区里的交往还较陌生,过去的朋友和亲戚居住较远,降低了其社区归属感,直接影响到其对社区的喜爱和依恋。针对此问题,笔者对2个社区分别发放问卷150份,调查居民对社区的归属感,肯定回答占16.8%,比较肯定回答占21.20%,不太肯定回答占52%,否定回答占6%。社区回汉民族成员的归属感就一般情况来看,住在一起的时间越长,关系越密切,对社区的归属感越强,新搬进来彼此陌生,对社区的归属感较弱。

(二) 社区信息化建设较为薄弱

从2个社区整体来看,居民的参与程度不够,主要是社区信息化建设的技术和资金投入还比较欠缺,政府的公共服务系统在基层形成了"纵强横弱"的局面,基层数据采集、更新和维护的信息化运营机制还需要进一步完善,尤其是以社区论坛为主体的社区公共场域建设还严重欠缺。针对"对社区事务的关心程度",我们在调研中给2个社区分别发放问卷150份,其中肯定回答占12.60%,不太肯定回答占10.80%,否定回答占52.17%。回汉居民认为自身切实利益得不到解决,又缺少渠道去参与,从而导致社区居民参与度很低。

五 关于促进建立嵌入式社区回汉民族关系的建议

(一) 加强城镇化背景下回汉民族对社区的认同

在城镇化社区管理中,回汉群众都离开了居住地,搬入城镇小区,促

---

① 单箐箐:《社区情感与社区建设》,社会科学文献出版社,2005。

使新道路、新楼房、新设施出现,并形成嵌入式居住特征,分属于不同社区的基层管理机构管辖。而且社区在管理方面,改变了民族界限,改变了原先的组织结构和管理方式,产生了开放的新型的回汉民族关系。同时,社区结构重新组合成为一种新的方式,管理体制也与之前相比有所变化,造成了回族群众面对新型的社会管理组织在管理职能上的新手段(例如计划生育、文化教育、社会治安等方面都与之前相比有所改变),而很难适应。同时,社会精神文化因素也悄然改变,从以前的乡规民俗转换成新的一系列政策、法规的约束,造成了更加开放的处事方式。新环境下的回汉家庭管理方式也表现出明显的不适应,在一定程度上也会影响回汉民族关系。

我们可以看到,在城镇化过程中,新的社区产生后,形成了新的社会管理功能。所以,回汉民族在城镇化社区中生活,首先要不断改变思想观念,提高自身科学文化素质,以适应生活方式和生产方式管理模式的改变。只有这样做,才能跟上社会的发展和现代化进程的步伐。

(二) 加强城镇化嵌入式社区信息化建设

加强嵌入式社区信息化建设。一方面,加强统筹规划,重视资源共享。由于社区信息化涉及面宽、内容繁杂,必然要规划好从何下手、如何操作。社区信息化面向的主要是基层组织,所以工作内容比较综合,政府部门要运用"以块为主、条块结合"的建设模式,使横向联系的自治组织与纵向联系的行政体系相结合,从而提高政府整合社区资源的能力,最终实现政府职能转变并且提高城镇管理效率。另一方面,提高社区回汉居民信息化素质,消除数字鸿沟。社区信息化素质方面存在一些"弱势群体",这些人群包括回汉民族老年人、部分中年人、儿童、残疾人、贫困人口等。受自身文化素质的局限,他们无法享受社区信息化服务,进而被排斥在社区信息化之外。所以要加大对回汉居民弱势群体进行信息能力培训的力度,从而推动社区信息化健康发展。

(三) 制定积极的政策引导嵌入式社区治理建设

一是继续合理布局和加强清真和非清真肉食品、干鲜果销售和清真餐饮等零售业摊位的建设,增加回族就业机会,使他们有事干,有收入,住得稳。二是合理布局和管理宗教场所,满足信教群众正常需求,使他们信有所念、礼有所场。要积极引导回汉居民参与社区治理，增强交流交融意识，推动和谐相处，共建美好社区，形成回汉民族团结、尊重、包容、理解和帮助的相互嵌入式居住的美好生活环境。三是增强干部政治责任意识，使之做建立嵌入式结构的促进者。回汉民族党员干部要进一步增强政治责任意识、大局意识，起表率作用，为城镇化嵌入式社区回汉民族关系稳定和长治久安做出应有贡献，为回汉民族文化生活交流提供平台。

"相互嵌入式"民族关系就是新时期各民族通过交往交流交融，在社会生活、社会参与等各方面都融合在一起，每个民族都离不开彼此。这是中华民族内部的再融合，各民族在保持民族传统和民族个性的同时，融入中华民族的共性中，不放大个性亦不让共性取代个性。

宁夏吴忠市利通区在城镇化进程中所形成的嵌入式社区回汉民族关系依然需要不断探索和研究。要本着民族平等、团结、互助、和谐共存的理念，不带有民族倾向，创造和谐的民族关系，还要坚持和而不同的回汉民族关系，使回汉民族之间相互了解、相互尊重、相互包容、相互欣赏、相互学习、相互帮助，像石榴籽那样紧紧抱在一起，做到各美其美、美人之美、美美与共。相信这样一定能够不断推动宁夏嵌入式社区回汉民族关系和谐发展。

多重身份视角下各民族相互
嵌入式社会的建构

李京桦[*]

[摘 要] 在相互嵌入式社会结构和社区环境建设中,需要各民族成员把文化上的相互尊重、个体成员之间的相互宽容和理解、民族之间和睦相处等观念不断演进并内化为个体成员自己的日常认知、情感和价值观。从多重身份视角来研究各民族相互嵌入式社会的建构,就是要避免某一群体对个体成员身份的垄断,摆脱单一群体对个体的控制。本文梳理了身份认同、多重身份、嵌入式的基本理论;提出了多重身份建构和相互嵌入式社会结构及社区建设内涵;解释了认同在身份角色中的意义和认同形成的动机;在分析研究当前相互嵌入式社会建构中的多重身份困境的基础上,提出相互嵌入式社会结构必须考虑各民族多重身份的建构。

[关键词] 身份认同 多重身份 嵌入式社区

2014年5月召开的中央第二次新疆工作座谈会,提出:"推动建立各民族相互嵌入式社会结构和社区环境建设,有序扩大新疆少数民族群众到内地接受教育、就业、居住的规模,促进各族群众在共同生产生活和工作学习中加深了解、增进感情。"[①] 2014年9月召开的中央民族工作会议,又提出城市民族工作中要通过各民族相互嵌入式社会结构和社区环境建设,抓好少数民族流动人口流出地流入地的管理和服务,解决各民族流动人口的无序状态,减少社会问题的发生。各民族相互嵌入式社会结构和社区环

---

[*] 李京桦(1977~),河南新乡人,中央民族大学马克思主义学院2013级博士生,河南师范大学政管学院政治学教研室讲师。

① 《第二次中央新疆工作座谈会要点解读》,新华网,http://news.xinhuanet.com/politics/2014-05/30/c_126567931_2.htm?prolongation=1,访问时间:2015年3月30日。

境建设的提出为各民族相互交往、相互理解和真正做到守望相助提供了政策支持和生态空间。但是，任何社会整合和社会变迁都会带来个人身份的变化。身份问题是参与社会建设和发展的一部分。当前，身份关系到人类政治、经济和生活方式的各个方面，以多重身份视角作为建设各民族互嵌式社会结构和社区环境的切入点，目的是明确嵌入式社会建构中要考量多重身份的因素。因为个体总是要归属于不同群体，如果个体成员的归属不被一个群体所垄断，那么这个群体就不能完全控制其个体成员的忠诚。在嵌入式社会建构中可以通过有效的制度引导使人们拒绝追捧因强制性忠诚而组织起来的群体，鼓励个体成员归属不同群体组织，以此来避免被有限的群体意识所控制。

一 多重身份的理论框架

社会的发展和社会化的后果就是培养人的多重身份。正如多米尼克·什纳贝尔在《社会学理解》里所言："现代社会不是由相互层叠、边界清晰的群体构成，而是由同时具有多角色、多参照标的个体组成。根据社会条件和历史情境，他们根据自身个体或集体的以往经历来选择参照和身份认同的不同形式……现代社会建立在人们的流动之上，建立在他们忠诚或背叛的多元性之上，建立在他们身份的多元性之上。"[①] 但是，在现代化的发展中，确实存在着对种族和宗教的狂热，以及民族主义的抬头。少数民族成员身份固守引起我们在互嵌式社会建构中对身份问题的思考，重新梳理和研究身份问题对于各民族相互嵌入式社会的建构有着重大的意义。

（一）身份的可建构性

罗杰斯·布鲁贝克和费雷德里克·库珀在"Beyond 'identity'"一文中阐述，"identity"这个概念兼有实践范畴和逻辑范畴。可以理解为社会或政治活动的产品，并作为进一步行动的理由或依据，比如性别、种族、民族、民族主义这些用法。[②] 不同的学者，对身份的理解不同，却有一个

---

① 〔法〕阿尔弗雷德·格罗塞：《身份认同的困境》，王鲲译，社会科学文献出版社，2010，第3页。
② Rogers Brubaker and Frederick Cooper, "Beyond 'identity'", University of California, Los Angeles; University of Michigan, *Theory and Society* 29 (2000): 1-47, Academic Publishers. Printed in the Netherlands.

共同的主体，就是身份的建构性。韦伯指出：身份是指社会对一些人或职位赋予的肯定性或否定性的评价，身份群体的形成，一方面来自群体本身表现的共同生活方式和行为模式，另一方面则来自社会对其共同生活方式和行为模式的声望评价。① 韦伯认为，群体身份的形成来自群体自我的表现和他者的评价。在后现代化语境下，爱德华·赛义德指出：身份决非静止的东西，而在很大程度上是一种人为建构的历史、社会、学术和政治过程。② 赛义德强调了身份的可变动性和身份建构的可引导性。法兰克福学派的领军人物费雷泽认为，政治是不同性别、民族、派别获得身份的斗争。在费雷泽看来，"需要得到承认的"应该是"群体成员个人在社会互动中作为完全参与者的身份"，这种身份的承认与不承认是"通过制度化的模式来实现"。③ 费雷泽强调的"完全参与者的身份"是指对群体的认同和义务。

需要强调的是，我们所关注的身份不是先天赋予的客观身份，而是基于认同和教育后天习得的身份。后天身份可以通过教育和社会化过程习得，为制度对身份的引导和调控提供了很大的发展空间，可以通过研究认同的动机、制度设计和政策引导，培养个体成员相互依赖的性格，以及加入不同群体的意愿。

（二）多重身份理论：多群体归属带给人更为丰富的感觉

Waterman[④]和 Deaux[⑤]专门研究过身份范畴，并提出身份范畴的多样性。Waterman 认为自我身份的建构受身体、社会职业、性别、心理特质、道德和意识形态等范畴的影响。根据 Deaux 的阐述，群体范畴与宗教、职业、政治身份、个人关系、某个群体是否被贴上标签有很大的关系。琼斯和麦克尤恩更是通过调查研究做出了影响身份的多重维度概念模型，在这

---

① 〔德〕马克斯·韦伯：《马克斯·韦伯社会学论文集》，阎克文译，人民出版社，2010，第 180～186 页。
② 爱德华·赛义德：《东方学·后记》，生活·读书·新知三联书店，1999，第 426 页。
③ 转引自马俊毅《论现代多民族国家建构中民族成分的形成》，《民族研究》2014 年第 4 期。
④ Alan S. Waterman, "Identity development from adolescence to adulthood: An extension of theory and a review of research", *Developmental Psychology* 18 (1982): 342–358.
⑤ Kay Deaux. Social identity, In Judith Worell (Ed.), *Encyclopedia of Women and Gender*, Volume 2, San Diego, CA: Academic Press, 2001, pp. 1059–1068.

个模型中,个人身份维度包括种族、文化、性别、性取向、宗教、社会阶级等,某种身份变得是否突出受家庭背景、社会文化条件、目前的生活经历、生活、职业决策和规划以及个人的外部感受和心理体验等影响。琼斯他们认为,他们的模型也印证了 Deaux 关于个体身份和社会身份关系的定义:社会和个人身份有着最根本的联系,个人身份的定义至少部分地被社会身份所决定,而社会类别的范畴也体现着个人的意志。① 身份虽然是一种分类,但是个体认同动机的形成决定着某种身份对个体的意义,也决定着个体对群体身份的义务和忠诚。人都会归属不同群体,这种归属有的是客观存在的,有的是后天习得的,客观的身份独立于自身而存在,是以外部强加的方式加于他们身上的。有的客观身份延续至今,并影响着接近这一问题的学者,许多群体深受其害。比如,美国的有色人种、欧洲的犹太人和一些国家的穆斯林,针对他们归类的错误思想,给他们带来了压迫和灭绝。需要考虑的是如何引导后天习得的身份来抗衡客观身份带来的伤害和控制。

  阿玛蒂亚·森强调多重身份可以塑造对多个群体的忠诚和归属,他很直白地说过:"在当代,实现世界和谐的希望很大程度上取决于我们对人类身份多重性的更为清晰的把握,以及充分认识到,人们的这种多重身份是纷繁复杂的,并且坚决反对将人们按某一单一的、鲜明的界限来进行划分。"② 阿玛蒂亚·森同时也指出:单一身份是指人际关系被定义为一种单一的群体关系,完全忽略一个人与其他群体的联系。按照不同的标准,人总会被划分到不同的群体中,我们必然会归属于某种群体,这就是我们在社会中的身份。多重身份可以避免人们对某种强制性和排斥力的社会组织的追捧。人的身份在垂直(时间)维度变化不大,比如某种客观身份可能会一直不变,但是横向维度却可以进行不断地开发、引导和合理性选择。横向维度的身份有职业身份、个性特征带来的身份、文化身份、价值取向,等等。个体由于不同的自我经历和家庭背景都有自己的核心身份,核心身份也不是单一的,但会对个体产生影响,个人会对自己的核心身份忠诚和负责。由于核心身份对其他身份选择和个体行动有很大的影响,如何通过制度来引导个体对核心身份的选择,对互嵌式社会的建立极其重要。

---

① Susan R. Jones, Marylu K. McEwen, "A conceptual model of multiple dimension of identity", *Journal of College Student Development* 41 (2000): 405–414.

② 〔印〕阿玛蒂亚·森:《身份与暴力——命运的幻想》,李风华等译,中国人民大学出版社,2013,引言,第3页。

二 认同驱动着身份角色对个体成员的意义

当今世界，不受民族冲突威胁的国家几乎不存在，民族主义和暴力冲突事件总是和族群意识密切相关，因此，学者更关注民族的群体性、族群运动与民族国家危机的联系，而忽视了个体成员在群体中的作用。个体成员的认同动机决定着个体成员为什么要归属某种群体，这个问题使个体认同研究变得极其重要，这也是笔者试图阐明的问题。

（一）身份与认同

身份问题之所以复杂，就在于身份伴随着认同而生。认同是身份的核心问题，只有在认同基础上形成的身份，才是人在现实生活中真正愿意接受和履行的身份，除此之外的身份，比如农民身份，虽然很多人被迫接受，却无时无刻不在找机会摆脱。

弗洛伊德提出认同是个体与他人、群体或被模仿人物在情感上、心理上趋同的过程。[1] 泰勒在其权威著作《自我的根源》中提出，认同问题是社会、政治与道德的核心问题。[2] 认同理论在多学科发展应用的同时，为群体行为和群体冲突行为的解释提供了理论平台。泰弗尔从心理学视角提出社会认同定义："个人对他（她）从属于特定社会群体的认知，并且群体成员资格对他（她）具有情感意义和价值意义。"[3] 在这里，需要明确的是，我们关注的是个体对某些群体的认同，而不是个体之间的认同。如果一个人很清楚自己的身份，就说明他很认同自己的类属。人具有某种客观的身份，比如性别、外形等，也有通过认同和教育习得的身份，后者是我们研究的重点。认同就是个体行动背后存在的复杂动机，缺乏认同和对群体的义务，身份就毫无意义。因此，哈贝马斯断言："集体认同与其说是先天就有的，不如说是后来人为制造出来的。"[4] 这正是我们所要解释的问

---

[1] 车文博：《弗洛伊德主义原理选辑》，辽宁人民出版社，1988，第375页。
[2] 参见王凤才《从霍耐特承认理论到泰勒承认政治构想》，《哲学动态》2007年第9期。
[3] Tajfel: *Differentiation between Social Group: Studies in the Social Psychology of Group Relations*, London Academic Press, 1978, p. 63.
[4] Juergen Habermas: *Die Postnationale Konsnationale Konstellation: Politische Essays*, Suhrkamp Verlag Frankfurt am Main, 1998, p. 37.

题,什么样的动机促使个体对某一群体产生认同?

(二) 认同形成的决定性因素

1. 理性选择

身份与其说是个发现,不如说是在复杂、动态、开放的文化建设中,人们根据某一时间的需求所做出的理性选择。① 亚里士多德认为人是政治动物,人拥有的语言和理性使人成为社群一员,理性是社群成为可能的重要因素。早在 16 世纪 90 年代,穆斯林大莫卧儿阿克巴,就对信仰与理性的辩证关系进行了探索。他认为任何信仰都不能超越理性的优先地位:"赞成理性拒斥传统主义道理至为明白,无须争辩。假如传统主义是正确的,那么预言家们仅仅听从长者就可以了(而不必带来新的启示)。"② 理性化是现代社会的核心,理性选择身份的特征就在于通过文化、教育、职业素养的建立以及个人兴趣爱好的培养,遏制人的某种本能和癫狂行为。它不仅可以丰富各族人民的生活,也可以减少由单一身份带来的狭隘的思想和局限。

2. 制度设计引导多种群体分类

规则可以促使人做出理性的选择,但受已有和可能获取的知识以及兴趣限制。目的—工具理性选择理论的核心观点是:如何通过规范个人行动和个人间互动,使个体理性转换成为集体理性而非集体非理性。制度是理性选择的分析框架的一部分,制度提供各种制约和机会,也设定着我们所学的知识。③ 匠心独具的制度设计可以促成社会的稳定和政治的发展,引导人的理性选择和控制人的非理性行为。制度设计可以激发人的智慧、道德和理性,可以避免政策中对个体的大规模分类,而重视各种层次和类同的利益群体发展,小规模的利益群体可以培养人们相互信赖的性格,人们愿意加入不同的社会团体,就会形成人的不同义务和忠诚,就避免了单一群体对个体的垄断和控制。我们的制度设计是差异共存,而非诉诸统一,

---

① Juan Ignacio Pulido Serrano, "Plural Identities: the Portugese New Christian", *Universidad de Alcala de Henares*, Alcala de Henares, Spain E - Jewish History 25 (2011): 129 - 151.
② M. Athar Ali, "The Percetion of Indian in Akbar and Abu'l Fazl", in Irfan Habib, ed., *Akbar and His India*, Delhi: Oxford University Press, 1977, p. 220.
③ 〔韩〕河连燮:《制度分析理论与争议》(第二版),李秀峰、柴宝勇译,中国人民大学出版社,2014,第 43 页。

亦非局限和听命于有限的群体。

3. 日常生活中的交往、互动对民族身份的诠释

交往的基础是语言、媒介、理解和共同社会生活的世界。交往是个双刃剑，不只会带来信任和理解，也会带来对各自文化的诠释和评论，造成背叛和仇恨。阿尔君·阿帕杜莱在对原生论进行反驳的基础上提出：正是因为当今世界中大规模身份认同强行进入了地方想象，并在日常生活交流中成为主导型旁白，才会出现这种遭受背叛的感觉，以及由其引发的信任被侵犯感、愤怒和仇恨。① 日常生活中歧视、疏离和不公是民族问题产生的根源，媒体在日常生活中对民族主义和宗教文化的诠释也容易使本已深埋和遗忘的历史被重新想象。

三 各民族相互嵌入式社会结构的内涵及其建构困境

（一）各民族相互嵌入式社会结构的内涵

嵌入概念由卡尔·波兰尼在1944年最先使用，波兰尼把嵌入性概念作为一种分析自治经济概念的批判，并且探求用国家和经济互相依存的关系来阐释替代自治经济的概念。1985年，马克·格兰诺威特重提嵌入，他在《经济行动与社会结构》一书中认为，当时的经济行动只强调市场，他明确指出市场是经济行动的一部分，经济行动嵌入社会结构之中。在格兰诺威特的思想里，人性、信任等能动性概念被引入"嵌入"的理论体系中。② 克瑞普纳在其《嵌入性和经济社会学的知识项目》一文中，对波兰尼和格兰威特的嵌入情境和概念进行了整合，他认为嵌入式概念已经加入了很多社会科学的概念，比如社会资本、身份、机制等。这些观点可以归纳为，物质市场是嵌于社会信任关系和隐含的游戏规则之中，信任是经济社会学家经济动机的行动动力基础，在嵌入理论中信任虽然抽象但占重要的地位。嵌入理论已经广泛应用于社会科学。陈天祥指出：嵌入性理论的应

---

① 〔美〕阿尔君·阿帕杜莱：《消散的现代性——全球化的文化维度》，刘冉译，生活·读书·新知三联书店，2012，第203页。

② Mark Granovetter, "Economic Action and Social Structure: The Problem of Embeddendness", *American Journal of Sociology* 91 (1985): 481–510.

用，一般指的是双方或多方主体基于互惠预期而发生的双向关系。[①] 嵌入作为一种形象的比喻用于社会结构和社区环境建设之中，用来解决少数民族流动到汉族地区或汉族流动到少数民族地区的问题时，指的是通过交往和互动，形成信任、理解、承认、接纳和相互宽容的理念和思想，这种思想通过教育和媒介，演进嵌入在人的日常行为中，形成一种惯例能力，影响着相互交往和彼此尊重、欣赏的民族关系主体之间的形成。

各民族相互嵌入式社会结构和社区环境建设，既是解决民族问题的目标，也是工具和手段，其实现需要一个过程，并需要身份建构的参与才能达成。各民族相互嵌入式社会结构和社区环境建设，为各民族成员的流动、变迁和交往提供了机会。嵌入的内涵是形成信任、理解、承认、接纳和相互宽容的理念和思想，各民族之间的相互交往和彼此尊重、欣赏以及多元和谐的社区环境。要做到相互嵌入就必须做到：①各民族相互嵌入的居住形式；②各民族文化上的相互尊重；③各民族心理上的相互认同、宽容和理解；④民族之间和睦相处。

日常生活中的相遇和交往是相互嵌入式社会建构的目标。各民族相互嵌入式的达成需要做到把民族平等、相互尊重、和睦相处的观念深入人心，内化到各民族的交往中，把平等、理解、宽容、信任的价值观嵌入社区生活、政治、经济等公共交往场所，内化为自己的认知、情感和价值观。多重身份认同可以带给人丰富的感情体验，比如骄傲与欢愉、力量与信心等。人与人之间的相互依赖关系的形成，必须考虑对个体的多重分类标准，形成多种归属、忠诚和义务。

（二）各民族相互嵌入式社会建构的困境

1. 政策引起的身份认同困境

阿兰·图雷钠在《20世纪的社会转型》中担心，当前我们身在追求成就的社会，可也目睹人们向民族、族群、宗教、地方、性别和家庭认同的回归。[②] 这种担心确是我国少数民族在现代化发展中现实存在的问题。原因有三个方面：一是制度设计方面的原因。关于制度设计带来的危险，威

---

① 陈天祥、高锋：《中国国家治理结构演进路径解析》，《华南师范大学学报》（社会科学版）2014年第4期。

② 阿兰·图雷钠：《20世纪的社会转型》，《国际社会科学杂志》（中文版），1999年第2期。

尔·金利卡有过相关的论述："用少数民族权利来补充传统的人权，这是正当和必须的……应赋予少数群体文化以'特殊的地位'。"与此同时，他又指出："对少数民族权利的承认，有各种显而易见的危险。"① 这种危险包括种族分离，被恐怖主义利用和作为政见不同的人的借口。如果特殊权利不能致力于少数民族适应现代生活的观念、能力，就会诱导少数民族成员身份认同缩减到民族身份认同这种单一身份中去。我们不反对少数民族维护自己的民族差异，但是，针对少数民族的优惠政策要旨在帮助他们表达自己的民族文化特点和自豪，培养他们独立自主的精神。威尔·金利卡列举了大量的历史事实来证明，仅有平衡自我利益的程序－制度机制是不够的，还需要有一定水准的公民素养和公共精神。没有这一点，民主国家就难以治理，甚至不稳定。② 二是民族国家现代性发展中一些特定政策——从卫生到普查，从计划生育到疾病控制，从移民控制到婚姻问题，从教育到语言政策等都将具体到成员的实践中，这些政策与民族身份认同联系到了一起，并因此扩大民族亲缘性的地域范围。现代发展中的国家的权利与获得官方承认的语言更是普遍地涉及了大规模的民族身份认同，有意无意地强化了民族身份和意识。三是少数民族在社会经济、政治和文化结构快速发展的过程中参与甚少，生活相对封闭，社会久居不动，并且由于习俗、文盲等因素造成个体社会化程度较低，对现代化的发展有恐惧、无助和不安全的感觉。长此下去，少数民族只能依靠自己的民族身份才能生存下去。

2. 日常生活交往中的身份认同威胁

随着流动人口在数量和地域方面逐渐增加，各民族流动人口在交往空间、交往领域都有所扩大，与此同时，也产生了一些问题和摩擦。表现如下。

第一，流动和沟通中的竞争带来的认同威胁。流动不仅带来了机会，也带来了各民族之间的相互竞争，由于各民族之间还存在着事实上的差距，不适当的竞争会引发相互之间的冲突和歧视。较为明显的就是维吾尔族和汉族之间的矛盾，新疆与内地有着"文化落差"，为流动人口提供了

---

① 〔加〕威尔·金利卡：《多元文化的公民身份——一种自由主义的少数群体权利理论》，马莉、张昌耀译，中央民族大学出版社，2009，第8页。
② 〔加〕威尔·金利卡：《多元文化的公民身份——一种自由主义的少数群体权利理论》，马莉、张昌耀译，中央民族大学出版社，2009，第249页。

可利用的机会，大量内地素质不高的劳动者，以竞争者的姿态进入新疆。新疆的汉族人收入或者工作机会明显高于维吾尔族等种种原因，使新疆维吾尔族越来越感觉到了流动人口带来的竞争以及资源开发带来的环境破坏，越来越感觉到了排挤和压力。这种集体记忆会通过家庭、学校等各种媒介，有意无意地根据需要诠释、传递给接受者，尤其是对民族集体意识、民族身份认同起到了持久强化的作用。维吾尔族在感受到对于某种利益受损的顾虑（哪怕只是感觉），会使维吾尔族更加认同和团结起来维护本民族的利益。新疆地区存在着严重的城乡分割，其户籍、土地管理、社会保障等限制了农村劳动力的转移，导致了新疆贫富阶层、城乡阶层的严重分化，这种阶层的分化极其不利于社会的稳定和新疆维吾尔族与其他民族之间的交往。相反的，维吾尔族人口在内地的城市中会感受到很大的压力，这也从显性或隐性方面影响着民族的交往。

第二，日常生活诠释中的信任危机。各民族相互尊重和信任的基础是相互尊重彼此文化的差异，对不同文化、宗教和生活习惯彼此宽容、相互理解、互不干涉。但是，当前中国一些民族之间存在着信任危机，已有的文化氛围和道德基础，并不能形成彼此尊重和信任的社会氛围。范可在《信任、认同与"他者"：族群和民族省思》中立意于重建信任与族群性之间的关系，他认为，民族之间的社会信任不仅需要而且十分必要。这种信任的意义与个人之间的信任是不同的，民族之间的社会信任指的是，人们不应有"非我族类，其心必异"这样的心态。[①] 也就是不能因为一个人、一个群体不同的民族和宗教背景，就不信任他们。他还从中国人习惯于将部分化作另类谈起，比如把少数民族和港澳台称为"同胞"等，来说明国人对把和自己不同族属的人化为异类的做法。我们在民族交往中要明白一个很普通的道理：只有你这个民族信任别的民族，才能获得别的民族对你的民族的信任和认同。没有信任，就没有各民族之间的认同，即使交往也不能形成和睦相处的关系。现在的情况是，如何借助大力推进治理现代化改革的趋势，重新梳理治理理念、价值观，重新恢复和建立信任体系，让各民族人民和睦相处、和合交往，共同参与某些活动，借此培养情感，以实现彼此信任、彼此认同。

---

① 范可：《信任、认同与"他者"：族群和民族省思》，《广西民族大学学报哲学》（社会科学版）2013 年第 11 期。

四 各民族相互嵌入式社会建构中
多重身份的考量

各民族互嵌式社会面临的认同危机，促使我们在建立互嵌式社会中必须考虑各民族的多重身份。群体和个体成员拥有不同的认识论基础，因此，我们应该借助制度的调控来增大个体的道德选择。[1] 实际上，个体的动机与群体行动存在着事实上的差距，促使我们应该更关注产生群体义务感的激励因素，找到导致个体对群体的义务感的原因，并通过国家制度和政策建立激励机制，调控和规范个人的行动。

（一）规则媒体对民族身份的诠释

法国社会学家阿尔弗雷德·格罗塞认为，人的个体身份受时间、环境和外来侵略者的影响；人的政治身份总是受疆域和边界的制约。在他的研究里，"记忆的传递塑造着个人身份的形成"[2]。"'集体记忆'在一个集体——特别是民族集体——回溯性的身份认同起到了持久的作用。"[3] 即使有些民族身份和经历已经被遗忘或者埋葬，但是迁移者和大众媒体仍然会在更大规模和更广层面上让这些文化和记忆重现，并且会起到蛊惑和煽动的作用，引起更广泛的冲突和暴力。安德森在《想象的共同体》中之所以把民族定义为想象的共同体，本意就是民族是一个历史的存在，印刷媒体使那些从未谋面的群体借此把自己形塑成一个共同的群体。媒体和大众传播对民族主义、民族文化、宗教仪式的赞歌为民族意识的崛起和宗教狂热分子提供了大量的证据。大众媒体的参与使个人与民族的情感、利益和渴望越来越多地交织在了一起，民族身份越来越脱离实际变成了政治工具，因此，我们不得不重视媒体对民族文化和民族身份的诠释。

---

[1] Russell Hardin, "The Economics of Knowledge and Utilitarian Morality," in Bard Hooker, ed., *Rationality, Rules, and Utility: Essays on Richard Brandt's Moral Philosophy*, Boulder, Colo: Westview Press, Forthcoming.

[2] 〔法〕阿尔弗雷德·格罗塞：《身份认同的困境》，王鲲译，社会科学文献出版社，第42页。

[3] 〔法〕阿尔弗雷德·格罗塞：《身份认同的困境》，王鲲译，社会科学文献出版社，第37页。

（二）通过制度、政策和法律的落实提高少数民族的政治认同和国家认同

《中华人民共和国宪法》第四条明确规定："中华人民共和国各民族一律平等。国家保障各少数民族的合法的权益和利益，维护各民族的平等、团结、互助关系。禁止对任何民族的歧视和压迫，禁止破坏民族团结和制造民族分裂的行为。"事实上，各民族之间还存在着巨大的差距，民族区域自治制度、民族区域自治法律都没能完全落实和实施好。

民族区域自治制度是我国三大基本政治制度之一，发展中面临一些问题，如自治地方人才和资源配置不到位，导致自治地方和全国整体收入相比差距很大，并且有加大的趋势。还有民族区域自治法停留在一般原则上，条例规定不清晰，可操作性不强，没有一定的标准，没有办法量化，具体操作中随意性很强。"民族政策作为党和国家调节民族关系，处理民族问题的措施、规定的总和，它的贯彻落实，对落实科学发展观，促进民族发展，推动民族团结进步事业，构建社会主义和谐社会有着重要的意义。"[1]"制定的政策究竟好不好、政策实施以后有没有达到预定的结果，必须通过严格的程序、周全的资料和科学的手段加以客观评估才能得出结论。"[2]

政策必须面对现实，反映现实的需要，如果政策不能面对现实，战略愿景就只能是梦境，那些令人振奋的规划也只能束之高阁，对人们的生活水平没有任何实际的影响，资源会被浪费，改革和发展的机会也会错失，这样就会影响到改变社会的能力和对未来发展的能力。如果法律兑现不好，政策落实不好，这种理性与现实的差距，就会带来两极化的中国体验以及信任失衡，会严重影响少数民族对党和政府的信任，严重影响少数民族对当地汉族的信任；失衡的信任体制会引起少数民族对他者的假想和仇恨，严重影响少数民族成员对国家和政治的认同。

---

[1] 雷振扬：《中国特色民族政策的完善与创新研究》，民族出版社，2009，第60、71页。
[2] 胡宁生：《现代公共政策学——公共政策的整体透视》，中央编译出版社，2007，第233页。

（三）重视用后天习得的身份群体抗衡大规模群体对个体成员的控制

我们已经了解到大规模群体划分容易形成对个体成员的控制和煽动，而多维发展的群体归属，更容易形成不同的利益诉求、义务和忠诚。因此，我们就必须考虑多重身份认同在互嵌式社会建构中的作用。从多重身份的角度来审视对各民族相互嵌入式社会结构和社区环境的建构，就是通过高层设计，使个体归属极大丰富，不再诉诸单一群体，通过不同的群体组织发展个人之间的相互依赖和信任关系。国家对个人的调控、激励和引导主要是通过教育、就业、社区服务、规则个体行动等途径来实现。由此，可以考虑教育、职业、居住环境和国家规范在个体获得彻底的"自我"、拥有语言、社会交往和理性抉择中的作用。

1. 提高民族教育水平

涂尔干认为：如何在群体、社会和个人之间建立一个完整的纽带，这才是真正的研究个人的主题，我们必须找到人在整个社会生活中的神圣性和凡俗性之间的桥梁，这是恢复一切社会秩序的关键所在。[1] 教育是个体认同形成的重要手段。"教育产生着身份，或者至少是制造着身份认同。"[2] 通过提高教育水平和增加就业机会以及提高就业层次，少数民族才能改变目前的地位，民族成员才可以通过教育获得真正的独立和自信。教育是人社会化的一种重要途径，是个体、群体和社会之间联系的纽带，通过教育可以塑造丰富的社会身份，包括政治身份、文化身份、职业身份、兴趣身份等，这些身份有利于人际的交往，也有利于形成个体对不同群体的义务和忠诚。

2. 提高少数民族就业能力

职业身份，是所有身份中，最能体现人的独立、尊严和自信的身份，是各民族成员在公共场所和社会空间抛开民族身份进行交往的首选身份和社会化人际交往的基本身份。互嵌式社会建构中必须考虑提高少数民族就业率，政府作为公共管理部门应该免费提供各种技能培训和技能提升培

---

[1] 涂尔干：《人性的两重性及其社会条件》，渠敬东编《乱伦的禁忌及其起源——涂尔干文集》第6集，人民出版社，2006，第187页。

[2] 〔法〕阿尔弗雷德·格罗塞：《身份认同的困境》，王鲲译，社会科学文献出版社，2010，第47页。

训，对低收入少数民族家庭及劳工提供社会援助，使其得到长远自力更生的方法，减少低收入人口的出现。加强并提升少数民族员工的技能，培训课程不但免费还要有补贴。鼓励就业，积极呼吁社会团体推进少数民族的就业援助计划。对少数民族的救济和补助要做到鼓励勤奋，而不是凭借民族身份，以民族身份划分的补助只能催生更强烈的民族身份认同。通过技能培训和就业计划的开展，使少数民族成员能够适应现代化的发展，提高他们的自信、自尊和幸福感。只有这样，少数民族成员才会在各民族相互嵌入式社会中找到新的身份、新的交往方式，在新的身份认同中找到归属，并忠诚于各种归属。

3. 通过社区塑造民族的多重身份

世界上有很多国家，在城市化进程中，依靠社区的力量来沟通国家与居民之间的关系，社区成为宣传政府的决策、加强基层管理、整合社区资源、实现对社会有效治理的重要桥梁。

第一，通过社区的服务功能塑造社区居民身份。社区中的居民身份主要是通过社区提供满足居民日常生活的各种服务形成的。新加坡社区建设之所以成功并成为政府与民众沟通的桥梁，就在于新加坡的这些社区组织具有官方性质，并得到国家的大力支持。[①] 新加坡由国家主导，为社区提供资金、资源，提供社区居民的福利和社会保障。新加坡社区的组织有社会发展、青年和体育部、人民协会，这些组织担负着为民众提供各种形式的娱乐、体育、文化服务，协调种族关系，提高民众的内聚力，提供社区服务和各种培训机会，提供福利设施，培养公民道德修养和共同价值观等一系列的服务。新加坡政府非常重视社区服务，因此社区成为民众之间和民众与政府之间密切联系的中间组织。除了新加坡之外，成功的社区经验当属最早开发社区建设和管理的美国。其社区是由政府各职能部门、政府资助的社区组织和非营利性技工共同发挥作用的。美国的社区机构的设置与市民的日常生活紧密相关，既有政府机构也有非营利性组织，可以为社区居民提供贫困补助的申请和发放、幼儿照顾、老年服务、心理疏导、就业咨询等各种服务，吸引群众参与社区的活动。居民身份的建构是社区建设的重要环节和因素，主要通过社区机构对居民提供的日常服务建构起

[①] 丁传宗：《政府主导下的新加坡社区建设经验与借鉴》，《中共福建省委党校学报》2008年第9期。

来，没有这些服务，居民就是一盘散沙，就不会参与社区的活动和交往。

第二，建立社区沟通渠道，推进社区多民族的交流和互动。

通过交往与互动，在民族之间建立宽容的价值观和信任体系，对民族和国家的认同至关重要，也是解决当前民族问题的关键。[1] 吉登斯在《社会的构成》里阐述了"人的生活需要一定的本体性安全和信任感，而这种感受得以实现的基本机制是人们生活中习以为常的惯例"[2]。吉登斯还认为本体性安全是"大多数人对其自我认同之连续性以及对他们行动的社会与物质环境之恒常性所具有的信心"[3]。改革开放和现代化的过程中带来了少数民族与自身传统的巨大的剥离，少数民族如果不能适应快速发展的社会，会产生极大的不安全感和不适应感，其情感也出现了被边缘化和无助，会加深其不安全性、不信任感。

汉族应该积极接纳和帮助各少数民族，使少数民族感受到政策的温暖和人性的关怀，减少他们的不安与恐惧。相对于少数民族，汉族居民的活动或社交圈子更大，所以他们更应该积极主动一些，增加邻里之间的接触，做到守望相助。根据我国的实际情况，社区的沟通渠道可以通过以下途径建立。

第一，社区组织集体活动。比如烹饪学习、插花、茶道、读书会等增加家庭主妇之间的交往。

第二，社区可以开展针对少数民族的各种服务。比如英语培训、职业培训等。

第三，社区可以组织居民，对经济困难的家庭提供帮助，对有心理困难、上网成瘾的儿童提供心理疏导等。社区可以通过非营利性的服务，为各民族居民的交往提供空间和社会环境。

第四，提高各民族成员在社区中的政治参与。亚里士多德早在《政治学》中已经说明了政体赋予城邦所认同的身份，政治身份是政治科学的主导，强调了政治身份绝不是占据共同的生活空间，而是由共同的情感联系

---

[1] 李京桦：《从正义的角度看民族区域自治制度的合理性及政策调整》，《云南社会科学》2014年第6期。

[2] 〔英〕安东尼·吉登斯：《社会的构成》，李康、李猛译，生活·读书·新知三联书店，1998，第a页。

[3] 〔英〕安东尼·吉登斯：《现代性的后果》，田禾译、黄平校，译林出版社，2000，第80页。

在一起的。也就是说，正是由于感情、忠诚及友情组成了政体。这种共同感情不是指私人感情而是指信任和忠诚。这个观点可以用在社群中，因此我们可以肯定政治身份是居民认同社区的主导身份，只有通过制度和服务赋予居民政治身份，社区才能成为有内聚力的有机团结群体。社区要做的工作就是如何吸引群众，如何使群众参与到社区建设中。我国目前的公共部门距离服务型政府还存在很大的差距，官本位、行政化、形式主义思想十分严重，习惯于管理而不懂服务，强调公民服从的义务，而忽视政府自身应该担负的责任。成功的社区都非常重视社区居民的政治身份，重视居民在政策执行中的建议和反应，居民只有参与了权力的分配，这个国家才克服了参与性危机。比如新加坡就建立了社区咨询机构，收集居民对政策的反馈意见，从政策的制定和执行方面提高居民的政治身份，提高居民对国家和政策的认同和支持。新加坡社区发展文明祥和，各民族之间认同度很高，已形成了多元和谐的种族关系。

如果居民能积极参与社区生活，国家就可以通过社区组织调控居民参与到国家的政治生活中去，国家的政策、规范和价值观就可以通过社区的活动内化到居民的生活和行动中去，提高政策的执行力。社区居民积极参与国家政策制定和执行的政治身份，是对国家政治的合法和有利的引导，是居民发泄不满和实现利益诉求的正常通道。有了这种政治身份，个体就不会因为对现实的不满而加入某种激进组织。各民族嵌入式居住是社会发展的趋势，完善和发展社区的功能，将是我国现代化发展的重点。我国社区建设还有很大的发展空间，以社区为基层单位，引导各民族之间共同活动、生活，建立各种共同生活的场景，促进各民族间的交往，可以减少交往中的认同威胁、矛盾和冲突。

结　语

事实上，群体、群体认同与建立在群体认同上的社会行为越来越多，不但直接影响着个体行为，而且持续塑造着制度和政策的制定和执行。根据我国少数民族发展的实际情况，需要考虑少数民族多重身份的培养，尤其要重视的是教育和认同形成的后天习得的身份，及其对于民族利益诉求和忠诚的平衡作用。我国目前针对少数民族的扶贫政策，执行的效果并不是很好，主要是没有从群体归属上考虑民族问题，没有认识到多重身份归属对个体义务和忠诚的影响。另外，我国贫困资金扶助存在重物轻人的现象，比如重基础建设，还有"盖小洋楼"的现象，即不重视文化和教育，没有从提高素质方面来帮助少数民族发展。身份的形成是成功的关键，如果不能从精神上去扶贫，就不能提高少数民族的社会化程度，无法从根本上改变贫穷落后的面貌，他们就无法接受社会生活中的规范、价值观、信仰、思想和生活技巧，更不用说学习政治文化、理解其在政治生活中应该扮演的政治角色等，因此就很难产生政治身份和国家认同。身份认同属于心理层面，具有感情因素，民族成员最终形成热爱、忠诚还是怀疑、疏远的政治感情，很大程度上依赖党的政策和政府行为。本文从身份和多重身份建构着手，在分析个人、群体和社会的关系的基础上，借助制度、规范、规则，可以约束个人行动并调整个人间互动，从而做出理性选择的观点，在个人身份、群体身份和社会调控之间建立了一个相互转换的有机联系体系。针对我国少数民族存在着久居不动、地处偏远，生活习惯、文化传统、受教育程度、再就业能力、政治素养等方面不能适应现代化发展的实际情况，本文提出通过政策调整改善少数民族生存现状，并规范人们日常生活交往中的评论和诠释，形成彼此宽容、信任和相互依赖的关系，从而把各民族相互嵌入式社会结构和社区建设成为一个真正团结的有机体。查理德·罗蒂说团结的实质是被创造出来的，而不是被发现的，乃是在历史过程中产生出来的，而不是被当作一个非历史性事实来承认的。[①] 团结不会自然生发，需要考虑社会交往和发展中影响身份发展的认同动机，需要发挥政治体系中人对制度设计的智慧和理性的作用，使党和政府制定的制度和政策有利于引导和创造促使社会稳定、团结的多重社会身份。

---

① 〔美〕查理德·罗蒂：《偶然、反讽与团结》，徐文瑞译，商务印书馆，2003，第 195 页。

关于城市"民族互嵌式"社区的内涵思考[*]

马晓玲[**]

[摘　要] 2014年中央民族工作会议提出了"民族互嵌式"社区，目前国内对此的研究仍处于起步阶段。本文首先阐述了"民族互嵌式"社区提出的背景和研究的意义，接着用政治学、社会学、管理学等相关理论从社区的民族构成、形成过程、治理模式和最终目标四个方面对城市"民族互嵌式"社区内涵进行了思考。

[关键词] 互嵌　城市民族社区　人口流动

2014年中共中央在第二次新疆工作会议上第一次提出了构建"民族互嵌式"社区的思想，随后召开的中央民族工作会议上习近平总书记又一次提到推动建立"相互嵌入式社会结构和社区环境"，以"促进各民族交往交流交融"。目前对"民族互嵌式"社区这个概念的研究仍处于起步阶段。只有少数学者界定了"民族互嵌式"社区的基本概念，并结合国外混合型民族社区的经验对我国开展"民族互嵌式"社区提出对策建议；也有一线民族工作者在总结实际工作经验的基础上，提出他们对"民族互嵌式"社区的理解。

笔者认为，作为一个新的概念与提法，首先要从学理层面梳理和分析其内涵，才能在此基础上谈构建的方法和途径等。所以本文即在此背景下，用政治学、社会学、管理学等理论对"民族互嵌式"社区内涵进行思考。

---

[*] 本文系西南民族大学2015年第三批中央高校科研业务费专项资金项目"城市民族互嵌式社区构建研究——以成都市为例"中期成果（项目编号：2015SZYQN123）。

[**] 马晓玲（1983~），回族，西南民族大学管理学院教师，西南民族大学民族理论与政策2014级在读博士生，研究方向为民族理论与政策、公共政策分析。

一 "民族互嵌式"社区提出的背景及研究意义

一个概念的提出有其特殊的历史背景和现实原因,"民族互嵌式"社区的提出也是如此。

(一)"民族互嵌式"社区的提出是对民族工作"新常态"的解答

改革开放以来,新疆同全国其他省份一样,在经济、教育、医疗卫生、社会保障等各方面都取得了长足发展。有数据表明,近几年是新疆各族人民收入增长最快的时期,住房状况得到改善,出行条件越来越好,城乡面貌发生一系列翻天覆地的变化。新疆各民族交往交流交融趋势不断增强;而另一方面"7·5"事件后,新疆发展稳定面临新形势。新疆情况复杂特殊,暴恐活动和宗教极端是影响新疆稳定的现实危害。坚持依法治疆、团结稳疆、长期建疆,依法打击暴恐、坚决遏制宗教极端思想的影响,对于新疆社会稳定和长治久安具有特殊重要的意义。① 因此,2014年5月中共中央政治局召开会议研究推进新疆社会稳定和长治久安工作。会议明确提出:"推动建立各民族相互嵌入式社会结构和社区环境,促进各民族交往交流交融,巩固平等团结互助和谐的社会主义民族关系。"随后召开的第二次中央新疆工作座谈会上,习近平总书记再次强调要"推动建立各民族相互嵌入式的社会结构和社区环境";2014年9月中央民族工作会议上,这个提法成为全局性的民族工作方针。

综上所述,笔者认为:"民族互嵌式"社区的提出是对各民族交往交流交融趋势增强和涉及民族因素的矛盾纠纷上升并存,反对民族分裂、宗教极端、暴力恐怖斗争成效显著和局部地区暴力恐怖活动活跃多发并存的民族工作"新常态"的回应和解答。

(二)"民族互嵌式"社区的提出由我国是统一多民族国家的国情所决定

我国是多民族的统一国家。在长期历史进程中,各民族共同开发祖国

---

① 中国日报(中文网),2015年3月13日报道《新疆维吾尔自治区主席:建立各民族相互嵌入式社会结构》。

的辽阔疆域,共同创造灿烂的中华文化,形成了共同团结奋斗、共同繁荣发展的中华民族多元一体格局。有学者认为"多民族国家没有合理的多民族社会结构作为支撑,最终难逃分崩离析的命运"。[①] 从社会结构和社区之间的关系来看,如果说社会结构是一个宏观的社会关系,那么社区则是这种社会关系的微观体现。我国统一多民族国家的国情,决定了需要构建"民族互嵌式"的社会结构。而构建宏观的"民族互嵌式"社会结构,又离不开微观的"民族互嵌式"社区环境。所以,"民族互嵌式"社区的提出也是由我国统一多民族国家的国情决定的。

(三) 研究"民族互嵌式"社区有助于城市、社会的稳定发展,促进基层和谐的民族关系

从民族关系角度看,各民族交往交流交融是社会发展的必然趋势,是我国社会主义民族关系的发展方向。具体来讲,计划经济向市场经济转型、城市化进程加快带来的人口流动,使各民族交往机会空前增多,由此也带来机遇和挑战。各民族间在政治、经济、文化上的接触频率和范围大大增加,使得城镇民族关系更加多样化和复杂化。各民族交往交流交融趋势增强和涉及民族因素的矛盾纠纷上升并存,影响民族关系的因素更加复杂。而社区是城市的基本单元,社区的稳定和发展关系着整个城市、社会的稳定和发展,基层和谐的民族关系对于国家、社会、城市非常重要。因此,"民族互嵌式"社区研究具有重大政治学意义。

(四) 研究"民族互嵌式"社区将对城市多元文化的构建、少数民族迁移的适应做出回应

从社会变迁和适应角度看,现代化城市应该体现多民族风格、民族多样化和文化多元化。而城市民族的居住格局并非一种平面式的静态现象,而与城市中民族之间的社会关系和交往网络直接相关,反映了民族之间各种经济的、社会的、文化的关系。而城市化、市场化带来人口的流动,少数民族进入城市、汉族进入民族地区。进入城市的少数民族不适应城市、城市也不适应大量涌入的少数民族,这是不是各族人民交往冲突的根源?

---

① 郝亚明:《"民族互嵌式"社会结构:现实背景、理论内涵与实践路径分析》,《西南民族大学学报》(人文社会科学版) 2015 年第 3 期。

该如何解决？社区是社会和城市的缩影，通过研究"民族互嵌式"社区，可以对多元文化的城市结构和少数民族人口迁移的适应做出一些学理回应。

二 城市"民族互嵌式"社区的内涵思考

目前，国内城市有若干民族社区。如：武汉的回族社区，成都的藏族社区，青岛的朝鲜族社区，等等。高永久对于民族社区的解释在国内颇具代表性，他从民族社区的特点出发，认为民族社区是"以少数民族社会成员为构成主体，以民族社会成员的共同地缘和紧密的日常生活为基础的民族区域性社会，是一个兼具社会性和民族性的社会共同体"[①]。民族社区包含一定地域，以少数民族为主体的人群，具有民族性、宗教性的非正式组织，显著的主体民族特色和文化四个要素。那么，现存的民族社区是否就是指"民族互嵌式"社区呢？笔者认为可从社区的民族构成、社区的形成过程、社区的治理模式、社区的最终目标四个方面分析城市"民族互嵌式"社区的内涵。

（一）城市"民族互嵌式"社区的主体是多民族，包括少数民族嵌入汉民族、汉民族嵌入少数民族，各民族相互嵌入

民族社区强调构成主体的民族性，即该社区从民族成分构成来看，至少具有一个或者多个少数民族成分。笔者认为，这一点符合"民族互嵌式"社区内涵，即："民族互嵌式"社区内也有一个或者多个少数民族。但是否只有少数民族占主体地位的社区才能叫作"民族互嵌式"社区？这一点值得商榷。如果是汉族和少数民族各占一定比例的社区，是否也属于"民族互嵌式"社区的范畴呢？如果我们按照社区内人群的民族构成比例分类，可以总结出至少三种类型。第一类是社区内少数民族占主体，兼有少部分汉族人群的社区。这类社区按照少数民族的民族成分，又可分为：单一少数民族占主体，兼有少部分汉族人群的社区；多个少数民族占主体，兼有少部分汉族人群的社区。北京的牛街回族社区属于典型的以单一

[①] 高永久、朱军：《试析民族社区的内涵》，《北方民族大学学报》（哲学社会科学版）2010年第1期。

少数民族为主体，兼有少部分汉族人群的社区；而在由多个少数民族共同组成的自治地方的社区，就属于多个少数民族占主体，兼有少部分汉族人群的社区。第二类是汉族占主体，兼有少部分少数民族人群的社区。这一类社区，多是因为市场经济的繁荣和人口的自由流动，由一批以地缘、血缘、亲缘和业缘为纽带的少数民族来到城市谋生、发展所形成。第三类是介于第一类和第二类的中间类型，即少数民族和汉族数量大致相同的社区。具体如表1所示。

表1

类型	汉族数量	少数民族数量	
Ⅰ	少	主体	
		单一少数民族占主体，如：北京牛街回族社区	多个少数民族占主体，如：多民族自治地方的城市社区
Ⅱ	主体	少	
		多因市场经济繁荣和人口自由流动，少数民族到城市谋生、发展而成	
Ⅲ	介于Ⅰ和Ⅱ之间，少数民族和汉族数量大致相同		

综上，笔者认为：城市"民族互嵌式"社区从社区内人群的民族构成来讲，不仅仅指目前少数民族占主体、汉族占少数的民族社区。它应该至少包括三种互相嵌入的类型。即：汉族嵌入少数民族、少数民族占主体的社区；少数民族嵌入汉族、汉族占主体的社区；各民族相互嵌入、少数民族和汉族数量大致相同的社区。

（二）城市"民族互嵌式"社区的形成是一个自然历史的过程，政府的引导可以发挥一定作用

如果说城市"民族互嵌式"社区至少包括三种类型，那么我们可以从目前民族社区的形成过程归纳总结出影响"民族互嵌式"社区形成的因素。

以成都市为例，这座城市目前是56个民族成分齐全的城市之一。新中国成立前，成都有回、满、蒙等少数民族人口居住。这些民族目前都已成为成都市的世居民族，他们集中居住的区域也形成了相应的民族社区。如回族迁入成都地区始于元朝，明、清有大量回族来到成都谋生，他们修建清真寺并围寺而居。一部分回族来到现在成都北面的土桥定居下来，以宰牛羊、做小买卖维生。据相关资料①记载："清宣统年间，成都城内共有九座清真寺。外北驷马桥北关寺，土桥清真寺等"，足见土桥回族在成都已经历了几百年的历史岁月。而新中国成立后，土桥回族的后代依然围寺而居，逐渐形成了今天以回族为主体的成都土桥回族社区。而成都市另一类典型民族社区则是洗面桥横街、浆洗街社区。伴随着改革开放和市场经济的发展，成都因为较多的资源和较大的发展空间吸引了大量外地人口。有不少民族地区在成都设立了驻蓉办事处，并开办了一批民族特色企业。20世纪末，正是由于甘孜藏族自治州各级政府驻成都办事处的设立、民族院校的存在，一大批来自甘孜、阿坝的以藏族为主的少数民族来到成都市武侯区，他们以开店卖藏族特色用品为生，形成了藏族人口相对集中的"藏商"群体。他们集中开店、居住的区域，形成了今天的成都市洗面桥横街社区和浆洗街社区。

同时，我们也可以发现一些省市正在进行"民族互嵌式"社区的尝试。如新疆喀什市正在政府主导性的居住区中，探索安排各民族的比例，防止形成单一民族聚居小区。可见，合理调整少数民族和汉族之间的居住格局，有利于增强交往空间、增进民族感情。

但也有学者看到，民族互嵌式社区的实施，比较适合在城市新兴民族社区和一些移民区进行。移民是因客观原因产生的新的流动，而非强势干预；而在历史传统区域，随意打破原有格局，采用行政命令和政策倾斜的方式对原有社区进行重组，只会引起民族成员的反感和不适，不利于和谐民族关系的发展。②

总的来说，笔者认为：以现有城市民族社区的形成来看，它既有历史上某一民族经过长期实践在城市生存、发展的过程；也有我国改革开放以来社会经济发展和人口流动，少数民族在城市适应并且扎根的结果。如此，城市"民族互嵌式"社区的形成也应是一个自然历史的过程。因为在此过程中，各民族之间在经济、社会、文化等诸多方面发生联系和互动。不同文化形成的日常生活、风俗习惯的差异依然存在，可能还会出现民族之间的不理解甚至矛盾冲突。在城市"民族互嵌式"社区的形成过程中，政府的政策引导和对资源的重新分配可以发挥一定的作用。但更重要的是在尊重和承认民族差

---

① 马文彬：《成都回族穆斯林与清真寺》，《中国穆斯林》1992 年第 5 期。
② 陈丽明：《民族交往交流交融的概念分异和现实误区》，《中国民族理论学会 2015 年学术研讨会论文集》，第 205 页。

异的前提下，由各民族在自觉、自愿和自主的基础上自然形成。

（三）城市"民族互嵌式"社区的治理模式是政府、民间、市场三维框架下的参与式治理模式

"治理"一词来自西方，它是"一系列活动的领域里的管理机制。与统治不同的是，治理主要是指一种由共同的目标支持的活动，这些活动的组织者、管理者未必是政府，也不需要国家的强制力来实现"[①]。"社区治理"的理念来自美国，该理念认为，"社区治理是一种公民自治的典型形态。它主要不是依靠政府，而是依靠社区公民、企业以及公共服务组织的参与来实现"[②]。随着我国行政体制改革的深入和城市化进程的加快，城市社区治理的基础性作用更加凸显。由此，"城乡社区治理""推进城市社区建设"先后出现在党和政府相关部门的纲领性文件中；学术界也对社区治理进行了广泛的研究。史柏年曾给"社区治理"下定义，认为社区治理是指："政府、社区组织、居民及辖区单位、营利组织、非营利组织等基于市场原则、公共利益和社区认同，协调合作，有效供给社区公共物品，满足社区需求，优化社区秩序的过程与机制"[③]。美国 B. 盖伊·彼得斯在《政府未来的治理模式》一书中，梳理归纳出四种未来政府治理模式：市场式政府（强调政府管理市场化）、参与式政府（主张对政府管理有更多的参与）、弹性化政府（认为政府需要更多的灵活性）和解制性政府（提出减少政府内部规则）。他从问题、结构、管理、政策制定和公共利益等几个方面对四种政府治理模式进行了分析，其主要观点如表 2。

表 2

	市场式政府	参与式政府	弹性化政府	解制性政府
基本观点	利用市场并接受私人部门的管理方法	指导员工的工作、生活某些层级节制方面的组织决策介入	政府及其机构有能力根据环境变化制定相应政策，而不是用固定的方式回应新的挑战	政府本身的内部管理

---

① Rosenau J. N., *Governance without Government: Order and Change in World Politics*, Cambridge University Press, 1995.
② 邹丽琼：《美国城市社区治理及其启示》，《北京城市学院学报》2009 年第 1 期。
③ 史柏年：《社区治理》，中央广播电视大学出版社，2004。

续表

	市场式政府	参与式政府	弹性化政府	解制性政府
主要问题	垄断	层次节制	永久性	内部管制
结构	分权 以市场为导向的组织体系	扁平组织	虚拟组织 临时组织	可以接受官僚结构
管理	按劳分配；运用其他私人部门的管理技术	全面质量管理 民主参与	管理临时员工	更多的管理自由责任
决策	内部市场 市场刺激	协商，谈判	用"实验"的方法尝试决策创新	允许和提供条件支持管理者自己做决定
公共利益	低成本	参与，协商	低成本	创造力，能动性

随着我国改革开放的不断深入、经济财富的迅速积累、社会结构的深刻转型，国家党政机关已经无法包揽社会管理的全部事务和工作。动员各类企事业单位、基层群众自治组织、人民团体、社会组织等参与社会管理，实现社会管理的共同治理已经成为创新社会管理的必然方向。尽管目前在我国，市场机制正发挥着越来越巨大的作用，政府各部门也有权力下放的趋势，以期更大发挥"小政府、大社会"的效能，但基于我国社区治理体系还不健全、自治空间也很有限，社区居民的普遍素质尚未达到公民社会要求的现实情况，对于社区基层治理多采用参与式的治理模式，即政府、市场、社会三维框架的基层治理模式。

城市互嵌式社区由于有多民族的因素，本身除了一般社区的普遍共性外，又有与一般社区不同的特点。一方面，社区内各民族语言风俗、宗教信仰、生活习惯之间的差异可能导致矛盾甚至冲突。刚进入城市的少数民族不适应城市的生活方式、生活节奏，而世居少数民族要求精神文化和自身发展等。因此，他们对社区的需求也不尽相同。另一方面，少数民族人群多有宗教信仰，一些宗教极端势力和暴力恐怖势力利用宗教活动传播反政府、反社会的思想，导致分裂破坏和暴力恐怖事件数量不断攀升、基层和谐稳定的压力巨大。但我们也看到，正是由于共同的文化和信仰，少数民族内部大多存在能够自我教育和自我管理的民间组织以及在本民族具备一定话语影响力的少数民族精英人士。

城市"民族互嵌式"社区属于城市社区的范畴，也需要找到适合其特点的社区治理模式。由于历史和区域发展的原因，少数民族社会市场化程度不够，很大一部分少数民族人群的观念意识、文化水平离现代公民自治社会的要求尚有很大差距，少数民族公民参与社区治理的动力也不足。为此，国内不少城市民族社区的治理模式仍是政府占主导，并没有充分发挥包括少数民族精英人士在内的民间组织以及市场的参与治理功能。

如前分析，城市"民族互嵌式"社区的形成是一个自然历史的过程。政府的政策引导只是其形成的一个因素，关键还是在社区内各民族自觉、自愿和自主的基础上自然形成。在此过程中，城市"民族互嵌式"社区的治理也应该在多元治理理念下，由政府主导模式向构建政府、民间、市场三维框架下的参与式治理模式转变。

（四）城市"民族互嵌式"社区的目标是通过社区各民族成员参与公共事务，最终实现各民族交往交流交融

社会学家亨利·列斐伏尔认为，"空间从来都不是空洞的，它往往蕴含着某种意义"。按照人类学文化变迁理论中的"涵化"观点，两个或者两个以上不同文化体系由于持续接触和长期影响，就会发生文化传递、交流和整合。构建城市"民族互嵌式"社区，就是各民族在长期共同居住的过程中，逐渐形成经济、生活、文化上的相互联系及和谐的民族关系，最终实现各民族交往交流交融。

"社区"的概念来自西方，最早由德国社会学家滕尼斯在《社区与社会》中提出。他认为社区是一种具有情感归属和价值认同的社会生活形态，生活于其中的人们互相友爱、相互关照，富有浓厚的人情味。而在我国，经济体制改革带来了社会结构转型，社区作为基层社会的新单元，被赋予了社会服务和治理的功能。《民政部关于在全国推进城市社区建设的意见》中给予社区的定义是"聚居在一定地域范围内的人们所组成的社会生活共同体"。由此可见，在我国现实语境中，"社区"一词更强调其行政区划的地域性，而并不强调对认同感和情感归属的培养。

城市居民对社区认同感的缺失，是当前我国城市社区普遍存在的问题。社区认同感的培养离不开居民参与社区公共事务的过程。通过居民参与，每个居民都有机会为谋取社区公共利益而施展和贡献自己的才能，并形成对社区的情感归属和组织认同。高红敏、鲁志民、许静华认为，公民的经济收入、社会地位、公民对社区的认同感及公民的公共精神等层面都

是现实社区治理中公民参与不足的制约因素。① 当前我国城市民族社区也存在认同缺失和参与不足的问题。究其原因，除了上述普遍共性外，还有特殊的因素。第一，社区内各民族由于语言、文化、宗教、生活习俗的差异只对本民族归属有所认知。这一点，在由各民族组成且各民族文化差异较大的社区中尤为明显。具体来讲，即同一民族之间的交流互动频率远大于不同民族之间。但民族社区文化是由所在社区内各民族的文化共同构成的，跟其他民族的交流少，自然会对其他民族文化的了解不深，也会造成对整个社区文化认同的缺失。第二，人口流动形成的城市新兴民族社区，其社区成员由于不能从社区获得更多的社会支持，转而求助于个人关系网。如，刚刚进入城市、落脚社区的少数民族，当遇到困难需要帮助时，一般会选择求助于亲戚、老乡等自己熟悉的人。正是由于社区和社区成员没有共同的情感联系，社区成员才会对社区的认同感低，参与社区公共事务懈怠。

融合需要认同，认同需要参与。因此，城市"民族互嵌式"社区，就是要攻克上述各种制约因素，让社区内的各民族成员通过参与社区公共事务，不断增强彼此的交流和了解，逐渐培养对社区的认同感和归属感，最终实现各民族的交往交流交融。

综上，笔者认为，城市"民族互嵌式"社区的基本内涵至少包括以下四点：城市"民族互嵌式"社区的嵌入主体是多民族，不仅指少数民族嵌入汉民族中，还包括汉民族嵌入少数民族中，各少数民族相互嵌入；城市"民族互嵌式"社区的形成是一个自然历史的过程，政府的引导可以发挥一定作用；城市"民族互嵌式"社区的治理模式是政府、民间、市场三维框架下的参与式治理模式；城市"民族互嵌式"社区使社区内各民族成员通过参与社区公共事务，不断增强彼此的交流和了解，逐渐培养对社区的认同感和归属感，最终实现各民族交往交流交融的目标。

---

① 高红敏、鲁志民、许静华：《城市社区治理中居民参与问题研究——以东明县南关社区、东关社区为例》，《菏泽学院学报》2015年第2期。

武陵山片区民族社区互嵌式建设研究[*]

——以湖南省靖州苗族侗族自治县为例

裴圣愚　唐胡浩[**]

[摘　要] 相互嵌入是民族交融的微观注解,是中国各民族分布上交错杂居、文化上兼收并蓄、经济上相互依存、情感上相互亲近的直观体现。靖州各民族社区通过建设实现了在结构、文化、制度、经济上的相互嵌入,为其成员提供了一个财富充足的物质家园和精神家园,为研究主导型民族社区的互嵌式发展提供了有价值的实践经验。

[关键词] 相互嵌入　民族社区　关键符号　武陵山片区

习近平总书记在中央民族工作会议上指出,要把着力点放在社区,推动建立相互嵌入的社会结构和社区环境。"相互嵌入"是对中国民族关系和民族发展的动态把握,对民族地区的社区建设具有重要的指导意义。

一　相互嵌入的理论探讨

(一) 相互嵌入的涵义

嵌入性理论是新经济社会学研究中的一个核心理论。1944年,Polanyi在《大转型》一书中首次提出"嵌入性"概念,认为人类经济嵌入并缠结于经济与非经济的制度之中,将非经济的制度包括在内是极其重要的,经

---

[*] 本文系国家民委科研项目"湘鄂西地区少数民族社区互嵌式发展实践研究"(14ZNZ001) 阶段性成果;中南民族大学中央高校基本科研业务费专项资金项目"武陵山民族地区社区建设与社会发展研究"(CSW14026) 阶段性成果;国家社会科学基金重点项目"开发利用我国各民族关键符号促进民族团结进步调研报告"(13AZD057) 阶段性成果。

[**] 裴圣愚,中南民族大学副教授,博士,研究方向为民族理论与政策。唐胡浩,土家族,中南民族大学副教授,博士,研究方向为民族社会学。

济作为一个制度过程，是嵌入在经济和非经济制度之中的。1985年，Granovetter发表的重要论文《经济行动和社会结构：嵌入性问题》提出，市场中的经济行动必定嵌入于社会结构之中，这成为嵌入性理论新的里程碑。20世纪80年代以来，"嵌入"这一概念逐渐进入经济学的许多分支学科，以及社会学、管理学等学科。2014年5月中央召开第二次新疆工作座谈会，首次提出"推动建立各民族相互嵌入式的社会结构和社区环境"，9月的中央民族工作会议再次强调了要建立相互嵌入的社区环境。一些学者围绕"相互嵌入"进行了探讨，郝亚明主张，进一步消除社会结构分割、社会资源排斥、社会心理疏离，促进少数民族社会融合，是建立各民族相互嵌入型社会结构的重要路径。建立各民族相互嵌入的社会结构，面临着参与主体众多、内部张力巨大的挑战，通过促进社会融合形成跨越民族的统一社会认同，为这种社会结构提供社会心理支撑就显得尤为必要。[1] 明浩指出，当务之急是要以社会主义核心价值观为基础，将出发点和落脚点放在相关法律制度的建构上，使我们的民族包容和"相互嵌入"能够获得权威性、持续性制度保障，进而形成符合我国国情、具有时代特色和能够面向国际社会的包容机制。[2]

"嵌入"在汉语中的意思是牢固地或深深地固定或树立，紧紧地埋入、镶入。相互嵌入是不同社会主体（包括个体和群体）在社会互动中的相互接纳、吸收和依赖并形成共同体的过程。通过相互嵌入，社会主体的需要得以满足，社会良性运行得以实现。推动各民族相互嵌入的本质就是在民族平等的基础上，以尊重差异、包容多样为原则，增进各民族的交往交流交融，形成"你中有我，我中有你，谁也离不开谁"的利益和情感共同体，让各民族在中华民族大家庭中手足相亲、守望相助，实现各民族共同团结奋斗、共同繁荣发展。笔者认为，相互嵌入是民族交融的微观注解，是我国各民族分布上交错杂居、文化上兼收并蓄、经济上相互依存、情感上相互亲近的直观体现。当前，我国各民族间的共同因素不断增多，但民族之间的差异和发展差距将长期存在。因而，推动各民族的相互嵌入就是为了在各民族之间增强了解、消除隔阂、促进交流、增进共识，而不是人为消灭民族差别、民族特点，做超越阶段搞民族融合的那一套。

---

[1] 郝亚明：《建立各民族相互嵌入型社会结构》，《中国社会科学报》2014年7月11日。
[2] 明浩：《民族间的"相互嵌入"需要包容》，《中国民族报》2014年5月30日。

图 1

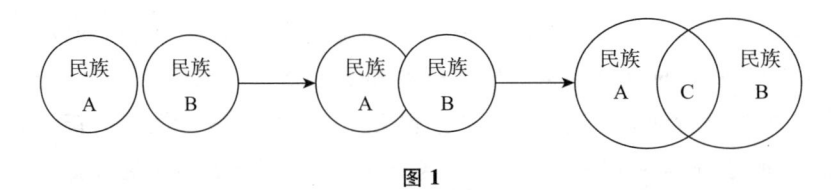

各民族相互嵌入的过程可以通过图 1 展现出来，其中有两个关键点：第一，民族 A 和民族 B 最终形成了一个共同体，这个共同体不是 A 与 B 的简单联合，而是在基本保持 A 与 B 自身边界的同时形成了两者共有的部分 C，这个部分反映了 A 与 B 的相互接纳、吸收和依赖，实现了民族 A 与民族 B 的相互嵌入；第二，相互嵌入必须有利于民族的发展，有利于社会的良性运行，即是 C 部分的形成产生了耦合效应①，促进了民族 A 与民族 B 的发展。

（二） 相互嵌入的社区环境涵义

如果说，社区是"进行一定的社会活动，具有某种互动关系和共同文化维系力的人类群体及其活动区域"②，那么，社区环境就是社区群体进行一定社会活动的条件总和。民族社区是以少数民族社会成员为构成主体，以民族社会成员的共同的地缘和紧密的日常生活为基础的民族区域性社会，是一个兼具社会性和民族性的社会共同体。③ 相比一般社区，民族社区环境建设更加关注影响民族性活动的条件因素，尤其涉及民族关系的互动与民族文化的维系。

一般来说，社区的要素包括地域空间、人口、制度结构和情感观念。④ 结合这四个要素，通过表 1 说明本文对相互嵌入的社区环境的内容分析。

表 1

要素	地域空间	人口	制度结构	情感观念
维度	硬环境		软环境	
内部环境	社区的基础设施建设	各民族成员的分布	不同群体和组织的相互关系	归属感和凝聚力的形成
外部环境	社区所处的地理位置	各民族成员的流动	社区与其他主体的互动关系	民族和社区文化的认同

---

① 在群体心理学中，人们把群体中两个或以上的个体通过相互作用而彼此影响从而联合起来产生增力的现象，称之为耦合效应，也称之为互动效应，或联动效应。
② 郑杭生：《社会学概论新修》（第四版），中国人民大学出版社，2014，第 232~233 页。
③ 高永久、朱军：《试析民族社区的内涵》，《北方民族大学学报》（哲学社会科学版）2010 年第 1 期。
④ 黎熙元：《现代社区概论》，中山大学出版社，2010，第 6 页。

地域空间和人口要素更多地涉及社区物质层面的发展，可以归为社区硬件建设；制度结构和情感观念要素更多地涉及社区精神层面的发展，可以归为社区软件建设。习近平总书记强调，要解决好民族问题，物质方面的问题要解决好，精神方面的问题也要解决好。还要认识到，物质力量和精神力量各有各的作用，在很大程度上是不可互相替代的。[①] 因此，推进相互嵌入的社区环境建设，不仅仅是实现社区不同民族成员的混居，更要重视民族关系的和谐互动与社区共同体认同感的形成。硬件建设和软件建设各有作用，软件建设更重要。

社区不是孤立存在的，社会活动的条件一定包括社区内外。如果根据社区居民的民族成分将民族社区分为主导型（在社区内以一个少数民族的成员为主，且在社区的发展中起主导性作用）和混合型（在社区内有两个及以上数量接近的少数民族成员，且没有任何一个民族可以单独主导社区的发展，更多表现出多民族文化的交融），那么，推进主导型民族社区的互嵌式环境建设应侧重于外部环境，推进混合型民族社区的互嵌式环境建设应侧重于内部环境。

二　民族社区互嵌式建设的实践

武陵山片区地跨湖北、湖南、重庆、贵州四省市，集革命老区、民族地区和贫困地区于一体，是跨省交界面大、少数民族聚集多、贫困人口分布广的连片特困地区，也是重要的经济协作区。靖州苗族侗族自治县位于湘西南边陲、怀化市南部，是全国唯一的苗族侗族自治县，辖7乡6镇4个管委会1个国有林场，186个行政村，13个居委会，2013年末总人口26.8万，其中少数民族人口占74.72%，主要有苗、侗、土家、汉等民族。

（一）结构互嵌

靖州的各民族已经形成了大杂居、小聚居的地域空间分布格局，形成了以主导型社区为主，不同民族社区之间往来频繁的关系结构。这两个特点体现了靖州民族社区的结构互嵌，这是民族社区建设的重要基础。

---

① 丹珠昂奔：《沿着中国特色解决民族问题的道路前进——中央民族工作会议精神学习体会》，《中国民族报》2014年11月7日。

结构互嵌的形成离不开各民族共同开发靖州的历史。靖州有大量各民族共同建设家园、共同反抗压迫的记载，没有出现过民族间的大规模冲突，说明靖州的苗、侗、汉等民族在历史上就是休戚与共、团结和睦的兄弟民族。据民间传说和史料考证，靖州境内的苗侗先民与洞庭湖、鄱阳湖平原的"三苗"和两广地区的"百越"有一脉相承的关系。靖州的苗族一部分是南北朝时期从湘西、黔东地区迁入的，另一部分是唐宋时期从江西辗转迁入的。靖州的侗族一部分是秦汉时期从广西腹地迁居渠阳镇、横江桥乡、文溪乡、坳上镇等地，一部分是唐宋以前从贵州迁居三锹乡、藕团乡一带，另一部分是从广西三江和湖南通道迁居寨牙乡、新厂镇、平茶镇等地。春秋战国到秦汉时期，靖州一带的居民被称为"南蛮""武陵蛮""五溪蛮"。唐宋时期，逐步形成了以靖州飞山为中心的少数民族群体，史称"飞山蛮"，其后影响范围逐步扩大到湘西、桂北、黔东南等地区。靖州飞山由此被视为湘、黔、桂、渝、鄂相连地带苗族、侗族的起源之地，这一地带的苗族、侗族很多习俗相近、语言相通，有的还互通婚姻。直到现在，尤其是居住在靖州锹里地区[①]的苗侗之间仍然保持通婚，而且都能讲苗语、侗语，也能讲汉语。

（二）文化互嵌

文化互嵌指的是不同民族文化的相互影响、相互借鉴，并在相互认同的基础上形成文化的共享与共有。文化上的相互嵌入有助于民族社区内部凝聚力和向心力的形成，有助于其他主体对民族社区文化的认同，是民族社区建设的重要内容。靖州当地"说苗语唱侗歌"的说法就生动体现了各民族文化之间的关系，尤其是"飞山太公"和"芦笙节"两个关键符号的形成和发展集中反映了文化互嵌对民族社区建设的影响。

杨再思是唐末五代时期西南少数民族的著名首领，被后人尊称为"飞山太公""飞山爷爷"。他文武兼备、尤精韬略，承袭父职之后被靖州当地少数民族拥戴为酋长。在他的领导下，"飞山蛮"再次兴盛，开创了前所未有的安定繁荣局面。他因此受到境内汉、苗、侗、土家、瑶等各民族的广泛尊崇，也得到历代中央王朝的推崇。杨再思去世后，其形象逐渐演变

---

① 锹里地区是湖南靖州与贵州省的黎平、锦屏、天柱三县交界处相对封闭的偏远山区，习惯上分为上、中、下三锹，地势较高的为上锹，较低的为下锹，中间相连的是中锹。这里是苗族支系之一花苗人的主要聚居区，也居住着大量侗族同胞。

为神灵，各地各民族百姓开始建庙祭祀，名曰"飞山庙""飞山宫"。有的地方还抬着杨再思的神像到各处祈福，名为"抬太公"。在历史发展过程中，飞山庙的供奉对象由杨再思及其家人增加为对靖州发展起过重要作用的历史人物，人们的朝拜对象也由飞山庙逐渐扩大为飞山。每年重大祭拜日，都有各民族社区的居民参与，形成壮观独特的"飞山祭"现象。以"飞山太公"为核心的飞山文化成为靖州各民族共有文化的重要组成部分，杨再思成为靖州各民族供奉的始祖，飞山成为当地百姓祭祀的圣山，文化的相互嵌入构筑了各民族社区共同的精神家园。

芦笙节是靖州锹里地区苗族侗族共同举行的节日，俗称"踩芦笙"，尤其以藕团乡老里村牛筋岭芦笙堂的活动最负盛名。老里苗寨现有村民200多户，900余人，绝大部分是苗族，该村保存着比较完整的苗族特色古建筑群。踩芦笙原本是当地苗族、侗族人民进行敬奉天神的祭祀活动，经过多年流传，改为现在每年农历七月十五举行一次。每逢芦笙节，附近各社区的苗族、侗族和汉族同胞会集于此，举办踩芦笙、赛歌、龙头宴等以敬神为内容、以歌舞为载体的竞赛和娱乐活动，几乎涵盖了锹里地区各民族所有的艺术形式。竞赛活动能够增强各社区的荣誉感，娱乐活动可以增进各社区的交流，老里村通过举办"七月半"芦笙节展现了社区风采，促进了与其他社区的互动关系，提升了社区的凝聚力以及对社区文化的认同。芦笙节成为锹里地区各民族社区推进文化建设，实现文化互嵌的平台。

（三）制度互嵌

制度互嵌是指社区内外不同群体、组织的相互关系、相互作用，体现了政策制度对民族社区建设的影响，有助于协调民族关系，实现社区治理。"合款"作为一种独特的、各民族共同参与遵守的社会制度和组织形式，是最能体现靖州地区民族社区制度互嵌的关键符号。

合款又称团款，是一种带有军事联盟性质的、以地域为纽带的侗族、苗族自我管理的组织形式，也称款约制。据《靖州志》的记载，款组织最晚在唐宋时期已经出现。宋沅州知州朱辅在《溪蛮丛笑》中称："当地（五溪地区）蛮夷，彼此相结，歃血誓约，缓急为援，名曰门（盟）款。"款组织有大款、小款之分。小款由几个或十几个邻近的村寨组成；大款由几十个或几百个小款联合组成，地域扩大到方圆数百里或千余里。大小款均有款首,一般由款众推选德高望重、办事公道的长老或寨老担任。每个款区都设有一定款首集众议事的款坪、款场或款坳。款区散布于湖南、广西、贵州毗邻地区。靖州有"双江鹅凤口款"(今三锹乡菜地村)、"岩板田款"(今三锹乡地背村)、"牛筋岭款"(今藕团乡老里村)、"芦笙界款"(今藕团乡新街村)、婆婆庙款(今坳上镇新华村)、官田款场(今大堡子镇岩湾村)、"流坪款场"(今渠阳镇流坪村)、"血草坡款"(今新厂镇炮团村)、"凤冲款场"(今三锹乡凤冲村)等。合款时间,小款一般每年一次,参加者为款区各户户长。大款时间无定制,有事则议。合款内容十分广泛,从族规族约到社会治安、裁决罪犯、生产管理、废除陋俗,以及封山育林、保护庄稼等各个方面。款规款约,俗称"款词",一般由款首保存,有的铭刻于碑,传之于世。[①]

合款"其实质既是一种法律规范,又是一种与群众专政相结合的职能机构"[②]。如今,它的演变形式仍然广泛存在于老里村等靖州地区的民族社区之中,寨佬和村规民约对调控社区关系、民族关系,处理矛盾纠纷依然发挥着重要的作用。藕团乡也成为湖南省民族团结进步示范点。可以说,这种相互嵌入的少数民族传统制度安排对当前创新民族社区基层组织管理、坚持群众在社区治理中的主体地位以及维护民族地区社会稳定仍然有重要的借鉴意义。

(四)经济互嵌

经济互嵌是指社区成员以及各民族社区以合作互利的形式共同参与产业发展,其目的是实现共同富裕。经济发展上的相互嵌入是推进民族社区建设的根本途径,是实现文化互嵌、制度互嵌的物质基础。中央民族工作会议指出,要大力发展民族地区特色优势产业,增强民族地区自我发展能力,逐步把旅游业做成民族地区的支柱产业。靖州地笋村和岩脚村就是通过对民族特色旅游业的长期建设,借助新的宣传模式,一举成为靖州乃至湖南的名片,成为全国旅游的热门目的地。

三锹乡地笋村分上地笋、下地笋、上背地、下背地四个团寨,共1368人,95%的人口系高山"花衣苗"。地笋村特色旅游业的建设主要突出了

---

① 湖南省怀化市地方志办公室:《解放前民族管理概况》,怀化市情网数字方志馆,http://www.hhsqw.cn/ftow-002.asp? D_ID=574,2009年6月10日。
② 司霖霞:《"侗族合款"研究》,《贵州民族研究》2012年第4期。

苗族歌鼟[1]、花苗服饰、油茶、龙头宴、吊脚楼、神树祭祀等苗族文化要素。自2009年被列入"湖南省少数民族特色村寨"以来，靖州专门制定了《地笋苗寨保护与发展规划》，五年间设立的专项开发资金达到560万元。经过多年建设，地笋苗寨现已是"全国AAA级景区""中国少数民族特色村寨""全国生态文化村""国家级非物质文化遗产靖州苗族歌鼟传承基地""湖南省历史文化名村""湖南最美少数民族特色村寨"。随着2014年6月湖南卫视《爸爸去哪儿》第二季的播出，明星效应极大地促进了地笋村的旅游发展，2014年"十一"期间地笋苗寨接待游客人数达到5万人次。苗族特色旅游业的建设成效不仅惠及本社区，也带动了靖州侗族社区的旅游业发展。寨牙乡岩脚村人口1380人，95%以上是侗族，是"全国AAA级景区"、"国家乡村旅游扶贫重点村"和"湖南省少数民族特色村寨"。2013年湖南省经信委建设扶贫工作组进驻岩脚村，先后筹资1500万元推动社区旅游设施建设，形成了侗琵琶、侗芦笙、哆耶舞[2]、古驿道等侗族文化特色，成为继地笋村之后靖州旅游业发展的又一个支点。

据评估，2014年"十一"期间，靖州旅游人数达10万人次，带动旅游消费1000万元，餐饮、住宿、休闲、购物及交通运输等呈现井喷式增长，创下历史最高纪录。[3] 市场经济条件下苗侗旅游资源的互补、旅游产业链的完善、特色旅游品牌的形成不仅反映了不同民族社区在经济上的相互嵌入，提高了各民族社区的收入水平，还实现了民族文化的保护与传承。

结　语

通过对靖州民族社区互嵌式建设实践的分析，笔者可以得出以下一些

---

[1] "鼟"意为击鼓的声音。"歌鼟"原是锹里地区多声部苗歌的一种，后来人们约定俗成，将所有的锹里苗歌统称为"歌鼟"。按其风格、旋律、内容、演唱方式及民族习俗可分为：茶歌调、酒歌调、饭歌调、山歌调、担水歌调和三音歌调等。其歌词多为七言四句，内容涉及历史传说、祭祀礼仪、生产劳动、婚姻恋爱、劝事说理、唱咏风物等传统文化的诸多方面。音乐的音律和音程既不同于其他地方的苗族民歌，也不同于邻近的侗族民歌和汉族民歌，拥有鲜明的个性和特点。讲歌的人被称作"歌师傅"，演唱语言原用苗语，后逐步演变为汉语方言，被称为"酸话"。歌鼟不仅是锹里苗族生息记事、人际情感交流、本族文化传承的重要载体，更是他们日常生活中不可缺少的重要生活方式。

[2] "哆耶"是侗族的一种民间集体歌舞。"哆"在侗语中是"唱"的意思，而侗族民歌中常用"耶"做衬词。哆耶直译就是唱耶歌或唱歌跳舞，俗称"踩歌堂"。

[3] 曾祥培、耿有为、刘杰华：《跟着〈爸爸〉去旅行：五万游客"嗨爆"地笋苗寨》，靖州新闻网，http://www.jingzhouxw.com/Info.aspx?ModelId=1&Id=18015，2014年10月5日。

基本结论。

第一，靖州民族社区属于主导型社区，当前建设的重点是社区外部环境。因此，对于混合型民族社区互嵌式环境建设还需要展开进一步的调查和研究。

第二，从民族社区硬环境建设来看，各民族社区形成了交错分布的格局，为不同社区各民族成员频繁的交往交流提供了地域空间，从而实现了民族社区的结构互嵌。

第三，从民族社区软环境建设来看，各民族社区形成了共有共享的文化内核，形成了相互协调的治理模式，形成了相互依存的经济产业，从而增强了社区认同、民族认同、家乡认同，构筑了共同的精神家园，实现了民族社区的文化互嵌、制度互嵌和经济互嵌。

第四，结构互嵌为靖州民族社区的建设发展奠定了基础，文化、制度和经济上的相互嵌入推动了各民族社区在物质层面和精神层面上的发展，和谐了民族关系，巩固了民族团结。其中最为重要的是文化上的相互嵌入，兼收并蓄的文化既是实现制度、经济相互嵌入的动力，又是制度、经济互嵌应有的内容。

第五，靖州民族社区互嵌式建设的最大特点是提炼和形成了"飞山"等多个被各族群众广泛认同的关键符号，这些关键符号的表达反映了靖州各个民族以及民族社区之间良好的互动关系。

第六，推动建立相互嵌入的社区环境符合我国民族发展的实际和规律，有利于促进各民族的交往交流交融。

笔者认为，"相互嵌入"的提出进一步丰富了我国民族研究的层次，即可以从微观视角研究各民族相互嵌入的社会结构和社区环境，从中观视角研究各民族共生互补的关系，从宏观视角研究中华民族的多元一体格局。民族社区是少数民族生产生活的基本空间，是传承民族文化的有效载体，是少数民族和民族地区加快发展的重要资源，具有"地域社会"和"精神共同体"的双重意义，社区的建设发展能够为其成员提供一个财富充足的物质家园和精神家园。随着我国经济的快速发展和改革的全面深化，需要更加关注如何建设各民族共有精神家园，需要深入分析如何实现社区环境在结构、经济、制度和文化上的互嵌，需要加强研究关键符号在民族关系互动和民族文化传承中的作用，而靖州民族社区互嵌式建设发展的实践为我们提供了有价值的经验。

巩固和发展和谐民族关系的实践尺度分析

孙振玉　冯杰文[*]

[摘　要] 民族团结是各族人民根本利益所需，是实现国家繁荣昌盛的前提条件。本文对巩固和发展和谐民族关系的理论建构与实践尺度进行了深刻的分析。

[关键词] 和谐民族关系　实践尺度

巩固和发展我国社会主义和谐民族关系，既需要理想型的理论建构，解决什么样的关系是和谐民族关系问题；也需要实践尺度的准确把握，解决如何有效巩固和发展和谐民族关系问题。理想型建构是领袖和学者（民族理论界）的问题；实践尺度把握，对于民族事务管理人员而言，属于实际操作程序范畴，对于全体公民而言，则属于社会行动或行为范畴，直接影响既定目标的实现。所以，巩固和发展我国社会主义和谐民族关系，仅停留在理想型的理论建构层面是不够的，必须探讨实践尺度的准确把握问题。

一　巩固和发展和谐民族关系的理想型

在我国，民族关系属于重大社会关系范畴，民族关系理论也属于重大理论范畴，党和政府一直十分重视。经过长期努力，我国着眼于社会主义社会的本质要求，不仅确立了民族关系发展的根本目标，还探索出了民族关系发展的理想模式（理想型），这是一个由重大原理和根本目标构成的理想模式。重大原理是平等、团结、互助、和谐，重大目标是巩固和发

---

[*] 孙振玉（1956～），内蒙古赤峰人，法学博士，宁夏大学教授，博士生导师，主要从事民族文化与民族理论研究；冯杰文（1971～），宁夏盐池人，宁夏大学政法学院副教授，博士，主要从事伊斯兰哲学和回族文化研究。

和谐的民族关系。这一理想模式，是建立在我国各民族的根本利益一致性、各族人民都是国家的主人、各民族之间或各民族内部的矛盾根本上都是人民内部矛盾的科学认识和坚定信念的基础上的，体现着党和国家以及全国人民的高度理论自信、目标执着与勇往直前的实践精神。

社会主义社会究竟要发展什么样的民族关系，一直是我国党和政府认真探讨的课题。在21世纪之前，我国民族关系坚守的原则是平等、团结、互助。"和谐"概念是在进入全面构建和谐社会的时代背景下提出来的。2004年9月，党的十六届四中全会《决定》提出了"构建社会主义和谐社会"的新命题，由此我国进入了全面构建和谐社会的伟大时代，这也为从民族角度思考如何构建这一伟大社会提出了新的研究课题。2005年5月，胡锦涛在中央民族工作会议暨国务院第四次全国民族团结进步表彰大会上，提出了坚持巩固和发展平等、团结、互助、和谐的社会主义民族关系的新思想。十八大又将这一新认识写进了党章。"和谐"概念的提出，完善了我国民族关系理想模式，明确了根本的奋斗目标，这是民族关系理论上的重大进步。

在社会主义社会，民族平等是一个全面概念，各个民族是平等的，在各个方面是平等的，但也是一个历史概念，平等目标的真正实现，是一个历史过程，受到历史发展条件的深刻限制。民族平等落实到不同领域，意义也不一样，在政治和法律立场上，平等是全面意义的，是绝对意义的，社会主义的党和政府，绝不能有丝毫不平等意识，而是要以完全彻底的平等态度对待各个民族，不管大小和强弱。实践证明，我国党和政府完全是这样做的，也充满诚意。民族平等在经济、社会与文化领域，是历史意义的、是相对意义的，必须跟发展联系起来，跟发展的效率联系起来，跟对发展的贡献联系起来，所以，民族平等本质上是一个公平概念。根据以上思考，我们不同意以往"事实上不平等"的提法，存在的不是不平等问题，而是公平制度的平衡与完善问题。

社会主义社会鼓励一切团结，反对任何不团结现象，民族团结是各族人民根本利益所要求的，是国家繁荣昌盛所要求的。我国的民族团结的定义，曾是"同舟共济，和睦互助，和谐互动"，强调各族人民是一个命运共同体，是一个大家庭，后来胡锦涛提出要"和睦相处，和衷共济，和谐发展"，突出了"和"字。中华文化传统上就是"和文化"，社会主义社会的民族团结符合中华民族的永久精神。民族互助内含于民族团结之中，亦符合中华民族守望相助的文明传统。民族团结落到实处就是互助，做不到互助，就坐不实团结，没有互助的团结，只是一个空概念。民族互助不是一个片面的概念，是每个民族都要履行的义务；但也不是一个平均的概念，是在需要时，每个民族都要根据自己的能力提供帮助。所以，每个民族能够提供的帮助可能是不同的，有大小、多少之分，但提供帮助本身却是各民族不可推卸的责任，是不能不做贡献的义务。这不是要求回报，而是社会主义社会道德的高度自觉，是社会主义社会文明的高度体现，是凝聚民族团结的结实纽带。

巩固和发展我国社会主义民族关系的根本目标就是民族和谐，这是中国共产党长期认真思考社会主义民族关系本质的重要成果，是充分尊重各族人民的主体性、个体性、差异性基础上的和谐，是一种动态建构关系。没有各族人民的积极主动，没有求同存异，没有大局观念，没有整体意识，没有平等、团结、互助，民族和谐是求不来的。只要各族人民有此意识，有此行动，民族和谐就会不求自来。民族和谐是我国社会主义社会和谐的有机组成部分，是社会和谐的必然要求，没有民族和谐，就没有社会主义社会的和谐。民族和谐既是一个质的概念，也是一个量的概念。质的概念是说，只要讲和谐，就是对的，否则就是不对的；量的概念是说越和谐越好，越不和谐越不好。所以，社会主义社会只讲和谐，坚决反对不和谐，因为它违反社会主义社会的本质，是社会本质所坚决不允许的，是一定要摒弃的。

二　巩固和发展和谐民族关系的实践尺度

古希腊哲学家柏拉图的"理念论"认为，事物都有一个称之为"理念"的类概念，最高的就是"善"的人类理念。他启发我们的一层重要意思是，人们总是本着善良美好的愿望，把事物想象得很"美满"。现实中的事物也许并不美满，但在人们的心目中，至少有一个美满的目标。德国社会学家马克斯·韦伯的"理想型"概念，又称"理想类型"或"纯粹类型"，是在研究现代官僚体制的过程中提出来的，是这一善良美好愿望的体现，后来证实有普遍的适用意义。按照韦伯的定义："理想类型是通过单方面地突出一个或更多的观点，通过综合许多弥漫的、无联系的，或多或少存在、偶尔又不存在的具体的个别的现象而成的，这些现象根据那些被单方面地强调的观点而被整理成一个统一的分析结构。"① 我国巩固和发展平等、团结、互助、和谐的社会主义民族关系的观念体系,从理论存在意义上看,就是一个理想型;从研究角度上看,就是一个"分析结构"。

理想型的建构,是一个艰深的理论工作,现实社会中理想型的实现,则是一个艰难的实践问题。共产党人不是空头理论家,而是伟大的实践者,不管现实中遇到多少艰难险阻,都会勇往直前地按照自己的既定目标前行。历史和实践证明,这就是中国共产党人的高贵品质。所以,我们对中国在共产党的领导下,建构和谐的民族关系充满希望。当然,我们也懂得,任何重大的理想型贯彻落实到现实中,都不是一件容易的事情,需要理性、科学、可操作性。所以,探讨巩固和发展我国社会主义民族平等、团结、互助、和谐的关系,就必须落实到操作层面,落实到民族事务管理的可行层面,落实到全体公民有效行动或行为层面。这一探索工作,与理想型的建构,同样具有重要意义。在此,我们提出了巩固和发展我国和谐民族关系的实践尺度问题,为了分析方便,制作图1如下。

在图1中,四条横向实线分别代表的是平等、团结、互助、和谐。三条纵向虚线,A代表反理想型;B代表民族关系为无;C代表理想型。四条横向实线从左边的"负"号到右边的"正"号,表达的是一个连续统,意思是从中间的纵向虚线B向纵向虚线A延伸,其意义越来越负面,反映的是越来越消极的民族关系,越来越反理想型;向纵向虚线C延伸,其意义越来越正面,反映的是越来越积极的民族关系,越来越趋近理想型。

A(反理想型)	B(民族关系为无)	C(理想型)	
−	反平等	平等	+
−	反团结	团结	+
−	反互助	互助	+
−	反和谐	和谐	+

图1

图1要表达的理论意义是,第一,我国坚持巩固和发展平等、团结、

---

① 〔德〕马克斯·韦伯:《社会科学方法论》,朱红文等译,中国人民大学出版社,1992,第85页。

互助、和谐的社会主义民族关系,本质上是一个理想型(以纵向虚线 C 为代表,这是民族关系连续统的一个极点)。第二,只要从民族关系为无(以纵向虚线 B 为代表)向民族关系的理想型趋近,无论趋近多少,都应视为积极正面的行动和行为,要给予绝对肯定。第三,只要从民族关系为无,向民族关系的反理想型(以纵向虚线 A 为代表,这是民族关系连续统的另一个极点)趋近,无论趋近多少,都是消极负面的行动或行为,是要坚决否定的。结论是,我国的社会主义民族关系只讲平等、团结、互助、和谐,任何与此相背离的行动或行为,都是坚决不允许的,是要坚决反对的。

巩固和发展我国社会主义民族关系的实践尺度是一个行动或行为标准概念。图 1 显示,这个标准即是否对巩固和发展和谐民族关系有所贡献,这个贡献是积极正面意义上的。这样,对于民族理论研究者而言,他们的理论、观点和立场,不管是从长远考虑,还是从近期考虑,都必须符合这一标准,这是一个硬性指标。当然,民族理论研究者,应该在实事求是原则的前提下,勇于探索,勇于创新,既要巩固和谐民族关系的现实,也要谋民族关系发展的长远,只要是在学术探索范围内,就应该保持自由开放氛围,否则民族理论创新的道路就会被关闭。对于从事民族理论宣传和民族事务管理的工作者而言,则要相对谨慎,既要严格遵守这一标准,还要遵守党的纪律,该宣传的宣传,该贯彻的贯彻,不能将未经达成共识、未经党和政府核准的学术观点公之于众,以免引起社会困惑,误导群众。在互联网的时代,媒体主体十分复杂,声音异常嘈杂,更应严格把好这一标准关。对于民族事务管理者而言,实践中就要密切关注一切有关民族关系的社会言行,凡符合这一标准的,就要给予积极肯定和支持,否则就要坚决反对。对于各族公民而言,向他们宣传这一标准是各有关部门必须要做的工作,而且一定要做好,这是一个实际可行、有操作性的抓手,目的是让人们在社会交往互动中,自觉遵守这一标准,自觉守住原则底线,自觉成为巩固和发展和谐民族关系的有生力量。

我国的民族关系,目前已在和谐状态之中,这一点应该达成共识,但仍要巩固和发展。巩固就是要保持这一得来不易的民族关系局面,发展就是要全面奔向理想型的目标,最终形成稳定的和谐格局,让各族人民在这样的格局中,如饮甘露,如沐春风,心情舒畅,亲如一家。在我国这个民族命运共同体中,在我国这个民族大家庭中,对巩固和发展和谐民族关系有所贡献这一标准，应成为普遍的社会风尚，成为人们自觉遵守的社会伦理规范，成为社会主义公民文化和精神文明的重要而有机的组成部分，而不仅仅是党和政府的工作准则和尺度，这样才更能发挥其应有的作用。问渠哪得清如许，为有源头活水来。巩固和发展社会主义和谐民族关系的源头活水，最终来自各族人民群众，来自基层社会，来自自然的社会生活，来自自然的社会交往互动。当代社会，交往交流交融已成为人们的生活常态，成为存在方式，民族关系就是发生在人们的交往互动中的，越是在这种情况下，巩固和发展和谐民族关系的任务就越重，所以，更应明确和坚守好对和谐民族关系有所贡献这一标准。

第五篇

族际人口流动和城市民族工作创新

中、东部地区城市穆斯林流动人口社会关系融入状况

——基于武汉、广州、杭州、宁波的调查

李吉和[*]

[摘　要] 从反映穆斯林流动人口在城市生活中所拥有的社会关系的求职途径、日常交往、困难与纠纷求助对象、与当地居民关系、对异族通婚态度等方面看，穆斯林流动人口的社会关系仍然是传统的血缘、亲缘、地缘、族缘、教缘传统关系在城市的不完全复制，没有建立起以业缘为纽带、以城市本地居民为交往对象的现代社会关系网络，仍然以非正式的社会关系支持为主，没有充分运用正式的社会关系支持网络。因此，本文认为从整体上看穆斯林流动人口的社会关系融入程度非常低。

[关键词] 穆斯林流动人口　社会关系　就职途径　民族交往　民族通婚

随着我国全面深化改革的不断推进，城市化步伐加快，人口流动尤其是流入中、东部地区城市已成为常态。在全国 2 亿多流动人口大军中，就包括了大量的少数民族流动人口。穆斯林流动人口是少数民族流动人口的重要组成部分，特别是穆斯林流动人口的宗教信仰和生活习惯与所居城市的差异，使其在所居城市面临诸如生存状况、适应、融入等问题，对其融入状况需要做深入调查研究。

目前学界对"社会融入"有不同的解释，如童星、马西恒[①]、刘建娥[②]等。

---

[*] 李吉和（1963～），中南民族大学中国城市民族与宗教事务治理研究中心教授，博士研究生导师，主要研究民族问题。

① 童星、马西恒：《"敦睦他者"与"化整为零"——城市新移民的社区融合》，《社会科学研究》2008 年第 1 期。

② 刘建娥：《中国乡—城移民的城市社会融入》，社会科学文献出版社，2011，第 15 页。

本文借鉴国内外有关融入概念,认为城市融入是指穆斯林流动人口进入城市后,面对与流出地不同的社会环境,为了能够在城市生存发展,不断调整自己的社会行为,调适自己的心理及态度,在与城市居民发生交往的过程中,建立新的社会关系,享受均等化社会服务,并在保持本民族文化的基础上,接纳城市主流文化,城市居民也能尊重差异、包容多样的过程和结果。

在衡量穆斯林流动人口城市融入的诸项指标中,社会关系是穆斯林流动人口城市融入的显性指标之一,也是穆斯林流动人口城市融入的重要外在条件。社会关系本质上就是一种资源和资本。格兰诺维特认为,"社会关系是指人们通过主观努力不断建构并发展起来的社会资源或资本及其形成的网络"[1]。齐美尔认为人们之间的互动构成了相互交织的社会关系。布迪厄认为社会资本的一部分就是社会关系本身,它使个人可以摄取被群体拥有的资源。[2] 科尔曼则认为:"社会资本基本上是无形的,它表现为人与人的关系。"[3] 互动是激活潜在社会资本,形成新的社会关系的前提。互动包括同质型互动和异质型互动。林楠认为,同质型互动是指拥有相似资源,如财富、声望、权力和生活方式的两个行动者之间的关系;异质型互动是指拥有不同资源的两个行动者之间的关系。[4] 李强在讨论社会资本、社会关系时提出了"熟悉人"的概念,在他看来,"熟悉人"是特指在中国的场景下,因多种社会关系而形成的具有比较频繁的社会互动的社会关系群体。这些关系群体包括"亲属关系"、老同事、老战友、老首长、老部下、老乡、老同学等,并认为"熟悉人"与费孝通的"差序格局"是一致的。[5]

穆斯林流动人口融入城市的过程中,也离不开传统社会关系的支持。当穆斯林流动人口作为个人或群体进入城市后,是城市社区和社会结构的边缘群体,他们不得不依靠同质群体的社会关系支持。按照费孝通先生对

---

[1] Mark Granovetter, "Economic Action and Social Structure: The Problem of Embeddedness", *American Journal of Sociology* 91 (1985): 481-510.

[2] Pierre Bourdieu, "The Forms of Social Capital", John G Richardson ed., *Westport Hand Book of Theory and Research for the Sociology of Education*, CT: Greenwood Press, 1986.

[3] 〔美〕詹姆斯·科尔曼:《社会理论的基础》,邓方译,社会科学文献出版社,1990,第335页。

[4] 季文:《社会资本视角下的农民工城市融合研究——以南京为例》,南京农业大学博士学位论文,2008。

[5] 李强:《社会分层十讲》,社会科学文献出版社,2008,第17~18页。

血缘与地缘之间关系的说法,"在稳定的社会中,地缘不过是血缘的投影,不分离的"①。地缘群体的形成是与乡土社会的基本特征相适应的,也与传统社会结构和传统文化的特征相联系。这种传统的初级社会关系是穆斯林流动人口在城市立足、生存乃至初步发展的基础。但是,仅仅依靠传统的社会关系显然不能适应新的社会环境,也满足不了就业、创业的需要。如果要进一步适应、融入城市,必须重新建构并不断扩展新的社会关系,且这种新的社会关系能否成功构建将影响其城市融入的进程。

本文是在对中、东部地区的武汉、广州、杭州、宁波4城市936位穆斯林流动人口进行问卷调查的基础上,又在武汉市、杭州市两个城市对穆斯林流动人口居住、经营场所周围的186位汉族居民进行了问卷调查。调查主要采用偶遇抽样和滚雪球方法。调查结束后,对问卷进行了编码,然后录入SPSS19.0统计软件中对问卷调查数据进行统计分析。

本文的穆斯林流动人口的社会关系融入状况主要从求职途径中的社会关系、日常交往、困难求助对象、居民关系、族际交往、对异族通婚态度等几个方面来考察。

一 求职途径以传统社会关系为主

当前,由于体制方面的原因,全国流动人口或农民工求职信息的来源仍然是以亲朋好友等熟人社会关系为主,而通过政府组织等获得就业信息的比例很小。格兰诺维特在一系列论文中探索了"弱关系"在获得就业中的力量。② 而边燕杰等人的"强关系力量假设"对格拉诺维特的"弱关系力量假设"和林楠的"社会资源"理论提出了挑战,他们认为,在中国是强关系而不是弱关系承担着桥梁的作用。③ 特别是在经济的横向联系被计划体制纵向管理多年分隔的条件下,中国流动人口在求职途径方面以强关系为主,依赖弱关系拓展自己事业的比例较低。实际情况也确实如此。正

---

① 费孝通:《乡土中国 生育制度》,北京大学出版社,1998,第70页。
② Mark Granovetter, *The Strength of Weak Ties: A Network Theory Revisited. In Social Structure and Network Analysis*, Peter V. Marsden and Nan Lin eds., Beverly Hills: Sage Publications, 1982, pp. 105 – 130.
③ 边燕杰:《社会网络与求职过程》,涂肇庆、林益民:《中国改革时期的社会变迁:西方社会学研究述评》,牛津大学出版社,1999,第110~138页。

是这种传统的组织资源、初级的社会关系，沟通了流入流出两地供求的横向联系，实现了流动人口与异地用工企业的遇合、双向选择和就业，形成劳动就业的市场关系。① 根据 2010 年和 2011 年全国流动人口动态监测调查数据和各省（区、市）人口计生委统计数据，80.7% 的流动人口的当前工作是通过强关系找到的，农村户籍流动人口通过弱社会网络资源找到工作的比例为 17%，城镇户籍的比例为 34.2%。② 这种迁移模式在西方人口学中被称为"链式迁移"，即通过同乡及亲友的介绍和帮助而逐步实施的个体迁移活动③。

根据对武汉、广州、杭州、宁波 4 城市穆斯林流动人口调查问卷统计，穆斯林流动人口从业途径不仅与中国流动人口特征相似，而且对强关系的依赖性更大。通过亲友或老乡帮助介绍工作的占 60.3%，自谋职业的占 35.8%，通过政府中介或单位招工谋业的占 2%，通过用人单位招工的占 1.3%，通过其他途径的占 1.9%。这说明，城市穆斯林流动人口在就业支持方面，正式求职渠道发挥的作用非常小，96% 的穆斯林流动人口是通过自找或亲朋好友等非正式求职渠道进入城市，其在城市就业的途径主要依赖亲缘、地缘等强关系网络。穆斯林流动人口在流入城市之初，这种强关系的社会关系网络对融入城市起到重要的引导作用。但是，如果仅仅依靠这种强关系维持自己的人际网络，不能在当地建立新的社会关系网络，那么他们在城市只能局限于从事类似的职业，必然造成激烈的内部竞争，最具标志的是回族从事清真拉面和维吾尔族从事烧烤业。由于从事餐饮业的穆斯林太多，一家接着一家的拉面馆相继开张，造成激烈的内部竞争和矛盾，以致出现了本民族内部地域与地域之间、家族与家族之间的从业冲突。因为城市社会对拉面、烧烤等饮食的需求终究是有限的，一旦达到一定的饱和状态，彼此之间的生意就会受到很大的影响。这种状况持续下去，会阻碍其融入城市的进程。因此，进城前后，充分利用各种社会关系，拓展就业途径，拓宽就业领域成为穆斯林流动人口未来进一步适应乃至融入城市的必然选择。

---

① 张肖敏：《流动人口的城市融入——昆山市玉山镇调查》，中国人口出版社，2006。
② 国家人口和计划生育委员会流动人口服务管理司：《中国流动人口发展报告 2012》，中国人口出版社，2012，第 20 页。
③ 汪永臻：《西北少数民族流动人口城市经济融入研究——以甘肃省兰州市为视阈》，《青海民族大学学报》2012 年第 2 期。

二 日常生活交往对象以初级社会群体为主

穆斯林流动人口进入城市的就业途径依靠的是传统的社会关系，那么进城后，在新的环境下，其日常交往对象是否变化以及交往范围是否有所扩展，对其社会关系建构有重要影响。当前，我国大多数流动人口进城后仍然与家乡、家庭、亲属初级群体交往比较多，在日常交往上没有融入城市社会。有学者对昆山市的调查表明，在生活中交往对象比例最高的是老乡，为 69.2%，其次是同事，为 61.3%，24.8% 为当地人。移民要在城市中进一步发展，除了利用现有的同质关系外，必须扩展社会关系网络，也就是与城市居民结成新网络，获取新的信息、机会和资源。社会交往的过程在某种意义上是一个同质型群体和异质型群体的交往不断扩大和相互作用及互动的过程。按照布劳的观点，异质型群体之间的交往，即使是不亲密的交往，也能够促进人们相互之间的理解，促进宽容精神的发扬。尤其是在现代社会，社会分工更加精细，人们之间更加需要相互协作，这样社会交往才能大大增加。同时人们交往所构成的广泛网络也能够提供各方面的支持，使得人们的社会关系最终突破了以往的圈子，逐步建立新关系，尤其是与异质型群体交往中所建立的新的社会关系。这一新的社会关系进而转变成这个群体的资源或资本。

但是，根据 4 城市穆斯林流动人口问卷调查统计数据，穆斯林流动人口的日常交往对象仍然以家人、亲戚和老乡为主。其中选择"老乡"为主要交往对象的占 55.3%；选择"家人和亲戚"为主要交往对象的占 45.5%；"宗教教友"的占 16.3%，"工作伙伴"的占 15.7%，而"本地朋友"只有 6.1%。由于穆斯林流动人口交往的范围主要限于初级同质型群体，因此很容易形成交往圈子孤岛化。[1] 出现这种情况的原因在于，"有着相近的社会位置的人们之间的社会交往要比位置相差大的人们之间的交往普遍些"[2]。穆斯林流动人口由于职业单一，宗教信仰和生活习俗与中、东部地区城市居民差异较大，限制了与城市居民的交往范围和频率，更谈不上交往的深度。因此，穆斯林流动人口日常生活中的交往对象主要局限

---

[1] 王春光：《农村流动人口的半城市化问题研究》，《社会学研究》2006 年第 5 期。
[2] 彼得·布劳：《不平等和异质性》，王春光、谢圣赞译，社会科学文献出版社，1991，第 395 页。

于自己民族的圈子，表现出较大的内倾性，其在城市的社会关系仍然是家乡社会关系的不完全复制，必然产生自愿隔离现象。[①]

根据笔者调查，穆斯林流动人口拥有本地朋友的人很少，即使与当地户籍穆斯林的交往也不多。当地朋友的缺乏，封堵了他们与城市社会的交流渠道，在遇到需要当地朋友帮助时无法得到有效的支持，如子女在当地入园、入学、租房等问题，这无疑成为他们融入城市的阻碍因素之一。缺少当地朋友的原因，与流动人口缺乏自信以及当地人的包容都有关系。特别是穆斯林流动人口就业领域狭窄，以饮食、烧烤为业，居住相对隔离以及语言障碍，决定了其通过工作关系、居住方式与当地城市居民甚至其他流动人口建立较多的联系、实现人际网络的扩展、发展异质型网络是比较困难的。

一般来说，年轻人且在当地居住、生活时间长的人拥有的本地朋友多一些，但交往并不深；年长者很少有本地朋友。调查表明，年龄越大越与家人、亲戚、老乡交往越多，而与本地朋友和工作伙伴交往越少。通过对杭州和宁波365份调查问卷分析，46岁以上主要交往对象为家人和亲戚、老乡的占80%，而本地朋友只占3.3%，宗教教友占16.7%，工作伙伴为交往对象的几乎没有。18岁以下以及19~30岁的交往对象除了家人、亲戚、老乡之外，交往的本地朋友和工作伙伴更多，其交往范围更广。18岁以下交往的本地朋友占11.5%、工作伙伴占38.5%、家人和亲戚占50%、老乡占57.7%、宗教教友占7.7%；19~30岁年龄组交往的本地朋友占7.3%、工作伙伴占20.4%、家人和亲戚占56%、老乡占73.3%、宗教教友占20.4%；31~45岁年龄组家人和亲戚占66.9%、老乡占73.7%、宗教教友占21.2%、本地朋友占8.5%、工作伙伴占9.3%。因此，穆斯林流动人口交往对象随着年龄的减小而由血缘群体、亲缘群体、地缘群体向业缘和本地扩展，这有利于他们逐步融入城市社会。

三 困难求助对象以熟人为主

穆斯林流动人口来到城市，脱离了原来农村自给自足、日出而作、日

[①] 刘电芝、疏德明等：《走进幸福：农民工城市融入与主观幸福感研究》，苏州大学出版社，2012。

落而息的生活，从熟人社会迈入陌生人社会，难免会遇到这样那样的困难，那么向谁求助是对其社会熟悉程度和信任的表现。传统的中国社会注重血缘、亲缘、地缘关系的友情帮助，在现代化的城市又有什么表现呢？2009 年的一项关于上海农民工的调查数据表明，46.4% 的农民工有困难首先求助于老乡和家人，而只有 2.1% 的人会找上海的朋友帮忙。有六成的农民工虽然身在上海，但仍乐意与老乡打交道；只有 9.8% 的人乐意与本地居民交往。① 贵阳调查问卷表明，69.48% 的人求助于家人或者亲戚，5.7% 的人求助于老乡。②

穆斯林流动人口在进入城市之前，其人际交往的对象往往是家人、亲戚、老乡等这类熟人，在进入城市后，面对陌生的异质型环境，由于生活习惯、宗教信仰、文化等方面的差异，同时出于对熟人关系的信任，他们的交往对象不可避免地集中在与老家相同的熟人关系中，这也决定了其在遇到困难时，必然求助于这类初级社会关系群体。4 城市问卷调查显示，求助于"家人""亲戚和老乡"的占 41.4% 和 35%，也就是说，有很多人选择的是血缘和地缘关系，其次才是"清真寺阿訇"和"本民族朋友"，分别占 14.6% 和 12.4%，"教友"占 5.4%，"本地朋友"占 1.4%，求助于政府部门的仅仅占 6.3%，选择自己解决的占 22.6%，其他占 1.1%。由此可见，穆斯林流动人口在生活中遇到困难时仍然依赖于非正式的社会支持，未脱离传统社会支持的特征。值得注意的是，有二成多的流动人口不求助于任何人，靠自己解决。说明在社会支持方面，支撑穆斯林流动人口在他乡生存的社会网络，与其他流动人口一样，主要还是同乡、亲友、熟人。③

遇到纠纷时，穆斯林流动人口是如何求助于社会关系的呢？调查问卷显示，穆斯林流动人口一般首选是小纠纷自己能解决的自己解决，占 44.6%。较难解决的会走出家庭圈子，寻求清真寺和阿訇及亲朋好友帮助解决，分别占 21.5% 和 20.2%。对于大的纠纷，许多人选择通过法律途径

---

① 陆康强：《特大城市外来农民工的生存状态与融合倾向——基于上海抽样调查的观察和分析》，《财政研究》2010 年第 5 期。
② 李春霞、陈霏、黄匡时：《融入筑城：中国西部流动人口社会融合研究》，九州出版社，2013，第 165 页。
③ 张展新、侯亚非：《城市社区中的流动人口——北京等 6 城市调查》，社会科学文献出版社，2009，第 212 页。

解决，占31.9%，说明穆斯林流动人口的法律意识在提高，对纠纷解决的法治理念在增强。也有不少人选择找民委等政府部门帮助解决，占20.9%，表明他们对正式社会支持还是认可的。通过其他方式的占1.3%。这也是与社会接轨、逐渐融入社会的象征。

四 与当地居民关系良好

穆斯林流动人口与城市居民的关系，是一般的邻居关系，但由于民族身份以及文化与汉族的差异性，居民关系又表现为民族关系。所以，居民关系和民族关系既是流动人口融入社会的外在条件，也在一定程度上是融入社会的结果。4城市调查问卷表明，穆斯林流动人口认为与附近居民"非常好"和"比较好"的占64.9%，认为"一般"的占28%，认为"不好"的仅仅占2.3%，说不清的占4.8%。总体上看，穆斯林流动人口与当地居民关系比较和谐，在民族关系上融入程度较高。

根据班藤的"种族和民族关系理性选择之理论"，竞争是塑造种族以及民族关系最重要的过程。[①] 马克思认为，"各民族之间的相互关系取决于每一个民族的生产力、分工和内部交往的发展程度"[②]。众多穆斯林流动人口在城市从事的职业与城市其他人不存在太大的竞争和冲突，而且还有一定的互补性。同时，作为少数民族流动人口大军的一员，穆斯林流动人口在中、东部地区分散在城市各个地方，他们与当地居民的关系更多的是个体之间的关系，即使发生冲突也是个人之间的冲突，如在穆斯林流动人口进城初期，与汉族居民以及客人时常发生生活习俗方面的误解与冲突，有的客人外带食品进入拉面馆，有的在拉面馆饮酒、抽烟不听劝阻，等等。群体性民族冲突并不多，即使个体之间的明显冲突也越来越少。调查中许多穆斯林流动人口反映，现在绝大多数客人都能尊重伊斯兰教生活习俗，与周边邻居也能和睦相处，特别是与其他民族经营户，由于经营内容不存在竞争，很少因生意发生冲突。

[①] 丁宏：《回族、东乡族、撒拉族、保安族民族关系研究》，中央民族大学出版社，2006，第430页。
[②] 《马克思恩格斯选集》（第1卷），人民出版社，1995，第68页。

五 族际交往不足

穆斯林流动人口在城市与其他民族的交往与互动反映了他们的社会关系网络建构状况。与穆斯林流动人口交往中的社会关系相一致，其族际交往显然会有所限制。根据4城市问卷调查统计，在日常交往民族选择上，选择以"本民族"为主的占75%；选择"信仰伊斯兰教的其他民族"的占17%；选择"汉族"的占6.3%；选择"非穆斯林的其他少数民族"仅占1.7%。由此可见，穆斯林流动人口平时交往以本民族为主，以族内交往为主，交往的内卷化特征非常明显。信仰伊斯兰教各民族之间交往上也是如此。如在"主麻日"礼拜前后，聚集在一起交谈的基本上是本民族的人，族际界限非常分明。即使族内交往又以地域交往为最多和频繁，如青海化隆县之间回族交往多，但与甘肃省张家川回族自治县的回族不怎么交往，并且还有一定竞争和矛盾乃至冲突；同一地域之间的民族又以亲缘、血缘关系交往最多。除了族内交往之外，信仰伊斯兰教的民族如撒拉、东乡、回族之间也有一定的交往，但并不频繁。特别是维吾尔族与其他信仰伊斯兰教民族之间，由于心理及语言障碍，交往更少。另外还有穆斯林流动人口与汉族等非信仰伊斯兰教民族的交往。由于穆斯林流动人口生活在以汉族为主的大城市，在日常生活交往中难免不与汉族打交道，但也仅限于邻里之间或业务上、工作上的往来，主动的交往、交流少且程度不深。可见，穆斯林流动人口的族际交往仍然以本民族以及本民族中的地缘为主，这与穆斯林流动人口的宗教文化背景有着密切的关系。

六 对异族通婚持保留态度

对异族通婚的态度是衡量穆斯林流动人口未来在城市拓展社会关系进程的一个重要方面。由于宗教信仰和生活习俗的差异，历史上穆斯林与非穆斯林之间的通婚有许多限制，尤其在传统的西北穆斯林聚居区更是如此。传统的穆斯林婚姻都实行严格的教内婚，强调以双方都是穆斯林为前提，但穆斯林男子娶愿意皈依伊斯兰教的非穆斯林女性为妻的也很多。穆斯林流动人口进入城市后，随着社会环境的变化以及与非穆斯林群体的接触增多，对与非穆斯林之间通婚态度如何呢？上海市民族通婚调查显示，无论户籍或流动人口中，维吾尔族反对的比例最高，包括20%的户籍者和29.5%的流动者。此外，回族户籍人口反对族际婚的比例仅为3.9%，而回族流动人口反对族际婚的比例却高达25.8%。[1] 根据对4城市穆斯林流动人口调查问卷的统计，"赞同"异族通婚的仅占9.8%，"反对"的有27.8%，但57.2%的人赞同在入教情况下可以通婚，并且他们特别重视非穆斯林女子嫁入穆斯林家中时是否入教，非穆斯林男子娶穆斯林女子则大多不赞成，害怕将来宗教信仰和生活习俗丧失。另据对以户籍为主的武汉市回族等少数民族关于民族通婚方面的调查，66.67%的人认可和比较认可异族通婚，显然，户籍穆斯林认同度高于流动人口。[2] 无所谓的只有5.2%。所以总体上穆斯林流动人口是不赞同与非穆斯林之间的通婚的。

另外，在对武汉市150位维吾尔族流动人口有效问卷调查统计中，在跟其他民族通婚的问题上，有64.7%的人选择不愿意跟其他民族通婚，只有35.3%的人选择愿意跟其他民族通婚，但前提条件是对方也必须信仰伊斯兰教或者要先信伊斯兰教然后再结婚，所以维吾尔族选择族际通婚时，最先考虑的是信仰伊斯兰教的民族，比如乌孜别克族、哈萨克族、柯尔克孜族、回族等。[3]

那么汉族对与穆斯林流动人口通婚又是持怎样的态度呢？问卷调查表明，赞成的占23%，表示坚决反对的占29%，反对的主要原因是怕因宗教信仰、生活习惯等差异影响婚后生活。48%的受访者表示在这个问题上会视情况而定，不会一刀切，只要条件好、符合心中的要求，不管是不是穆斯林都会表示接受。总的看来，汉族居民对与穆斯林通婚采取的是接纳态度。

结　语

社会关系是穆斯林流动人口融入城市的重要条件，也是其融入城市的重要体现。从反映穆斯林流动人口在城市生活中所拥有的社会关系的求职途径、日常交往、困难与纠纷求助、与当地居民关系、与异族通婚态度等

---

[1] 郑敏、高向东：《上海市民族关系现状分析》，《中南民族大学学报》2006年第5期。
[2] 李吉和：《改革开放以来武汉市少数民族思想观念变迁的调查与思考》，《中南民族大学学报》2010年第2期。
[3] 哈尼克孜·吐拉克：《维吾尔族流动人口内地城市融入研究——基于武汉市的调查》，《中南民族大学学报》2014年第3期。

方面看，其社会关系仍然是传统的血缘、亲缘、地缘、族缘、教缘传统关系在城市的不完全复制，没有建立起以业缘为纽带、以城市本地居民为交往对象的现代社会关系网络，仍然以非正式的社会关系支持为主，没有充分运用正式的社会关系支持网络。穆斯林流动人口的这种社会关系在进入城市之初是有助于穆斯林流动人口个体在经济层面和社会生活层面的适应和融入的，但如果他们长期在城市生活，就难以克服这种同质社会关系带来的一系列有碍于城市融入的问题。因此，从整体上视之，穆斯林流动人口的社会关系融入程度非常低。当然，社会关系的建立与拓展是依据其经济、社会生活需要而定的。单一的工作性质，较低的文化教育程度，加上方言甚至语言的障碍，使穆斯林流动人口难以有意识、自觉地发展新的社会关系，特别是又缺乏建立新的社会关系的途径。而一旦需要这种新的社会关系时，他们又无所适从。所以，只有改变他们单一的从业模式，实现从业多元化，提升自身素质，才能逐渐建立新的社会关系网络。这个过程是非常遥远和漫长的，但又是必需的。

城市融入中新生代农民工文化自觉的引领和培育

张 静[*]

[摘 要] 新生代农民工是传承和发展民族文化的重要主体，引领和培育新生代农民工的文化自觉意识，不仅是推动新生代农民工个体发展、促进社会文明进步的必然要求，也是加快新生代农民工城市融入步伐，推动城乡统筹发展的必然选择。当前新生代农民工的文化自觉意识还较为匮乏，主要表现在：文化生活体验单一、文化自卑心理严重、文化价值观盲从、文化实践被动。引领和培育新生代农民工的文化自觉需要积极引领新生代农民工的文化价值观念，准确把握新生代农民工的文化期待，充分尊重新生代农民工的文化主体地位，切实强化新生代农民工的文化自信。

[关键词] 城市融入 新生代农民工 文化自觉

当前新生代农民工已成为农民工的主体，他们不仅将在较长时期内存在，而且是统筹城乡发展、加速城镇化进程的重要力量。城乡统筹，文化先行。在更加全面、自觉的城市融入过程中，新生代农民工不仅需要实现经济、政治、社会等权益的市民化，更为根本的是要实现文化的城市认同和融入。2011年9月26日，文化部、人力资源和社会保障部与中华全国总工会联合下发了《关于进一步加强农民工文化工作的意见》，指出："要特别重视新生代农民工的精神文化需求，加强对他们的价值观念塑造以及人文关怀、心理疏导和精神抚慰，引导他们按照现代城市文明要求规范自

---

[*] 张静（1973～），黑龙江齐齐哈尔人，副教授，硕士，主要研究方向为马克思主义理论与社会发展理论。

身行为，提高他们的文化素质、耐挫能力和融入能力。"笔者认为，加强新生代农民工精神文化建设，提升新生代农民工城市融入能力的根本在于提高新生代农民工的文化自觉性。可以说，在推动社会主义文化大发展大繁荣的伟大实践中，把握新生代农民工的现实文化际遇，引领和培育新生代农民工的文化自觉意识，不仅对于增进新生代农民工个体发展、提高全民族的文明素质、促进社会文明进步具有直接的现实意义，而且对于加速新生代农民工城市融入步伐，推进城乡社会统筹发展具有深远的历史意义。

一 文化自觉的内涵与新生代农民工的文化自觉意识

（一）文化自觉的内涵

文化自觉是一个文化哲学概念，最早由社会学家、人类学家费孝通先生提出。依据费孝通先生的解释，文化自觉是指生活在一定文化中的人对其文化有"自知之明"，明白自身文化的来历、形成过程，所具的特色和发展趋向。文化自觉不是要"复旧"，也不是主张"全盘西化"或"全盘他化"。而是为了加强对文化转型的自主能力，取得适应新环境、新时代的文化选择的自主地位。[①] 这一思想有两个核心点：反思旧文化，建构新文化。也就是说，文化自觉既强调对原有传统文化的反思，也强调对现实中面对的新的文化事物的清楚认识和反思。党的十八大进一步提出："我们一定要树立高度的文化自觉和文化自信，向着社会主义文化强国宏伟目标阔步前进。"[②] 这是文化自觉思想从学理层面到政策层面的发展，表明文化自觉思想已经成为引领社会主义文化建设的基本理念。但是在论及文化自觉的主体时，人们更多的是在民族国家的意义上解析其内涵，而忽略了文化承载主体的多样性，忽略了同一民族国家内不同文化群体之间的学习、借鉴、交流和融合。因为文化的承载主体是多样的，不仅包括民族、国家主体，还包括以地域、行业、身份等特征划分的不同社会群体主体。

---

① 费孝通：《费孝通论文化与文化自觉》，群言出版社，2007，第2312页。
② 中国共产党第十八次全国代表大会报告：《胡锦涛〈坚定不移沿着中国特色社会主义道路前进 为全面建成小康社会而奋斗〉》，新华网，2012年11月8日。

只有社会内部不同社群及至全体国民都具有了文化自觉意识,都能对自身文化有清醒的理解、把握和反思,并通过这种认识和反思正确把握文化在历史进步中的地位、作用及发展规律,主动担当文化发展的历史责任,才能增强全民的文化自信,实现文化自强和中国文化在 21 世纪的复兴。

(二)新生代农民工的文化自觉意识

新生代农民工是指 1980 年以后出生,年龄在 18 周岁～30 周岁之间,在城市务工就业而户籍在农村的新一代农民工群体。[1] 与父辈相比,新生代农民工有着较高的受教育程度、更活跃的思想意识和更强烈的市民化倾向。在艰难的城市融入过程中,他们遭际着城市与农村、现代与传统、主流与多元、外来与本土等多重文化冲突,由此形成一种新的社会力量和文化群体主体,并建构着自己独特的文化样态。这一独特的文化样态,理应成为当下民族多样性文化历史发展中的重要组成部分和独特表现形态。

新生代农民工的文化自觉是指新生代农民工对自身持有的文化有自知之明,能够真正传承和维系原有的优秀文化,同时反思当下面对的新的文化事务,努力创造适应经济社会发展的新文化,做到去其糟粕、取其精华,反对"全盘他化",反对一味地跟风和盲从。正如有的学者所指出的:"文化自觉是一种内在的精神力量,是对文明进步的强烈向往和不懈追求,是推动文化繁荣发展的思想基础和先决条件。"[2] 引领和培育新生代农民工的文化自觉,就是要使新生代农民工树立文化自信,找到自身文化发展的方位和生长点,提升文化的生命力,推动文化的健康发展,促进社会主义文化建设和社会的和谐发展。

引领和培育新生代农民工的文化自觉,不是主张故步自封,而是主张新生代农民工能够自主地审视自身文化的现实状况和问题,真正以主体性的面貌安排社会生活;是将新生代农民工渴求文化的心理与追求文化生活的品位引导到建设中华民族共同精神家园的目标,与社会主义核心价值体系相一致的方向上来;引导新生代农民工不仅仅作为文化生活的企盼者、接受者,更要成为文化进步发展的主动创建者。

---

[1] 张静:《城乡统筹发展中新生代农民工市民化问题探析》,《理论探讨》2012 年第 1 期。
[2] 云杉:《文化自觉 文化自信 文化自强——对繁荣发展中国特色社会主义文化的思考》,《红旗文稿》2010 年第 15 期。

二 新生代农民工文化自觉的整体状况

（一）渴求多元文化生活，但文化生活体验单一

新生代农民工的精神文化生活需求日益多元化，他们不仅渴望通过高雅的文化娱乐活动来丰富自己的业余文化生活，也渴望通过学习培训提升自身的文化素养和技能，还渴望通过交往范围的扩大获得心理和情感的慰藉。但从目前来看，大部分用工单位并不重视新生代农民工的精神文化生活，不仅文化设施普遍匮乏，也较少组织开展相应的文化活动，即使有些企业或社区组织过面向农民工的文化活动，也是结构简单、内容单调、流于形式。根据调查数据显示，在北京地区和珠三角地区有29.71%的新生代农民工反映所在企业没有提供任何文化硬件设施。同时，在被调查的企业中，郊游、体育比赛和文化活动一次也没有组织过的比例分别达到56%、68%和70%，组织次数超过一年两次以上的比例也只有18%、14%和7%。[①] 正是由于文化生活单一和缺乏健康向上的文化生活体验，大多数新生代农民工精神生活受到压抑，对务工生活的满意度不断降低，缺乏安全感，甚至出现性格、心理畸形等问题。同时，必要的文化氛围和自觉的文化修炼的缺失，也制约了新生代农民工人文素质的自我提升和健康人格的成长，使其难以担当起新的文化承载者主体的角色和为城市文化建设发展做出贡献。而必要的职业理想和良好的生活情趣的缺乏，又制约了农民工技能上的突破和素质的持续提高，阻碍其顺利融入城市生活，实现市民化。

（二）较之城市文化的现代精神，表现出突出的自卑倾向

在传统观念中，城市文化和农村文化代表着两种不同社会群体的生活方式和价值观念，城市文化代表的是一种理性、开放、积极、科学、先进的现代精神，而农村文化表现出的则是感性、封闭、消极、愚昧、落后等传统特质。[②] 这种人为地制造城乡文化二元对立的文化偏见无疑只能加深新生代农民工的矛盾纠结心理，强化他们的文化自卑感。事实上，城市文化和农村文化作为我国整体文化体系的不同部分各有其生成的历史和功

[①] 才凤伟、王拓涵：《企业场域转型：从"理性囚笼"迈向"生活世界"——给予新生代农民工精神文化生活视角》，《湖南农业大学学报》（社会科学版）2012年第2期。
[②] 陈占江：《新生代农民工的文化认同及重塑》，《理论研究》2011年第4期。

能，共同构成我国文化的整体特质，二者各有其优长和局限，并无优劣之分。尽管由于农村文化在现代化浪潮的冲击下日渐萎缩，但是农村文化作为传统农业社会代代农民积淀而成的文化模式，有着自身的价值符号，它代表着勤劳、朴实、节俭、善良、恬静、自然、和谐，是承袭我国优秀文化传统不可或缺和遗弃的元素。可是在新生代农民工努力适应和融入城市文化的过程中却受到传统城乡对立二元文化偏见的歧视和排挤。他们不仅无法享受与市民同等待遇的住房、医疗、就业、社保、子女教育等公共服务，还遇到城市社会的排挤和歧视。比如，各级政府、大众传媒、社会舆论等对新生代农民工存在的价值、对城市发展的贡献等不能进行客观公正的报道和理直气壮的宣传，甚至对于农民工生活信息的负面报道高于正面宣传。结果在引发其他社会群体对这一群体的歧视与偏见的同时，也损害了新生代农民工的形象、声誉，加重了新生代农民工的文化自卑感和心理落差，加深了其与城市文化之间的隔膜，阻碍了新生代农民工群体与城市居民之间的文化交流与互动，最终形成封闭的文化孤岛。

（三）面对多元文化冲击，易于出现文化意识困惑和迷失

现阶段我国正处在建设中国特色社会主义的历史进程中，当前社会的主流文化无疑是国家所倡导的中国特色社会主义先进文化。然而，随着改革开放的推进和社会结构的调整转型，人们的价值取向呈现多元化趋势，享乐主义、拜金主义、实用主义、消费主义和极端个人主义大行其道。在复杂多变的价值观引导下，文化发展亦呈现多元化。一方面，国外各种社会思潮纷至沓来；另一方面，国内各色民间文化也蓬勃兴起，大众文化存在着低俗化倾向，主流文化面临着艰难的前行之路。新生代农民工由于人生观、价值观相对模糊，对文化价值的优劣评判能力欠缺，虽渴望汲取丰富多彩的文化养料，但却无法不受文化中违反公序良俗的低俗成分所浸染，同时，其城市边缘人的尴尬身份更加强了他们对主流文化的迷茫和困惑，致使他们在精神与物质、先进与腐朽的二元对立中面临着艰难的选择。一旦遇到困难和挫折，就倾向于求助于那些只满足感官刺激、麻痹思想的低俗文化。不仅原来所秉承的质朴、吃苦耐劳的民风异化变质，也丧失了对主流价值观所引导的先进文化自觉选择的能力，更无法满足自身建立独立、自主、平等、开放的价值观念的需求。具体表现在：部分新生代农民工理想信念缺失，浑浑噩噩度日，更有甚者走上违法犯罪的道路。如果不能以先进文化价值观统领新生代

农民工的思想、观念，任由他们在盲目和无可适从的状态下迷茫前行，必然会导致这一年轻群体精神空虚、价值扭曲，不仅无法激发他们文化图强的奋进意识，还会给民族优秀文化的传承发扬带来阻碍。

（四）置身"城市文化强势"环境，文化实践主体意识处于被动态势

新生代农民工进城务工不仅仅是为了养家糊口，而是要求有新的发展、追求新的归属和实现个人价值的社会认同。特别是随着新生代农民工队伍的不断壮大，他们的这种精神诉求已经开始以文化生活为载体构成一种集体表达。他们要以自己独特的文化形式向社会表明他们是城市社会发展不可缺少的力量，他们有着顽强的拼搏意识和进取精神，有自己的思想和愿望，他们要创造自己的文化。事实上，一部分新生代农民工正在努力探索适合自己的文化生活样式，并且表现出了这一群体所蕴藏的丰富的文化创造力，显露出城市中一种新鲜的独特文化萌芽。比如走上2011年春节联欢晚会的"民工街舞团"，以及广东地区组织的"我的打工成才路"巡回演讲等都是新生代农民工文化憧憬、文化追求、文化表达的缩影。但是就新生代农民工群体的整体而言，他们的创造力还没有被广泛认知，展现他们精神面貌的空间还不够。同时，由于学识狭窄、学历偏低、技能缺乏、劳动强度高、收入偏低等原因，新生代农民工进行文化创造的资本还不充足，参与文化活动还以"被动式"接受为主，获得的文化产品也主要源于外界的给予，而农民工自身则缺乏自觉的实践，在文化的自我思考、自我设计、自我组织、自我追求等方面都显得不足。正是在文化实践中的被动状态使新生代农民工难以对扑面而来的城市文化予以甄别并实现对自身内在的乡土文化元素进行反思，也无法充分发挥自身的文化创造力，进而难以形成独特的文化力量来表达这一群体的愿望和诉求。

三　新生代农民工文化自觉的引领和培育

（一）高举社会主义核心价值体系理论旗帜，积极引领新生代农民工文化价值观念

新生代农民工文化自觉意识的培养，关键在于农民工群体文化价值取向和评判标准的重建。只有树立科学进步的价值观才能自觉抵制消极、腐朽文化观念的影响，才能对先进文化的发展形成明确的认识，推动文化的健康发展。社会主义核心价值体系涵盖马克思主义指导思想、中国特色社会主义的共同理想、民族精神和时代精神、社会主义荣辱观等内容，是适应经济社会发展并为社会各阶层、各社会群体共同接受认同的价值体系，也是主流文化的基本内涵和元素，能够对新生代农民工群体价值观的发展方向和基本走向具有引导和规范作用。当前以社会主义核心价值体系引领新生代农民工的价值观亟须采取的主要措施有如下几种。

首先，加强主导价值观在农民工群体中传播的深度和广度。为此，宣传部门和文化事业单位应将社会主义核心价值理念以更加凝练和通俗化的语言，运用农民工常见的电视、网络、手机短信、报纸杂志等公共平台进行阐述和宣传，从而增强社会主义核心价值观的吸引力、感染力，激励新生代农民工的公共价值追求。其次，强化对新生代农民工群体的社会主义核心价值观教育。例如，各级政府宣传部门、学校、新闻与传播机构、社区等应主动承担起政策宣讲任务，在新生代农民工中开展形势政策教育，使他们能对党的各项政策主张有全面详细的认知，明确自己的价值取向和文化追求，增强其为实现社会主义核心价值观而努力的正义感和责任心。最后，社区和公共服务部门应加强对新生代农民工群体的管理和服务意识，帮助新生代农民工解决生活中面临的具体困难，及时查找新生代农民工中存在的价值观失范、失衡和失落问题，做到及时交流和引导，赢得他们的信任和支持，提升他们对主导价值观的认同度，自觉承担用先进文化引领社会进步的责任，促进主流文化的发展壮大。

（二）准确把握新生代农民工的文化期待，多方位丰富其精神文化生活

准确把握当前我国新生代农民工的文化期待，提供有针对性的文化服务，多方位丰富新生代农民工的精神文化生活，是培养新生代农民工文化自觉意识的重要前提。面对新生代农民工这一群体新的文化需求和期待，全社会应联合起来积极构建一个覆盖全面、供给平衡的公共文化服务体系，以丰富新生代农民工的精神文化生活。首先，政府应发挥主导作用，出台相关政策法规，规定和约束用工单位的行为，使其严格遵守劳动法各项规定，为农民工享受文化生活创造宽松的工作环境；其次，用工单位和

政府相关部门应增加文化娱乐的硬件设施，并定期组织各类文艺活动、文体比赛、读书演讲比赛、会演或联谊会，为新生代农民工参与和体验多元文化生活、扩大交往范围创造更多的条件和机会；最后，积极扩展文化服务的内容和范围，应以实事求是、因地制宜为原则，将有限的资源予以扩展，把个性化的服务予以延伸，比如帮助解决农民工的生育、心理及子女教育问题，为农民工生活排忧解难等，动员社会各方面力量构建网格化互补互动的农民工文化家园建设和公共文化服务空间布局。

（三）充分尊重新生代农民工的主体地位，着力提升其文化实践主体意识

主体地位意味着主导、主动和自觉，毛泽东曾经说过："凡是需要群众参加的工作，如果没有群众的自觉和自愿，就会流于徒有形式而失败。"[①] 因此，培养新生代农民工的文化自觉意识必须尊重新生代农民工的主体地位，发挥新生代农民工的自觉能动性和主动创造性，鼓励、引导和支持新生代农民工在文化实践中积极创造。为此，政府和相关组织部门应改变以往在文化工作中只重形式不重效果，只对农民工进行单纯"文化救济"，而忽视农民工主体作用的做法。一方面创新活动载体，在组织开展文化活动时选择有利于广大农民工普遍参与的、乐于主动融入的文化活动，最大限度地调动广大新生代农民工的积极性；另一方面支持和鼓励新生代农民工挖掘自身生活中的文艺题材和乡土文化元素参与文学文化艺术创作，使广大新生代农民工不再只是充当文化活动的观众或局外人，而是主动担当起城市新文化建设者的责任，从而在创造中强化文化体验，提升文化素养。例如，近几年兴起的"草根文化"，就是新生代农民工中文化先锋所创作的反映新一代农民工价值观念和精神风貌的典型作品，其健康向上的文化理念不仅深受广大农民工喜爱，也真正激发和调动了农民工群体的文化自觉，激励了农民工重视自己的文化生活，丰富自己的精神世界。可以说，只有农民工自己的创造才能真正展现农民工的价值取向，代表农民工意愿的主旨，才能激发他们的潜能，挖掘本身所固有的优秀传统文化资源，加深他们对城市文化的理解和对乡土文化的反思，使其自然和谐地融入城市主流文化，获得尊重、认同和精神提升。也只有充分发挥新

---

① 《毛泽东选集》（第 3 卷），人民出版社，1991，第 1012 页。

生代农民工的主体作用,打造一支强有力的城市文化建设新军,扩大该群体文化价值观的社会影响,才能丰富城区文化内涵,让多元的文化与多元的城市并行。

(四)全面提高新生代农民工的文化素养,切实强化其文化自信心

引领和培育新生代农民工文化自觉的治本之策在于提升这一群体的整体文化素养,帮助其克服自卑与盲从,增强其对文化繁荣发展建言献策的能力和信心。新生代农民工整体的文化程度仍然较低,仍然普遍缺乏改变自己命运的资源和手段,缺乏文化创造的资本与能力,这使他们普遍怀有自卑心理而不能获得较高的自我评价和实现同城市主流文化的交流与对话。因此,引领和培育新生代农民工文化自觉应不断提升新生代农民工群体的整体文化素质,增强其生存能力,使其获得参与社会活动应有的地位和权益。首先,针对新生代农民工对文化知识、技能的实际需求,建立和完善多层次新生代农民工教育培训体系,使他们能够有机会长期系统学习现代科学文化知识和接受就业创业培训,提高其综合素质和在城市的就业、参与市场竞争等能力,培养他们作为现代人和新型市民所必须具备的基本素质;其次,结合新生代农民工在城市生活的基本常识以及经常遇到的人权伤害问题加强城市管理的法律法规教育,增强他们的法律意识,提高他们依法维权的能力;最后,通过对农民工进行电脑网络、安全生产、普通话、英语、社交礼仪、文明行为、心理健康等的培训,培养他们适应环境的信心和积极向上的心态,使其自觉摒弃自身原有的自私、狭隘、保守、自闭、散漫等不文明行为和习惯,逐步成为热爱城市、践行文明生活方式的新型市民。此外,应进一步挖掘农民工群体中具有代表性和传播意义的价值观念,以及个人修养践行中的典型案例,扩大该群体价值观的社会影响,增进该群体成员的自豪感和成就感。

总之,引领和培育新生代农民工的文化自觉是一个艰难而又复杂的过程,需要全社会共同努力,多管齐下,依据我国经济社会发展的现实和文化进步发展的要求做出新的努力与创造,也需要广大农民工为推进社会主义文化大繁荣、大发展和实现中华民族的伟大复兴而积极参与、思考和追求。

郑州管城回族区民族关系状况调查

王明龙　刘淑慧　马惠兰[*]

[摘　要] 城市民族区既是民族区域自治制度的延伸，又是民族关系的集中发生地，本文选取河南郑州市管城回族区作为调查对象，通过对该地区族际通婚态度、族际交往和个体交往等的调查，认为该地区的回汉民族关系呈现出总体和谐、平等感增强、互助与竞争并存、民族边界明显等特点。由此提出进一步协调民族关系的思考和路径，包括坚持求同存异，尊重回族文化，促进特色经济发展，夯实民族关系的基础；大力建设嵌入式民族社区；加强清真食品管理等具体路径。

[关键词] 城市民族区　回汉民族关系

"民族关系是具有特定内涵的特殊的社会关系，是民族发展过程中相关民族之间的相互交往、联系、作用和影响的关系，是双向的、动态的。"[①] "我国的民族关系主要包括汉族和少数民族以及少数民族之间的关系。就汉族和少数民族之间的关系而言，有藏汉关系、蒙汉关系、维汉关系、满汉关系、回汉关系等55对关系组合，这些关系组合既有共性又有个性。"[②] 据第六次全国人口普查统计，回族人口为10586087人，在全国少数民族中排第二位。而回族又是与汉族杂居程度最高的少数民族之一，其空间分布十分广泛。由此可见，回族与作为中国主体民族汉族之间的关系

---

[*] 王明龙（1990~），回族，北方民族大学马克思主义学院2013级硕士研究生；刘淑慧（1989~），汉族，北方民族大学2012级民族理论专业硕士研究生；马惠兰（1971~），回族，北方民族大学马克思主义学院副院长、教授，硕士生导师，主要从事民族学、民族理论研究。

① 金炳镐：《民族理论通论》，中央民族大学出版社，2007，第195页。
② 马宗保：《论回汉民族关系的历史特点》，《西北民族研究》2001年第2期。

是我国社会主义民族关系中非常重要的一个方面。城市回汉民族关系又是当前民族关系和民族工作的重点内容。

河南有 50 多个少数民族，其中回族人口占全省少数民族人口约 85%。郑州市管城回族区是河南省三个城市回族区之一，据第六次全国人口普查统计，全区总人口有 645932 人，汉族人口 621888 人，占总人口的 96.28%，少数民族人口占 3.72%，回族人口 22281 人，占少数民族人口约 92.7%，因此，回汉关系是民族区内最突出的民族关系表现形式。

一　调查点民族关系的基本状况

本次调查，笔者在区内主要清真寺以及能反映民族关系状况的社区、公共场所等共发放问卷 240 份，收回问卷 211 份，其中有效问卷 203 份，回族 99 人，占 48.8%，汉族 104 人，占 51.2%。在问卷调查的过程中，辅助以必要的访谈。根据管城回族区的实际情况，将从回汉通婚、居住格局、个体态度与民族交往、风俗习惯等几个方面展开。

（一）族际通婚态度

在问卷的设计中，与族际通婚态度相关的有两个问题，一个问题是未婚者对自己未来伴侣的选择意愿（见表1），第二个问题是已婚者对自己孩子在婚姻选择上的未来期望（见表2）。

表 1　您是否希望自己的配偶和您属同一民族

单位：人，%

选项	人数	比例
同一宗教	6	7.143
同一民族	42	50
同一宗教、民族	9	10.714
无所谓	27	32.143
总计	84	100

从上述表格的统计数字来看，有 50% 的未婚调查对象在选择结婚伴侣时把"同一民族"作为首选条件，加上多选的话，这个比例将超过 60%，而选择"同一宗教"的约占 7.1%，说明对当地人来说，宗教因素是影响

回汉之间通婚的次要因素。这与已婚者调查对象的族际通婚基本情况相同。这同时也说明不同民族成员在通婚意愿的选择上,更多考虑的是民族生活习惯上的差别。

表2 您是否希望自己孩子选择的配偶和他(她)是同一民族

单位:人,%

		人数	比例	占有效答案的比例
有效答案	同一宗教	27	22.7	24.5
	同一民族	32	26.9	29.1
	同一宗教、民族	30	25.2	27.3
	无所谓	21	17.6	19.1
	合计	110	92.4	100
未回答		9	7.6	
总计		119	100	

(二) 族际交往

在调查对象为回族时,当问及"您和汉族邻居的来往情况"时,有96人做了回答。60.4%的人选择"经常来往",37.5%的人选择"偶尔来往",这说明回族和汉族邻居之间总体来往的频率还是比较高的,回、汉邻居之间完全拒绝交往的现象基本上不存在。

在调查对象为汉族时,当问及"您和回族邻居的来往情况"时,做出回答的有99人。从统计数字来看,23.2%的汉族选择与回族邻居"经常来往",59.6%的人则选择"偶尔交往"。汉族、回族邻居之间存在一定程度的交往,但其交往的频率明显低于回族和汉族邻居之间的来往频率。但这并不代表汉族居民对结交回族邻居为友的热情不高,这种交往之间的差异主要是由汉族、回族之间的人口差异造成的。由于管城回族区内汉族人口占绝大部分,因此人数较少的回族获得较多的机会与汉族交往,而汉族与回族之间发生接触的概率则低于回族与汉族产生交往的概率,所以汉族周围的邻居很大一部分还是本民族的人,与其他民族之间接触的机会自然就少一些,这也是人口数量对民族之间的交往产生的影响。

表3显示,70.2%的被调查对象认为能和睦相处。22.2%的被调查对象选择"可以住在一起,但少来往"。仅7.6%的被调查对象认为"最好分

开居住"。这表明回族自身的风俗习惯、宗教信仰并没有成为回汉民族之间交往的障碍,这有利于促进回汉之间民族关系的继续向前发展。

表 3　您认为不同民族、不同信仰的人可否住在一起

单位:人,%

		人数	比例	占有效答案的比例
有效答案	能和睦相处	139	68.47	70.2
	可以住在一起,但少来往	44	21.67	22.2
	容易引起矛盾,最好分开居住	15	7.4	7.6
	合计	198	97.54	100
未回答		5	2.46	
共计		203	100	

(三) 个体交往态度

"民族关系在微观层次上正是通过不同民族的个体成员之间的相处和交往表现出来,交往的形式、范围和深度反映民族间的社会融合程度和凝聚力,所以在评价民族关系时有必要对不同民族之间的社会交往、人际关系情况进行观察和分析。"① 管城回族区内的回、汉民族个体成员对不同民族之间的交往持怎样的态度?在与其他民族交往时是否会带有强烈的民族情感?影响民族之间交往的因素又是什么?在问卷设计中,涉及以下几方面的问题。当问及"您平时和其他民族朋友的交往情况"时,在做出回答的 197 人中,44.2% 的人选择了"经常交往",29.9% 的人选择了"有时交往",仅有 2% 的人选择了"不往来",这表明管城回族区内回族与汉族之间社会交往的频率比较高。

二 对管城回族区回汉民族关系的评价

民族关系是一个动态的过程,其影响因素也是多元的。这些因素在实际发展的过程中,会形成此消彼长之势。根据以上方面的内容,可以看出管城区回汉民族关系的总体特点。

---

① 马宗保:《多元一体格局中的回汉民族关系》,宁夏人民出版社,2002,第 114 页。

（一）民族关系总体上呈现和谐的状态

各民族在日常生活、经济、文化等方面的交往交流是和谐民族关系形成的关键。由于管城回族区的回汉民族长期杂居分布，日常生活、经济、文化的交流合作必不可少，因此他们表现出民族间互助合作、尊重友好的良好状态，逐渐形成了和谐美好的回汉民族关系。主要表现在以下几个方面。经济上，回汉民族间彼此信任依赖，成员间相互尊重、相互学习，互通有无、取长补短，民族关系逐步增强。在文化上，回族大部分信仰伊斯兰教，基于宗教信仰而形成的特有的民族禁忌和宗教禁忌在管城回族区都能得到充分尊重。特别是在饮食禁忌方面，当地大多数的汉族群众和回族朋友一起就餐时，都会自觉地尊重对方的饮食习惯，去清真餐厅就餐。每年的伊斯兰教重大节日，区委区政府都非常重视，各级领导都会到清真寺，与回族人民群众一起庆祝。回族的传统文化也得到了有效的保护和宣传，其宗教信仰和生活习俗在受到法律保护的同时，也得到了汉族群众的尊重和理解。在日常生活方面，回汉邻里之间和睦友好，互相团结，这种跨越民族的人际关系增强了民族成员间在日常生活中的各种往来和接触。"互助是民族关系和谐的动力。各民族团结奋斗、共同繁荣发展是通过互助实现的。没有互助，就不可能实现'共同'。"[①] 管城区回汉之间的互助关系加强了彼此之间的经济联系和文化交流，促进了和睦相处、团结友好民族关系的进一步发展。所以说，和谐的民族关系已成为当地民族关系的主流。当被问及"你认为当地回汉民族关系怎么样"时，在196人做出的有效回答中，14.3%的人认为当地回族和汉族之间相处得非常好，50.5%的人认为相处得比较好，还有33.2%的人认为当地民族关系一般，这三项加起来比例为98%。选择"很不好"的比例为零，仅有2%的人选择了"不太好"。可见，大多数居民对当地的回汉民族关系有较高的满意度。

（二）民族平等感增强

新中国成立以后，特别是党的十一届三中全会以后，管城回族区历届党和政府认真贯彻落实党的民族政策，保障回族和其他少数民族的风俗习

---

① 郝时远：《构建社会主义和谐社会与民族关系》，《民族研究》2005年第3期。

惯和宗教信仰不受侵犯；各少数民族的社会地位不断得到提高，各少数民族积极参政议政，参加国家大事；对少数民族子女在升学、入学方面给予适当照顾；在少数民族经济发展上给予资金支持和技术帮助等。在党和政府以及区内各族群众的共同努力下，各民族的政治地位不断提高，经济生活水平不断改善，回汉民族成员在社会生活中的实际平等感、对政策法规的认同感越来越高。法律赋予的散杂居少数民族的各项平等权利得到了保障，回汉族成员在国家政治生活中的平等权利趋于平等，特别是管城回族区的成立，使回族和其他少数民族的各项权益得到了贯彻。民族间的摩擦逐渐减少，民族间的偏见逐渐消除，继而建立起的是各民族的平等意识、民族团结意识。回族群众的宗教信仰自由和一些特殊的风俗习惯得到汉族社会的尊重和理解，回汉之间互尊互爱、相互包容，体现了良好的民族关系。

（三）民族关系中的互助与竞争并存

民族互助是社会主义民族关系的重要特征，也是我国民族发展的重要条件。各民族都有自己的优点和长处，同时又都存在着劣势和不足。回汉民族之间的互助合作是这两个民族加快发展和共同发展的需要，也是管城回族区加快发展和促进稳定的需要。"建立民族互助的新型关系是各民族共同繁荣的需要，是各民族共同利益使然，在长期的社会主义建设过程中，回汉民族之间的团结互助也是有目共睹的。"① 但是在社会主义市场经济的背景下，在促进各民族关系日益密切的同时，不同民族间的利益冲突和矛盾也随之增多。由于市场经济是以市场和公平竞争来调节经济活动，受利益的驱动，各民族之间在经济发展中的竞争关系进一步强化。竞争和互助是散杂居地区各民族间不断交流的主要途径。各民族间通过竞争不仅维护了民族利益，而且在接触和交流过程中进一步加强和巩固了互助合作关系，增强了民族情感。

因此，在社会主义市场经济体制下，互助与竞争并存，各民族之间互惠互利、共同进步、共同发展，最终实现散杂居地区回汉民族间的共同富裕。

---

① 金炳镐：《和谐民族关系与和谐社会构建》，《西南民族大学学报》（人文社科版）2007年第9期。

(四) 民族边界明显

随着社会的发展，民族之间的交往日益增多，加强了各民族之间在政治、经济、文化、社会等各方面的联系。回族和汉族之间的联系也更加密切，交流的范围逐渐扩大。但是由于在漫长的历史发展过程中，各民族都创造了自己独特的民族文化。回汉民族各自具有独特的文化习俗和较强的宗教信仰。基于伊斯兰教信仰而形成的饮食禁忌和婚葬习俗渗透于回族社会的各个角落。回汉各民族成员在日常社会的交往中，无不显现出双方在文化、宗教、习俗方面的差异性。在城市生活中，人民的交往观念也反映了这一点。

在回答"在选择邻居时您最愿意选择哪个民族"问题时，184人做出回答的具体情况见表4。在对邻居的选择中，66.3%的回族调查对象更倾向于选择本民族的人做自己的邻居，这可能是因为同一民族基于共同的生活习惯、共同的文化背景和相同的宗教信仰而更容易和谐相处。

表4 在选择邻居时您最愿意选择哪个民族

单位：人，%

选项	被调查对象为回族 人数	被调查对象为回族 比例	被调查对象为汉族 人数	被调查对象为汉族 比例
同一民族	59	66.3	26	27.4
其他民族也行	17	19.1	8	8.4
无所谓	13	14.6	61	64.2
总计	89	100	95	100

表5 在与其他民族交往时，您是否会感觉到自己的民族身份

单位：人，%

选项	被调查对象为回族 人数	被调查对象为回族 比例	被调查对象为汉族 人数	被调查对象为汉族 比例
会	72	83.7	40	40.4
不会	14	16.3	59	59.6
总计	86	100	99	100

从表4、表5的对比中发现，在被调查的回汉各民族中，83.7%的回

族认为在与别的民族交往时会感觉到自己的民族身份，相比较而言，汉族的民族身份认同感就相对弱一些。可见，管城回族区回族的自我认同意识较强。相对而言，聚居区的回族成员寻求民族认同的愿望弱于散居地区回族成员，即散居地区回族成员比聚居地区的回族成员更需要族内认同，群体内的团结意识和向心力也更强。在管城回族区这样一个城市民族区内，一方面在文化上，回汉民族在生活习俗和宗教信仰方面表现出极大的差异性；另一方面在人口数量上，回族生活在一个以汉族为主体的汪洋大海之中。在多方面作用力的影响下，回族会潜在地感觉到一种无形的压力，民族意识便明显增强。而人口占多数的汉族成员，其民族意识则比较淡薄。

三 加强管城回族区和谐民族关系建设的具体路径

（一）坚持"回汉文化求同存异"的原则，正确对待回汉民族文化

斯大林指出："每一个民族，不论其大小，都有它自己的、都有只属于它而为其他民族所没有的本质上的特点、特殊性。"[1] 这说明，每个民族的文化都是独特的，没有几个民族的文化是完全相同的，要尊重每一个民族的文化。著名的社会学家费孝通先生也曾总结出处理不同文化关系的十六字箴言，即"各美其美，美人之美，美美与共，天下大同"[2]。具体来说，"各美其美"就是首先要尊重自己民族的文化。文化是各族人民集体智慧的结晶，应该得到保护、继承和发展。"美人之美"就是要尊重其他民族的文化。在文化交流中，把自己的文化摆在与其他民族文化平等的位置上，相互理解和包容，共同推进文化的发展。"美美与共，天下大同"就是要尊重文化的多样性，实现各民族文化的共同繁荣。因此，和谐的民族关系应该是在保护多元文化并存的基础上的和谐统一。求同存异表明要尊重事物的多样和差别，兼容并蓄，从而达到和谐统一。这就要求每个民族在对待其他民族文化时，必须面对差异，承认差异，尊重多样性，正确处理各种文化的关系。如果创造文化的每一个民族，都认为自己的文化比

---

[1] 斯大林：《马克思主义和民族殖民地问题》，人民出版社，1961，第328页。
[2] 费孝通：《创建一个和而不同的全球社会》，《思想战线》2001年第6期。

其他民族的文化优秀,就会步入狭隘民族主义的误区,进而产生对别的文化的歧视,从而引发民族矛盾。各民族人民要和睦相处,就必须彼此尊重,相互学习和吸收。只有这样,才能消除因文化而引起的矛盾,实现各民族文化的共同发展。

回汉民族在长期的历史发展过程形成了各自独特的文化传统和较强的宗教信仰。他们在文化习俗、宗教信仰方面存在一定的差异,这种差异性势必会影响管城地区回汉民族关系的发展。如前所述,当前管城地区回、汉民族文化习俗差异依然明显,民族分界意识依然较强,更应该在回汉群众之间树立"求同存异"的理念。为了促进该地民族关系的良性发展,首先要做的就是回汉各民族群众必须端正态度,以开放包容的心态正确认识并逐步接纳对方的文化。针对问卷中"回汉民族对彼此文化的了解程度"这一事实,必须要增进回汉民族对彼此文化的了解,特别是要加强汉族群众对回族传统文化与宗教习俗的了解。这样才能克服民族之间的文化偏见,更好地发掘彼此之间的优秀传统文化,这对建设该地区的和谐民族关系具有重要意义。

(二) 大力发展郑州市管城回族区经济,巩固回汉民族团结的经济基础

现阶段民族工作的主要任务是把发展作为工作的中心,因此必须加快少数民族和民族地区的经济社会发展。只有实现经济的发展,才能实现全国各族人民的共同富裕。

1. 发挥民族特色产业优势

发展民族经济是实现各民族共同繁荣发展的基础,也是实现和谐社会建设的重要条件。在长期的历史发展进程中,散居回族形成了独具特色的民族建筑、民族佳肴、民族手工业等传统产业,具有鲜明的民族特色,真正再现了民族文化的传统,是散居回族地区未来最具发展潜力和市场竞争力的产业。[1] 目前,全区清真食品生产经营者200余家,从业人口近2000人。这些清真食品生产经营企业规模不等,多以中小型饭店、早点店、清真牛羊肉、家禽销售摊点为主、大型规模企业较少。发展回族经济必须依托当地的资源优势和民族自身特点,大力发展特色优势产业,特别是积极

---

[1] 回建:《中国散居回族经济发展研究》,中国经济出版社,2009,第198页。

培育和发展清真饮食业、皮毛业、制革业等传统产业，把资源优势转化为产品优势、经济优势和市场优势，努力把产业做大，以推动整个民族经济的发展。

2. 加强政策扶持

首先，改善民族地区电力、交通、通信等基础设施的建设，特别是对民族乡、民族村的改善，为其发展奠定基础。其次，积极引导、鼓励、扶持现有民族企业的发展，鼓励公有制、多种所有制经济共同发展。对于这些民族企业，要出台配套的政策扶持措施，特别是从资金、技术、人才等方面对民族传统品牌、老字号和龙头企业给予必要的扶持和支持，进一步强化其在整个市场经济中的地位和作用，增强其辐射带动能力。最后，加强对人才的培养。科学发展观的核心是以人为本，人才资源是第一资源。政府要立足于普及义务教育，改善民族中小学的办学条件和教学设施，增强师资力量，培养各专业的大专人才。针对民族地区缺乏人才的现状，培养和开发人才资源，促进各类人才脱颖而出，使其聪明才智在推动民族经济的发展中得到最大限度的发挥。

（三）建设嵌入式居住社区，促进民族交往

以上数据资料分析反映出以下两个特点。一是管城回族区回汉民族之间及回汉邻里之间的关系状况稳定并且良好。虽然，由于文化习俗方面的差异，回族居民在邻居选择上更愿意与本民族的成员住在一起，回汉之间还存在一定的民族界限，但这并没有成为阻碍彼此交往的主要因素。只要每个汉族成员处处尊重回族成员的生活习俗，其民族关系将向更有利的方向发展。二是回汉之间的杂居相处为彼此更多的交往与互动提供了更为有利的客观条件，从而对彼此的文化更容易理解和尊重。根据 2014 年中央民族工作会议精神，在城市民族地区，特别是城市社区，建立各民族相互嵌入式的社会结构和社区环境。管城回族区在未来的城市进程中，也将步入该发展模式当中，这将更有利于该区各民族之间，尤其是回汉之间民族关系的良性发展，有助于增进民族团结、促进民族发展。

（四）加强和规范清真食品的经营，满足回族群众的生活需求

管城回族区是一个多民族居住的地方。按照民族风俗习惯，区内食用清真食品的少数民族有 2 万多人，其中以回族为主体。因此，加快清真食

品产业的发展，满足回族等少数民族群众的需要，关系到管城区广大穆斯林的切身利益，关系到建设社会主义和谐民族关系的实现。

1. 广泛开展清真食品科普知识，提高各族群众的认识

清真食品业作为河南回族的传统行业，已经发展成为民族经济的支柱产业。虽然清真食品产业有所发展壮大，但由于在生产经营的过程中一些经营者受经济利益的驱动，清真食品业目前还存在一些问题，如：清真食品中存在的"非清真"问题。导致这种问题出现的原因之一就是一部分经营者在思想观念上对清真食品认识不够，不懂民族政策。清真食品非小事，要杜绝此类现象的出现，就必须向各族群众以及相关经营者普及清真食品的知识，提高他们对清真食品的认知。要在生产经营清真食品的企业广泛开展有关法律法规、党的民族宗教政策、回族等少数民族的清真饮食习惯知识的培养和教育活动，使从事清真食品生产经营的人员了解相关的法律法规政策和基本知识，严格按照回族等少数民族的清真饮食习惯开展生产经营活动。各级领导干部、执法人员应当熟知相关法律法规，广大群众要了解有关常识，同时在宣传教育中要提高消费者的监督意识。

2. 规范清真食品市场，加强市场监管

坚持清真要求，解决"清真不清"是食用清真食品少数民族最关心的问题。由于"清真食品不清真"引发的问题往往是民族问题与宗教问题交织在一起，经济利益与社会问题交织在一起，因此最容易引起纠纷和矛盾。目前，市场秩序不稳定，特别令人难以容忍的是食品安全事件频频发生。"清真食品不清真"现象的存在，严重伤害了广大穆斯林群众的感情。对此，必须加强市场监督力度，整顿和规范清真食品市场的经济秩序。相关部门要建立起定期检查与适时检查相结合的制度，对清真食品行业依法整顿和治理。对于违反相关规定的单位和个人，要追究相关的责任。同时，执法监管部门要严格履行自己的职责，热心清真食品监督工作。当然，在市场监管的过程中，也离不开区内广大穆斯林和非穆斯林群众的监督。通过政府、生产经营者和群众的共同努力，加强清真食品生产监督管理，做好清真食品的供应工作，满足区内回族群众的生活需要，增强团结，维护社会稳定，建设和谐管城。

多民族国家建构视角下清代流人与东北文化变迁

李德新[*]

[**摘　要**] 满族汉化是一个颇具争议的问题，将此放在清朝龙兴之地来考察，或许有更多的启示。文化流人在东北传播了汉文化，并与当地文化相融合，形成了流人文化。在这个过程中，儒学得以传播，东北的社会风俗等也受到了汉文化的影响，加速了满族汉化，促进了清代统一多民族国家的发展。

[**关键词**] 清代　东北　流人　文化变迁

清代统一多民族国家的建构问题，尤其是满族汉化问题，中外学者给予了较多的关注。20世纪80年代兴起的"新清史"，强调清王朝与众不同的满洲元素，进而对"中华民族"及清代统一多民族国家的建构提出质疑。中国学者在肯定"新清史"研究方法的同时，也对其观点予以了有力的回应。近年来，学者开始将这一问题置于作为清王朝"龙兴之地"的东北地区，从相对微观的角度进行考察，对上述争鸣有了更为清晰的认识。正如刘晓东教授所言："于'祖宗发祥'之地，这种从'庙学分离'到'庙学合一'的演变，恐怕较其他地方儒学的发展，更能深刻地揭示出清朝统治者儒学受容的心路历程，及其对儒学态度的一种深层转换：'儒学'在清朝统治者的国家建构理念中，已渐由一种'治国之术'趋向于了'安邦之道'的转化。"[①]

不过，如果我们转换视角，就东北军民对汉文化的受容问题做进一步

---

[*] 李德新（1975～），吉林九台人，齐齐哈尔大学文学与历史文化学院讲师，历史学博士，主要研究方向为中国古代史。

[①] 刘晓东：《"术"与"道"：清王朝儒学接受的变容——以吉林文庙的设立为中心》，《中国边疆史地研究》2014年第3期。

探究，或可为清代统一多民族国家建构方面提供更多的启示。流人作为东北开发的先驱者，① 对汉文化在东北地区的传播发挥了重要作用。流人的到来，带来了中原的文化、风俗，导致了东北区域文化变迁，冲击了东北旧有风俗。"文化既具有相对独立性的特征，又具有流动变异性的特征。前者使一种文化与他种文化相区别，后者又使文化之间有沟通性。"② 流人通过开展各种文化活动，包括兴办教育、进行文学艺术创作等，为荒凉而沉寂的东北注入了活力。对此，清政府是抱着审慎的态度来看待汉文化在此处的传播的。

一 流人的文化活动与儒学的传播

"人口在空间的流动，实质上也就是他们所负载的文化在空间的流动。所以说，移民运动在本质上是一种文化的迁移。"③ 人口的流动不仅引起文化诸要素在空间上的流动，也必然导致植入区域不同文化的交流与融合，其结果便是某种新型文化的出现。来自中原和江南地区的文化流人，将中原物质文明与精神文明带到东北，融合东北当地民族文化，形成了独具特色的流人文化，并通过开展各种文化教育活动，传播了儒学。

文化流人深入东北地区各族官兵家中，教导其子弟，这不仅促进了当地各民族的社会进步，也推动了东北文化教育事业的发展。如杨越，因贩参、貂致富，而他还是开馆授徒，显然不为谋生，而是由于当地人"尚不知礼教"，于是倡导教育，对当地教育事业的发展产生了一定的影响。"（巴海）将军延（请）教其子，将军之子拜床下，诸少年无不拜者。"④

还有些流人开馆授徒。虽然这些人是以谋生为目的，但客观上促进了清代东北地区私学的发展，对改变当地文化极端落后的局面产生了重要的作用。"其地读书人少，汉槎至，则官吏子弟及土人之志在科第者，皆就之执经问业"⑤，"穷边子弟，负耒传经，据鞍弦诵，彬彬乎冰山雪窖之乡，

---

① 杨合义：『清代東三省開発の先駆者——流人』，『東洋史研究』，第三十二卷，第三號，1973。
② 〔英〕马林诺斯基：《文化论》，费孝通译，华夏出版社，2002，第 12~13 页。
③ 葛剑雄：《中国移民史》第 1 卷，福建人民出版社，1997，第 102 页。
④ （清）费密：《柳边纪略序》，《柳边纪略》，续修四库全书本。
⑤ （清）徐柯：《清稗类钞》第 8 册，中华书局，1984，第 3581 页。

翻成说礼敦诗之国矣"①。汉族流人在黑龙江等边外地区少数民族文化教育发展中的作用和贡献是值得肯定的。尽管其作用和规模是有限的，但其影响是深远的。"初，开原、铁岭以外，皆故胡地，无读书识字者。宁古塔人知书，由方孝标后裔谪戍者开之；齐齐哈尔人知书，由吕用晦后裔谪戍者开之，至于今用夏变夷之功亦著矣。"②

东北地区书籍极少，文化流人带来了大量的汉文典籍。方拱乾、方登峄、吴兆骞、杨越、陈梦雷等人在迁往流放地之时，将大批汉文书籍带到了黑龙江地区。如吴兆骞出关时，赁牛车载所携书万卷。杨宾在《柳边纪略》中记载："宁古塔书籍最少，惟余父（指杨越）有《五经》、《史记》、《汉书》、《李太白全集》、《昭明文选》、《历代古文选》。周长卿有《杜工部诗》、《字汇》、《盛京通志》。呀思哈阿妈有纪事本末。车尔溪阿妈有《大学衍义》、《纲鉴》、白眉《皇明通纪纂》。"③ 这些书籍对儒学的传播起了不小的媒介作用，同时对当地少数民族接受儒学教育也起到了辅助和推动作用。

通过流人的文化教育活动，儒学在东北地区广泛传播，根植于东北的肥土沃野之中，成为一种新的文化形态，即流人文化。流人文化在形式、内容、内质方面，已经显示出与中原文化相联系又相区别的特点，是对中原文化的继承、发展和创新。

二　流人与东北民间信仰变迁

宗教信仰是人们的思想意识对客观存在的反映，受社会生产力发展的制约和影响。东北地区的少数民族崇拜自然神、图腾和祖先，这是与当时落后的采集、狩猎生活相联系的。他们遇事则祈求神灵保佑，信仰萨满教。"崇奉萨满教是满洲信仰风俗的重要特点"④。所谓萨满，意为"疯狂的人"，即巫师。随着流人进入东北，在流人的影响下，各民族普遍接受了佛教、道教，也供奉伏魔大帝关羽、玉皇大帝、观音菩萨等，说明东北地区居民宗教信仰结构日趋多元化。

---

① （清）吴桭臣：《宁古塔纪略》，《龙江三纪》，黑龙江人民出版社，1985，第257页。
② 章太炎：《书吕用晦事》，《太炎文录续编》卷六上，上海书店，1992。
③ （清）杨宾：《柳边纪略》卷四，续修四库全书本。
④ 杨英杰：《清代满族风俗史》，辽宁人民出版社，1991，第162页。

东北地区的佛教在辽金时期盛行一时，但到明清时期就已衰落下去。流人，特别是一些被流放到东北的方外之人对佛教兴起、传播发挥了重要作用。如著名流人函可，俗名韩宗䚒，顺治五年四月二十八日流放盛京，在慈恩寺讲解佛经，信徒众多，"采珠投针之徒，每叉手、交脚于岩壑间不去"①。辽东地区有名的赤崖和尚也是流人。在流人的影响下，满人逐步接受了佛教。方拱乾初到宁古塔时，"满人不知有佛，诵经则群伺而听，始而笑之"，而随着流人的到来，到康熙初年"近则渐习而合掌以拱立矣。西达子则知有佛有经，能膜拜，大约与哪嘛教同，与西土异仁。不祀神，惟知有关帝，亦无庙，近乃作一土龛"。②

另外，随着流人的到来，东北地区也广建寺庙，寺庙的住持亦有不少是流人。"有僧名静今者，亦江左人，因事成此，建一观音阁于崖下。夏、秋时，迁客骚人多游焉。"③"宁古塔有七庙，曰关帝庙，在城东三里，马王附其后，道人扬州蔡森生守之，年已七十九矣。"④"曰西庙，在城西三里，吉陵倚其后，虎儿哈河流其前，中有铜观音一，高八九寸，蓝旗章京某所舍也。某云：'阿机人钓而得之江，以为神，杀牛、猪、鸡、鹅必祭，而以血涂其口。余以一牛强易之，识者皆指为宋物'。"⑤"曰既济庙，在城西北百步，祀龙王、火神。僧名天然，李其姓，河南诸生也。甲寅、乙卯间，以逆党为阿机奴，妻年少绝色，主者呼之装烟，不应，自缢死，天然遂下发为僧。余父怜之，为梅勒章京言，属守庙，庙额余所书也。"⑥将军巴海也信奉佛教，"阁在西山之麓，泼雪泉左，莲华池北，后倚佛殿如肩背也，三面青山如环，前带河流。先是，都大将军巴公爱其幽胜，命作佛刹于其巅，一二年间香火辐辏"⑦。

到嘉庆年间，"齐齐哈尔城中有城隍庙、土地祠、马神庙、观音庵，城外有先农坛、关帝庙、万寿寺、三官庙、龙王庙、大悲庵、药王庙、鬼王庙、昭忠祠、普恩寺、河神庙、镇江阁，住僧皆隶户司，有僧官一人为

---

① （清）郝浴：《奉天辽阳千山剩人可禅师塔碑铭》，函可：《千山诗集》，续修四库全书。
② （清）方拱乾：《绝域纪略》，徐宗亮等撰，李兴盛、张杰点校，《黑龙江述略》外六种，黑龙江人民出版社，1985，第112页。
③ （清）吴桭臣：《宁古塔纪略》，《龙江三纪》，黑龙江人民出版社，1985，第237页。
④ （清）杨宾：《柳边纪略》卷三，续修四库全书本。
⑤ （清）杨宾：《柳边纪略》卷三，续修四库全书本。
⑥ （清）杨宾：《柳边纪略》卷三，续修四库全书本。
⑦ （清）张缙彦：《宁古塔山水记·域外集》，黑龙江人民出版社，1984，第41页。

之长。僧率盗与阉被罪者为之。利斋施，披剃戒律非所闻，未知其能起忏悔心否"①。庙会也随着佛教的兴盛而兴起。"齐齐哈尔诸庙各有会期，或三日或五日，诵经演剧，商贩醵金以办。僧与伶皆流人也。惟四月二十一日普恩寺一会，首事者皆娼妓。是日，进香观剧者肩摩毂击，十倍于平时。"②

三 流人与社会风俗变迁

一定地域和一个民族的风俗习惯，虽然具有社会传承的特征，但往往受到社会生产的发展和外来文化的影响。有清一代，大量获罪的汉族流人及其家属被流放到关外，同当地满族等土著居民杂居相处，在新的社会文化环境中，他们带来的中原汉族风俗与当地民风民俗互相碰撞融合，导致东北社会风俗发生了变迁。因此，原来以民族为主的文化特征开始向以地方为主的文化特征转化，一种新兴的满汉民俗文化因而形成。

（一）生活习俗的变化

东北地区居民生活习俗的变迁非常庞杂，尤以饮食、服装和居住习俗最有代表性。

在饮食上：由于东北气候寒冷、冬长夏短等自然条件的限制和生产力水平低下的制约，东北地区居民以采集、狩猎为主，生产方式与内地有差异，饮食习俗与中原内地有着很大的区别。他们以肉食为主，谷物占有很小的比重，蔬菜则以采集的山野菜为主。所用的饮食工具，往往就近取材，非常原始，"器皿如盆、盏、碗、盏之类，皆刳木为之"③。这种习俗受到了流人的影响。流人随身带着谷物和各种蔬菜种子，并用内地的农业技术从事耕种，饮食基本保持着内地的习惯。在他们影响下，当地少数民族的饮食中谷物的比例增加，且蔬菜种类齐全丰富。"满洲宴客，旧尚手把肉或全羊，近日沾染汉习，亦盛设肴馔，然其款式不及内地，味亦迥别。"④ 饮食工具也发生了变化，釜等饮具不断增多并为当地人民所广泛应

---

① （清）西清：《黑龙江外记》卷二，续修四库全书本。
② （清）西清：《黑龙江外记》卷二，续修四库全书本。
③ （清）杨宾：《柳边纪略》卷四，续修四库全书本。
④ （清）西清：《黑龙江外记》卷六，续修四库全书本。

用，当地居民"多易以瓷，惟水缸、槽、盆犹以木"①。另外，内地的风味食品也传入东北，"土人过节，上元汤圆，端阳角黍，中秋月饼，家自为之，店肆亦有鬻者"②。

东北地处极边苦寒之地，各少数民族以渔猎采集为生，他们的服装则多由兽皮制作，布料和丝绸非常罕见，富人也只能穿麻织土布做的衣服。"三十年前事，儿童见者稀。天寒曳护腊，地冻著麻衣"③。《黑龙江志稿》中记载赫哲以鱼、兽皮为原料的服饰："赫哲人衣服用布帛者少，寒时着狍鹿皮，暖时则以鱼皮制衣服。鱼皮成熟则软如棉，薄而且坚。又，妇女善制荷包……及蹋蹋马等物，俱用鱼皮缝就。镶以云卷，染成红绿，色亦鲜明。"④康熙二十年前后，打牲乌拉人之服装，"富者不过羔裘、纻丝、细布，贫者惟粗布及猫、犬、獐、鹿、牛、羊之皮，间有以大鱼皮为衣者"⑤。随着流人的到来和商品经济的发展，东北地区居民的服装有了很大变化。流人、商人等带来的布帛逐渐代替了当地少数民族的兽皮、麻土布。"今居宁古塔者，衣食粗足，则皆服绸缎，天寒披重羊裘；或猞猁狲、狼皮打呼，惟贫者乃服布"⑥。

在住房上：流人到来之前，东北土著居民居住条件极为简陋，宁古塔地区或者"无庐舍，掘地为屋以居"⑦，保留着原始居住习俗；或者"立破木为墙，覆以莎草，厚二尺许，草根当檐际若斩，绚大索牵其上，更压以木，蔽风雨，出瓦上"⑧，不仅御寒能力较差，而且在多风多雪的冬季易于倒塌。有些居民没有固定居所，"呼伦贝尔、布特哈，居就水草，转徙不时，故以弯庐为室"⑨，还是典型的游牧民族生活方式。流人到来后，带来了建筑技术，使东北的居住习俗发生了变化。流人杨越到宁古塔时，"见

---

① （清）杨宾：《柳边纪略》卷四，续修四库全书本。
② （清）西清：《黑龙江外记》卷六，续修四库全书本。
③ （清）杨宾：《宁古塔杂诗》，《塞外草》，续修四库全书本。
④ 万福麟监修、张伯英总纂《黑龙江志稿》卷六，地理志，黑龙江人民出版社，1992，第265页。
⑤ （清）高士奇：《扈从东巡日录》，李澍田主编《长白丛书》（初集），吉林文史出版社，1986，第112页。
⑥ （清）杨宾：《柳边纪略》卷三，续修四库全书本。
⑦ （清）董含：《三冈识略》卷三。
⑧ （清）杨宾：《柳边纪略》卷一，续修四库全书本。
⑨ （清）西清：《黑龙江外记》卷六，续修四库全书本。

其人不常厥居,俾斫木为屋,覆以其皮,且炕煽之"①,引起了当地人的效仿,"木寨群山拱,千家草屋同"②。在齐齐哈尔,"工匠皆流人",流人们传授建筑技术,并亲身投入筑城建房的劳作中,使以"穹庐为室"的布特哈人也"渐能作室,穹庐之多,不似旧时,风气一变"。③

可见在流人的影响下,东北的生活习俗发生了很大变化,当地满族等土著居民的生活条件也得到了很大的改善。

(二) 社会风俗的变迁

在流人的影响下,一些原来的社会风俗发生了变迁。当地少数民族见面的礼节发生了改变,"阿机人相见,无男女皆相偎抱或亲嘴不已"④,"满洲见人以曲躬为礼,别久相见则相抱。近以抱不雅驯,相见与别但执手,年长则垂手引之,少者仰手迎焉,平等则立掌平执。相抱者少矣。"⑤ 礼节已经开始遵从儒家伦理道德的规范了。

清初,满族葬俗多实行火葬。"死则以敝船为椁,三日而火。章京则以红缎旌之,拨什库则以红布,再下则红纸,俗贱红而贵白,以为红乃送终具也。"⑥ 随着流人的到来,满族固有的丧葬习俗不可避免地受到冲击。在汉族儒家伦理观念的影响下,满族渐渐接受了汉族的土葬习俗,火葬逐渐被土葬所替代。"山形卷连,可数十里,渐入渐深,堪舆家以为龙脉蟠聚,近日卜葬者多穴其处,火化之风亦少矣。"⑦

四 流人对东北社会风气的负面影响

清初的东北社会,民风淳朴,乐善好施,待人真诚,为流人所惊叹、艳羡。"辽左风俗古朴,行旅有过门求宿者,主人必进鸡黍或屠豕,备蒭

---

① 《吉林通志》,卷一百十五,人物志四十四,寓贤,杨越传。
② (清)张贲:《宁公台杂诗二十二首》其一,张玉兴:《清代东北流人诗选注》,辽沈书社,1988,第380页。
③ (清)西清:《黑龙江外记》卷六,续修四库全书本。
④ (清)杨宾:《柳边纪略》卷四,续修四库全书本。
⑤ (清)杨宾:《柳边纪略》卷四,续修四库全书本。
⑥ (清)方拱乾:《绝域纪略》,徐宗亮等撰,李兴盛、张杰点校,《黑龙江述略》外六种,黑龙江人民出版社,1985,第112页。
⑦ (清)张缙彦:《宁古塔山水记·域外集》,黑龙江人民出版社,1984,第13页。

豆以饲马骡，不问客人何往何来也。次早若少以土仪馈之，则受或徒手称谢，而别亦不以为异。若送以银钱，则弗然坚却。"① 在流人的著作中亦有许多对东北民风的描述。"宁古之风，依然枝鹿之世，然中土礼义之邦所不及者有五：道不拾遗，一也。百里无裹粮，二也。不用银钱，以粟布交易，三也。躏其田而罚其值，虽章京不免，四也。受所与，必思有以酬之，五也。有是五者，以臻无为之治，夫何愧焉？至敬礼中朝士大夫，尤为淳厚，良以士大夫迁谪者，声名文物，足当其起敬耳。"② 这段引文可谓是对东北地区民风的总的评价。在流人的眼中，中土礼义之邦远不及宁古塔民风之淳朴。

东北人热情好客，慷慨诚恳。"凡各村庄，满洲人居者多，汉人居者少。凡出门不赍路费，经过之处，随意止宿，人马俱供给。"③ "八旗之居宁古者，多良而醇，率不轻与汉人交，见士大夫出，骑必下，行必让道，老不荷戈者，则拜而伏，过始起。道不拾遗物，物遗则拾之置于公，俟失者往认焉。马牛羊逸，三日不归，则牒之公，或五、六月之久，尚能归，惟躏人田则责牧者罚其直，虽章京家不免焉。"④ 黑斤、非牙哈、呼儿喀三处人，"为人愚而有信义。有与店家赊绸缎蟒服者，店主择黑貂皮一张为样，约来年照样还若干，至次年，必照样还清，有他故，亦必托人寄到。相去千里，又非旧识，而不爽约如此"⑤，店家与赊购绸缎蟒服者都以信义为重。

但随着大量流人的到来，东北的民风开始发生了变化。"无奈迁徙众多，聚五方之人杂处之，而土风亦稍寖坏。"⑥ "十年前行柳条边外者，率不裹粮，遇人居，直入其室，主者则尽所有出享，或日暮，让南炕宿客，而自卧西北炕，马则煮豆麦、刈草饲之，客去不受一钱。他时过之，或以针线荷包赠，则又煮乳猪、鹅、鸡以进。盖是时俗固厚，而过客亦不若今日之多也。今则

---

① （清）王一元：《辽左见闻录注释》，靳恩全注释，《铁岭文史资料》第20辑，内部资料，2007，第14页。
② （清）方拱乾：《绝域纪略》，徐宗亮等撰，李兴盛、张杰点校，《黑龙江述略》外六种，黑龙江人民出版社，1985，第113页。
③ （清）吴桭臣：《宁古塔纪略》，《龙江三纪》，黑龙江人民出版社，1985，第243页。
④ （清）方拱乾：《绝域纪略》，徐宗亮等撰，李兴盛、张杰点校，《黑龙江述略》外六种，黑龙江人民出版社，1985，第111页。
⑤ （清）吴桭臣：《宁古塔纪略》，《龙江三纪》，黑龙江人民出版社，1985，第240~241页。
⑥ （清）张缙彦：《宁古塔山水记·域外集》，黑龙江人民出版社，1984，第53页。

走山者以万计,踪迹诡秘,仓卒一饭,或一宿、再宿,必厚报之。而居者非云、贵流人,则山东、西贾客,类皆巧于计利,于是乎非裹粮不可行矣。"① 从"不用裹粮"到"非裹粮不可",一方面说明往来东北的商人增多,使当地人具有了商品意识,另一方面更说明民风发生了变化。

奢靡之风渐起,赌风渐盛。宁古塔富者的宴会,皆"争强斗胜,务以南方难致之物为贵,一席之费,大约值三、四金"②。齐齐哈尔地区赌博成风,往往因此而败家,"齐齐哈尔在昔赌风最盛,新年至元宵前尤甚。大者掷骰、压宝,以多金较胜负,小者哄于打揸,盖即叶子戏。饱食终日,浮荡成风,往往因此破家,而不闻以赌博得罪。至于流人设局渔利,寺庙店肆,处处为博场,肆无忌惮"③。流人为了牟利,设置赌局,导致社会风气大坏。

此外,流人的成分非常复杂,对东北地区风气的影响也不尽相同。有些人是因为贪赃枉法等因遭戍而来。到了流放地之后,难改恶习,对社会风气特别是官场风气造成了恶劣影响。"黑龙江官廨文案,防检甚疏,而无敢为奸弊者,美其风之近朴。今不然矣,文武犯员以发遣来戍,向指派一司行走,稍资津贴,其中颇有工舞文巧售法者,仰视印君若父师,平接笔帖式如昆弟,凡内省作奸犯科伎俩,日浸月渍,莫不深通,此真边防之一大蠹,视劫杀黥徒,犹为过之"④,导致官场日趋腐败。

还有因刑事犯罪而遭流放的流人,他们多数是匪盗无赖、作奸犯科之辈,对东北的社会风气造成了不良影响。一些流人则"无赖乃聚赌窝娼,窃马牛为事,甚或结识将校,勾引工商,兴讼造言,主不能制,官府亦不加察,犹以给奴为恩,得奴为喜,强卖逼赎,诸弊丛生。"⑤ 而流人相对较多的齐齐哈尔社会风气更是每况愈下。"族类不一,客民尤伙。兼以黥徒岁增,桀骜未化,颇称难治。"⑥

---

① (清)杨宾:《柳边纪略》卷三,续修四库全书本。
② (清)杨宾:《柳边纪略》卷三,续修四库全书本。
③ 魏毓兰、馨若氏:《龙城旧闻》卷三,李思乐、张玉春、王彩云校点,黑龙江人民出版社,1986,第73~74页。
④ (清)徐宗亮:《黑龙江述略》,徐宗亮等撰,李兴盛、张杰点校,《黑龙江述略》外六种,卷三,职官,黑龙江人民出版社,1985,第43页。
⑤ (清)西清:《黑龙江外记》卷六,续修四库全书本。
⑥ (清)方式济:《龙沙纪略》风俗,《龙江三纪》,黑龙江人民出版社,1985,第211页。

另外，每年四月的普恩寺庙会"首事者皆娼妓"①。而"娼妓之辈，其始流人贱户，迫于冻馁为之。近闻土人亦渐不自惜"②。

上述变化，引起了统治者的重视。"谕大学士等：直省人命盗案今已渐少，惟盛京尚多，皆因罪犯流徙多在盛京。左侧仅有一府尹衙门，衙役人少，虽有驻守满兵，不知查拏。盛京乃本朝龙兴之地，当兴行教化。著谕兵刑二部檄盛京将军及副都统，严加稽察，禁止争斗，消弭盗贼。"③

文化的交流与融合是双向的，影响是相互的。汉族流人的到来，给东北地区土著民族的社会风俗带来了不可低估的影响，加快了民族融合，加速了其汉化的过程。但在流人对东北地区社会风俗改造的同时，东北社会风俗也对流人产生了一定的影响，使流人进一步融入东北社会当中，渐成土著。流人到达东北地区后，很快接受了当地的生活方式，"从人学射猎，驱马试讴吟"④。语言上也受到当地的影响，吴兆骞自言"久沉异域，语言习俗，渐染边风。大雅悁悁，磨灭尽矣"⑤。"若入籍及遣戍者婴儿，学语时即辽左声音，虽教与乡语，不解也。"⑥ 这种文化上的交流，在文化层面上拉近了东北地区与内地的距离，促进了清代统一多民族国家的发展。

---

① （清）西清：《黑龙江外记》卷二，续修四库全书本。
② （清）西清：《黑龙江外记》卷六，续修四库全书本。
③ 《清圣祖实录》（三），卷二百三十二，康熙四十七年戊子闰三月己亥条，中华书局，1985，第323页。
④ （清）陈志纪：《宁古塔春日杂兴》，张玉兴：《清代东北流人诗选注》，辽沈书社，1988，第396页。
⑤ （清）吴兆骞：《与计甫草书》，《秋笳集》卷八，《续修四库全书》本。
⑥ （清）王一元：《辽左见闻录注释》，靳恩全注释，《铁岭文史资料》第20辑，内部资料，2007，第4页。

第六篇

民族团结教育的载体创新和社会稳定

实效之求：民族团结创建活动与载体

周竞红[*]

[摘 要] 改革开放以来，各地民族团结创建活动呈轰轰烈烈之势，成为各级政府民族工作重要内容，各级政府动员下的民族团结创建活动范围、规模不断扩大，民族团结创建活动创新取得一定成效，创建活动实践和理论总结也不断取得成果。本文试从民族团结思考和民族团结创建活动载体认知出发，观察和研究近年来各地对民族团结创建活动和载体的探索和实践，讨论民族团结创建活动和载体选择方面的经验及存在问题，以期深入认识民族团结创建活动的着眼点和有效性，实现在"全社会不留死角地搞好民族团结宣传教育"途径。

[关键词] 民族团结 创造活动 载体

一 民族团结与创建活动载体

民族团结是现代多民族国家社会生活中重要的现象，是社会团结的重要组成部分，也是民族关系调整和建构追求的最高境界和状态，任何一个多民族社会都不可能放弃追求民族团结的社会目标。民族团结生成、发展和巩固具有一般社会关系的基本特性，同时又受到具体国家政治文化、国家历史进程以及国际关系等多方面的影响，并具有其特殊性。

一般而言，民族团结指一个多民族社会为了实现共同的理想或完成共同社会目标，凝聚、联合不同民族成员或民族内部力量保障社会合作的进程，民族之间关系的历史基础、不同民族成员的思想信念、行为规范，以

---

[*] 周竞红（1963～），中国社会科学院民族学与人类学研究所研究员，主要从事中国民族理论和民族问题研究。

及社会政策导向等都直接影响着这一进程的实现。在现实社会中，民族团结和民族分裂是民族关系调整的两个极端状态，二者之间并不存在清晰的界线，也很难准确计量二者力量的比对，两个极端状态的形成并非社会个体行为的简单相加，大多数社会成员的行为选择常常左右其最终趋向。

观察当代世界，在多民族社会民族关系变迁中，我们会看到倡导或寻求以民族团结抵御民族分裂是最为常见的社会选择，民族团结是多民族国家社会团结的重要机制。这一机制面临的是从民族团结到民族分裂的变化之间漫长的动态地带，这一动态地带存在着极为多样的关系形态，其中有民族间交往交流频繁发生，人们在日常生活中寻求相互联合和合作的途径和各种可能性，有民族歧视、民族矛盾和冲突长期积累积淀，也有民族间缺乏广泛的交往交流，少数民族群体经济社会生活处于相对隔离状态但是各民族成员相互间又有着良好的评价，从而为进一步发展交往交流提供着良好基础。有的表现为不同民族绝大多数成员间有着良好合作、相互了解和尊重并和谐相处，但是在局部区域或少部分成员间矛盾和冲突时有发生，需要社会借助特定力量介入推动相应的对话交流和协商机制建构，等等。正是存在这样一个复杂地带，具有不同观念、理想和利益的各种力量便在这一地带产生影响、发挥作用、形成竞争关系，使现实民族关系的调整复杂化。因为，每个民族群体都有着特定社会结构和社会分层，在现代化、市场经济等变迁冲击下，各民族社会大多处于更为开放并与外部连接的状态，人口的社会流动和地域性流动使得民族群体生活充满了小团体、个人和社会整体利益间博弈，这也使民族关系调节必须面对更为普遍的社会生活。有效解决和控制从民族团结到民族分裂动态地带存在的诸多问题，消除和控制导向民族关系濒临分裂因素的积淀和影响，便可促使民族关系向团结态势发展，反之，不能有效控制或处置阻碍民族团结因素，亦可能导致社会危机并使民族关系走向分裂。民族团结态势形成和保持的重点在于及时、有效处理从民族团结到民族分裂动态地带所存在的各种阻碍民族间团结合作的因素和问题，不至于任由这些因素滋生蔓延并最终导致民族分裂。显而易见，今天多民族社会所追求的民族团结并非一个自动生成，或社会学中所称的机械团结的状况，而是一个有组织的动员、协调并达成有机团结的过程。

2014年9月，中央民族工作会议强调"创新载体和方式，引导各族群众牢固树立正确的祖国观、历史观、民族观"，党中央对民族团结创建活动提出了载体和方式的创新目标。"载体"是自然科学的词语,本义指"某些能传递或运载其他物质的物质"①。不具有传导性、媒介性的物质将很难成为"载体"。最初"载体"大多被用在思想文化研究之中,直接用于民族团结创造活动则始于 21 世纪初。民族团结创建活动载体和民族团结的载体并非同指,有研究者指出:"马克思主义者强调要牺牲国家独立以换取国际团结,而修正主义者却认同国家是民族团结的载体,是推动民族无产阶级进步的工具"。②事实上,在资本主义时代,民族问题仍然呈现出两个历史趋势,即一方面是民族国家的建立,另一方面是资本、一般经济生活、政治、科学等国际统一的形成,民族团结的载体在相当长的时期里仍然是国家则属社会现实。民族团结创建活动则是一个国家借助各种社会机制协调国内民族关系,推动各民族共生共存共同发展的实践过程,因此,任何能够传达这一价值追求的活动、事物均可被作为载体加以利用。显然,那些最接近人们日常生活并对日常社会关系协调有力的活动,才可能是有效的载体。

自 20 世纪 80 年代以来,不同层级的地方政府都在探寻民族团结的推进方式和机制。2002 年,郑州荥阳提出民族团结进步工作"完善机制,选准载体",并在推进本区域民族团结工作中,建立起从村镇至荥阳市的目标责任机制,实现了各行政层级层层带动,整体推进的工作形态,奖优罚劣,并严厉打击极少数借不同民族成员纠纷煽动群众闹事者。③同年,内蒙古的白云鄂博矿区认真贯彻执行党的民族政策,提出"以载体建设促进民族团结",矿区积极开展民族理论培训,通过多种形式培养和使用少数民族干部,推动民族团结。当时,矿区少数民族干部、专业技术人员达 700 余人,占全矿区干部、专业技术人员总数的 18.5%;区委、区政府把学习使用民族语言文字作为执行党的民族政策的重要内容和沟通民族之间情感的纽带,切实加强对蒙汉文并用工作的监督检查力度,矿区蒙汉文并用率达到 99% 以上,窗口单位蒙汉文并用率达 100%;矿区政府还出资 80 万元新建蒙文学校教学楼,配备计算机等现代化教学设备,学生助学金也

---

① 《现代汉语词典》,商务印书馆,1996,第 1568 页。
② 〔美〕华尔兹:《人、国家战争:一种理论分析》,信强译,上海人民出版社,2012,第 111 页。
③ 耿广智:《完善机制,选准载体,搞好新时期的民族团结进步工作》,《中州统战》2002 年第 9 期。

由原来的每人 18 元提高到 45 元；开通蒙古语卫视节目，在矿区调频广播电台配备蒙古语播音员，逐步开设蒙古语广播节目。① 2009 年，西藏针对本自治区民族关系状况，提出民族团结创建活动要"创新载体形成全社会参与的生动局面"，并将富有特色的群众性活动、表彰民族团结先进典型、纪念日和节庆活动、军地双拥共建等作为本区域开展民族团结宣传教育活动的有效抓手。② 同年，新疆石河子大学也在总结促进民族团结时提出"创新民族团结教育载体"。③ 2009 年 7 月，内蒙古自治区则提出以双语教学为载体夯实民族团结基础。④ 2010 年，三部委联合发布的《关于进一步深入开展民族团结创建活动的意见》提出："争创和表彰民族团结进步模范，是民族团结进步创建活动的重要载体。"⑤ 2011 年，张掖、吴忠、周口的淮阳等地方政府都在实际工作中总结出民族团结进步创建活动中的"载体"。其中淮阳县的总结更为系统，"以民族政策法规宣传活动为载体，营造民族团结良好氛围""以结对帮扶活动为载体，帮助少数民族群众解决困难""以'民族工作进社区'活动为载体，不断加强城市民族工作""以开展特色民族活动为载体，增进各民族间沟通交流"。⑥ 此后，民族团结创建载体创新和丰富便成为各个不同层级政府积极探索的领域。

二 民族团结创建活动及载体选择

改革开放以来，民族团结创建活动受到各级政府的广泛重视，民族团结创建载体选择日益丰富和多样。民族团结创建的活动动员主体虽然是各

---

① 闻心：《包头白云矿区以载体建设促民族团结》，《中国民族报》2002 年 5 月 21 日第 2 版。
② 评论员：《创新载体形成全社会参与的生动局面——深入开展民族团结宣传教育活动系列评论之十四》，《西藏日报》2009 年 10 月 30 日第 1 版。
③ 李永亮：《创新民族团结教育的载体：石河子大学"文明班集体"创建工作纪实》，《兵团日报》2009 年 11 月 16 日。
④ 王文博：《我区以双语教学为载体夯实民族团结基础》，《呼和浩特日报》2010 年 7 月 1 日第 2 版。
⑤ 中央宣传部、中央统战部、国家民委：《关于进一步开展民族团结进步创建活动的意见》，http://www.seac.gov.cn/gjmw/zwgk/2010 - 07 - 09/1279153525434600.htm。
⑥ 《淮阳巧用"四个载体"促进民族团结进步》，《周口日报》2011 年 3 月 18 日第 6 版；《创新载体，丰富内容，我市深入开展民族团结进步创建活动》，《张掖日报》2011 年 5 月 18 日第 2 版；《推进民族团结进步创建工作创新载体完善机制》，《吴中日报》2011 年 12 月 16 日第 6 版。

级政府，参与主体则不限于政府机关，还包括企业、社会组织、社会公众。特别是进入新世纪以来，随着社会经济文化生活的演变，无处不在的市场活动对各民族地区社会变革的深刻影响，使得民族团结创建活动面临更为复杂的环境和条件，民族团结创建活动也日益从一般的宣传教育向广泛的社会生活领域扩展，从而使得民族团结创建活动载体日益多样化，民族团结本身也被视为推动社会经济政治发展的载体。

民族团结创建活动最初还是以宣教为主，这与当时民族关系状况以及政府民族工作情况密切相关。从省区级层面来说，主要是学习延边州经验，设置民族团结宣传方面的特定时间段，如青海、新疆、贵州等称"民族政策宣传月"（青海，1983年）、"民族团结教育月"（新疆，1984年设置）、"民族团结进步宣传教育月"（贵州，2010年），甘肃称"民族团结进步宣传月"（甘肃，2004年），西藏（1990年）和宁夏（1998年）设置"民族团结月"，内蒙古则称"民族团结进步活动月"（1983年）。主要方式和载体为通过媒体、组织各类活动以宣传民族政策法规。自20世纪90年代以来，多民族省区地方政府将民族团结工作日益融入日常民族工作系统，推动民族团结创建从宣教向深入社会生活转变。其中较为突出的有以下省区。

——首创民族团结目标责任机制。1999年，云南省民委首先与16个地州市民委签订责任书。2000年后目标责任制不断向县乡（镇）、村下移。2002年，1443个乡（镇）和民族关系协调任务较重的村委会、街道办事处、厂矿企业与上级民委签订了责任书。由此，云南形成全省上下一致行动做好民族团结工作新机制。省民委设立专项经费，每年安排150万元的专款，各地州市也根据当地实际安排和建立民族团结创建投入保障机制。到2003年，全省民委系统协调化解和参与排查各类影响民族团结的矛盾纠纷5000多起。昆明、曲靖、红河、大理几个市州通过开展民族团结城市、民族团结乡村评比活动，建立了民族团结示范乡村、民族团结示范学校和民族团结示范社区。[①] 至2009年，全省1331个乡（镇）配备民族工作专兼职助理员，协调民族关系信息员7317人，民族团结工作任务重的乡镇设立民族宗教办公室，各民族工作部门按要求把民族团结责任书签订到1335个乡镇、9929个村（居）民委员会和社区、205个企业、33个农场、1890

---

① 李沙青：《民族团结目标管理责任制显成效》，《云南日报》2003年3月2日第1版。

个宗教活动场所、920 个其他活动场所，共签订责任书 14312 份。形成一级抓一级，层层抓落实，各部门齐抓共管的工作局面。① 民族团结目标责任制促使民族团结工作领导更加有力、与民族相关的矛盾纠纷调处和隐患排查更加有效。当然，最早探索民族团结稳定责任制的是曲靖地委和行署，早在 1991 年就在 30% 以上的 172 个村公所（办事处）及责任单位对少数民族人口的民族团结社会稳定工作实行了目标管理责任制，实行年中检查，年末考核验收，兑现奖惩，并将此纳入对村干部的政绩考核内容，配有切实的考核打分机制。② 云南民族团结创建不再仅仅停滞于一般性政策说教，而是将民族团结政策精神融入基层日常行政管理和运行过程，结合"团结、教育、疏导、化解"的方式，抵御不利于民族团结的行为和思想。云南经验在新疆一些县、乡和团场也有所实践，取得了一定社会效果。

——探索依法管理民族团结创建活动。2009 年新疆率先出台《自治区民族团结教育条例》，2010 年 2 月 1 日生效，该条例规定了散布不利于民族团结言论的处理方式，各级组织不及时处理不利于民族团结的亦有相应的惩处措施，规定将民族团结教育纳入教育规划，融入国民教育的全过程，幼儿园应当对学前儿童进行适合儿童特点的民族团结教育。禁止任何人利用学校，规定每年的 5 月确定为自治区民族团结教育月。至 2015 年《自治区促进民族团结进步条例》亦在抓紧制定之中，《察布查尔锡伯自治县促进民族团结条例》及《察布查尔锡伯自治县促进宗教和谐条例》于 2015 年 5 月出台，7 月 1 日正式实施，条例的颁布填补了察布查尔自治县民族团结和宗教管理立法空白，开创了新疆地方以立法形式促进民族团结及宗教和谐工作的先河。

全国首部促进民族团结进步的省级地方性法规出自贵州省，即《贵州省促进民族团结进步条例》，于 2015 年 4 月 19 日发布，5 月 1 日施行。该条例的制定自 2012 年启动，经历调研、起草、咨询论证、征求意见、反复修改、省人大常务委员会和专门委员会审议、修改和再征求意见进一步修改等过程，2014 年 11 月，经省十二届人大常委会召开第十二次会议分组

---

① 《中国民族统计年鉴》（2010 年），民族出版社，2010，第 143 页。
② 韩恩荣、李石松：《曲靖地区坚持实行民族团结社会稳定目标管理责任制》，《今天民族》1995 年第 9 期。

审议，条例进一步修改后经省十二届人大常委会第十四次会议审议通过。①条例规定民族团结进步事业应纳入国民经济和社会发展规划，经费列入本级财政预算。各级人民政府应当推动民族团结进步繁荣发展示范区、民族团结进步示范点建设，鼓励各民族间相互交往、交流，促进各民族间的相互了解，增进团结；组织开展民族团结进步进机关、进社区、进学校、进农村、进企业、进部队等创建活动。每年10月为全省民族团结进步宣传教育活动月。此外，在经济、文化、教育、卫生和基层服务等方面都有相应的法律规定。

拉萨是省会城市民族团结法规首创城市，2012年3月《拉萨市民族团结进步条例》颁布，2012年4月1日生效，条例规定每年9月为本市民族团结进步月，9月17日为民族团结进步节。条例的出台为着力解决拉萨市民族工作中出现的问题和存在的薄弱环节，实现民族团结从政策保障到依法保障的转变创造了条件，有利于进一步推进拉萨市民族团结进步创建活动的有序开展。

自治州促进民族团结法规首创者为迪庆藏族自治州，迪庆也是全国运用法规规范民族团结的创建者。2010年7月1日生效的《云南省迪庆藏族自治州民族团结进步条例》首创民族团结教育"七进"（即进机关、进学校、进厂矿、进社区、进村寨、进寺院、进教堂），并将每年9月设为自治州民族团结进步月，每年9月12日为民族团结日，州县乡镇定期开展民族团结进步表彰大会，表彰奖励那些对在促进民族团结进步事业中有显著成绩的单位和个人。2014年《青海省果洛藏族自治州民族团结进步条例》亦出台，并规定了州内国家机关、社会团体、企事业单位、城乡基层组织或其他组织在民族团结进步创建中有法定的责任，自治州、各县、乡（镇）定期进行民族团结表彰活动，每年8月为自治州民族团结进步宣传月。2015年4月，《甘孜藏族自治州民族团结进步条例》（征求意见稿）已面世。

——日益丰富的创建活动形式。争优创先、表彰先进典型、加强宣传教育、组织各种形式的专题活动、利用传统节日开展创建活动、发挥教育基地作用是三部委发布的《关于进一步开展民族团结进步创建活动的意见》（2009年）对全国民族团结创建活动形式的总结。当然，对于具体地

---

① 贾度、杨应权：《为民族团结进步启动法治引擎》，《贵州日报》2015年4月19日第2版。

区而言，由于民族人口结构状况、城乡人口居住格局的差异、本地自然环境特征和经济社会发展条件等的约束，不同层级地方政府选取何种更具体且符合本区域民族团结创建活动形式则考验着地方政府和具体工作部门干部的工作能力和智慧。争优创先、表彰先进典型、加强宣传教育都是人们习见的形式，但是也已有了全新的方式，为发挥典型的示范引领作用，2012年以来三部委在全国命名的"民族团结进步创建示范单位"135个，他们中有旗县城区，有街道社区和村寨；利用专题活动、传统节日也是一些省区获得良好社会效果的方式，如云南省兴办民族团结成就展、知识竞赛、演讲比赛、书画摄影展、文艺演出等活动，当地少数民族传统节日也有强化各民族群众联谊联欢、增进各民族交流和团结的功能。发挥基地作用则是 21 世纪以来拓展的新形式，2006 年以来，国家民委分四批命名 104 个"全国民族团结进步教育基地"，这些基地中有博物馆 31 个、纪念馆 29 个、纪念遗址 11 个、烈士陵园 2 个、历史人物故里 2 个、碑和碑园 2 个、军史馆 4 个、历史文化陈列馆 2 个、基地 3 个、学校 3 个、村社区 5 个、文化园 3 个，此外，有少年宫、文化宫、展览馆、艺术馆、海关史馆、档案馆、家庙各 1 个。① 尽管在这些机构的管理、功能发挥等方面还存在着很多工作空间，但是，充分利用博物馆等设施，促进社会有机制团结是必要的手段，要达到此目的，还需要规范相应的服务，维护基础设施，有意识引导公众清楚地认识和判断历史上不利于民族团结的思想和文化遗产，使这些基地真正发挥引领社会在尊重差异和包容多样中和谐发展的作用。

——明确的组织领导、协调配合、监督检查和条件保障机制。自 2009 年以来，民族团结创建工作的领导机制日益明确，即中央宣传部、中央统战部、国家民委共同负责全国的民族团结进步创建活动，国家民委负责创建活动的日常工作。各省（区、市）、新疆生产建设兵团则在党委、政府领导下，由宣传、统战、民族工作部门共同负责，民族工作部门负责具体工作。各相关部门有专门机构和人员负责民族团结进步创建活动的具体工作，促进各部门间的协调配合。同时，民族团结进步创建活动已列入各地区、各部门监督检查的内容，形成监督机制。2012 年新疆塔城裕民县委县政府就组织三个小组对全县民族团结创建工作进行全面检查，主要检查内容包括：传达学习《关于印发〈裕民县民族团结进步模范单位和模范个人

---

① 国家民委网站 http://www.seac.gov.cn/col/col7272/index.html。

创建表彰活动实施方案〉的通知》（裕党办〔2012〕38号）文件精神情况；成立领导小组、办事机构，配备专（兼）职工作人员，提供经费保障等情况；各单位创建规划（2011~2015年）、实施方案、2012年创建计划；各单位申报创建情况；各创建单位在创建工作中遇到的困难和问题。[①] 在这一过程中，衡量民族团结创建活动成效的标准也更加明确，即有利于民族团结进步、有利于各民族共同繁荣发展、有利于民族交往交流交融、有利于国家统一和社会稳定。民族团结进步创建活动有其必要的经费投入，这项投入则被要求列入政府预算，以为创建活动提供相关的工作条件，确保活动得以顺利开展。[②]

三 在轰轰烈烈创建活动中谋实效

"轰轰烈烈"是对改革开放以来民族团结创建活动状况的一般感性评价，也是关注这一现象者最易获得的初步印象。然而，要消解社会上普遍存在的以民族间不了解、不信任、缺少充分交往交流等为特征的不利于民族团结现象，轰轰烈烈的民族团结创建活动属必要条件，这个过程是对公民普遍进行执政党和政府倡导的民族政策、法制、原则的宣传教育过程，也是执政党及政府引领公众树立正确的国家观、民族观并走向自觉维护民族团结的过程。当然，若仅仅停滞于轰轰烈烈的形式显然不能满足中国社会现代化的基本需求，因而在轰轰烈烈的民族团结创建活动氛围里，着意追求实效十分关键，也是深入持久开展民族团结创建追求的更重要目标。

从长远来说，民族团结是中国共产党和政府战略性、基础性、长远性工作，现阶段也是关系中国全局性的工作，更关系到每个社会成员的福祉。轰轰烈烈的民族团结创建活动在一定范围内取得了良好的社会效应和影响，并在创建活动形式、活动内容、载体等方面日益丰富，但若获得持续的实效，还需要准确把握民族工作阶段特性，即中央民族工作会议指出："改革开放和社会主义市场经济带来的机遇和挑战并存，民族地区经济加快发展势头和发展低水平并存，国家对民族地区支持力度持续加大和

[①] 《关于对全县民族团结进步模范单位创建活动进展情况进步督查的通知》（裕党办〔2012〕65号），http://www.xjym.gov.cn/zhengwugongkai/xianweibanwenjian/6786/。

[②] 中央宣传部、中央统战部、国家民委：《关于进一步开展民族团结进步创建活动的意见》，http://www.seac.gov.cn/gjmw/zwgk/2010-07-09/1279153525434600.htm。

民族地区基本公共服务能力建设仍然薄弱并存,各民族交往交流交融趋势增强和涉及民族因素的矛盾和纠纷上升并存,反对民族分裂、宗教极端、暴力恐怖斗争成效显著和局部地区暴力恐怖活动活跃多发并存。"①"五个并存"清晰呈现着当前民族团结创造活动最基本的社会条件,即物质基础有所提升仍需进一步夯实;大规模的民族交往交流伴随着人际关系矛盾和纠纷散发化、普遍化和常态化趋势;民族分裂、宗教极端和暴力恐怖直接危害民族团结。可见,进一步推进民族地区发展,及时有效调整本区域民族关系,凝聚人心,充分动员社会共识才是推动民族团结创建形式有效的内在条件,也是抵御外部势力对民族团结产生负面影响的重要方式。换言之,民族团结活动创建实效以创建活动与本区域社会关系实际调节状况的贴合度为基础,同时,创建活动本身也需要一些重要的支撑条件,主要包括以下几个方面。

第一,符合各民族共同团结奋斗共同繁荣发展的历史观、国家观、民族观等知识体系的支撑。民族团结创建工作本质上是一个凝聚人心和达成社会共识并确保在社会生活中各民族成员能够密切合作的社会过程。当代中国社会的发展有其特定的历史逻辑,也有其不可回避的现代化逻辑。尽管"民族"观念和知识并非土生,但是,数千年间王朝国家政治在多样文化和差异性中运行的传统和文化特质,使得其在国家政治现代化转型中袭用了西来"民族"和"国家"观念以及一系列理论,从而也使得曾经的"长幼"有序的臣民间的关系逐步向讲求平等、团结、互助、合作的人民间关系转型,这一转型进程复杂且漫长,没有正确的历史观、国家观和民族观和相应的知识体系支撑便难以正确对待和认识历史上差异性群体间的冲突、交往和关系。今天,我们在现实生活中,甚至在人文社会科学领域中,不经意间就能听到或遇到将"非我族类,其心必异"的典型传统处置差异群体观念表现出来,也有用混乱的概念为"一个民族一个国家"观念提供素材者。比如,在中学历史讲坛,有的老师讲元、清就缺少正确的历史观和国家观,不能正确处置历史事件与现实关系,如号称"史上最牛历史老师"的北京某中学教师袁腾飞,在给学生讲元史时,不仅竭力演义蒙古西征军屠城行为,还顺便交代学生们称:蒙古国今天和中国不是一回事儿,蒙古人对中国的统治是中国第一次亡国,没什么值得骄傲的,成吉思

---

① 王正伟:《把握民族工作新常态,开创团结进步新局面》,《民族论坛》2015 年第 1 期。

汗和中国没关系等。① 他在穿越时空的叙事中，不能教会学生借助严谨论证区分当代中国与王朝国家时代中国的区别与联系，更未顾及当代中国蒙古族的历史情感，其言论产生的负面影响显而易见，以此种态度、语言或混乱的概念讲王朝中国历史，"中华民族共同体意识"将无法真正牢固树立。无论如何，从社会现实来看，不论是知识界还是教育界，都应首先对当代中国与王朝中国持有正确的观念，这不仅涉及国内民族关系的处置，事实上与周边国家关系处置也有着密切的联系。因此，在"全社会不留死角地搞好民族团结宣传教育"就要认真对待王朝中国时期各民族关系的历史遗产，去其糟粕，在学校、社会公众中树立客观的观察和看待历史的基本观念，这些基本观念是支撑"中华民族共同体意识"的基本观念和知识。从这个意义上来说，没有相应的知识和观念支撑，"尊重差异，包容多样"便难以真正成为滋养社会共识的土壤。

第二，针对不同区域人口民族构成和社会对象，民族团结创建活动应有技术层面上的改造，以提高民族团结创建的实际效能。所谓技术改善主要指创建活动要在宣传手段、动员方式，甚至语言模式等方面有所创新。目前，多数地区的民族团结动员或教育还属于非常态、运动式、漫灌式的，"进机关、进社区、进学校、进农村、进企业、进部队"亦属自上而下的推动，在机关、学校、社区、农村、企业、部队都还未真正形成具有符合多民族国家人口结构特征和本区域人口结构特征的进取型内生机制，特别是某些地区的社区、农村、企业受到经济社会发展水平的约束，社会治理本身缺少更有效率的保障机制。因此，各级政府在推动社会各方面的力量，谋求民族团结实效时，应重视利用一些民间组织、社会团体等社会组织的力量，制定相关规范，广泛引导其承担相关的创建活动任务，在创建活动中更要借鉴非政府组织运作的方式，灵活运用社区层面发展项目培训、社会成员交流活动、社区成员互助等技术手段，推动多民族杂居的社区、村落居民自主性地开展民族团结创建活动，逐步实现非常态、运动式、漫灌式的创建活动方式。

第三，灵活多样的社会政策的引导。灵活多样的社会政策是引导社会良性发展的重要手段，一个治理良好的社会需要有相互配套的社会政策，引导个体、各类群体、企业等各类社会组织为民族团结创建做出贡献，使

---

① 《袁腾飞说野蛮的蒙古人》，http://v.pps.tv/play_3BN3Q4.html。

主动维护民族团结成为衡量社会组织承担社会职责的一项重要指标。理论上来讲，不同层级政府可以依据自身权限在税收优惠或抵偿、社会声望或荣誉鼓励等方面，出台相应政策，引导各类经济性组织在其日常经济活动中做出有利于民族团结的选择或行动，比如，通过有针对性的社会政策，引导和鼓励在少数民族人口聚居区开办企业、事业等的单位依据用工需求等实际，通过招收当地各民族员工、定期进行公益捐助行动、开展对当地各民族居民技术培训等，融入当地社会；基层政府需要积极引进具有先进管理理念、手段和方式的非政府组织，学习他们的管理经验，在培育基层社会大众自主管理社会事务的同时，与其合作完成推动民族团结的目标，特别是通过非政府组织的活动，使不同民族成员的合作、交流和相互之间的学习更具理性、主动性和有效性。

总之，除了那些誓与社会为敌的极少数人，今天中国社会绝大多数成员都负有推动民族团结之责。民族团结创建活动实非一时一事之行动，而应是一种社会常态。随着各区域人口大规模流动及局部地区社会关系紧张现象的存在，社会生活中广泛存在着影响民族团结的因素或现象，可以说，时时处处有关系民族团结创建活动的事项。虽然，处在社会不同区位的成员负担的责任和义务量有一定的差别，但是，本质上都在同一体系中发挥作用，如各级政府部门、窗口单位工作人员若在服务百姓中充分树立"包容多样，尊重差异"的理念，并积极行动起来，约束自身的狭隘性和刻板印象，将会大大推进干部与群众、服务者与服务对象关系的良好发展，有力地促进民族团结创建活动并取得实效。其实，随着普通民众文化水平的提升，在充分意识到自身合法权益，并积极维护他人的合法权益的同时，亦可在遵守制度和法律中，推进民族成员间的平等、团结、互助、和谐关系的稳步发展。从这个意义上说，民族团结创建活动本质上是现实社会民族关系调整和处置的总结、成果体现或延伸。

发展民族教育与构建社会主义和谐社会

程淑华[*]

[**摘 要**] 本文阐释了发展民族教育与构建社会主义和谐社会的关系,分析了影响民族和谐的因素。通过发展民族教育促进民族地区经济发展、发展民族教育推进民族文化发展及发展民族教育提高少数民族干部素质,为构建社会主义和谐社会提供物质基础、精神支持、组织保证。

[**关键词**] 民族教育 和谐社会

所谓和谐社会就是指社会的各个群体能够实现良性互动,整个社会能够表现出一种公正、平稳、融洽的状态,社会能够实现安全稳定的运行和健康持续的发展。[①] 党的十六届四中全会提出了构建社会主义和谐社会的宏伟目标,胡锦涛总书记在中央党校省部级研讨班上进一步明确阐述了社会主义和谐社会的科学内涵:"我们要建设的社会主义和谐社会,应该是民主法制、公平正义、诚信友爱、充满活力、安定有序、人与自然和谐相处的社会。"[②] 构建社会主义和谐社会的过程,就是实现民主与法制的统一、活力与秩序的统一、多元与公正的统一、民主化与市场化的统一,以及人与自然协调发展的过程。

我国是由中国共产党领导的多民族的社会主义国家,民族问题和民族关系问题处理的恰当与否,直接关系到民族团结和国家统一这个根本大局。没有各民族的大团结,就没有国家的和谐稳定。做好民族工作,增强

---

[*] 程淑华(1968~),达斡尔族,黑龙江齐齐哈尔人。齐齐哈尔大学教育与传媒学院副教授,硕士生导师,研究方向为人格心理学。

[①] 梁丽萍:《走向现代的和谐社会——访中共中央党校吴忠民教授》,《中国党政干部论坛》,2004,第11页。

[②] 党的十六届四中全会,2004,第9页。

民族团结，维护社会稳定，既是构建和谐社会的客观要求，也是构建和谐社会的重要保障。从根本上说，民族工作的宗旨和追求，与构建社会主义和谐社会的目标要求是完全一致的。

目前我国正处在社会主义初级阶段。对少数民族和民族地区来说，由于少数民族的大多数和大部分地区是从前资本主义的各社会形态跨越一个或几个社会阶段进入社会主义社会的，在文化观念、生产力水平和经济发展程度诸方面，与内地相比有着十分明显的差距和差别。在这些差距和差别中影响民族关系的首要因素是经济因素。经济发展可以带来一连串的发展，经济落后会引起一连串的落后。少数民族和民族地区发展相对落后，一些群众的生活还处于贫困状态。民族地区吃饭难、上学难、看病难以及毒品、艾滋病问题等，都与贫困问题相联系。有贫困就不可能有和谐，有贫困就不可能有稳定。这些问题如果长期得不到解决，就不能实现社会和谐。解决贫困就要发展经济，发展经济就要提高民族地区人口的整体素质，而提高人口素质的唯一途径就是发展民族教育。发展民族教育是实现各民族共同繁荣的重要基础，是促进科技进步、经济振兴和社会全面发展的重要基础，是构建社会主义和谐社会的重要手段。

第一，发展民族教育，促进民族地区经济发展，为构建社会主义和谐社会提供物质基础。

发展民族教育是民族工作的重要内容，是党的民族政策在民族地区的具体实践。各民族的团结统一和繁荣进步，包括各民族平等权利的保障、民族地区经济和社会事业发展以及各民族自身素质的提高，都离不开民族教育的发展和支持。因此，必须从贯彻落实党的民族政策、促进民族地区繁荣稳定的高度，积极采取有效措施，大力发展民族教育。

当前，民族地区经济发展还比较落后，与先进地区存在较大差距。特别是少数民族比较集中的地区，很多群众甚至连温饱问题都难以解决。影响经济困难的因素很多，有环境的因素，也有区位的因素，但一个很重要的原因是教育发展相对落后。教育落后，就会导致观念落后、思想落后和知识技能落后，就很难使民族地区的群众激发起脱贫致富的意识、树立起奋发有为的精神、培养起艰苦创业的能力，也就很难创造出改天换地的农村新貌。因此，要迅速改变落后面貌、实现经济跨越发展，就必须加快发展民族教育，提高整个社会对贫困地区少数民族教育战略地位的认识，把贫困地区少数民族教育放在突出的战略位置，摆正教育与经济发展的关系，变教育的从属地位为主要地位。

发展民族教育要从少数民族和民族地区的实际和特点出发，遵循教育规律，真抓实干，协调发展。要进一步端正办学指导思想，认真调整中等教育结构，大力加强基础教育、积极发展职业技术教育和成人教育，因地制宜，分类指导。通过调整与改革，使民族教育的内部结构、层次比例、办学形式更加适应少数民族和民族地区经济建设和社会发展的需要。

发展民族教育既要与时俱进又要坚持实事求是的原则。在教育发展规划、教育改革步骤、目标要求、办学形式、教学用语、课程设置、学制安排等方面因民族、因地区制宜；而且要坚持观念创新、体制创新和机制创新，不断扩大民族间和地区间的开放和交流，大胆吸收和借鉴不同民族、不同地区和人类社会的优秀文明成果，使我国民族教育既保持自身特色，又具有鲜明的时代特点，从而顺应少数民族和民族地区的经济发展要求。

发展民族教育要把教师队伍建设作为重点。教育投入要保证教师队伍建设的需要。少数民族和西部地区教师队伍建设要把培养、培训"双语"教师作为重点，建设一支合格的"双语型"教师队伍。进一步深化教师教育制度改革，提高师范院校教师队伍的教学和科研水平，加强县级教师培训基地的建设。同时，采用远程教育等现代化手段，提高继续教育的质量和效益。加强校长培训，提高民族地区学校的管理水平。拓宽教师来源渠道，鼓励非师范院校毕业生和东、中部地区高校毕业生到少数民族和西部地区任教。采取定向招生等特殊措施，加强培养在农牧区、高寒地区、山区和边疆地区能"下得去、留得住"的各级各类学校教师。加强教师培训，鼓励教师参加各类业务学习，提高教师学历学位层次。要在全社会营造尊师重教的良好风尚，切实保证和不断提高教师的待遇，使每个教师能做到人尽其才，才尽其力，使人才培养的质量不断提高，为民族经济的发展、振兴提供智力支持。

第二，发展民族教育，推进少数民族文化建设，为构建社会主义和谐社会提供精神动力支持。

发展民族教育，推进少数民族文化建设，首先要保护少数民族文化，要做好保护、传承、创新、开发等方面工作。在全球化迅猛发展的时代，经济上处于劣势的民族的文化正受到巨大的冲击，许多文化现象正在消失。要建立和完善有关的法律法规，采取切实有效的政策和措施，不断加大对民族文化的保护力度。保护少数民族文化首先要充分尊重各民族文化。民族文化体现着民族的心理,具有很强的凝聚力、向心力。中国之大,不仅在于地域辽阔,人口众多,还在于多元一体的中华文化博大精深,这是维系中国各民族团结奋进的坚强纽带。中国各民族都十分珍视自己的文化,每个民族的文化都有自己的特点和存在的价值,都是中华文明的重要组成部分。构建社会主义和谐社会,就是要努力形成各民族文化相互影响、相互补充、共存共荣的生动局面。

发展民族教育,推进少数民族文化建设,其次要传承少数民族文化,就要加强民族文化人才的培养。比较而言,民族文化人才资源十分匮乏,通过大专院校对民族文化人才进行培养来传承、弘扬民族文化,使各民族文化共同繁荣。这既是构建社会主义和谐社会的内在要求,也是社会主义和谐社会的重要体现。

第三,发展民族教育,推进少数民族文化建设,要创新、开发民族文化。随着中国加入世贸组织,进一步融入世界经济,民族文化在国际舞台的竞争将进一步体现为民族文化产业的竞争,必须转变观念,加强文化产品开发、文化市场拓展,把握国内文化市场,发展外向型民族文化产业,开发产销对路的出口民族文化产品,打入国际文化产品市场,彰显优秀民族文化,让现代化内容体现民族文化特色,让民族文化再现时代特征。

发展民族教育,加强少数民族干部队伍建设,为构建社会主义和谐社会提供组织保障。

少数民族干部是我国干部队伍的重要组成部分,具有特殊的地位和作用。毛泽东曾指出,"要彻底解决民族问题,完全孤立民族反动派,没有大批少数民族出身的共产主义干部,是不可能的"[1]。

少数民族干部来自本民族人民群众中间,他们不仅掌握本地区的实际情况,熟悉本民族的历史,通晓本民族的语言文字,懂得本民族的生活方式、风土人情,了解本民族人民的疾苦和要求,同本民族人民有着血肉联系和"天然的"感情,而且对改变本民族的落后面貌、发展经济、改善人民生活有着强烈的愿望,通过培养少数民族干部,可以动员和激发各民族人民的积极性,密切同党和政府的联系,组织带领民族群众贯彻执行党的路线、方针、政策,实现民族平等团结,进行经济建设。民族干部的这些特殊作用,是其他干部所无法替代的。可见,加强少数民族干部队伍建

---

[1] 毛泽东:《关于正确处理人民内部矛盾的问题》,《人民日报》,1957,第6页。

设，不仅对加强少数民族和民族地区经济发展、推动民族团结、维护社会稳定和祖国统一具有决定性作用，而且也为各民族共同发展繁荣，为社会主义和谐社会的构建提供了强有力的组织保证。

实践告诉我们，大力发展民族教育，是培养造就高素质少数民族干部的重要途径。从20世纪50年代起，从中央到地方，先后办起了各级民族学院、民族干部学校、民族干部培训班，为少数民族培养了大批干部和专业技术人才，为民族自治机关配备了一大批少数民族干部，为民族地区的建设输送了大批骨干。今后还要加大力度，多形式、多层次、多渠道地培养少数民族干部。可以通过开展定向培养、下派锻炼、集中办培训班或利用各级党校或民族院校，举办正规培训班，还可以通过干部岗位轮换或部门、地区交流制度增强少数民族干部的才干。

民族团结宣传教育形式的现状分析及反思

魏俊雄*

[摘　要] 开展先进典型学习宣传活动，在各级各类学校中开展民族团结教育，在各民族地区举行民族团结教育月活动是中国进行民族团结宣传教育的主要形式，这些形式的自上而下性、非常态性、区域性和显性教育等特征在一定程度上影响了民族团结宣传教育的实效性。新形势下应该创新民族团结教育形式，拓展民族团结教育新载体。

[关键词] 民族团结　教育形式　创新

民族团结是关乎国家统一和社会稳定的重大问题，我们党和国家一直非常重视。改革开放以来，党和国家积极采取了许多宣传教育活动来推进民族团结。特别是在2008年的拉萨"3·14"事件和2009年的乌鲁木齐"7·5"事件之后，党和国家更为重视民族团结宣传教育问题。中共中央办公厅、国务院办公厅于2009年8月20日印发《关于深入开展民族团结宣传教育活动的意见》，强调开展民族团结宣传教育是一项长期的战略任务，也是一项现实的紧迫工作。习近平总书记在2014年召开的第四次中央民族工作会议上的重要讲话中也强调，应该创新载体和方式，加强中华民族大团结。分析和反思当前民族团结宣传教育形式，有利于我们总结经验、发现问题，推进民族团结宣传教育的实效性。

---

*　魏俊雄（1980~），四川合江人，中国社会科学院马克思主义学院博士研究生，西华师范大学马克思主义学院副教授。

一 民族团结宣传教育的主要形式

经过党和国家的主导和倡议，各级党委和政府的努力执行，广大群众的积极实践，我国已经形成了一系列比较制度化、常规化的民族团结宣传教育形式，其中主要包括以下三种典型形式。

（一）开展先进典型学习宣传活动

抓先进、树典型的示范作用，一直是党和国家的优良传统。在民族团结先进示范方面，主要以全国和地区民族团结进步表彰大会和争创民族团结进步模范区为重要载体。全国民族团结进步表彰大会，始创于 1988 年，每五到六年举办一次，表彰为加强民族团结、保持社会稳定、维护祖国统一做出突出贡献的先进集体和先进个人。会后，还会组织民族团结先进事迹报告团赴各地巡回报告，广泛开展向民族团结先进典型学习的活动。一个个鲜活感人的故事，确实展示了全国民族团结模范集体和个人的风采，传播了民族团结正能量。而在全国广泛、深入、持久地开展民族团结进步创建活动，是中央为推进新形势下民族团结进步事业的一项重要举措。2010 年，中央宣传部、中央统战部和国家民委联合下发《关于进一步开展民族团结进步创建活动的意见》，把维护民族团结、社会稳定、国家统一和依法妥善处理影响民族团结的问题作为此次活动的两大总体目标之一，号召各地区广泛组织各族群众，发动各方面力量，采取多种形式，深入开展民族团结进步创建活动。在活动中要着眼于增强中华民族的凝聚力，弘扬以爱国主义为核心的民族精神，进一步加强民族关系协调工作，引导各族群众不断增强"四个认同"；增强"三个离不开"思想观念；增强法治意识、公民意识，坚定自觉地维护国家统一和民族团结。此后，全国各地广泛开展了创建民族团结进步模范市（县）、模范乡（镇）、模范村（社区）、模范单位和模范个人的活动。时至今日，已经评选了两批共100多个"全国民族团结进步创建活动示范单位"。在创建民族团结示范区方面，云南的工作做得较早，也做得较好。云南于1998年就成为全国中小学民族团结教育活动试点省。红河哈尼族彝族自治州是云南省开展"民族团结示范活动"较早的州市之一，"自1999年以来，州、县民族工作部门创造性地在少数民族聚居的农村选点开展民族团结示范村的创建工作。2000年起，又在全州广泛开展民族团结进社区、民族团结进学校、民族团结进企业、民族团结进军营活动"。在总结地区民族团结示范点建设经验基础上，2003年的云南省民委工作会议要求"在民族自治地方和散杂居民族地区，每个地州市确定一至二个民族关系协调任务较重的村委会或自然村，以'民族关系好、经济发展好、社会治安好、村容村貌好、教育科普好'等五项内容为主，开展民族团结示范活动"。时至今日，云南民族团结示范活动已经进入整个"民族团结进步示范区"的建设中。2015年1月，习近平总书记到云南考察工作时指出，"云南民族关系亲密融洽，云南民族工作成绩突出"，要"努力成为我国民族团结进步示范区"。

（二）在各级各类学校中开展民族团结教育

新中国成立60多年来，特别是改革开放30多年来，国家先后出台了一系列政策措施，坚持不懈地开展学校民族团结教育。1987年，国家民委印发《关于在各级学校注意进行党的民族政策和加强民族团结教育的通知》，要求民族地区不同学校应根据自身情况进行党的民族政策和民族团结教育，要注意教育效果，不搞形式主义，其他地区有关学校则可结合时事政策课，讲授有关民族政策的基本知识。1991年，国务院印发了《关于进一步贯彻实施〈中华人民共和国民族区域自治法〉若干问题的通知》，再次呼吁各级各类学校要适当开设民族常识和民族政策课程。1994年中共中央《关于进一步加强和改进学校德育工作的若干意见》把增强民族团结列为学校爱国主义教育的重要内容，同年印发的《爱国主义教育实施纲要》明确提出："不论是在内地还是边疆，不论是在汉族地区还是在少数民族地区，都要加强马克思主义的民族观、宗教观和党的民族政策、宗教政策的教育，大力宣传各族人民为维护民族团结和祖国统一作出的不懈努力和历史贡献。在各族人民中牢固树立汉族离不开少数民族、少数民族离不开汉族的思想，自觉维护民族团结和祖国统一。"在此之后，通过《关于在全国中小学开展民族团结教育活动的通知》（1999年）、《国务院关于深化改革加快发展民族教育的决定》（2002年）、《关于在中小学进一步大力推进民族团结教育工作的通知》（2004年）、《关于在中小学切实抓好民族团结教育工作的通知》（2008年）、《学校民族团结教育指导纲要（试行）》（2008年）、《全国中小学民族团结教育工作部署视频会议纪要》（2009年）、《关于在学校开展民族团结教育活动的通知》（2009年）等一系列文件的逐步部署和完善,我国明确了学校民族团结教育的指导思想、课程性质、基本原则、目标与任务、主要内容、实施途径和方法、师资培养与培训、组织实施等具体问题。目前,民族团结教育已经在各级各类学校中得到了有重点、分层次、有针对性的开展。在民族地区,要求小学低年级开设"中华大家庭"、小学高年级开设"民族常识"、初中开设"民族政策常识"、高中开设"民族理论常识"、中等职业学校开设"民族理论常识实践教育"、高校开设"中国民族理论政策"等课程。在非民族地区或非民族性质的高校,要求在各门思想政治课中融入民族团结教育的内容。在一系列政策举措的有力推动下,我国学校民族团结教育工作确实取得了显著成效,特别是在民族地区的民族团结教育,确实在一定程度上加强了学生对中华民族、对祖国的认同。

(三) 在各民族地区举行民族团结教育月活动

"民族团结月活动最早是从吉林省延边朝鲜族自治州开始的。1952年,延边朝鲜族自治州决定每年9月为'民族团结宣传月',向各族人民进行民族政策和民族团结教育。"改革开放以来,各民族自治区开始逐步开展"民族团结教育月"活动。时至今日,各民族自治区的"民族团结教育月"已经成为民族团结宣传教育的一大亮点,形式越来越丰富,而且下到自治州、县也开始举行一年一度的"民族团结教育月"活动。各级领导干部在这段时间里集中学习马克思主义民族理论,检查民族政策执行情况,总结经验。同时,针对当时的国家形势及各地的实际情况和民族团结方面存在的突出问题,开展比较有针对性的、多姿多彩的群众活动,以增强民族之间的相互了解、相互尊重、相互包容、相互欣赏、相互学习、相互帮助。

二 民族团结教育形式存在的问题

以上三种形式为载体的民族团结教育取得了较为突出的成果,但问题也很明显。在此,主要概括一下存在的主要问题。

第一,大部分的教育形式都是"自上而下的",即都由党和国家或地区政府倡导和规划的,这样的教育形式利于组织执行,利于把民族团结教育的目的和主要精神直接传达给群众。但是,这种不是出自群众自发或自觉的形式无疑会在一定程度上影响人民群众参与的积极性,而且,如果处理不当，还会成为走过场的形式主义，影响宣传教育的实效性。

第二，教育形式非"常态性"。除了学校教育是常态进行之外，开展先进典型学习宣传活动和各民族地区举行民族团结教育月活动都是非常态的，即采取的是短期突击的形式，这样的活动形式能够集中精力解决主要问题，但是对于民族团结的持久维持还是有一定影响的。

第三，形式多为显性教育。显性教育是指充分利用各种公开的手段、公共场所，采取有领导、有组织、有系统的正规教育方法，专门性、公开性和规范性是其主要特征。显性教育所担负的教育任务，是无法代替的：显性教育直接作用于教育对象，具有直接刺激的作用和功能；显性教育具有鲜明的导向功能，在多元思想文化激荡碰撞的时代，公开弘扬民族团结的主导思想，有利于批评和抵制各种错误思想，引领民族团结思想的"强声效应"，使其成为压倒其他声音的主流话语；显性教育具有快速反应功能，可以将党和政府的新政策、新主张、新要求及时传达到广大人民群众中去，有利于迅速控制社会局面，保证社会政治稳定。但显性教育的"正规"形式使其覆盖面有限，而且如果"正规"形式已经在人们头脑中产生不良印象，就难以引起人们对教育活动的参与兴趣，甚至还会产生心理对抗。因此，单靠显性教育难以将民族团结的宏大理论自觉内化为人民的自觉意识和素养，从而难以有效实现民族团结进步教育的高远目标。

第四，民族团结教育依托的宣传媒介比较单一、传统。报纸和期刊是目前进行民族团结教育活动宣传的主要媒介，互联网、微信等新兴媒介的作用还未充分利用起来，甚至对于比较传统的电视、电影媒介的有效运用也不足。就微信而言，目前主要有《中国民族报》、国家民委、民族文化宫、《民族论坛》杂志、《中国民族》杂志和中央直属的几所民族院校以及自治区的一些博物馆提供了微信平台，数量极少，而其中专门进行民族团结宣传，特别是专门对"四个认同"和"三个离不开"的宣传就更少。另外，电影是宣传思想、弘扬文化、引领风尚的重要载体，是群众喜闻乐见的艺术形式，拍摄少数民族题材电影对各民族之间相互交流、相互学习、相互借鉴、相互欣赏，促进各民族和睦相处、和谐发展，具有积极的作用。自20世纪50年代起，我们拍摄了《刘三姐》《五朵金花》《阿诗玛》《冰山上的来客》等一大批优秀经典的少数民族题材影片。可以说迄今为止，再没有出现社会影响力能够超越这些经典的少数民族电影。从总体上看，有关少数民族题材的电影数量在逐步增加，"新中国成立之后，

1949~2010 年我国共摄制少数民族题材电影（故事片）305 部，其中 2000~2010 年达 80 部"。但经典匮乏，很难进入院线公映，较少进入公众视野。特别需要指出的是，至今还有 20 多个少数民族没有本民族题材的电影。正因为如此，2013 年 10 月，国家民委、中国作家协会参与启动中国少数民族电影工程，以弘扬民族文化、繁荣电影事业、促进团结进步为主题，旨在为每一个少数民族拍摄至少一部电影。

第五，对非民族地区的宣传教育重视不够。上面列出的三项主要活动的实施范围和对象都是针对民族地区或民族高等院校，在非民族地区和普通高校，举行的民族团结教育活动极为稀少。

三 创新民族团结教育形式，拓展民族团结教育新载体

创新民族团结教育形式，拓展民族团结教育新载体，应该注意以下问题。

第一，创新民族团结教育形式，应该实现"自上而下"与"自下而上"的结合，即一方面重视政府的主导作用，另一方面也要重视调动各族人民群众的积极性、主动性和创造性。人民在实践中的创造成果往往更具有生命力和适应力。因为，"民族团结不仅是一个国家层面的东西，它更深深地蕴涵于老百姓的日常生活之中，这种力量朴实而深刻"。走群众路线，坚持从群众中来、到群众中去的路线更能达到宣传民族团结的效果。"自下而上"的民族团结活动除了依托于民族间个体的交流交融外，还可以依托社会组织、志愿者服务的活动来进行，这种来自基层的民族团结实践，不需要任何豪言壮语，以平淡而不平凡的方式就可以让人感受到一种强大的力量，让人民看到基层社会一种内在、自然而生的民族团结和和谐。

第二，实现非常态性与常态性的结合。民族团结教育应该在非常态实践活动中实现常态性、日常性，这样才能真正实现持久稳定的民族团结。对于全国民族团结进步表彰大会而言，在当前社会飞速发展的时代，应该增加表彰活动的频率。而且，在每次表彰大会之后，应该在全国范围内持续进行各种形式的宣传。除了目前对先进事迹进行报纸、电视、网络报道，在各地巡回宣讲之外，我们可以充分利用这些素材，创作出适应不同

媒介宣传的作品形式，进行持久宣传。2009年召开全国民族团结进步表彰大会时，由关凯老师负责主导的《爱我中华》晚会就是很好的形式。晚会选择了60年来发生的一些真实故事，从两个方面来展示民族团结：一方面是国家的善意和努力，另一方面是展示民间自发的、作为一种文化传统和认同的民族团结情感。它用艺术形式展现着政治内容，用真实的故事和朴实的语言诠释了各民族间的互动、国家和社会的互动以及中华民族大家庭中各民族之间同舟共济的手足之情，以此来打通国家和社会两个层面对于民族团结的认知和叙述。

第三，实现显性教育与隐性教育的结合。隐性教育是将教育意图隐含在人们社会生活、职业生活、日常生活中，使人无意识地接触、了解、认同、接受其中隐含的教育内容。隐性教育的"非正规"形式具有多样性、灵活性、针对性等优点，容易被人们接受，且覆盖范围广阔，效果好；隐性教育从教育对象不设防的心理感受层面入手，让人们在日常的、自然放松的状态下不知不觉地接触、了解和认同民族团结教育，能有效地化解教育过程中的逆反心理和对抗心理，提高民族团结教育的接受性；隐性教育的潜移默化、"浸润"虽不迅速，但具有滴水穿石的持久影响力。因此，在民族团结宣传教育过程中，应当把显性教育与隐性教育有机结合起来，使显性教育的鲜明导向、直接影响、快速反应与隐性教育的浸润、弥散功能相结合，提升民族团结教育的实效性。

第四，应该充分利用各种媒介，尤其是新兴媒介。除了报纸和杂志，可以充分利用电视、电影、网络、社交工具（如QQ、微信等）等来满足不同受众的需要。一方面，巩固报刊、广播、电视等传统大众传播媒介阵地，适当增加民族团结宣传信息的数量和流量，增加传播的时间和频率；另一方面，应该紧跟社会信息化发展步伐，主动积极运用以计算机、手机、互联网为载体的信息网络技术，拓展民族团结宣传传播的渠道。在现代传播活动中，信息选择权掌握在受众的手中，缺乏吸引力的信息很难被人们注意和主动吸收，因而提高宣传信息吸引力和品质就成了媒介宣传的重中之重和核心所在。应该根据不同的受众对象、根据不同的媒介，精耕细作，精心设计，创造出一系列经典的、鲜活的反映各民族和谐共存、体现"多元"与"一体"辩证统一的各类作品，并通过相应的媒介有效地传播出去。2015年由中央民族大学党委宣传部和腾讯网新闻资讯部精心创作摄制的多民族语言版《喜欢你》通过腾讯视频和微信同时发布，产生了良好影响，实现了"主动运用'互联网＋'思维、结合新媒体平台开展对外宣传和民族团结教育的一次重要突破"，为我们利用新兴媒体树立了榜样。视频录制的场景是一个普通的日常生活场所——中央民族大学 2 号学生公寓门前的小广场，预设的观众就是路人。当维吾尔族、朝鲜族、哈萨克族、藏族等不同民族的同学们用自己的民族语言演绎这首经典歌曲时，观众在这个简单普通的生活场景中确实深刻感受了中华民族的团结和谐，这正与公寓门前"美美与共、知行合一"的中央民大校训相辉映。

第五，扩大民族团结宣传教育的地区和范围。我国已经进入各民族跨区域大流动的活跃期，少数民族不断向中西部大中城市和东部沿海发达地区流动，"东部很多省市少数民族流动人口以每年 20% 的速度递增，甚至超过了本地常住少数民族数量"。随着这一发展趋势的变化，民族工作的对象正在从民族地区扩展到中东部地区，因此，当前非民族地区的民族团结教育显得尤为重要。国务院已于今年 8 月 11 日颁发了《关于加快发展民族教育的决定》，要求"在全国小学高年级、初中开设民族团结教育专题课，在普通高中思想政治课程中强化民族团结教育内容，在普通高校、职业院校（含高等职业学校和中等职业学校）开设党的民族理论与政策课程"。这是推进非民族地区进行民族团结教育的重要举措。因为对象涉及面广，加上民族专业理论教师比较欠缺，这一任务是非常繁重和复杂的，在推进过程中应该注意稳步慎行、讲求实效。在城市民族工作中，也应该依托互嵌式社区的建设，加大民族团结教育的宣传活动，让各民族群众交得了知心朋友、做得了和睦邻居、结得成美满姻缘。

恐怖主义与民族、宗教问题关系研究

都永浩　左岫仙[*]

[摘　要] 恐怖主义本质上是暴力政治，是多种社会因素综合作用的结果，其中包括民族宗教因素。恐怖主义与民族、宗教问题，在产生原因、实现目标、性质内容、解决途径上存在明显区别。同时，两者之间也存在诸多联系。历史上恐怖主义曾是反对殖民主义斗争的手段之一。恐怖主义将民族、宗教问题作为实现其政治目标的工具，会对民族、宗教问题的解决起到消极影响，甚至会阻碍民族、宗教问题的有效解决。

[关键词] 恐怖主义　民族问题　宗教问题

恐怖主义作为危害人类社会和平与发展的公敌，其产生历史久远。早在古希腊、古罗马时期，恐怖主义行为就已经出现。到了现代社会，恐怖主义及其行为越来越成为相关组织实现其目标的理论工具及手段之一。特别是20世纪90年代以来，从世界范围来看，恐怖主义活动日趋严重化，"9·11"事件的发生标志着恐怖主义进入了全球化阶段，以暴力为特征的恐怖主义事件给有关国家和人民带来了沉重的痛苦与灾难。目前，恐怖主义已经成为危害世界和平与稳定的主要因素之一，被视为"21世纪的政治瘟疫"和地球面临的"十大危险"之一。① 恐怖主义与民族、宗教问题有着密切的关系。据有关学者统计，目前，全球恐怖组织有1/3属于民族分

---

[*] 都永浩（1960～），黑龙江民族职业学院院长，黑龙江省民族研究所所长，研究员，主要从事民族问题研究；左岫仙，黑龙江省民族研究所助理研究员，黑龙江省少数民族古籍整理办公室主任，主要从事民族问题、民族学研究。

① 《科学家预测地球面临"十大危险"》，http：//cn.news.yahoo.com/050607/1308/2ck951.html，2005年6月7日。

裂型恐怖主义组织，有至少 20%～25% 的恐怖组织具有宗教狂热性质。①

一 恐怖主义与民族、宗教问题的区别

恐怖主义是一种以崇尚暴力为特征的政治理论体系，恐怖主义组织的形成与发展、恐怖主义事件的动员与发生，是多种因素综合作用的结果，恐怖主义与民族、宗教问题存在着明显的区别。

（一）产生原因不同

对于什么是民族问题，国内学术界普遍认为具有广义与狭义之分，其中，狭义民族问题是指："民族从形成、发展直到消亡之前的各个历史阶段，不同民族之间在社会生活的各个领域发生的各种矛盾问题。"而广义民族问题是指："民族自身的发展，民族与国家之间的关系问题。"② 在多民族国家，民族问题是由自然因素和社会因素共同引起的，其中，自然因素体现为民族差异，各民族在生活方式、风俗习惯等方面的不同都有可能诱发民族矛盾；社会因素是引起民族问题的社会根源，在多民族国家中，民族歧视、民族排斥、国家采取不平等的民族政策等均是产生民族问题的原因。宗教问题是不同宗教或教派组织及其信徒之间因信仰上和认识上的差异而产生的对立与斗争，或者是对宗教权力与利益的追求而产生的矛盾与冲突。不同宗教及教派之间不能采取包容、和谐的态度，甚至相互排斥、打压的行为，国家限制宗教信仰自由政策等，均有可能产生宗教问题。同民族、宗教问题相比，各种形式的恐怖主义产生的原因主要有：一是恐怖主义提出的政治等主张是挑战现有的国家、地区甚至是世界秩序与格局，因而其主张得不到国际社会的认可；二是相对于国家及地区强大的经济、军事实力而言，恐怖主义集团与组织的力量相对弱小，难以正面对抗。为此，有可能选择暗杀、爆炸等极端暴力恐怖手段，制造反人类的暴力恐怖事件，以血腥景象的展现为目标，期望引起政府、民众的高度关注和恐慌，迫使政府及当权者对其超出常规的政治主张做出让步。

---

① 谢卫东、王亚丽：《"东突"的恐怖主义实质》，《国际论坛》2002 年第 5 期。
② 吴仕民：《民族问题概论》，四川人民出版社，1999，第 25～26 页。

（二）实现目标不同

民族问题作为内容庞杂的社会问题，具备政治、经济、文化、信仰等多种属性，少数民族政治上的平等权利不能获得有效的保护，经济上长期处于落后状况，文化上语言文字、风俗习惯、宗教等传统文化不能获得有效的尊重与保护，都有可能引起民族矛盾，诱发民族问题。因此，民族问题是基于维护政治平等、经济发展、文化传承、社会公正、个人平等多重目标而产生的。宗教问题则是基于不同宗教、教派之间不能彼此包容尊重，或者国家限制信教群众的宗教信仰自由等情形而产生的，具有维护合法宗教权利的目标。而恐怖主义的目标主要为政治目标属性。根据学者的统计，在1981年前的有关恐怖主义的定义中，"政治性"占65%，仅次于"暴力、武力"（占83.5%）位居第二。随着时间的推移，人们对这一问题的认识更加趋同，1982年后的50个具有代表性的恐怖主义定义的分析结果显示，"政治性（目标）"达到了90%。[1] 恐怖主义的政治目标主要表现在：在某个国家中，某些集团、组织有自己特定的政治主张，例如民族高度自治、民族分裂、民族分离，等等。目前，全球对国家和地区稳定造成巨大影响的恐怖主义组织，如英国的爱尔兰共和军、俄罗斯车臣非法武装、斯里兰卡"泰米尔伊拉姆猛虎解放组织"、拉登"基地"组织、乌兹别克斯坦"伊斯兰运动"等，无一不是具有特定政治主张与诉求的暴力团体。

（三）性质内容不同

人类社会处在不断的发展变化之中，民族问题和宗教问题作为复杂的社会问题，其性质内容不是一成不变的。在奴隶社会、封建社会、资本主义社会的某些阶段，社会整体上可以划分为统治阶级和被统治阶级，处于统治地位的民族对其他民族采取剥削、压迫政策，统治阶级经常利用宗教麻痹被统治阶级的意识。在阶级社会，民族和宗教问题总体上看属于阶级问题的范畴，当然也与其他人类社会存在的问题相关。在社会主义社会，剥削与压迫的阶级基础被消灭，民族和宗教问题在法律上属于人民内部矛盾。在当代世界的多民族国家中，民族问题包括以下几种情形。（1）民族

---

[1] 胡联合：《第三只眼睛看恐怖主义》，世界知识出版社，2002，第5~6页。

歧视政策。包括一个民族长期在政治生活领域中的优势地位，如白人至上、马来人优先等；对其他民族采取歧视政策，如美国黑人在历史上曾长期没有选举权，等等。(2) 民族同化政策。主要是指强制同化政策，如美国的盎格鲁-撒克逊主义、英国对国内威尔士人实施的"威尔士语"扑灭政策、日本曾经对国内阿依奴人和琉球土著实施的大和民族同化政策，等等。(3) 对民族自治权利的拒绝赋予与剥夺。对于民族自治权利的重要性，金里卡有着深刻的评价："正式拒绝授予少数民族的自治权，或者，正式更糟糕地收回已经存在的自治权，而不是承认少数民族的权利，才是导致不稳定的原因。"[①] 现实世界中产生的民族问题如巴斯克问题、加泰罗尼亚问题、厄立特尼亚独立问题、南北苏丹问题、苏格兰问题、魁北克问题等，都与民族自治权直接相关。在上述情况下，民族问题本质上是一种正当民族权力与民族权利的维护与争取的斗争。而恐怖主义通过有计划、有组织的制造暗杀、爆炸、绑架等暴力事件，造成大量的无辜人员伤亡及财产损失，企图实现其民族分裂、宗教极端等罪恶政治目标，因而恐怖主义成为人类的公敌是必然的结果，成为世界各国与人民共同打击的对象是正义的体现。恐怖主义对于任何国家而言，都是毒瘤，必须摘除，否则社会将永无宁日，人类离幸福的目标也将越来越远。

(四) 解决途径不同

民族问题作为当代多民族国家普遍存在的社会问题，具有普遍性、长期性、复杂性、敏感性、国际性等特点；而宗教作为人类社会特殊的社会历史文化现象，同样具有长期性、群众性、民族性、复杂性、国际性等突出特点，为此，任何一个国家企图在短时期内解决民族问题、宗教问题都是不可能的。对于民族问题、宗教问题的解决，需要长期坚持如下原则。一是平等原则。坚持各民族一律平等，各种宗教享有平等的信仰地位。二是尊重差异。尊重各民族在语言文字、风俗习惯、宗教信仰上的差异，尊重各种宗教不同的教义教规等信仰体系。三是保护原则。保护各个民族的集体权利和个体权利，保护公民的宗教信仰自由权利。四是打击原则。打击大民族主义和地方民族主义等各种民族主义思想，打击和遏制各种极端

---

① 〔加〕威尔·金里卡：《少数的权利——民族主义、多元文化主义和公民权利》，邓红风译，上海世纪出版集团，2005，第26页。

的宗教思想及其活动。对于恐怖主义,根据 2006 年 9 月 8 日联合国大会一致通过的《全球反恐战略》中明确规定:"坚决和明确地强烈谴责各种形式的恐怖主义,不论其在何处发生、何人所为和何种目的。"为此,对恐怖主义组织及其分子,必须要坚决予以打击。同时,恐怖主义的存在具有深厚的社会土壤,必须在打击的基础上消除恐怖主义的各种诱发因素,实现标本兼治。

二 恐怖主义与民族、宗教问题的联系

根据张家栋的总结,自 19 世纪末以来,国际社会经历了四次恐怖主义浪潮:19 世纪末到 20 世纪初的无政府主义浪潮,20 世纪 20 年代到 60 年代的反殖民主义浪潮,20 世纪 70~80 年代盛行的意识形态浪潮,20 世纪 80 年代以来、以"9·11"事件为高潮的宗教极端主义浪潮。① 从对恐怖主义的阶段性划分看,恐怖主义与民族、宗教问题存在密切联系,产生过重要影响。

(一) 恐怖主义在反抗殖民统治中曾起到工具性作用

第一次世界大战后,奥匈帝国、沙皇俄国、奥斯曼土耳其帝国被瓦解,英国、法国、德国等西欧列强的实力被削弱,在此基础上,爆发了第一次民族主义浪潮,这次民族主义浪潮以反对殖民主义统治为根本特征,历史上长期处于被压迫、被奴役的殖民地国家均抓住这一历史机遇,开展摆脱殖民统治的民族解放运动,在这一运动中,恐怖主义成为弱小民族获取民族独立地位的斗争武器之一。在爱尔兰独立战争期间(1916~1921年),爱尔兰共和军采取了绑架警察与军官、谋杀对方特工等多种形式的暴力活动。第二次世界大战后,亚非拉美第三世界国家掀起了民族解放运动的浪潮,由于长期受到帝国主义的剥削,各国反对殖民主义的正义力量相对薄弱,为了加速殖民统治的终结,尽早实现民族解放,有关国家采取恐怖主义手段打击殖民者。西方学者认为,二战后英国放弃对巴勒斯坦、也门、肯尼亚和塞浦路斯,法国放弃阿尔及利亚,在一定程度上与这些国家的恐怖主义反抗行动密切相关,这些国家以恐怖主义手段迫使宗主国放

---

① 张家栋:《现代恐怖主义的四次浪潮》,《国际观察》2007 年第 6 期。

弃殖民统治。为此，美国学者欧文·沃尔认为，"恐怖主义在争取民族解放的反殖民斗争中最为成功"①。

（二）恐怖主义延缓了民族、宗教问题的解决

20世纪90年代后，东欧剧变、苏联解体，以美苏为首的两大阵营长期对峙的格局结束，两大阵营长期压制下的民族、宗教矛盾也逐渐凸显出来。民族之间的冲突与纷争只能促使民族矛盾进一步升级，冲突各方只有通过协商谈判、妥协退让等传统政治方式，才能促使民族、宗教问题得以缓和与解决。然而不幸的是，在民族、宗教矛盾本身已经较为复杂的情况下，恐怖主义势力乘虚而入。秉持暴力政治为特征的恐怖主义，大力推崇绑架、爆炸、暗杀等恐怖事件，恐怖分子制造的一系列惨无人道的恐怖事件，无疑会使本来就猜忌重重的冲突各方更加不信任，这对于民族、宗教问题的解决无疑雪上加霜。民族之间的战争无疑是民族矛盾达到极点的表现。1994年，俄罗斯发动了第一次车臣战争，而此次战争的目标，是解除车臣的非法武装，因为这些非法武装在车臣外的俄罗斯领土上参与制造了多起绑架及劫持人质事件，恐怖主义使历史积怨已久的车臣问题的解决变得遥遥无期。1983年7月，斯里兰卡"泰米尔伊拉姆猛虎组织"打死13名政府军士兵的恐怖主义行为，引发了泰米尔人与僧伽罗人之间的暴力冲突，导致了大约470人的死亡和800多起抢劫案的恶果，更增加了泰米尔人与僧伽罗人之间的历史隔阂与仇恨。

（三）民族、宗教成为恐怖主义利用的重要工具

民族、宗教群体作为人类共同体的重要组成，对世界历史进程均产生了重要的影响，特别是民族与宗教问题的相互交织，使人类社会发展更加复杂多变。若想一窥近两个世纪以来的人类历史，则非从"民族"（nation）以及衍生自民族的种种概念入手不可。② 而宗教作为超自然性的思想信仰体系，具有神圣性、不可置疑性等突出特征。"宗教大概是人们的认同因素中最深刻、最强烈的部分。宗教的这一特征也使其更容易与社会变

---

① 转引自朱素梅《二十世纪的民族主义与恐怖主义》，《世界民族》2000年第3期。
② 〔英〕埃里克·霍布斯鲍姆：《民族与民族主义》，李金梅译，上海人民出版社，2000，第1页。

革和抵抗运动联系起来。"① 正是基于民族、宗教所具备的特殊的控制、整合和动员功能，恐怖主义打着民族、宗教的旗号，寄希望于通过暴力活动的开展实现其真正的政治野心。对于民族分裂分子而言，从现有国家分裂出去，独立建国，是维护本民族特殊"精英"集团利益的"最好路线"。如西班牙的"埃塔"（"巴斯克民族与自由"）组织，是佛朗哥政权推行独裁统治，取消巴斯克人自治权利的产物。1975 年，佛朗哥去世后，新的西班牙政府推行民主化进程，逐渐恢复了巴斯克的各项自治权利，并于1979 年成立了巴斯克自治区。但是"埃塔"组织对国家解决民族问题的政策并不买账，继续推行建立巴斯克共和国的政治主张，并实施恐怖主义活动。而宗教极端恐怖主义组织利用人们的宗教信仰，为了将其恐怖活动合理化，大肆歪曲宗教教义，其最终目标是建立政教合一的神权制度国家。如伊斯兰原教旨主义对其他一切思想采取的排斥态度，"既不要西方的资本主义，也不要东方的社会主义，只要伊斯兰教"，鼓吹"圣战"。可以说，民族、宗教恐怖主义极端化的政治主张与行径，其最终目的并不是寻求民族、宗教问题的最好解决路径，而是实现恐怖集团组织及某些个人的政治野心。

三 中国学术界对恐怖主义与民族、宗教问题关系的认识

正如前文所述，恐怖主义与民族、宗教问题存在着诸多的不同，对于恐怖主义与民族、宗教问题关系的认识既非常重要，也非常必要。当下，恐怖主义与民族、宗教因素交织在一切，对恐怖主义与民族、宗教问题正确加以区分，才能找到彼此真正的病因，对症下药。目前，我国对于恐怖主义与民族、宗教问题关系的认识，主要体现在如下方面。

（一）国家及社会的认知

在恐怖主义全球化形势的影响下，中国也深受恐怖主义毒害，目前，对中国影响最大的恐怖主义势力是"东突"和"藏独"组织。截止到

---

① 刘义：《从身份危机到政治暴力——当代宗教恐怖主义的发生机制研究》，《社会科学》2009 年第 4 期。

2012年，中国公安部共认定了4个"东突"组织为恐怖主义组织①，分三批认定了25名"东突"组织成员为恐怖主义分子。恐怖主义组织在我国制造了大量恐怖主义事件，仅在2012～2014年，我国境内发生220余起暴力恐怖案件。② 2014年3月1日的昆明火车站以及5月6日广州火车站暴力恐怖袭击事件的发生，一定程度上反映了恐怖主义分子活动范围及恐怖主义事件呈现地域扩大化的态势。尽管如此，我国政府及有关各方对恐怖主义与民族、宗教问题的联系始终保持着清醒头脑，有着正确的认识。

第一，恐怖主义既不是民族问题也不是宗教问题。习近平总书记主持中共中央政治局第十四次集体学习时强调，暴力恐怖活动漠视基本人权、践踏人道正义，挑战的是人类文明共同的底线，既不是民族问题，也不是宗教问题，而是各族人民的共同敌人。早在2009年乌鲁木齐"7·5"事件发生后，在7月14日的中国外交部记者招待会上，外交部发言人秦刚表示："7·5"事件的实质，不是民族问题，不是宗教问题，也不是人权问题，而是破坏中国的统一、民族团结的暴力犯罪活动。时任新疆维吾尔自治区主席努尔·白克力在接受境外媒体采访时也指出，参加暴力犯罪活动的人，既代表不了哪一个民族，也代表不了哪一个宗教。中国全国伊斯兰教协会副会长、著名宗教界人士居玛·塔伊尔大毛拉阿吉也指出，"7·5"事件与民族、宗教问题无关。2009年12月10～12日在哈尔滨市召开的第十七次全国民族理论专题学术研讨会以及各种层次及类型的学术研讨会上，专家学者对于拉萨"3·14"事件、乌鲁木齐"7·5"事件等，均表达了一致的观点，即这些事件均为暴力恐怖事件，既不是民族问题，也不是宗教问题，但同时指出，这些事件中的民族因素、宗教因素值得重视与研究。

第二，恐怖主义事件属于严重暴力犯罪事件。暴力恐怖活动及事件是严重的刑事犯罪活动，这是我国社会各界人士达成的一致意见。我国1979年《刑法》并没有将恐怖活动犯罪列为一个单独的罪名，为了应对恐怖主义活动及事件不断扩大化的趋势，1997年通过的新《刑法》第一百二十条

---

① 包括"东突厥斯坦伊斯兰运动"（该组织已于2002年9月11日被联合国宣布为恐怖组织）、"东突厥斯坦解放组织"、"世界维吾尔青年代表大会"、"东突厥斯坦新闻信息中心"。
② 魏海亮、王振华：《我国安全形势与反恐情报战略构建——基于国际恐怖主义的视角》，《情报杂志》2015年第4期。

开列了"组织、领导、参加恐怖组织罪",同时明确规定了此罪过程中实施的杀人、爆炸、绑架等行为实行"数罪并罚",使恐怖主义犯罪成为"重罪"。此后,我国法律不断加大对恐怖主义犯罪的打击力度,2001 年通过的《刑法修正案(三)》中,增加了"资助恐怖活动罪"条款;2014 年审议的《刑法修正案(九)(草案)》中,对于宣扬恐怖主义、极端主义,煽动实施暴力恐怖活动,拒不提供恐怖、极端主义犯罪证据,强迫他人在公共场所穿着、佩戴宣扬恐怖主义、极端主义的服饰、标志等行为,均作为恐怖主义犯罪行为予以打击。此外,《中华人民共和国反恐怖主义法(草案)》已经获得全国人大初次审议,明确规定对于一切恐怖主义不分民族、种族、宗教信仰,一律依法追究法律责任。在法律的授权下,乌鲁木齐"7·5"事件、莎车县"7·28"严重暴恐袭击案、巴楚"4·23"暴力恐怖案件、"3·1"昆明火车站严重暴力恐怖案件等暴恐事件中,所有被告人均接受了正义的审判,受到了法律的严惩。除了国内法层面严惩恐怖主义犯罪活动外,我国也加入了一系列国际反恐公约。同时,除了在法律层面打击恐怖主义犯罪,《反恐怖主义法(草案)》明确规定,我国将反恐怖主义纳入国家安全战略,综合运用政治、经济、法律、文化、教育、宣传、科技、外交、军事等手段,充分调动一切力量和资源,严密防范和严厉惩治恐怖活动。

(二)部分群众对恐怖主义与民族、宗教问题的联系存在错误认识

尽管中国政府及各界人士在多种场合表明了对于恐怖主义与民族、宗教问题的正确立场,反对将恐怖主义与民族、宗教问题挂钩,但是在现实中,由于普通群众相关理论知识的欠缺,极容易被某些表象所迷惑,从而对两者之间的联系不能给予科学的认知,形成了错误的看法。具体表现在以下方面。

第一,错误地将恐怖主义与特定民族、宗教相联系。所有民族、宗教都是爱好和平、促进人心向善的,恐怖主义不能代表任何民族、任何宗教,在已经发生的恐怖主义事件中,恐怖主义分子在打击对象的选择上,区分与否是取决于不同的政治目的的。在"东突"组织制造的一系列暴力恐怖案件中,有的案件对民族群体进行有选择的攻击,其根本用意在于损害我国的民族关系,妄图造成民族隔阂、民族矛盾等不良后果。而有的案

件则是对特定职业人员（如政府工作人员），不分民族、宗教身份进行袭击，其根本用意在于颠覆、分裂我国国家政权。如"6·26"新疆鄯善县暴力恐怖袭击案中共有 24 人遇害，其中，维吾尔族 16 人。但是，在现实中，某些群众缺乏正确的判断力，在恐怖主义事件发生后，在错误舆论鼓动下，将恐怖主义与特定民族、宗教挂钩。如近些年恐怖主义事件频发的情况下，新疆、西藏等地群众，特别是维吾尔族、藏族等群众在住店、乘坐出租车和飞机等公共交通工具，购物等正常的活动中，或是被拒绝，或是被给予特殊"关照"，不仅极大伤害了民族感情，也正中了恐怖主义分子的下怀——造成民族隔阂与民族矛盾，这些做法的恶劣影响无疑是长期的。为此，2008 年 4 月 23 日，国务院办公厅发布了《关于严格执行党和国家民族政策有关问题的通知》，对上述行为予以纠正与制止，但目前并没有完全杜绝这种现象。事实上，恐怖主义损害的是各民族、各宗教的共同利益。2014 年 "4·30" 乌鲁木齐火车站恐怖袭击案发生后，十多个维吾尔族大学生发表了标题为《我们，不会再沉默》的文章，对恐怖主义分子令人发指的行为进行了强烈的谴责与抗议，同时，也表达出恐怖主义给新疆人、维吾尔族带来的灾难及无奈，"新疆人、维吾尔族成为'暴力恐怖'的代名词，新疆人没有地方住宿、飞机安检需要专门通道"；"就是在国外，我们的维吾尔族教授也被单独反复安检，维吾尔族成了国际问题民族……"；"这就是暴恐分子为我们这个民族带来的'福利'"。同时，文章中更是提出了各民族共同打击恐怖主义的倡议——"我们要团结，各民族要团结！""我们，并肩，向暴恐分子出拳！"[①]

第二，错误地将民族、宗教问题"范化"。民族、宗教问题范化思想是主观臆断性的错误认识，主要表现在现实社会中发生涉及民族、宗教因素的社会问题时，人为地将不是民族、宗教问题当成民族、宗教问题进行处理，这种错误的思想及行为方式，主要基于以下几种原因产生：一是有关干部群众民族、宗教理论知识的欠缺；二是某些干部在处理问题时存在大事化小、小事化了现象，存在缺乏原则性、责任心等急功近利的心态；三是个别民族成员及信教群众披着民族、宗教身份的外衣，通过族性动员、宗教动员的方式实现其非法利益。这种错误认识和行为，对恐怖主义

---

① 《维族大学生抨击暴恐袭击：我们，不会再沉默》，http://www.chinanews.com/gn/2014/05-01/6125337.shtml，2014 年 5 月 1 日。

来说无疑是"利好"。任何事物之间没有绝对不可逾越的鸿沟,近些年来,恐怖主义分子频繁制造恐怖主义事件,一方面妄图将恐怖主义事件升级为民族、宗教问题,另一方面妄图获得我国政府在相关问题上的"让步",进而实现其最终的集团和个人的政治目的。这种情况下,需要干部群众牢固树立正确的思想防线。但是,遗憾的是,某些干部群众甚至是高级别干部,存在认识偏差,例如把新疆、西藏当成"包袱",把民族、宗教看成"麻烦",妄图通过"甩包袱""扔麻烦"的方式"一劳永逸"地解决民族、宗教问题。这种思想,无疑是国家统一的"内部掘墓人"。南斯拉夫一分为七,其民族与宗教问题、恐怖主义问题并未因国家分裂而解决,反而愈演愈烈,"巴尔干火药桶"处在持续爆炸中,社会形势比南斯拉夫统一时期糟糕了许多。"3·1"昆明火车站严重暴力恐怖案件发生后,《环球时报》记者采访了12名在北京从事不同职业的维吾尔族人,其中,热汗古丽对于"两少一宽"政策提出了批评,并指出:"法律面前,人人平等。犯罪了就该抓,该枪毙的枪毙,不能因为是少数民族,犯法了不抓,还说是国家优待政策。这会养成一些人的恶劣习惯,长大了就会成为犯罪分子。"[1]

第三,单一强调"高压"思想,忽略恐怖主义存在的社会根源。恐怖主义作为反人类、非人道的思想与行为方式,对其进行毫不手软的打击,无疑是正确的,也是必要的。但是,从恐怖主义产生的根源上看,民族、宗教因素仅仅是其中的一个因素而已,除此之外还包括政治因素、经济因素、极端思想、国外势力等,恐怖主义是这些因素综合起作用的结果。以新疆为例,南疆地区是维吾尔等少数民族人口比例较高的地区,同时也是发展最为落后的地区,受制于自然地理条件的制约,南疆三地州(和田地区、喀什地区、克孜勒苏柯尔克孜自治州)人均 GDP 仅为全自治区平均水平的 31%。全疆 227 万贫困人口中,南疆地区占到八成以上。[2] 与南疆相邻的国家如阿富汗、印度、巴基斯坦等国,均是民族、宗教型恐怖主义势力的重灾区,"双泛"思想对南疆地区造成极大的干扰。为此,南疆地区是我国恐怖主义事件的多发地区。贫穷、落后是滋生恐怖主义的温床,从世界恐怖主义组织活动的高发地区来看,目前,恐怖主义问题较为严重

---

[1] 《维吾尔同胞:应取消两少一宽犯了罪就该抓》,http://news.si-na.com.cn/c/2014 - 03 - 21/090829760550.shtml,2014 年 3 月 21 日。

[2] 孙峝:《对口援疆背景下的民族关系协调机制》,《中南民族大学学报》2001 年第 7 期。

的地区大都是经济发展相对落后的地区。前菲律宾总统阿罗约说："当我们如此关注恐怖主义之时，如果我们忽视目前的经济紧迫性，我们将会由于增加饥饿、疾病和傲慢而给恐怖主义火上浇油。"[1] 贫富分化加剧，使贫困群体对未来失去希望，对社会的不满情绪持续发酵，为了改变命运，他们就会不惜铤而走险。在欧美等发达国家，恐怖分子主要来自少数民族中的下层贫民。如果单纯地用一种手段打击恐怖主义，在全社会持续营造恐怖主义的氛围，会遭到各民族、信教群众的反感情绪及造成各民族、宗教群体之间的相互不信任的后果。对于任何国家而言，国家财力总是有限度的，用于公共安全方面的支出过多，必然会削减其他建设的资金，对正常经济社会建设形成拖累。同时，数额巨大的公共安全开支是建立在经济持续高速增长基础上，一旦经济出现滑坡，高昂支出将难以承受，高压反恐的策略也注定难以为继。为此，只有消除经济贫困、教育落后、官员腐败、民族成员就业困难、极端宗教信仰等社会根源，使人们对未来的现实生活充满希望，才能使对恐怖主义的打击达到釜底抽薪的效果。

四 正确认识恐怖主义与民族、宗教问题的联系

当前，由于部分群众对恐怖主义与民族、宗教问题联系的错误认识，已经对我国民族关系状况构成了危害。例如，在交往中，有些民族成员之间表面上和和气气，但是内心却充满了猜忌。如果这种民族之间不信任的状况任其扩大，必将损害中华民族的整体凝聚力，危害到国家认同。为此，必须正确认识二者之间的关系，有效地消除恐怖主义对我国民族、宗教问题的不利影响。

（一）民族、宗教因素与恐怖主义没有直接的因果关系

现代恐怖主义自20世纪60年代兴起至今，逐渐形成了数量众多的恐怖主义组织。目前，世界上恐怖主义组织多达千余个，处于活跃且影响较大的恐怖主义组织也不下几十个（见图1）。恐怖主义依据不同思想及政治主张，逐渐形成了不同类型的恐怖主义，如民族主义型恐怖主义、宗教极端型恐怖主义、意识形态型恐怖主义、反对国家政权型恐怖主义、政府参

---

[1] 卫和世：《打击恐怖主义：菲律宾的经验》，《当代亚太》2002年第12期。

与型国家恐怖主义，等等。① 可见，并不是因为民族、宗教的存在滋生了恐怖主义，民族成分单一的国家，如日本，同样受到黑社会组织和右翼极端分子实施的恐怖事件的困扰。恐怖主义集团组织具有鲜明的政治目标，它只是打着民族、宗教的旗号，将民族与宗教进行"异化""歪曲化"的解释与宣传，充分发挥民族、宗教的动员与控制功能，使不明真相的群众被其极端、邪恶的思想控制与蛊惑，充当其险恶政治目的的"炮灰"。

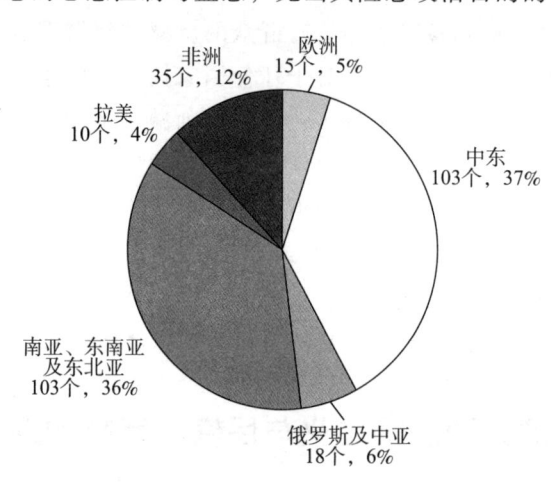

图 1　世界主要恐怖主义组织类型图

数据来源：根据《国际恐怖主义与反恐怖斗争年鉴（2012）》提供的数据绘制。

（二）不恰当的民族、宗教政策是恐怖主义的催化剂

民族与国家的关系，是民族世界最为敏感的一种政治关系，也是民族问题中特别需要警惕的问题。民族可以支撑国家，也可以撕裂国家。② 特别是多民族国家，民族问题与宗教问题、经济问题、政治问题、文化问题、历史问题等相互交织，已成为一种普遍的现象，这就使得多民族国家的民族、宗教问题更加的错综复杂、扑朔迷离。在这种情况下，多民族国家如果不正确认识本国的民族、宗教问题，推行不平等，甚至是歧视性的民族与宗教政策，少数民族群众和信教群众在一个国家中长期处于贫穷落后、边缘化的境地，这种国家的少数民族群众和信教群众的不满情绪必将

---

① 李湛军：《恐怖主义与国际治理》，中国经济出版社，2006，第 79~86 页。
② 龚永辉：《关于民族问题的两重属性——三十年来民族问题概念广义、狭义之争的学理反思》，《民族研究》2010 年第 1 期。

急剧发酵。在这种情况下，打着"民族解放""宗教自由"旗号的恐怖主义势力必将具有群众基础和存在空间。从目前恐怖主义现状来看，恐怖主义诱发因素中，一是经济因素，如英国北爱尔兰、西班牙巴斯克、俄罗斯高加索、法国科西嘉、加拿大魁北克，经济发展水平均在国内处于相对落后状况；二是历史恩怨，如大俄罗斯主义结下的恶果是车臣恐怖主义存在的深刻的历史根源；三是现实的不平等政策，如图西族和胡图族之间长期不平等关系，造成了历时3个月、107万人死亡的种族大屠杀事件。法国对移民长期推行共和同化政策，是造成伊斯兰恐怖主义曾经处于上升态势的主要原因。任何事物之间没有绝对的不可逾越的鸿沟，在少数民族和信教群众的合法诉求在国家现有的常规政治体系框架中得不到解决的情况下，他们就有可能退而求其次，将恐怖主义势力作为争取合法权益的政治依靠。如西班牙"埃塔"恐怖主义组织的建立与发展，就与佛朗哥政府时期取消巴斯克的自治权利直接相关；而加拿大政府通过推行"多元文化主义政策"，有效抑制了"魁北克解放阵线"实施的恐怖主义活动。

（三）反恐要与维护少数民族与信教群众的合法权益密切结合

目前，恐怖主义呈现全球化的趋势。恐怖主义是人类社会发展的共同敌人，必须要毫不手软地加以打击，这是反恐中必须坚持的一个基本原则。同时，恐怖主义打着民族、宗教的旗号，使民族、宗教、恐怖主义知识缺乏的群众容易被表面现象所迷惑，进而发生侵害民族、信教群众合法权益的行为。为此，在反恐行动中如何正确认识和处理民族、宗教与恐怖主义的联系非常重要，主要体现在以下方面。一是要禁止将反恐行动指向特定民族、特定宗教。任何民族和宗教本质上都是爱好和平的，恐怖主义组织针对无辜群众制造的惨绝人寰的恐怖事件，挑战着人类社会共同价值与道德底线。为此，他们不能代表任何民族和宗教，是全世界爱好和平的国家和人民共同打击的对象。"9·11"恐怖袭击事件发生后，布什发誓要在全球范围内打击恐怖主义，但同时他又强调，美国打击的只是少数国家恐怖主义分子，无意与阿拉伯国家或伊斯兰教为敌。因此，在反恐行动中，我们必须将恐怖分子与爱好和平的少数民族与信教群众正确加以区分，避免人为地将反恐行动扩大化。二是要切实维护少数民族和信教群众的合法权益。全社会需要营造包容和和谐的氛围，保证他们在正常经济社会领域免受不应有的偏见与歧视，对于偏见与歧视行为，要坚决予以制止与打击，使社会心理回归到正常轨道上来。同时，对于深受恐怖主义思想毒害的群众，要尽最大可能加以挽救和教育，避免走上恐怖主义行为的不归路。对于实施严重暴力恐怖犯罪活动的恐怖主义分子，也要通过法律途径严厉打击。

（四）反歧视是反对恐怖主义和维稳的重要基础

近十几年来，由于极端民族主义、极端宗教主义和恐怖主义行为在我国的新的、复杂的表现，特别是恶性暴恐事件的增多，普通民众和一些官员对特定地域、特定民族、特定宗教的成员出现刻板化的认识，产生了一些相互之间的不信任感。不信任对民族关系和国民和谐的影响是最为深刻的，也是很难修复的。在居住、旅行、消费等过程中，一些少数民族成员受到了歧视，这些歧视行为，其传导作用非常强，很快会把这种歧视行为传播给类似的人群，具有极强的破坏作用。一般而言，反对恐怖主义和维稳的途径主要有以下三种手段。一是对暴恐行为和暴恐分子进行坚决而无情的打击，绝不手软，始终保持高压和震慑。二是构建国家精神，利用国家的所有手段和资源进行国民教育和宣传，从而形成一种稳定而普遍的国家认同理念，其核心是强化国家认同，基础是所有国民法律上的绝对平等。三是不断压缩恐怖主义的生存空间，使得恐怖主义可以动员的力量不断萎缩。这要求国家保障国民能够相对平均地享受发展成果，国民能够普遍具有幸福感，民族成员间的歧视现象得到有效遏制，并从法律上得到保障。对于歧视行为，应纳入刑事处罚的范围，并严格实行。

对于目前存在的对特定地域、特定民族、特定宗教成员的歧视行为，有一部分属于维稳工作失当和过度问题，也是维稳手段和观念不恰当的问题，对于因此出现的民族歧视事件，应该严格追究相关人员的责任，可以让"胡作为"者失去官职，以避免为了"保官职""避责任"而采取简单的工作方法，这样才能有效地防止反恐、维稳工作中附带出的不必要歧视事件。

（五）要坚持依法反恐、维稳

反恐、维稳要讲效率，要计算成本，因为反恐、维稳是长期的任务。如果想要彻底地根除恐怖主义存在的现实和理论基础，就要形成依法反恐的社会环境。国家要建立全民反恐数据库，将国内外恐怖分子及有恐怖主义倾向的人群纳入数据库中，全面监控其动向，以达到精准反恐。对特定人群、民族的拉网式反恐预防，一方面会使反恐支出巨大，不可持续；另一方面会产生误导和心理暗示，使得特定民族和人群对国家不满，甚至不信任。更为严重的是，会伤及民族和社会的团结，破坏民族间和民族与国家间的良好关系，逐步瓦解国家凝聚力，对国家造成根本性的损害。依法反恐可以有效化解反恐后遗症，使得国家的反恐政策得到所有民族成员的理解和支持，并从根本上压缩恐怖主义滋生的土壤。

对当前边疆民族问题的几点思考

孙 懿 杨 璐[*]

[摘 要] 进入新世纪以来，我国的边疆问题因为暴恐事件的出现而得到了国内外的广泛关注，本文在对我国边疆与民族问题历史和现状总体分析的基础上，对当前我国边疆与民族问题形成的原因进行了探讨，认为我国的边疆问题中存在民族因素，但并非全部，因此追求单纯的经济发展并不能解决所有问题，更不能将其和民族、宗教问题混为一谈，问题的解决需要有长远的眼光、制定长远的规划。

[关键词] 边疆民族问题 对策思考

进入新世纪后，由于新疆、西藏、云南乃至北京暴恐事件的连续出现，边疆地区的稳定问题受到了国内外社会各界的广泛关注，同时因为边疆地区是我国少数民族聚居的区域，人们往往将边疆问题和民族问题混杂在一起，试图从民族的视角找寻解决问题的有效途径和方法。实际上，边疆问题和民族问题并不等同，二者既有联系，又有区别，将其混杂在一起看待不仅增加了问题解决的难度，更不利于问题的最终解决。[①] 因此，笔者试图从边疆与民族两个角度，对当前我国边疆问题的现状进行梳理，并就其中的民族问题阐述自己的看法。

---

[*] 孙懿（1961～），内蒙古呼和浩特人，中国社会科学院民族学与人类学研究所研究员，主要从事民族理论研究。杨璐，中国社会科学院研究生院马克思主义学院博士生。

[①] 笔者对中国知网期刊库中标题存在"边疆"和"民族"的论文进行了检索，2000年至今发表论文2578篇，2006年以前一般年不足百篇，2007年突破百篇，2011年始则每年保持300余篇的规模，2014年则达到了348篇。这种状况，一方面表明边疆民族的发展日益得到学界的重视，另一方面也说明很多学者是将边疆问题和民族问题混同的。

一　对中国边疆与民族问题历史和现状的总体认识

　　作为多民族国家，国人一般习惯将56个民族分为汉族和少数民族两个群体，这是受到了先秦时期就形成的"夷夏观"的严重影响，"夏"（汉人）、"夷"（少数民族）的称呼在浩如烟海的史书中更是一种普遍的用法。汉族主要聚居在中原地区，少数民族则聚居在辽阔的边疆地区，这是在分布格局上最突出的特点，也成为人们将边疆问题和民族问题混淆的主要原因。应该说，当今我国的民族分布格局是历史上众多民族经过长期的迁徙最终定型的，其间则是民族之间不断的融合，共同建构着"中华民族"。[1]"中华民族"的构成其理论阐述是十分符合中华各民族数千年来交往、凝聚的历史趋势的。唐代人认为："中国，天下本根，四夷犹枝叶也。"[2] 将中原地区视为"本根"，少数民族分布的区域视为"枝叶"，并在汉代以来形成的以"大一统"为主要特征的多民族国家基础上有了"中华人"的概念，用于指称天子治下的百姓。[3] 应该说，夏人—商人—周人—秦人—汉人—中华人（唐人）的发展轨迹，反映了多民族国家主体民族形成和发展的轨迹，因此费孝通先生使用中华民族是"用来指现在中国疆域里具有民族认同的十一亿人"，"也就是中国各族人民，或作为当代中国各民族的总称"。[4] 而从边疆的角度看，"中原"（中国）和"边疆"一直是构成中国古人"天下"的两个主要组成部分。对中国多民族国家的形成而言，边疆是动态的，随着时代和人们认知水平的发展其内涵也在不断丰富，由此也导致了边疆问题在不同时期呈现不同特点，但边疆是多民族国家"大一统"的重要组成部分并没有发生根本改变。边疆是相对于政权的统治中心而言的，边疆问题在古代主要体现在陆疆方面，边疆地区治理制度的"内地化"是一个主要趋势，至近代海疆问题虽然一度成为突出问

---

[1] 参见杨盛龙、白正梅、孙懿等《民族交往与发展》，民族出版社，2010。
[2] 《新唐书》卷九十九《李大亮传》。
[3] （唐）杜佑：《通典》卷一八五《东夷传》载："正始六年，不耐濊侯等举邑降，四时诣乐浪、带方二郡朝谒。有军征赋调，如中华人焉。"《全唐诗》卷六三七载："散花楼晚挂残虹，濯锦秋江澄倒碧。西川父老贺子孙，从兹始是中华人。"
[4] 费孝通主编《中华民族多元一体格局》（修订版），中央民族大学出版社，1999，第299页。

题，但依然没有取代陆疆的重要位置。以鸦片战争为开端的近代，不仅中国多民族国家建构的历程被中断，列强对中国边疆乃至藩属国的蚕食鲸吞与殖民地化也为中国当今的边疆遗留下了很多问题。当今中国的边疆问题，不仅包括了陆疆、海疆、空疆乃至利益边疆也都成为当今学者研究边疆问题的主要内容，边疆问题更加复杂。①

20世纪后期至今，改革开放和科技的迅猛发展带动了边疆地区资源的开发，边疆地区经济社会的发展虽然存在很多有待解决的问题，但不可否认的是取得了令人瞩目的成就。总体上看，目前我国的边疆问题呈现以下三个特点。

（1）边疆地区的外部环境总体稳定。我国的边疆地区虽然多是少数民族聚居区，但与邻国接壤，所以边疆地区的发展不仅仅是单纯的国内问题，外部环境也或多或少和边疆地区的稳定与发展有着密切的互动联系，进而形成国际问题。目前为止，我国和除印度之外的多数邻国已经签订了边界条约，划定了边界，陆路边界问题已经不再是边疆问题中的突出问题。② 现在突出的问题是海疆方面的边疆问题，主要是海洋权益保护和与邻国的关系问题，主要集中在中日钓鱼岛及其附属岛屿问题；中日东海划界及石油开发问题；中朝渔业开发问题；中韩苏岩礁争端及东海划界；中国与越南、菲律宾等国家存在的南海问题、岛礁归属及石油资源开发等。尽管我国边疆地区存在很多问题，有些问题还比较尖锐，但总体而言尚处于稳定阶段，尤其是"一带一路"战略思想提出后，我国边疆地区面临的外部环境已经得到了极大改善，是新中国成立以来最稳定的时期。

（2）暴恐事件成为影响我国边疆地区稳定和发展的重要因素。进入新世纪后，我国边疆地区的暴恐事件屡有发生，尤其是在新疆、西藏等边疆地区，拉萨"3·14"事件及喇嘛自焚一度引起了国内外各界的高度关注。而在新疆发生的巴楚暴力案、乌鲁木齐"7·5"骚乱、乌鲁木齐火车南站"4·30"暴恐案、乌鲁木齐"5·22"爆炸案等，不仅严重影响了新疆的稳定，也恶化了新疆的投资环境。暴恐分子通过制造昆明火车站"3·1"暴恐

---

① 杨成在2003年11期《现代国际关系》发表《利益边疆：国家主权的发展性内涵》、于沛先生在《中国边疆史地研究》2005年第2期发表《从地理边疆到"利益边疆"——冷战结束以来西方边疆理论的演变》是较早对此进行阐述的专论。
② 参见中华人民共和国外交部条约法律司编《中华人民共和国边界事务条约集》，世界知识出版社，2005。

事件、北京天安门金水桥"10·28"暴恐事件则试图将其影响扩大到内地乃至全国，直接影响了内地省市民众的日常生活。暴恐事件的持续出现，不仅给边疆地区的稳定带来了巨大压力，而且也对边疆地区的发展造成了严重的负面影响，边疆地区反分裂、反恐怖问题任务艰巨。

（3）经济社会的发展依然是边疆地区面临的最主要问题。改革开放以来，边疆地区经济社会发展迅速，尤其是经济的发展取得了显著成就，但整体发展是一个突出问题。中央民族工作会议对此也有明确的认识："边疆9省区居住着全国近60%的少数民族人口；民族地区森林资源蓄积量占全国的47%，草原面积占全国的75%，水力资源蕴藏量占全国的66%，矿藏资源也大多集中在民族地区。与此同时，大多数民族地区自然条件差、发展起点低、历史欠账多，城乡发展差距明显，与东部地区的发展差距不断拉大。"[①] 以新疆为例，2014年新型工业化"完成规模以上工业增加值3078.97亿元，增长10%，高于全国平均增速"；"完成重点项目投资3759.6亿元，190个在建重点项目和51个新开工重点项目进展顺利"；"进出口总额276.7亿美元，增长0.4%。合同利用外资5.26亿美元，增长46%；完成对外承包工程营业额21.73亿美元，增长9.2%；非金融类实际对外直接投资5.89亿美元，增长47.3%"；"投入231亿元，开工建设安居富民工程31.39万户。投入165.4亿元，开工建设保障性住房25.96万套。投入15.8亿元，开工建设牧民定居房3.01万套，提前一年完成'十二五'规划建设任务"。但是，"经济结构仍不合理，实体经济经营难度普遍增加。公共财政收支矛盾突出。就业压力、民生改善难度增大。食品药品安全、社会管理、社会治安等方面的问题依然较多"[②]。也就是说，经济发展虽然依然存在一些问题，但是这些属于发展中的调整问题，而其他社会问题，诸如就业压力、民生改善、社会管理、社会治安等问题的存在说明经济社会的发展需要各方面的整体协调发展，单纯的经济发展并不能解决所有问题。我国边疆其他省区的情况虽然各有特点，但大致相同，经济社会的整体发展是突出的问题。

[①] 丹珠昂奔：《沿着中国特色解决民族问题的道路前进——中央民族工作会议精神学习体会》，中国民族宗教网，http://www.mzb.com.cn/html/report/141132397-1.htm，访问时间：2015年3月30日。

[②] 《2014年政府工作报告》，新疆维吾尔自治区政府网站，http://www.xinjiang.cn/xxgk/gzbg/zfgzbg/2015/245877.htm，访问时间：2015年4月7日。

从上述分析可以看出，尽管我国边疆地区存在着很多问题，尤其是存在着分裂势力乃至暴恐事件的影响，但总体上边疆地区大局是稳定的，经济社会的整体发展而非单纯的经济发展则是一个最值得关注的问题。

二 中国边疆与民族问题出现的原因分析

对于边疆地区存在的问题，尤其是陆路边疆地区存在的问题，由于这些地区主要是少数民族分布的区域，而且多数民族信仰伊斯兰教和藏传佛教，一些学者往往把其和民族问题、宗教问题相联系，赋予其更多的民族、宗教色彩，甚至将边疆地区经济社会的发展和少数民族的发展画等号，视其为"少数民族经济"问题，以为只要少数民族经济发展了，边疆问题乃至民族问题就会得到彻底解决。实际上，这种观点在改革开放初期已经是一种普遍流行的观点，不过遗憾的是改革开放30多年的实践已经证明这种观点并不符合我国边疆地区甚至民族地区的实际。经过30多年的发展，我国的边疆地区发生了很大变化，尤其是西部边疆地区，尽管与中东部地区相比还存在很大差距，但是这种差距是属于发展中的差距，其经济社会的整体发展水平已经今非昔比，可是当前面临的问题依然很多，给人感觉不仅没有减少反而是更加突出了，原因在哪里？笔者认为以下几个方面是值得关注的因素。

（1）经济社会的健康发展不仅仅是经济发展，需要物质文明和精神文明的协调发展。经济发展会解决一切问题的观点已经被证明是错误的。从历史以及当今国内外的情况看，经济落后会给经济社会的发展带来一系列的问题，其中温饱问题也即人类社会的生存问题是最根本的问题。改革开放以来，虽然我国有中国特色的社会主义建设也关注精神文明的发展，但不论是国家层面还是各级地方政府层面，都是将经济发展放在首位的。相对于高速发展的经济，精神文明建设的滞后带来了很多问题，主要体现为温饱问题解决之后人们精神层面的需求难以得到满足，这也是自第二代党的领导集体开始一直不断强调"两手抓，两手都要硬"的主要原因。但遗憾的是，我国的精神文明建设一直是弱的，当今社会问题产生的根源更多体现为人们的精神追求极端利己化，个人私欲极度膨胀，贪污腐化和追求个性张扬是突出表现。与此对应，宗教势力的恢复和发展迅速。改革开放以后，随着经济的快速发展，宗教对人们日常生活的影响不断加强，已经由关注民生深入到社会的各个方面，不仅对民众的思想影响（控制）得到了加强，而且向基础教育等诸多方面扩展，甚至影响着城镇面貌。在这种大背景下，一些非法宗教，乃至极端宗教势力也死灰复燃，用贪污腐败等事例蛊惑人心，一定程度上说已经成为边疆地区暴恐事件发生的幕后推手，在新疆暴恐事件中多数是很少接受现代教育的年轻人打前锋即是突出表现。

（2）国外分裂势力的存在和西方国家的支持。作为多民族国家，中国现有的56个民族是历史上众多民族不断融合而形成的，在融合过程中这些民族包括历史上已经消失的民族，不仅共同缔造了多民族的中国，创造了灿烂的中华文明，但也存在着较大差异，因此扶持分裂势力以弱化中国是近代以来西方反华势力惯用的手段。进入新世纪后，西方反华势力并没有因为中国日益增加的国际影响力而停止对分裂势力的支持，反而利用一切可能的机会加大了支持力度。美国等西方国家对十四世达赖、热比娅等为首的分裂势力的支持，及对近几年来新疆、西藏发生的暴恐事件采用双重标准等，都是这种做法的表现。不仅如此，我国边疆地区目前存在的很多问题也和西方势力分不开，如钓鱼岛问题的出现是美国直接导致的结果，中印划界问题则是英国殖民印度所残留的影响，近年来南海问题的出现并日益升温也与美国势力的介入有直接关系。

（3）我国民族区域自治制度符合中国国情，但相应的配套措施有待完善。我国的民族区域自治制度从多年的实际看，有助于少数民族的发展，习近平总书记在中央民族工作会议上的讲话对此有着如下认定："我们党采取民族区域自治这个新办法，既保证了国家团结统一，又实现了各民族共同当家做主。实践证明，民族区域自治制度符合我国国情，在维护国家统一、领土完整，在加强民族平等团结、促进民族地区发展、增强中华民族凝聚力等方面都起到了重要作用。"① 但从多民族国家稳定的角度看，有些政策规定不明确导致认识分歧，也缺少完善的配套政策，甚至有些具体政策则是在强化民族之间的差异，一定程度上可以说是在制造反对力量。主要体现在以下几个方面。一是，我国的民族区域自治法已经完成了修订，但一些民族自治地方的自治条例并没有出台，相关配套措施有待完善。制度建设的不完善引发了很多争论，甚至在近年来还出现了"第二代

---

① 《习近平在中央民族工作会议上的讲话》，转引自丹珠昂奔《沿着中国特色解决民族问题的道路前进——中央民族工作会议精神学习体会》，中国民族宗教网，http://www.mzb.com.cn/html/report/141132397-1.htm，访问时间：2015年3月30日。

民族政策"的提法，导致民族学界出现了激烈争论。这种争论的存在，尽管随着习近平总书记在中央民族工作会议上讲话中强调的"在改革问题上绝不能出现颠覆性错误，大的制度和方针政策不能搞180度的大转弯，否则没有不跌跟头的"①而平息，但笔者认为争论的存在说明国人尤其是知识界对民族区域自治制度还存在一些不同认识，而这些不同认识不仅为一些歪理邪说的出现提供了口实，也降低了政策的权威性，影响很大。二是，一些具体政策强化了民族之间的差异，但与此相反"中华民族"（国民）的塑造在政策中少有体现，更多情况下"中华民族"仅作为一个政治宣传符号。三是，教育和文化的产业化动摇了国民教育的基础，不仅为宗教影响基础教育、提供了有利条件，大学教育某种程度上也强化了学生的民族意识。1993年，江泽民在《全国统战工作会议上的讲话》中提出"民族、宗教无小事"，笔者认为本意是强调民族、宗教工作的重要性，但在具体的实际工作中却成为一些部门"不作为"或"胡作为"的挡箭牌，不仅有损政府形象和权威，也助长了恶势力乃至极端宗教、分裂势力的气焰，一些偶发事件也有可能被利用并发展为大规模的群体事件，进而影响稳定大局。

总之，当前我国的边疆问题中确实存在民族因素，但并非全部，对此我们应该有一个清楚的认识，只有这样才能找到正确的应对之策。

三 解决边疆与民族问题的对策思考

2013年9月，中国国家主席习近平在哈萨克斯坦首都阿斯塔纳发表演讲，其中一个很重要的内容是强调中国希望同中亚国家不断增进互信、巩固友好、加强合作，更提出双方可以用创新的合作模式，共同建设"丝绸之路经济带"。从20世纪西部大开发战略的提出到丝绸之路经济带，再到"一带一路"的战略构想最终形成，并和实现"中国梦"联系在一起，这是一个巨大变化，说明中国的发展尤其是中国边疆地区的发展在战略决策上已经和世界联系在一起。2015年3月20日，国家发展改革委、外交部、商务部三部委经国务院授权，联合发布了《推动共建丝绸之路经济带和21

---

① 《习近平在中央民族工作会议上的讲话》，转引自丹珠昂奔《沿着中国特色解决民族问题的道路前进——中央民族工作会议精神学习体会》，中国民族宗教网，http://www.mzb.com.cn/html/report/141132397-1.htm，访问时间：2015年3月30日。

世纪海上丝绸之路的愿景与行动》①，标志着"一带一路"战略进入了具体实施阶段。应该说，"一带一路"战略的实施不仅会为我国边疆地区的发展带来更为有利的外部环境，而且也为我国边疆地区充分发挥地缘优势、推进经济社会的快速健康发展提供更为广阔的前景。但是，面对这种极为有利的发展前景，我们也要清晰地认识到，我国的边疆与民族问题是复杂的，既有国内众多因素的共同影响，也有来自于域外势力的长期干扰，因此经济发展通过政策的制定和调整会很快取得明显效果，但稳定问题则是一个长期且艰巨的任务。

新疆、西藏不断发生暴恐事件后，边疆稳定问题不仅引起了党和国家相关部门的重视，也得到了学界的广泛关注，提出了很多对策建议。目前，在中央的部署和大力支持下边疆省区尤其是新疆举行了盛大的反恐维稳誓师大会，应该说形成高压态势对社会稳定具有一定作用，但笔者认为这些措施只能有助于治标，不是治本之策，找寻解决边疆问题的治本之道应该有全局、长远的视角，以下几个原则问题似乎应该得到关注。

（1）加快边疆与民族地区经济发展虽然是我们目前解决边疆与民族问题的有效方式，但如前所述，单纯的经济发展并不能解决边疆与民族地区的所有问题，现实的情况则是改革开放以来的经济发展也为边疆与民族地区带来了很多新的问题，尤其是民众精神需要难以得到满足催生了很多新的社会问题。因此，边疆与民族地区的发展规划要考虑到边疆经济社会发展的整体需要，不仅要注重解决民众的温饱（肚子）问题，也要注重解决民众的精神需要（脑袋）问题。值得注意的是，满足民众的精神需要是一项复杂的工程，关键的问题是要准确了解民众所想，形式也需要多样化，简单的"说教"不仅难以取得明显效果，而且会导致负面效应。

（2）边疆与民族地区虽然具有特殊性，但也是多民族国家的重要组成部分，国家应该针对边疆与民族地区制定长期规划，尤其是教育、文化发展规划，不仅要关注民生、民族文化，更要把国民塑造、族群和谐与族群融合放在重要位置，目的是要淡化族群差异，强化国民认同。当前，国人乃至学者对"民族"的认知都是在来源于西方的"民族国家"理论语境下形成的，虽然西方的"民族国家"理论更多关注的是"单一民族国家"，

---

① 新华网，http://news.xinhuanet.com/politics/2015-03/29/c_1114795525.htm，访问时间：2015年4月12日。

并不适合解读我国多民族国家的历史与现实,但不少国人乃至学者还是从"民族国家"理论视角来解读多民族国家中国的历史和现实,难以接受"中华民族多元一体"理论是很自然的现象。实际上,我国多民族国家的塑造有着悠久的历史,而新型国民的塑造在"民族国家"理论尚未传入中国之前的清朝就已经开始了。① 对于多民族国家而言,新型国民塑造的完成虽然不能完全制止暴恐事件的发生,但可以消弭分裂势力存在的土壤。应该树立一个正确的认识:"民族区域自治,既包含了民族因素,又包含了区域因素,民族区域自治不是某个民族独享的自治,民族自治地方更不是某个民族独有的地方。这一点必须搞清楚,否则就会走到错误的方向上去。达赖集团、'东突'分裂势力就打这个旗号,要求汉人等都退出西藏、新疆,包藏的祸心就是搞民族分裂。我们的同志不能照这个逻辑走!"②

(3) 暴恐和分裂事件不是今天才有的,古已有之,只是形式不同而已,对此应该态度坚决,而且坚持与民族、宗教分开的原则。自秦汉出现"大一统"之后,多民族国家中国的历史就是分裂与统一交替出现的,但统一是历史大势。虽然当前边疆地区面临的暴恐和分裂事件与历史上的分裂活动具有很多不同的特点,但根本目的依然是试图分裂国家,从多民族国家发展的历史大势看也是难以得逞的。当然,针对这些暴恐和分裂事件,我们不能掉以轻心,但也不能一味地和民族、宗教相联系,否则就会落入分裂势力的圈套。我们应该认真领会习近平总书记在中央民族工作会议上的计划所指出的:"民族工作是政治性、政策性都很强的工作。要坚持从政治上把握民族关系、看待民族问题。要分清什么是民族问题、什么不是民族问题,既不能把不是民族问题的问题当作民族问题来处理,也不能把民族问题不当作民族问题来处理,而是什么问题就按什么问题处理,讲政治原则、讲政策策略、讲法治规范。"③

(4) 加强对宗教的管理,大力扶持爱国的宗教势力和人士,不仅要限

---

① 参见李大龙《转型与"臣民"(国民)塑造:清朝多民族国家建构的努力》,《学习与探索》2014 年第 9 期。
② 丹珠昂奔:《沿着中国特色解决民族问题的道路前进——中央民族工作会议精神学习体会》,中国民族宗教网,http://www.mzb.com.cn/html/report/141132397-1.htm,访问时间:2015 年 3 月 30 日。
③ 丹珠昂奔:《沿着中国特色解决民族问题的道路前进——中央民族工作会议精神学习体会》,中国民族宗教网,http://www.mzb.com.cn/html/report/141132397-1.htm,访问时间:2015 年 3 月 30 日。

制宗教对基层政权建设的影响，更要防止宗教插手教育尤其是基础教育，同时坚决打击极端宗教势力和非法传教活动。我国边疆地区的很多少数民族民众信仰宗教，宗教活动不仅已经成为这些民众日常生活的重要组成部分，更成为精神需要的主要构成，因此在注重解决边疆地区民众的精神需要方面并不是要取代宗教在其中的作用，而是要充分利用宗教，让宗教在边疆地区稳定和新型国民塑造方面发挥积极作用。目前在我国流行的宗教，诸如佛教、伊斯兰教等，虽然都是域外传入的宗教，但在传播过程中也都融入了中国固有的很多传统文化因素，历代王朝对宗教的管理也多有成功的经验，因此历代王朝的宗教政策是值得我们借鉴的。

（5）在当前我国的边疆与民族问题中，新疆、西藏等边疆省区存在的问题比较突出，受到国家的特殊重视并出台相应的政策是应该的，但也应该兼顾其他边疆与民族地区，乃至全国稳定和发展的大局。作为多民族国家，各边疆省区基于民族分布、资源状况等的不同，存在的问题也有差异，因而制定不同的政策符合各省区经济社会发展的实际。但是，在政策执行和实施的过程中，我们也要兼顾我国边疆地区发展的整体乃至整个国家发展的全局利益，只有这样才能更有利于我国民族关系的和谐与稳定。

总之，作为多民族国家，我国的边疆问题和民族问题既有密切联系，也有明显不同。改革开放以来，我国边疆地区经济社会的发展取得了令人瞩目的成就，但也出现了很多问题，其中暴恐事件的出现就是一个突出的问题。这说明单纯的经济发展并不能解决所有问题，更不能将其和民族、宗教问题混为一谈。当前我国面临的边疆与民族问题是多种因素造成的，问题的解决是一个系统工程，而且不是短期内能够彻底解决的，需要有长远的眼光，制定长远的规划。

附 录

——2015年中国民族理论学会学术年会综述

张三南　魏俊雄*

2015年7月24~25日，由中国民族理论学会主办、齐齐哈尔大学与黑龙江省民族研究所承办的"2015年中国民族理论学术年会"，在黑龙江省齐齐哈尔市召开。本次会议的主题为"中央民族工作会议与民族理论研究的新课题"。来自国家民委、中国社会科学院、中央民族大学、中国藏学研究中心、黑龙江省民族研究所，以及全国各地有关院校、研究单位和民族工作部门的百余名专家学者参加了会议。

大会开幕式由国家民委副主任、中国民族理论学会会长陈改户主持。齐齐哈尔大学党委书记李海红与黑龙江省民族研究所所长都永浩代表会议承办单位，中国社会科学院民族学与人类学研究所副所长尹虎彬代表学会挂靠单位向大会致辞，分别介绍了齐齐哈尔大学、黑龙江省少数民族发展史与族系演变史以及中国民族理论学会的有关情况。

中国社会科学院学部委员、学部主席团秘书长郝时远向大会做了题为《"一带一路"建设中的文化力量》的主旨报告。报告首先从"胡焕庸线"的"东南""西北"之分说起，指出随着"一带一路"重大倡议的提出，边疆地区正在成为对外、对内双向开放的"中心区"，承担着拓展支撑国家发展新空间的历史责任。郝时远强调了"一带一路"建设中的人文精神，认为中国政府发布的《推动共建丝绸之路经济带和21世纪海上丝绸之路的愿景与行动》是一份充满人文精神的行动宣言，既立足历史基础，又把握时代特征。他进而指出，中华文化是各民族文化的集大成和交响乐团，加强中华民族大团结，长远和根本是增强文化认同，建设各民族共有

---

* 张三南，燕山大学文法学院副教授，研究方向为国际关系；魏俊雄（1980~），西华师范大学马克思主义学院副教授。

精神家园，积极培养中华民族共同体意识。多民族的"家底"是中华民族大家庭的"家底"，中国解决民族问题的基本政策指向是尊重差异、缩小差距。他指出，边疆少数民族承载着"一带一路"建设对外民心相通的文化优势，好的内政必然有好的外交。多民族、多宗教、多语言等因素构成的文化多样性，是我们国家的优势，也是"一带一路"建设的文化力量，用好了是优势，用不好是"软肋"。他还就尊重差异的"过分"与"强化"问题谈了自己的看法，认为尊重差异的前提是承认差异，应在尊重差异中达成共识，在包容多样中维护统一。关键是做到求同存异，但求同存异不是"去异求同"，"去极端化"要靠民间文化的自尊自觉。他强调，解决民族问题有着物质力量和精神力量"两把钥匙"，不可偏废；拿捏民族、宗教工作的"度"，要有"瓷器活儿"的观念和行为；我国民族政策承认、尊重差异理念在世界范围具有先进性，这是基本事实。他还通过中国企业在中亚国家践行义利平衡的成功做法等实证事例论证了文化理解、文化尊重和文化力量实践的重要性，认为这些理念和措施事实上都体现了中国民族政策的基本内涵，有着民心相通的作用。

在接下来的环节，专家学者们分别围绕"共有精神家园培育和制度建设""互嵌式社会结构和社会环境""族际人口流迁和城市民族工作""促进各民族交往交流交融""创新民族团结的载体和方式"五个专题进行研讨、发言和评议，提出了不少富有见地的观点。

与会专家学者首先围绕的是"共有精神家园培育和制度建设"相关议题。朱晓明系统阐述了"认识科学无神论的当代价值"，提出了马克思主义宗教观是科学无神论的论断。宝力格阐述了"建构草原人民共有精神家园"及草原、草原文化、草原文化学关系构想的有关看法。朱军认为协商民主与民族区域自治制度在诸多方面有深刻的内在关联性，应做好协商民主与民族区域自治制度的衔接配合。赵健君认为中国特色解决民族问题道路的成功实践对现代政治文明发展具有积极示范效应。刘玲认为随着城镇化进程的日益加速，以民族聚居为基础的民族区域自治制度面临新的现实挑战，在新形势下坚持和完善民族区域自治制度，需要顶层设计和制度实践的有机统一。

"互嵌式社会结构和社会环境""族际人口流迁和城市民族工作"相关议题近年备受关注，本次会议也不例外。来仪认为推动建立相互嵌入的社会结构和社区环境正在成为我国促进民族交往交流交融要求的具体实践要求，应对城市多民族互嵌式居住模式进行学理层面的思考。高梅以吴忠市利通区为例，对宁夏城镇化进程中嵌入式社区回汉民族关系进行了实证研究。马晓玲从社区的民族构成、形成过程、治理模式和最终目标等方面对城市民族互嵌式社区的内涵进行了研讨。李京桦在分析当前相互嵌入式社会建构中的多重身份困境基础上，认为提出相互嵌入式社会结构必须考虑各民族多重身份的建构。李吉和等基于对武汉等地的实地调查，分析了我国中东部城市穆斯林人口社会关系融入状况。兰俏梅就新形势下东部城市民族工作进行了探讨。张静认为应加强城市融入中新生代农民工文化自觉的引领和培育。王云芳就族际流动中的族性认知与表达进行了理论阐析。马惠兰等阐述了对郑州管城回族区民族关系状况的调查研究，提出了建设性建议。

"促进各民族交往交流交融""创新民族团结的载体和方式"同样是与会专家学者关注的热点议题。金炳镐较为详细地谈了对各民族交往交流交融的理解，提出了一些重要的观点和看法。严庆认为可从格局的视角理解中华民族的内在有机性，中华民族作为一个命运共同体，是一个有机的多民族统一体，其有机性来源于各民族历史和现实中的交往交流交融。王冬丽认为民族走廊是一个非常有借鉴意义的历史现象和非常值得深入研究的学术板块。陈丽明对民族交往交流交融的概念分异和现实误区进行了阐析。李德新从多民族国家建构视角，介绍了清代东北流人文化的有关研究成果。孙振玉认为巩固和发展我国社会主义和谐民族关系，仅停留在理想型的理论建构层面是不够的，必须探讨实践尺度的准确把握问题。赵新国做了《贯彻落实习近平视察云南讲话精神，加快云南民族团结进步示范区建设》的发言。肖斌基于多中心治理的视角，对云南边疆民族地区群体性事件治理模式进行了探析。魏俊雄对民族团结宣传教育形式的现状进行了分析，指出了存在的问题并进行了相关反思。

闭幕式由中国民族理论学会副会长兼秘书长青觉主持。陈改户最后做了重要讲话。他扼要解读了中国民族工作会议精神以及当下中国民族理论研究需要重点关注的课题和任务，并对青年民族理论研究者提出了希望：一是深化拓展对社会主义统一多民族国家基本国情的理解和研究；二是在话语系统方面，除了"教学用语"和"学术用语"之外，尽量用"大众话语"来阐述民族问题和民族理论，争取使外界更多民众了解民族理论研究的成果。

图书在版编目(CIP)数据

民族理论探新集：中国民族理论学会学术年会论文选：2015 / 王希恩，李海红，都永浩主编. -- 北京：社会科学文献出版社，2016.7
 ISBN 978 - 7 - 5097 - 9369 - 5

Ⅰ.①民… Ⅱ.①王… ②李… ③都… Ⅲ.①民族学 - 学术会议 - 中国 - 文集 Ⅳ.①C955.2 - 53

中国版本图书馆 CIP 数据核字（2016）第 143943 号

民族理论探新集
——中国民族理论学会学术年会论文选(2015)

主　　编 / 王希恩　李海红　都永浩
出 版 人 / 谢寿光
项目统筹 / 宋月华　周志静
责任编辑 / 周志静　韩莹莹

出　　版 / 社会科学文献出版社·人文分社 (010) 59367215
　　　　　　地址：北京市北三环中路甲 29 号院华龙大厦　邮编：100029
　　　　　　网址：www.ssap.com.cn
发　　行 / 市场营销中心 (010) 59367081　59367018
印　　装 / 三河市尚艺印装有限公司

规　　格 / 开　本：787mm × 1092mm　1/16
　　　　　　印　张：23.5　插页：0.5　字　数：384 千字
版　　次 / 2016 年 7 月第 1 版　2016 年 7 月第 1 次印刷
书　　号 / ISBN 978 - 7 - 5097 - 9369 - 5
定　　价 / 128.00 元

本书如有印装质量问题，请与读者服务中心 (010 - 59367028) 联系

版权所有 翻印必究